MOÏSE
LE PHARAON REBELLE

DU MÊME AUTEUR
AUX ÉDITIONS DU ROCHER

CYCLE DE PHÉNIX
Phénix, 1986, prix Cosmos 2000 1987, prix Julia Verlanger 1987
Graal, 1988
La Malédiction de la Licorne, 1990

La Porte de bronze, 1994, prix Julia Verlanger 1995

CYCLE LES ENFANTS DE L'ATLANTIDE
Le Prince déchu, 1994
L'Archipel du Soleil, 1995
Le Crépuscule des géants, 1996

La Lande maudite, juin 1996

CYCLE LA PREMIÈRE PYRAMIDE
La Jeunesse de Djoser, 1996
La Cité sacrée d'Imhotep, 1997
La Lumière d'Horus, 1998

Antilia, 1999

La Fille du diable, 2000

Le Roman de la belle et la bête, 2000

Le Secret interdit, 2001

Pour en savoir plus, vous pouvez consulter
le site officiel de Bernard SIMONAY : www.simonay.com

Bernard Simonay

MOÏSE
LE PHARAON REBELLE

Roman

ÉDITIONS DU
ROCHER
Jean-Paul Bertrand

ISBN 2 268 04416 5

À mes parents, qui m'ont nourri d'amour
et de liberté, et qui ont eu la sagesse
de ne m'imposer aucune croyance dès l'enfance.

MÉDITERRANÉE
(GRANDE VERTE)
CANAAN
Mt Nebo
Gaza
AMORITES
Lac Serbonis
MER MORTE
EDOM
BASSE-
ÉGYPTE
Saïs
Tanis
Per-Amon
(Péluse)
Qadesh-Burnéa
Pi-Ramsès
AMALECITES
Grand lac Amer
Bubastis
Mt Horeb
(Har Kharkom)
FAYOUM
Iounnou
Petit lac Amer
Mennof-Rê
(Memphis)
Per-Sobek
Aqaba
MADIAN
SINAÏ
Mt de Moïse
DÉSERT
ORIENTAL
(ÀABETH)
Achoris
Oasis de
Bahariya
Akhetaton
DÉSERT
OCCIDENTAL
(AMENT)
HAUTE-
ÉGYPTE
MER
ROUGE
Abydos
Kaine
Koptos
Ouaset
(Thèbes)
Oasis de
Dakhla
Latopolis
(Nékhen)
Ombos
Yêb
(Assouan)
Taphis
Talmis
NUBIE
(KOUSH)
Tutzis
Méha
(Abou-Simbel)
itinéraire suivi
par Moïse
0
200 km
Bouhen

INTRODUCTION

Moïse a-t-il réellement existé ?

De grands archéologues, essentiellement au XIXe siècle, tentèrent de rechercher des traces matérielles prouvant la vérité historique de l'Exode. Les fouilles menées aussi bien en Égypte que dans le Sinaï et en Palestine n'ont apporté aucune confirmation de ce récit biblique et de la conquête de Canaan par les Israélites. De même, il n'existe aucune preuve que ce peuple ait connu la captivité en Égypte. Il est donc plus que probable que le personnage de Moïse ait été inventé par les rédacteurs de la Bible.

Sigmund Freud, en son temps, s'était penché sur le problème, et avait imaginé un Moïse disciple d'Akhenaton, dont il aurait repris le principe du monothéisme. Toutefois, cette hypothèse ne résiste pas à l'examen. En effet, la religion du pharaon hérétique n'est pas un véritable monothéisme, puisque Akhenaton admettait l'existence d'autres dieux que le sien. De plus, on relève de nombreuses divergences entre les deux croyances. Si Aton et Yahveh sont tous deux des démiurges, des divinités créatrices, Aton représente le soleil, ce qui n'est pas le cas de Yahveh. Aton apparaît toujours accompagné de son fils Akhenaton, demi-dieu qui le représente sur terre. Moïse n'est pas le fils de Yahveh, encore moins un demi-dieu. De plus, les lois imposées par Yahveh à son peuple par l'intermédiaire de Moïse n'ont aucun rapport avec l'enseignement d'Akhenaton.

Mais alors, si l'hypothèse de Freud est sans fondement, quelle peut être l'origine de Moïse ?

D'après l'historien allemand Rolf Krauss, docteur en égyptologie, la Bible fut rédigée du VIIe au IIe siècle avant l'ère chrétienne. À cette époque, le Moyen-Orient avait subi l'invasion perse, et les peuples du Levant vivaient sous la coupe de l'envahisseur. Les rédacteurs de la Bible auraient donc eu pour but de faire naître un puissant sentiment d'unité nationale afin de rassembler des tribus s'opposant régulièrement en des luttes fratricides. Ils s'inspirèrent de différents éléments, faits réels, traditions historiques, récits anciens, qu'ils orientèrent selon le but qu'ils cherchaient à atteindre : réunir les peuples hébreux en une seule nation par l'adoption d'une religion.

La religion des Perses étant celle du prophète iranien Zoroastre, il est probable que les rédacteurs de la Bible subirent son influence et intégrèrent la vision perse du combat entre le Bien et le Mal, philosophie que l'on ne retrouve pas, par exemple, dans la théologie égyptienne, où les dieux, les *neters*, symbolisent les forces de la nature s'harmonisant selon l'équilibre voulu par Maât, déesse de la vérité et de la justice. Le dieu Seth, considéré bien souvent, et à tort, comme le dieu égyptien du mal, s'inscrivait à l'origine dans le cycle immuable de la vie et de la mort. Il était « celui qui détruit la vie ancienne pour qu'une nouvelle vie puisse renaître ». Il fut plus tard associé aux divinités malfaisantes des religions chrétienne et islamique, Satan et Shaïtan.

Toutefois, les croyances hébraïques et perses diffèrent sur de nombreux points. Le zoroastrisme est une religion de la joie et du respect des autres. Les Perses imaginent que le Mal est le fait du diable, Ahriman, et de ses cohortes de démons, qui inspirent les actions des hommes. La religion hébraïque ne reconnaît aucun rival divin capable de s'opposer à Yahveh. Il est le dieu unique, tout-puissant, qui a créé les hommes pour le servir et vivre selon sa volonté. Ses lois sont particulièrement sévères. Autre différence, la religion de Zoroastre s'adresse aux peuples du monde entier. Celle de Yahveh ne concerne qu'un seul peuple, élu par lui.

Yahveh est un dieu issu d'une ancienne tradition de la région du Sinaï, vraisemblablement Madian, dont parle la Bible. C'est un dieu de l'orage, un dieu de colère, vénéré par quelques tribus de pasteurs nomades. Il est sans doute issu de la conception sumérienne du monde. Les Sumériens, deux à trois mille ans avant J.-C., imaginaient que le monde avait été créé par le dieu An, le maître du ciel. Celui-ci avait chargé ses fils, les Annunakis, de cultiver la terre et d'élever le bétail. Peu désireux de travailler, les Annunakis avaient alors modelé une race inférieure, l'humanité, destinée à les servir. Dans la cosmogonie sumérienne, les hommes étaient irrémédiablement soumis aux dieux et il n'existait aucun espoir d'échapper à leur volonté. L'influence spirituelle des Sumériens, même vaincus, fut telle que leurs envahisseurs adoptèrent leur manière de concevoir le monde. Les peuples qui s'installèrent à Madian et dans la Mésopotamie héritèrent de cette forme de pensée. Un dieu ne pouvait être qu'omnipotent et les hommes lui devaient une obéissance aveugle, dont la divinité exigeait souvent des preuves. Ainsi le dieu d'Abraham soumit-il ce dernier à l'épreuve du sacrifice de son fils Isaac. De même, Yahveh imposa d'innombrables épreuves au peuple d'Israël.

Le souvenir de cette divinité se perpétua sans doute parmi les tribus nomades qui parcouraient la Palestine, la Mésopotamie, le Sinaï et le nord de la péninsule arabique. Les rédacteurs de la Bible estimèrent peut-être qu'il représentait le seul moyen d'inspirer une crainte suffisante pour amener à la raison un peuple divisé en d'innombrables tribus, promptes à se révolter, à discuter toute autorité et à s'entre-déchirer. De plus, les Hébreux, côtoyant nombre d'autres nations, avaient tendance à adopter des divinités diverses. Il fallait un dieu puissant pour les unifier. Le nom de Yahveh porte en lui-même sa signification : le verbe hébreu lui correspondant se traduit par : *Je suis celui qui est.* Ce qui sous-entend qu'il nie l'existence de tout autre dieu.

Les cinq livres qui constituent le Pentateuque – la Genèse, l'Exode, le Lévitique, les Nombres et le Deutéronome – étaient destinés à forger l'unité d'un peuple dispersé, dont l'élite avait été emmenée en captivité à Babylone. Cette déportation justifie l'esprit de l'Exode, qui raconte la libération d'un peuple réduit à l'esclavage, délivré par un prophète inspiré directement par Yahveh. Un peuple qui aurait joui de toute sa souveraineté n'aurait eu aucune raison d'imaginer une captivité ancienne, ou même de s'en souvenir. L'Exode et la conquête de Canaan devaient donner aux

Hébreux une fierté et une dignité nouvelles, et le sentiment qu'une libération était toujours possible. Ces textes exaltent un sentiment nationaliste très puissant, comme l'atteste le principe du peuple élu de Dieu. L'histoire de l'esclavage en Égypte n'est donc, toujours selon Rolf Krauss, que le reflet de la domination des Hébreux par les Perses.

Les ouvrages retraçant la vie de Moïse, de même que les films réalisés sur le sujet, et notamment par les Américains dans les années cinquante, présentent toujours l'aventure sous un aspect manichéen, d'inspiration exclusivement religieuse, sans aucun souci de vérité historique, mais avec pour corollaire qu'elle est véridique puisqu'elle est tirée du livre sacré qu'est la Bible. L'histoire se déroule immanquablement sous les règnes de Séthi Ier et de son fils Ramsès II. Un mélange d'amitié et de rivalité réunit le jeune pharaon et Moïse, qui, selon la tradition, aurait été « sauvé des eaux » par une fille de Séthi Ier. Le jeune Hébreu reçoit ainsi l'éducation réservée à un prince d'Égypte. Or, sur le plan historique, il n'existe aucune trace d'un quelconque événement ayant un rapport, même lointain, avec ce récit.

Il apparaît donc indéniable que les faits décrits dans la Bible, fantastiques et invraisemblables, appartiennent à une légende. Tout d'abord, à l'époque où, selon la tradition, il fut emmené en esclavage en Égypte, le peuple hébreu n'existait pas encore. En revanche, on rencontre à cette période un peuple dont le nom fut plus tard rapproché de celui des Hébreux (Heberer). Il s'agit des Apirous, ensemble de tribus originaires du Levant, qui louaient parfois leurs services aux Égyptiens en tant que carriers, vendangeurs ou encore mercenaires. Il est possible d'envisager la présence de quelques-unes de ces tribus en Égypte sous le règne de Ramsès II, et qu'elles ont contribué à l'édification de temples ainsi qu'à la construction de la ville de Pi-Ramsès, située dans l'est du delta.

Selon cette hypothèse, qu'en est-il du personnage de Moïse ? L'histoire d'un enfant livré au fleuve par sa mère – pour le soustraire à la vindicte de Pharaon qui avait ordonné de tuer tous les nouveau-nés mâles d'Israël, afin d'empêcher la prolifération des Hébreux – est une aberration. Il n'existe pas, dans l'histoire du

Double-Royaume, la moindre trace d'une telle barbarie, et encore moins sous le règne de Séthi Ier, qui au contraire a laissé le souvenir d'un bon souverain. On voit mal comment il aurait pu décréter une telle ignominie. L'image que la Bible donne des Égyptiens est donc totalement fausse, et uniquement destinée à servir les desseins des rédacteurs.

Dans ce cas, a-t-il existé, au cours de cette période, ou immédiatement après, un homme ayant réellement vécu qui ait pu servir de modèle au Moïse biblique ?

D'après Rolf Krauss, les rédacteurs de la Bible se seraient inspirés d'un prince égyptien, descendant de Ramsès II, et fils de Séthi II. Celui-ci portait le nom de Masesaya, et se proclama lui-même pharaon sous le nom d'Amon-Masesa (parfois déformé, à tort, en Amemnès) pour défier l'autorité de son père. Cette hypothèse fut d'ailleurs avancée dès le XIXe siècle par des égyptologues tels Karl Richard Lepsius et Brugsch, et par le philologue Freudenthal.

Il existe des similitudes troublantes entre Moïse et ce prince. Tous deux sont nés à la fin du règne d'un pharaon. Tous deux ont séjourné à Koush (Nubie), pays dans lequel ils ont mené une campagne et sur lequel ils ont régné. La présence de Moïse dans le sud de l'Égypte, agissant pour le compte du roi, n'apparaît pas dans la Bible, laquelle occulte complètement son enfance. Mais elle est relatée par différents auteurs hébreux comme Artapanos, Philon ou Flavius Josèphe. La véracité de leurs récits reste cependant sujette à caution, les périodes ne pouvant être situées avec exactitude.

Moïse et Amon-Masesa ont tous deux connu l'échec ou la défaite. Le premier fut contraint de fuir vers le pays de Madian après le meurtre d'un contremaître qui maltraitait un Hébreu. Le second fut vaincu par son père, Séthi II, contre lequel il s'était rebellé. Un autre fait troublant repose sur la généalogie des deux personnages. Moïse était fils d'Amram et de Jokébed, qui étaient neveu et tante. C'est également le cas des parents de Masesaya, puisque Takhât, sa mère, une fille que Ramsès II eut très tard, épousa Séthi II, fils de Meren-Ptah, frère aîné de Takhât. Ils étaient donc, eux aussi, tante et neveu, bien que Takhât eût dix ans de moins que Séthi.

Il est d'ailleurs surprenant de noter une telle structure familiale dans la Bible puisque, selon le Lévitique, le mariage entre neveu et tante était considéré comme un inceste et, de ce fait, interdit : « Vous ne devez pas avoir de relations avec une sœur de votre père, car elle est de votre proche parenté » (Lévitique XVIII-12). Cette structure était-elle possible avant l'Exode – et dans ce cas, il s'agit d'une coïncidence étonnante –, ou bien n'est-elle que le reflet de l'ascendance égyptienne d'Amon-Masesa ?

Tableau comparatif des familles de Moïse et d'Amon-Masesa

LEVI	RAMSÈS II
QEHATH	MEREN-PTAH
AMRAM + JOKÉBED	SÉTHI II + TAKHÂT
MOÏSE	AMON-MASESA

Enfin, qu'en est-il des parents d'Amon-Masesa, Séthi II et Takhât ?

Selon Rolf Krauss, on retrouve, dans la grande salle hypostyle du temple d'Amon, à Karnak, salle qui fut construite sous les règnes de Séthi Ier et de Ramsès II, deux statues, debout et sans tête, que l'archéologue Frank Yurco attribue à un seul et même roi, Amon-Masesa. Il a en effet décelé les traces de son nom sous celui de Séthi II. La deuxième statue porte, de plus, sur la jambe gauche, la titulature d'une reine : « Takhât, fille et épouse royale ». Cette titulature est originale, mais les hiéroglyphes constituant le terme « épouse royale » résultent de l'altération d'un signe plus ancien, le vautour, qui signifie « mère ». Takhât n'était donc pas l'épouse, mais la mère d'Amon-Masesa. Curieusement, l'une des femmes de Séthi II portait le même nom, très rare, de Takhât. Il est donc permis de supposer qu'il s'agissait d'une seule et même femme.

On peut ainsi reconstituer le schéma de l'histoire d'Amon-Masesa, fils de Séthi II et de Takhât, qui s'est dressé contre son père en se proclamant roi de Nubie et d'une partie de la Haute-Égypte. Ainsi retrouve-t-on sa trace dans la grande salle hypostyle de Louqsor. Lorsque Séthi II triomphe de lui, il fait effacer les titulatures de son fils et les remplace par les siennes. C'est du moins la conclusion, tout à fait vraisemblable, de Frank Yurco et de Rolf Krauss.

Il est possible que les rédacteurs, instruits de la tradition historique égyptienne, s'inspirèrent de cette histoire pour donner vie au prophète Moïse. Cependant, il était difficile d'accepter qu'un étranger puisse être à l'origine de la libération des Israélites. Ils eurent alors recours à l'artifice de l'enfant sauvé des eaux, ce qui justifie le jeu de mot approximatif construit sur le nom de Moïse, incontestablement d'origine égyptienne, comme la Bible elle-même l'admet. Beaucoup d'Égyptiens portaient en effet un nom construit à partir du radical *mos* ou *mès* (enfant), ou *mésy* (enfanter). Les Mosé et Mosis étaient nombreux.

On ignore ce qu'il advint d'Amon-Masesa après sa défaite. Peut-être fut-il tué au cours de la bataille. Peut-être parvint-il à s'enfuir.

Ici s'arrête la réalité historique telle qu'on a pu la reconstituer. Mais l'histoire de ce prince fut peut-être encore plus proche de la légende mosaïque qu'il n'y paraît. Si les rédacteurs de la Bible se sont vraiment inspirés du pharaon rebelle que fut Amon-Masesa, il faut alors envisager que ce roi, appelé familièrement Mosé – et Moïse par les Apirous – est revenu en Égypte et a pris la tête d'une petite tribu contrainte de quitter le Double-Royaume à la recherche d'une autre terre d'accueil. Cette tribu, bien moins importante que ne le laisse entendre la Bible, a pu donner naissance, au moins en partie, au peuple d'Israël, et son odyssée constitua l'événement historique ayant servi de fondement à la légende de l'Exode.

Ce livre s'appuie sur l'hypothèse de l'historien allemand Rolf Krauss, complétée par les travaux de l'historien italien Emmanuel Anati concernant le véritable itinéraire suivi par Moïse. Il apporte un éclairage différent sur la légende mosaïque en lui donnant une dimension réaliste, expliquant de manière rationnelle les événements fantastiques décrits dans le Pentateuque. Il met en relief les conflits incessants qui surgissent entre Moïse et les Hébreux, conflits qui se justifient sans doute par le fait que le prophète n'appartenait pas au peuple élu. Enfin, ce roman suggère une vision nouvelle des dix commandements, basée sur l'humanisme, et opposée à l'intégrisme et à l'intolérance.

Aaron : ami d'enfance de Masesaya (B)
Amon-Mose : prince d'Égypte, fils de Séthi II et de Takhât. Appelé aussi Masesaya. Arrière-petit-fils de Ramsès II et petit-fils de Meren-Ptah par Séthi II. Petit-fils de Ramsès II par sa mère, Takhât. Il régna sous le nom d'Amon-Masesa. Surnommé familièrement Mosé, qui devint Moïse pour les Apirous, ancêtres des Hébreux. ®
Amram : père d'Aaron et de Myriam (B)
Bakenkhonsou : grand-prêtre d'Amon, maître de Masesaya ®
Eléazar : prêtre apirou (B)
Ezéchiel : prêtre apirou
Guerchom : fils de Mosé et de Séphora (B)
Hékha et Nahou : frères jumeaux, amis de Mosé
Jethro : roi-prêtre madianite, beau-père de Mosé (B)
Jokébed : mère d'Aaron et de Myriam (B)
Josué : ami de Mosé, général apirou (B)
Meren-Ptah : roi d'Égypte de 1213 à 1204 avant J.-C. Fils de Ramsès II, père de Séthi II et grand-père de Masesaya ®
Meri-Atoum : compagnon de Mosé
Merihor : architecte de Ramsès II
Mourhat : compagnon de Mosé
Myriam : sœur d'Aaron, amie d'enfance de Masesaya (B)
Nebamon Meri-Maât : fils de Mosé et de Tiyi
Pan-Nefer le silencieux : compagnon de Mosé
Ramsès II (Ousermaâtrê Setepenrê) : roi d'Égypte de 1279 à 1213 avant J.-C. ®
Ruben : chef de clan apirou
Séphora : seconde épouse de Mosé (B)
Séthi II / Nefersethrê : père de Mosé. Fils de Meren-Ptah et petit-fils de Ramsès II ®
Takhât : mère de Mosé, fille de Ramsès II et épouse de Séthi II ®
Tiyi : princesse nubienne, première épouse de Mosé

® : Personnages ayant réellement existé
(B) : Personnages bibliques

Première partie

La naissance de Moïse

–1226

1

« Les Égyptiens désignèrent alors des chefs de corvée pour accabler le peuple d'Israël en lui imposant certains travaux... »
(EXODE 1-11)

Pi-Ramsès, 1226 avant J.-C. ...

En cette année, cinquante-troisième du règne d'Ousermaâtrê Setepenrê, le *Grand de victoires*, le *Taureau puissant* Ramsès II, l'Égypte connaissait une ère de paix depuis l'an vingt et un, date à laquelle Pharaon et le roi hittite Hatousil avaient signé un traité de *Fraternité belle et paix belle pour l'éternité.* Le Double-Royaume, terre d'asile et de prospérité, attirait nombre d'étrangers venus de la lointaine Nubie, au sud, de la Libye, à l'ouest, mais surtout de Palestine, de Mésopotamie ou d'Anatolie. Des tribus entières abandonnaient leur vie nomade pour proposer leurs bras aux bâtisseurs. Il en était ainsi des Apirous, arrivés en terre de Kemit à l'époque de Séthi Ier, fils de Ramsès Ier.

À l'origine, l'un d'eux, nommé Joseph, avait été vendu comme esclave par ses frères, jaloux de la préférence que lui témoignait leur père, Jacob, aussi appelé Israël. Cependant, comme beaucoup d'esclaves, il avait été rapidement affranchi par son maître. Puis son intelligence lui avait valu d'occuper un poste important auprès de Sa Majesté. Après avoir fait fortune et épousé une Égyptienne, Asnat, il avait pardonné à ses frères et demandé à Pharaon l'autorisation d'immigrer pour sa famille. Séthi, qui appréciait la sagesse et la générosité de Joseph, avec accepté avec bienveillance. Depuis, la tribu s'était installée à l'est du delta, en cet endroit où Ousermaâtrê Setepenrê avait fait bâtir sa ville de Pi-Ramsès, ce qui signifie la

Maison de Ramsès. Les Apirous avaient amené avec eux leurs troupeaux de moutons et de chèvres, qu'ils faisaient paître dans les champs marécageux entourant la cité, au grand dam des paysans égyptiens qui préféraient les vaches, animaux sacrés, images de la maternité et de la belle déesse Hathor. Parfois, des conflits éclataient entre les deux communautés, et il fallait toute l'habileté des anciens du clan apirou pour calmer l'ardeur bouillonnante des jeunes hommes, fiers jusqu'à l'arrogance. Ils n'admettaient pas de céder devant les Égyptiens et supportaient encore moins d'être accusés de tous les maux, chapardages, viols et autres crimes qui de temps à autre secouaient la ville.

En cette fin du mois de Thôt, premier de la saison de l'Inondation, *Akhet*, la chaleur était devenue insupportable. La crue fertilisante du Fleuve-dieu avait transformé la vallée en un lac immense aux eaux ocre et malodorantes. Malgré leur fatigue, les paysans s'étaient empressés d'ouvrir les digues au flot régénérateur. Puis, comme chaque année à cette période, ils avaient dû abandonner le travail de la terre. Depuis des temps immémoriaux, ils occupaient ce moment de désœuvrement forcé à la construction des palais, temples, maisons de vie ou tombeaux des rois et autres grands personnages de la Vallée sacrée. En échange, ils recevaient le pain et la bière, qui constituaient la nourriture de base, et des mesures de grain pour ensemencer les champs.

De grosses mouches harcelaient les ouvriers qui travaillaient à l'édification du nouveau temple du *Protecteur de l'Égypte, Seigneur des Deux-Terres*. Ousethi, le contremaître, était lui-même harcelé par le seigneur Merihor, architecte et surtout courtisan, qui exigeait chaque jour un peu plus, et trépignait lorsqu'il estimait que les travaux n'avançaient pas. Mais à qui la faute ? Ce pantin fardé à outrance avait exigé que l'on embauchât tous les ouvriers disponibles. Malheureusement, ici, dans le delta, une bonne partie des paysans gardaient les troupeaux, dont, crue ou pas, il fallait s'occuper. Alors, Ousethi avait dû recruter des hommes parmi les Apirous. Il détestait foncièrement ces chiens de nomades, qui vivaient dans la puanteur au milieu de leurs chèvres et de leurs moutons. D'ailleurs, ne les nommait-on pas les « Poussiéreux » ?

Le dieu bon Séthi Ier avait eu tort d'autoriser ce ramassis de bergers malodorants à s'installer dans le delta. Depuis leur arrivée, ils s'étaient multipliés, engendrant des enfants comme s'ils avaient voulu repeupler Kemit à eux seuls. Leur quartier empiétait chaque jour un peu plus sur le territoire choisi pour bâtir la cité de Pi-Ramsès, comme une tumeur purulente. Ces chacals errants n'étaient que voleurs et fauteurs de troubles. S'il n'avait tenu qu'à lui, Ousethi, on aurait flanqué le feu à ce cloaque pestilentiel.

Mais Sa Majesté était trop bonne et traitait cette racaille au même titre que les Égyptiens, leur offrant un salaire identique à celui des paysans. Sur le moment, le contremaître avait pesté contre cette décision. Puis elle lui était apparue comme une nouvelle aubaine. Après tout, n'avait-il pas la responsabilité de répartir les rémunérations ? Il avait déjà pris l'habitude de garder pour lui une part qui, en théorie, aurait dû revenir aux Égyptiens. Avec les Apirous, il ne s'était pas privé d'augmenter cette prise de bénéfices personnels, qu'il estimait mériter amplement pour être ainsi obligé d'accepter des fainéants d'étrangers parmi ses ouvriers. Bien sûr, si l'affaire venait à être découverte, la justice royale risquait de s'abattre sur lui. Mais de cela il se souciait peu. Jamais personne ne venait vérifier les comptes, et surtout pas Merihor, qui ignorait les rouages subtils de la comptabilité. Il ne s'y entendait d'ailleurs guère plus en architecture, laissant le soin d'établir le détail des plans à de jeunes architectes issus du peuple, mais efficaces et talentueux, qu'il gardait avec férocité sous son contrôle, conservant pour lui seul la gloire du regard bienveillant et reconnaissant de Pharaon.

Et voilà que ces maudits Apirous, jugeant qu'ils étaient payés une misère, prétendaient cesser le travail ! Un flot de rage avait envahi Ousethi lorsque Kheperi, son serviteur, était venu lui annoncer que ces scélérats avaient arrêté de transporter les blocs de granit et de calcaire. Par voie de conséquence, les maçons, faute de matériaux, se trouvaient eux aussi désœuvrés. Transporter les blocs ! C'était bien là tout ce que ces chiens d'étrangers étaient capables de faire !

Furieux, le contremaître fit appeler le capitaine Madrali, un descendant de Hittite dont il avait fait le chef de sa garde personnelle. L'homme se présenta aussitôt. Ses yeux rapprochés, profondément enfoncés dans les orbites luisaient comme ceux d'un carnassier à l'affût de sa proie. Madrali avait su réunir autour de lui un noyau de soldats sans état d'âme, rompus à l'art du combat, et recrutés parmi les plus fortes têtes des régiments de Ramsès II. Ousethi savait pouvoir s'appuyer sur cette phalange de guerriers impitoyables, qu'il prenait soin de rémunérer grassement afin de protéger son petit trafic.

– Tu m'as fait demander, Seigneur !

– Les Apirous refusent de travailler. La construction du temple de Sa Majesté a déjà pris beaucoup trop de retard. Nous allons nous rendre sur place et convaincre ces chiens d'obéir.

– Bien, Seigneur !

Ce qu'Ousethi appréciait le plus chez Madrali, c'était son absence de curiosité.

En second lieu venait son efficacité. Il eut tôt fait de rassembler ses hommes. Ils se dirigèrent ensuite vers le port, où se trouvaient les Apirous censés décharger le calcaire en provenance de Tourah et le granit rose d'Assouan. Derrière la troupe suivait une litière sur laquelle Ousethi s'était confortablement installé. Près de lui, deux jeunes esclaves nubiennes agitaient de grands éventails en plumes d'autruche. Le maître d'œuvre avait ainsi l'impression d'être, lui aussi, une sorte de petit roi.

Cependant, la détermination qu'il lut dans les yeux des Apirous le désarçonna. Ils ne semblaient pas le moins du monde effrayés par l'arrivée d'une cinquantaine de guerriers armés de lances, d'arcs et d'épées courtes. Au contraire, ils s'attendaient à la venue des soldats. Nombre d'entre eux s'étaient armés de bâtons, de masses et de boomerangs avec lesquels on chassait les oiseaux dans les marais. Les guerriers se rangèrent autour d'Ousethi. Rendu furieux par le désagréable sentiment de peur qui lui noua l'estomac, le contremaître chassa les petites esclaves d'un coup de fouet et s'adressa à une espèce de colosse qui paraissait mener le mouvement.

– Je vous ordonne de reprendre immédiatement le travail ! N'oubliez pas que le Double-Royaume a offert une terre d'asile à vos ancêtres. Est-ce ainsi que vous remerciez les bontés de Pharaon envers vous ?

– Nous faisons le même travail que les autres ! rétorqua le géant. Pourquoi sommes-nous moins bien payés ?

– Parce que vous êtes des étrangers ! s'égosilla Ousethi, hors de lui.

– Mais nous sommes des Égyptiens, Seigneur ! répondit le colosse d'une voix forte. Si nos ancêtres sont venus de la terre de Canaan, tous les hommes que tu vois ici sont nés en Égypte. Certains d'entre nous servent dans le palais de Pharaon, et nombre de nos enfants suivent l'enseignement des Maisons de vie. Les prêtres ne font aucune différence avec les enfants égyptiens. Pourquoi en ferais-tu toi-même ?

– Misérables cloportes ! hurla le maître d'œuvre. Allez-vous enfin m'obéir ?

Pour toute réponse, les Apirous, trois fois plus nombreux que les soldats, se regroupèrent autour de leur chef. Ivre de rage, Ousethi comprit qu'il n'obtiendrait pas gain de cause. Il ne disposait d'aucun moyen de pression sur ces chacals. Il ne pouvait guère tenter de les affamer : ils se contentaient pour vivre de leurs troupeaux et de quelques fèves. Il s'imagina un instant lâcher ses guerriers contre eux, mais ils étaient de taille à se défendre. Ils ne trahissaient aucune peur. Bien au contraire, ils semblaient décidés à en découdre. Il ne pouvait même pas se permettre de les remplacer par d'autres ouvriers : ses effectifs n'étaient pas assez nombreux. Le temps qu'il fasse venir de la main-d'œuvre de Mennof-Rê [1] ou d'ailleurs, le chantier aurait pris trop de retard. Merihor ne voudrait rien entendre et n'hésiterait alors pas à le chasser. Il fallait donc céder aux exigences de ces rats et aligner leurs salaires sur ceux des Égyptiens. Ousethi pesta intérieurement : ses bénéfices occultes allaient s'en ressentir. Maîtrisant à grand peine le flot de colère qui l'étouffait, il somma le meneur d'approcher. Celui-ci s'avança, suivi par les siens, les mains crispées sur les bâtons.

– Quel est ton nom ? demanda le contremaître d'un ton rogue.

– Ammihoud, Seigneur !

– Es-tu le chef des ouvriers apirous ?

1. Mennof-Rê : nom égyptien de Memphis.

– En vérité, je le suis.

Ousethi laissa passer un long silence, détaillant son interlocuteur du haut de sa litière. Le colosse soutint fièrement son regard.

– Quelle arrogance ! cracha le maître d'œuvre ! Tu as de la chance que je ne puisse vous remplacer rapidement. Mais je n'oublierai jamais que tu m'as forcé à accepter ton ignoble marché.

Il serra les mâchoires et poursuivit.

– C'est bien. Vous recevrez désormais le même salaire que les paysans égyptiens. Mais attention ! Je veux que vous redoubliez d'efforts afin de rattraper le retard.

Sans attendre de réponse, Ousethi ordonna aux porteurs d'emmener sa litière. Un peu déçu, Madrali fit signe à ses guerriers de le suivre. Puis il s'approcha du maître d'œuvre.

– Pardonne à ton serviteur, Seigneur, mais pourquoi ne m'as-tu pas ordonné de donner une bonne leçon à ces chiens ?

– Patience, mon ami. Un combat contre ces misérables n'aurait rien arrangé. Ils étaient décidés à se battre, et trois fois plus nombreux que vous. Il y aurait eu des morts des deux côtés, et je ne tiens pas à attirer l'attention de Sa Majesté par une affaire de ce genre. Il existe d'autres moyens d'agir. As-tu bien repéré ce géant ?

– Oui, Seigneur !

Ousethi regarda autour de lui et chassa une nouvelle fois les petites Nubiennes. Puis il fit signe à Madrali d'approcher son oreille.

– On dit que les frontières du Sinaï ne sont pas très sûres, et que des bandes de pillards y rôdent. On dit aussi que ces bandits s'aventurent parfois au plus près des cités. Aucune muraille ne protège le quartier des Apirous. Les pillards agissent la nuit. Crois-tu que nous puissions redouter une attaque prochaine ? Une attaque qui me débarrasserait de cet Ammihoud et me permettrait de demander au seigneur Merihor des troupes supplémentaires, afin de… protéger le chantier ?

Madrali hocha la tête. Un rictus de satisfaction dévoila ses dents rares et jaunes.

– Je partage ta crainte, Seigneur ! Il se pourrait bien qu'il se produise bientôt une attaque des pillards du Sinaï.

– Bien entendu, mes fidèles guerriers percevraient une prime supplémentaire.

– Sois-en remercié, Seigneur !

Après la touffeur de la journée, la nuit avait apporté une fraîcheur bienfaisante. Ammihoud était resté un long moment à bavarder avec le vieux chef, l'un des derniers à ne pas être né sur la terre d'Égypte. Akassar n'avait que quelques mois lorsque son père, appartenant à la tribu de Levi, avait suivi Joseph et Jacob. D'autres hommes plus jeunes leur tenaient compagnie.

– Ousethi a fini par céder ! déclara Ammihoud. J'ai craint un moment qu'il n'y eût bataille. Les gardes étaient nombreux et bien armés. Mais nous étions décidés à nous défendre.

– Il est bon que Jaho [1] nous ait épargné cette épreuve, répondit Akassar. Nous ne sommes pas de taille à combattre les gardes de Sa Majesté.

– Mais les Égyptiens nous traitent comme des esclaves ! reprit un autre du nom d'Abner.

– Ils nous traitent comme les paysans ! rectifia Akassar. Ni mieux, ni moins bien. Nous percevons un salaire, et nous payons l'impôt, comme les Égyptiens eux-mêmes.

– Et ils nous battent lorsque nous ne pouvons pas payer ! insista Abner. Alors que nous sommes des hommes libres ! Libres !

– Les Égyptiens nous méprisent, renchérit un autre nommé Ahimélek. Nos troupeaux les incommodent. Ils ne vénèrent que les vaches et les taureaux.

– Calmez-vous ! reprit Akassar. Les Égyptiens ne nous détestent pas. Le roi Séthi a traité Joseph, fils de Jacob, comme son propre fils. Il a fait de lui son ministre, grâce auquel l'Égypte a pu éviter la famine. Ensuite, il a accepté que la tribu de Jacob trouve refuge ici. Il y a de cela plusieurs générations, et, même si nos relations ne

1. Jaho (ou Jahu) est l'un des anciens noms donné à Yahveh par les ancêtres des Hébreux travaillant en Égypte, notamment à Éléphantine (Yêb, ou Abou, le pays des éléphants). C'est pourquoi j'utiliserai plutôt ce nom dans la suite du récit. Vers le quatrième siècle avant J.-C., les Hébreux prirent l'habitude de ne plus prononcer ce nom, pour ne pas risquer de l'utiliser de manière abusive.

furent pas toujours faciles avec les Égyptiens, ils nous accordent l'hospitalité. Bien plus même, la plupart nous considèrent désormais comme des Égyptiens. Excepté quelques anciens comme moi, vous êtes tous nés dans la Vallée sacrée. Nous avons oublié ce qu'est la famine, et certains d'entre nous travaillent pour Pharaon, quelquefois à des postes très élevés. Les prêtres des Maisons de vie se moquent de l'origine de leurs élèves pourvu qu'ils soient intelligents.

– Et nous avons renié Jaho, rétorqua Abner. Nombre d'entre nous se sont tournés vers les divinités égyptiennes. Des dieux à tête d'animaux. Des vaches, des oiseaux, des crocodiles ! Et ces gens nous traitent comme des sauvages parce que nous élevons des moutons et des chèvres !

– Ils ont offert un sol à nos ancêtres. Il est juste que nous respections leurs dieux.

– Alors, ne t'étonne pas que Jaho nous ait abandonnés ! répliqua Ahimélek.

Sans attendre de réponse, il quitta la demeure d'Akassar, suivi par une poignée de jeunes hommes excités. Akassar soupira :

– Je ne peux leur tenir rigueur de leur emportement. À leur âge, j'aurais sans doute réagi de la même manière.

– D'autant qu'ils n'ont pas vraiment tort, répondit Ammihoud. Les temps ont changé depuis l'époque de Joseph et du bon roi Séthi. Les Égyptiens se montrent moins hospitaliers. Cet Ousethi prend plaisir à nous humilier.

Le vieil homme laissa passer un silence.

– Aujourd'hui, reprit-il, c'est toi qui l'a humilié, Ammihoud. Ne l'oublie pas. Il a perdu la face devant ses guerriers. Il a cédé uniquement parce qu'il n'avait pas d'autres ouvriers pour vous remplacer. Alors, méfie-toi de lui. Cet homme est fourbe, et je doute qu'il oublie si facilement l'affront que tu lui as fait subir.

– Je n'ai fait que demander à être considéré comme un véritable Égyptien.

Le colosse serra les poings.

– Ce porc nous a traités comme des étrangers.

– C'est malheureusement notre condition, Ammihoud. Nous sommes des hommes libres, mais sans terre. Ce pays ne nous appartient pas.

– Peut-être pourrions-nous retourner en Canaan, suggéra Amram, un homme encore jeune, dont l'épouse, Jokébed, attendait un enfant.

– Canaan, le pays que Dieu donna à notre ancêtre Abraham... dit rêveusement Akassar.

– Cette histoire de don est une légende, répondit Ammihoud. Ici, au contact des Égyptiens, nous avons un peu oublié le dieu de nos pères. Et lui aussi nous a oubliés. La tradition affirme qu'il avait coutume de se manifester à nos ancêtres. Depuis mes plus jeunes années, je n'ai guère constaté sa présence.

– Mais le Seigneur existe, Ammihoud ! rétorqua Amram. Et Canaan existe aussi. Les voyageurs nous en parlent. Je suis sûr que nous devrions repartir là-bas !

– Qui nous y conduirait ? répondit Ammihoud. Qui parmi vous, les anciens, sait encore où il est situé ?

– Ammihoud a raison, Amram, renchérit Akassar. Aujourd'hui, ceux qui sont nés là-bas sont devenus des vieillards qui ne conservent aucun souvenir de ce pays mythique. Nous ignorons où il se trouve. Y retourner nécessiterait une expédition longue et dangereuse. Ceux qui vivent à Canaan à présent nous considéreraient comme des étrangers et nous combattraient. Je ne suis pas sûr que les Apirous accepteraient de quitter le Double-Royaume pour se lancer dans une telle aventure.

– Alors, serons-nous toujours des étrangers partout dans ce monde ? grommela Amram.

Akassar soupira :

– Autrefois, nous étions nomades. Nous suivions l'errance de nos troupeaux, et nous nous soucions peu de construire des villes. Nous ne cultivions pas la terre. Mais ici, au contact des Égyptiens, nous avons appris à le faire, et le désir est apparu en nous de posséder une terre sur laquelle nous pourrions bâtir nos propres cités. Mais ce n'est qu'un rêve. Tout comme la terre de Canaan.

Un peu plus tard, Ammihoud regagna sa masure, situé à l'extrémité sud du village. Lorsqu'il tira la couverture en poil de chèvre qui masquait l'entrée, il constata que son épouse Ephira dormait déjà, de même que ses quatre enfants, écroulés par la chaleur sur les tapis. Il s'allongea près de sa femme. Épuisé par sa journée de travail, il ne fut pas long à trouver le sommeil.

Pour ne plus jamais se réveiller.

2

Le lendemain, comme à son habitude, Abner passa chercher Ammihoud pour se rendre au port où les attendait la livraison de pierres du jour. La demeure du colosse était la dernière sur le chemin menant au débarcadère. Derrière le jeune Apirou marchait une troupe d'ouvriers encore endormis. Les premiers rayons du soleil rasant découpaient les maisons de brique crue en un contraste d'ombres mauves et de lumière rose pâle. À l'est, quelques nuages effilochés se tachaient d'or et d'écarlate, promesse de chaleur.

Vaguement inquiet, Abner s'étonna de ne pas voir son ami l'attendre sur le pas de la porte, et lui adresser un signe complice signifiant que sa femme et ses enfants dormaient encore.

– Ammihoud ?

Intrigué, il pénétra à l'intérieur. L'instant d'après, il ressortait et s'appuyait sur le mur pour vomir. Ahimélek entra à son tour, suivi des autres. L'horreur de la scène les cloua sur place. Une odeur de sang et de chair empestait la maison. Six corps gisaient dans des positions grotesques, égorgés, le ventre ouvert et les intestins arrachés, répandus sur le sol. Les visages étaient figés dans des expressions d'épouvante. Il était visible qu'Ammihoud n'avait même pas eu le temps de se défendre. Ses agresseurs l'avaient attaqué pendant son sommeil, et s'étaient montrés sans pitié envers sa femme et ses enfants, dont le plus jeune n'avait pas deux ans. Les Apirous ressortirent, partagés entre l'effroi et la colère.

– Ce crime est signé ! s'écria Ahimélek. Ce chien d'Ousethi s'est senti humilié par notre révolte. Il s'est vengé sur Ammihoud parce qu'il était notre porte-parole.

Akassar leva les bras pour tenter de ramener un semblant de paix dans l'assemblée réunie à la hâte. La nouvelle de l'assassinat s'était répandue sur le village à la vitesse du vent. Un sentiment de colère enflammait les esprits, réclamant vengeance.

– Comment se fait-il que personne n'ait rien entendu ? demanda-t-il.

– La maison d'Ammihoud était située en bordure de la ville. Les gardes ont dû s'introduire chez lui en silence, pour lui tendre un piège.

– Ammihoud était de taille à affronter six hommes à lui seul, renchérit Abner. Ils ont attendu qu'il soit endormi, et ils l'ont frappé pendant son sommeil.

– La pauvre Ephira avait la tête à moitié arrachée, clama un autre. Quant au bébé, ils l'ont presque coupé en deux.

Personne ne s'était rendu sur le port. Des hommes et des femmes continuaient d'arriver. Bientôt, Madrali survint, suivi de ses guerriers solidement armés. Ceux-ci écartèrent la foule sans ménagement. Les Apirous n'avaient pas eu le temps de s'armer. Ils reculèrent.

– Eh bien, pourquoi n'êtes-vous pas au travail ? hurla Madrali. Vous avez pourtant obtenu ce que vous vouliez.

– L'un des nôtres a été assassiné ! s'exclama Ahimélek, hors de lui.

Le visage anguleux de Madrali marqua une légère surprise, puis répondit.

– On nous a signalé la présence d'une bande de pillards. Ce sont probablement eux qui ont commis ce crime. Nous n'y pouvons rien. Donnez une sépulture à votre ami et reprenez immédiatement le travail.

Sans attendre de réponse, Madrali leur tourna le dos et ordonna à ses gardes de se retirer.

– Ils se moquent de nous ! explosa Ahimélek une fois que les soldats eurent disparu.

– Calmez-vous ! reprit Akassar. Vous n'avez aucune preuve que Madrali soit coupable.

– Ne sois pas aveugle, gronda Abner. Personne n'a entendu parler d'une bande de pillards. Nous savons parfaitement qui est responsable de ce crime.

– Nous ne pouvons le laisser impuni, ajouta Ahimélek. Souviens-toi des lois de notre tribu, Akassar : « nous rendrons œil pour œil, dent pour dent, main pour main, pied pour pied, vie pour vie ». Ousethi a fait tuer Ammihoud. Il doit mourir.

– Nous ne sommes pas assez puissants pour nous opposer aux Égyptiens, tenta de le raisonner le vieil homme. Le mieux est d'aller demander justice à Pharaon.

– Parce que tu imagines qu'il acceptera de te recevoir ? Ne te fais pas d'illusions. Nous devons faire notre justice nous-mêmes !

– C'est de la folie.

Personne n'écoutait plus Akassar. Seul son grand âge lui avait valu d'être choisi comme chef du village, parce qu'il était l'un des rares Apirous nés hors d'Égypte. Cependant, il n'avait jamais fait preuve d'une réelle autorité. Jusqu'à aujourd'hui, cela n'avait jamais posé de difficulté. Cette fois, il se sentait incapable de ramener les jeunes hommes à la raison. Emmenés par Ahimélek et Abner, la foule houleuse sortit. Résigné, Akassar s'effondra sur un siège. Il n'aimait pas ce qui se préparait.

3

– Vous avez encore gagné, père ! s'exclama Takhât avec une moue de dépit. Vous êtes donc imbattable ?

Ramsès lui répondit d'un sourire qui ressemblait un peu à une grimace. Depuis quelques années, les articulations de ses doigts le faisaient souffrir, et il avait peine parfois à manipuler les pièces d'ivoire et d'ébène du jeu de Senet. Il avait l'impression qu'on lui enfonçait des aiguilles dans les phalanges.

– Ca ne va pas, père ? s'inquiéta aussitôt la jeune femme.

Ramsès la rassura :

– Hélas, ma fille, je ne suis plus un jeune homme. J'approche bientôt de soixante-dix-huit ans.

Takhât ne répondit pas. Elle redoutait plus que tout la disparition de ce père qu'un peuple entier vénérait à l'égal d'un dieu. Elle contourna la table de marbre, s'agenouilla aux pieds de Ramsès, et posa la tête sur ses genoux. Le roi caressa avec tendresse la lourde chevelure sombre. Il aimait particulièrement cette fille qu'il avait eu sur le tard de l'une de ses épouses. Avec le temps, il avait appris à percer les mystères de l'âme humaine, et celle de Takhât était d'une limpidité rare. Sa compagnie le reposait des intrigues de la Cour.

Devant lui, l'Égypte *reniflait la poussière*. Il savait pourtant que les compliments alambiqués qu'on lui adressait étaient surtout destinés à attirer sa bienveillance pour solliciter un poste, mendier une pension, ou plus simplement se disputer la faveur d'une parole amicale. Les courtisans guettaient ses réactions comme un chien quête les attentions de son maître. Les hommes étaient friands d'honneurs, avides de reconnaissance. Ces faiblesses lui étaient bien utiles pour exercer le pouvoir. Il en avait usé et parfois abusé, tirant orgueil de voir des personnages de haute naissance, redoutés par tous, ramper à ses pieds. Il avait porté le Double-Pays à un sommet de puissance inégalé auparavant. Partout, depuis les rives lointaines de Koush jusqu'à la Grande Verte, des frontières de l'Ament jusqu'aux cités du Levant, s'élevaient des temples et des effigies à son image proclamant sa gloire et sa divinité. Longtemps, il s'était enivré de ce faste, de cette architecture grandiose, dont on ne trouvait l'équivalent nulle part ailleurs.

Aujourd'hui, tout cela lui semblait illusoire. Il régnait depuis plus de cinquante-cinq ans et, l'âge venu, il avait constaté avec amertume que cette condition divine ne le protégeait pas des atteintes de la vieillesse. Bientôt, il rejoindrait le Nil céleste, comme tous les rois avant lui, et comme le plus humble de ses sujets. Son corps autrefois si puissant avait perdu de sa vigueur. Lui qui avait tant aimé les femmes que ses enfants ne se comptaient plus avait dû renoncer aux plaisirs de la chair.

Il fit un effort de volonté pour dominer la douleur. Il en avait l'habitude. Hormis ses proches, personne ne pouvait deviner que sa démarche rigide dissimulait la souffrance. Au contraire, elle lui conférait une allure altière que beaucoup lui enviaient et imitaient.

Avec Takhât, il pouvait abandonner pour quelques instants précieux son masque de souverain absolu et devenir simplement un père. Elle avait quinze ans. Un an plus tôt, il l'avait mariée à son petit-fils Nefersethrê, fils de Meren-Ptah, treizième prétendant au trône, les autres étant tous décédés. Il avait pensé qu'une telle alliance engendrerait un héritier digne d'assurer sa succession. Nefersethrê était un homme magnifique, âgé aujourd'hui de vingt-cinq ans, convoité par toutes les femmes de la Cour.

Mais, pour une fois, le souverain *grand de victoires* s'était trompé. Quelques mois après le mariage, il se reprochait d'avoir livré sa petite Takhât à Nefersethrê. La jeune femme n'avait émis aucune plainte, mais Ramsès avait remarqué un changement dans son attitude. Elle qui avait toujours été une fillette enjouée, au caractère joyeux et spontané, s'était repliée sur elle-même. Son regard s'était empli de tristesse. Puis le roi avait fini par découvrir les traces bleues laissées par les coups. Elle avait alors avoué que Nefersethrê la battait. Le roi avait durement sermonné son petit-fils, qui avait promis, en serrant les dents, de se montrer plus tendre avec elle.

Ramsès savait qu'il n'avait guère tenu parole. Si les coups avaient disparu de leurs relations, Nefersethrê ne s'intéressait plus à Takhât, trop jeune et trop inexpérimentée. Il préférait passer son temps en compagnie des prostituées, qui elles, ne risquaient pas de se plaindre de ses mauvais traitements. Néanmoins, afin d'adoucir l'humeur de son royal grand-père, il avait trouvé quelques instants pour faire un enfant à Takhât. Depuis sa grossesse, celle-ci s'était de nouveau épanouie. Finalement, le vieux monarque trouvait son compte dans cette situation. Elle lui permettait de profiter de la présence réconfortante de sa fille, et de l'amour sans fard qu'elle lui portait.

Soudain, la jeune femme poussa un cri.

– Oh ! Il bouge ! Tenez, mon père, posez votre main là.

Amusé, le roi toucha le ventre gonflé et sentit la chair rouler sous ses doigts.

– Ce sera un fier gaillard, ma fille. L'enfant d'Amon !

– Amon-Mose ! Alors, tel sera le nom que je lui donnerai ! répondit Takhât avec fierté.

À ce moment-là, un serviteur entra et vint se prosterner devant le roi.

– Ô Lumière de l'Égypte, le seigneur Merihor est là, qui souhaiterait vous parler.

– Fais-le entrer !

– Mille fois béni soit ce jour puisqu'il me permet de contempler ton magnifique et glorieux visage, ô Taureau puissant, Protecteur de l'Égypte, ô toi si grand par tes victoires, Aimé d'Amon-Râ…

Ramsès attendit patiemment la fin de son compliment dithyrambique. Takhât, amusée, s'était retirée pour pouffer à l'aise. Le roi observa le courtisan. Merihor cultivait la grandiloquence avec un art consommé, persuadé que la longueur de ses compliments était à la mesure de la bienveillance que lui témoignait Pharaon. Celui-ci faillit bâiller d'ennui. Agacé, il trancha :

– C'est bien, Merihor ! Quel est l'objet de ta visite ?

Pris au dépourvu, Merihor contempla le monarque comme s'il venait de proférer une grossièreté. Il était loin d'avoir terminé son compliment.

– Au fait, Merihor, au fait ! Comment avancent les travaux du temple ?

– Il sera achevé dans les délais, ô Merveille du Double-Royaume. Malheureusement, des incidents fâcheux se sont produits.

– Lesquels ?

– Un Apirou et sa famille ont été tués. Apparemment par des pillards venus du Sinaï.

– Voilà qui est étrange. Cela fait longtemps qu'ils se tiennent tranquilles.

– Ces misérables ont égorgé l'un de tes serviteurs et sa femme, éventré son fils aîné et massacré les trois plus jeunes enfants. Le maître d'œuvre, Ousethi, redoute de nouvelles attaques. Il m'a demandé des renforts.

– Telle est la raison de ta visite ?

– Oui, ô Provende de l'Égypte.

Ramsès II ne répondit pas immédiatement.

– Je croyais avoir établi la paix dans cette région, dit-il enfin. Jamais les pillards n'oseraient s'attaquer ainsi à une cité défendue par une garnison puissante. Es-tu sûr qu'il ne s'agit pas d'un règlement de comptes ?

– Ta clairvoyance est grande, ô Soleil des Princes ! Je me suis posé la question. Il m'a semblé que les Apirous étaient agités ces derniers temps. Il est possible qu'Ousethi rencontre des difficultés avec eux. Ces éleveurs de moutons sont arrogants et prompts à se rebeller. Le dieu bon Séthi fut trop généreux en les accueillant dans la Vallée sacrée. Aujourd'hui, ils se sont multipliés et il ne fait aucun doute qu'ils sont à l'origine des crimes commis dans ta radieuse cité de Pi-Ramsès.

– Mon père a recueilli ces gens voici plusieurs générations parce qu'ils mouraient de faim dans leur pays. Aujourd'hui, la plupart sont nés sur le sol de Kemit et sont devenus des Égyptiens. N'oublie jamais cela. À ce titre, ils doivent obéir aux lois. Mais ils ont aussi le droit de bénéficier de ma protection. Je veux que tu mènes une enquête sur cette affaire. Je vais également te donner un ordre pour le commandant de la garnison, Hotep-Nofrê, qui détachera de nouveaux soldats pour la protection du chantier.

Tandis que le scribe royal trempait son calame dans l'encre et laissait tomber deux gouttes à la mémoire du grand Imhotep, Merihor se jeta une nouvelle fois aux pieds de Ramsès II, le nez sur le dallage.

Ousethi avait obtenu ce qu'il voulait.

4

« Le Pharaon donna à son peuple l'ordre suivant : Jetez dans le Nil tout garçon hébreu nouveau-né ! Ne laissez en vie que les filles ! »
(EXODE 1-22)

L'arrivée d'une centaine de soldats supplémentaire provoqua un vif mécontentement dans le village des Apirous. Sélectionnés par le capitaine Madrali, ces nouveaux guerriers étaient constitués de mercenaires originaires d'Asie, et hostiles aux bergers. Le soir même, les Apirous se réunirent chez Akassar.

– Ce chien d'Ousethi veut nous impressionner ! clama Abner. Ces soldats ne sont pas ici pour combattre les pillards, mais pour prévenir toute rébellion.

– Tu veux dire pour la provoquer ! renchérit un autre. Ils ne cessent de harceler nos femmes.

– Eh bien, il ne faut pas répondre aux provocations ! répliqua Akassar. Le but d'Ousethi est clair : nous discréditer aux yeux de Pharaon en nous faisant passer pour des agitateurs. S'il y a bataille, nombre d'entre nous seront faits prisonniers et transformés en esclaves. C'est cela que veut Ousethi pour empocher les salaires qu'il ne sera plus obligé de nous verser. Il ne faut pas lui donner satisfaction.

– Nous n'allons tout de même pas nous laisser faire ? s'insurgea Abner, hors de lui.

– Je vais demander une audience à Pharaon. Il s'est toujours montré bienveillant à notre égard.

– Peine perdue. Il n'écoute pas les paysans. Et encore moins les étrangers.

– Nous ne sommes plus des étrangers. Je suis sûr que Sa Majesté m'écoutera.

Mais Abner avait vu juste. Akassar et ses compagnons durent se rendre à l'évidence : il n'était pas facile de rencontrer le monarque. Un fonctionnaire zélé regarda le vieil homme arriver avec un regard méprisant. Lorsque le visiteur eut exposé sa requête, l'homme manqua de s'étouffer.

– Une audience de Pharaon ? Mais tu as perdu la tête, vieillard. Jamais le *Soleil de l'Égypte* ne s'abaissera à recevoir un nomade comme toi.

Akassar ne se découragea pas pour autant et demanda à rencontrer un haut teneur de livres du nom de Kherer-Itef, qui était en réalité un Apirou du nom de Pedassour. Après avoir suivi l'enseignement de la Maison de vie, il était devenu fonctionnaire. Pedassour accepta de recevoir Akassar, mais cette visite ne fut guère utile.

– Il est délicat de s'opposer au seigneur Merihor, expliqua-t-il d'une voix embarrassée. C'est un grand courtisan, qui a l'oreille de Sa Majesté. Je ne suis quant à moi qu'un modeste teneur de livres. Il me sera difficile d'intercéder pour une audience.

Akassar n'insista pas. En réalité, Pedassour n'avait aucune envie de déplaire. Il occupait un poste important, difficile à obtenir, et il redoutait de le perdre en s'opposant à un grand seigneur égyptien.

La mort dans l'âme, Akassar et ses amis revinrent vers le village. En chemin, il longèrent le fleuve. Sur la jetée où l'on déchargeait les blocs de pierre, le nombre des guerriers avait triplé. La tension était palpable. Remarques et quolibets fusaient des rangs des soldats. Il fallait toute la patience et l'autorité des anciens pour contenir la fureur belliqueuse des plus jeunes.

Ousethi était fier de lui. Il avait maté la révolte de ces chiens d'Apirous. Le soir même, il regagna sa demeure luxueuse, bâtie avec le prélèvement sur les salaires des paysans. D'humeur joyeuse, il eut envie de donner une fête. Mais cette envie ne dura guère : une fête signifiait encore des dépenses, et risquait de provoquer quelques jalousies. Bah ! il serait toujours temps d'y réfléchir. Pour lors, il se contenta d'un repas frugal pris en compagnie de sa première épouse, une femme laide et revêche, mais dont la fortune compensait bien des défauts.

Peu désireux de s'attarder à bavarder avec elle, il rejoignit sa chambre. Confortablement installé, la nuque posée sur l'appui-tête représentant la déesse hippopotame Thoueris, il laissa son serviteur éteindre une à une les lampes à huile. Cette journée avait été fructueuse. Il ne faisait aucun doute que les Apirous finiraient par se rebeller contre les provocations des soldats. Madrali y veillerait. Il y aurait bien quelques pertes au cours de la bataille, mais ces chiens seraient alors considérés comme ennemis et il pourrait en faire des esclaves. Des esclaves qui ne percevraient aucun salaire, et sur lesquels il aurait droit de vie et de mort. Il était grand temps de limiter la prolifération de ces maudits bergers.

Peu à peu, le sommeil le gagna. Épuisé par la chaleur, il n'entendit pas le bruit de pas étouffé sur le dallage de la chambre. Soudain, une main calleuse, dure comme du bois, le bâillonna, des bras vigoureux le saisirent et l'obligèrent à s'asseoir. L'instant suivant, il vit un éclair métallique luire sous la clarté de la lune, puis une lame de feu lui déchira les entrailles. Il voulut crier, mais la main lui broya les mâchoires. Comme dans un cauchemar, il distingua quatre silhouettes noires brandissant des poignards. Une nouvelle douleur lui vrilla le ventre. Dans un sursaut provoqué par la panique, il parvint à se dégager de l'emprise de la main et se mit à glapir comme un goret qu'on égorge. Ses hurlements attirèrent ses domestiques. Une cavalcade retentit. Le souffle court, le corps torturé par la souffrance, Ousethi vit les formes sombres se fondre dans la nuit. Puis ses serviteurs apparurent avec des torches qui découpaient des ombres fantomatiques sur les murs de calcaire.

– Seigneur ! Que s'est-il passé ?

On ralluma les lampes à huile. Le contremaître reprenait péniblement son souffle. Les yeux fous, il porta la main à son ventre, la retira poissée d'un sang gluant et tiède. Une terreur glaciale s'empara de lui.

– Je suis mort ! gémit-il, affolé.

Il se mit à pleurer, suppliant qu'on allât chercher immédiatement le médecin. Celui-ci arriva quelques instants plus tard. Un rapide examen lui suffit pour rassurer le maître d'œuvre. La bedaine confortable qu'il cultivait depuis quelques années, parce qu'elle était un signe évident de réussite, lui avait sauvé la vie. Les lames des poignards n'avaient fait qu'entailler les chairs. Le médecin prescrit des préparations cicatrisantes et des pansements d'herbes, puis il compléta le traitement par quelques incantations aux dieux.

Mais la douleur était telle qu'Ousethi se voyait déjà sur la barque des morts. Les lueurs tremblantes des lampes à huile découpaient sur les murs des silhouettes mouvantes dans lesquelles il croyait reconnaître l'ombre du dieu à tête de loup, Anubis. D'une voix chevrotante, il demanda ses deux femmes, ses enfants, et tous ses serviteurs près de lui, afin de le veiller avant qu'il ne rejoignît le *Champ des Roseaux*. Car il était sûr que le médecin s'était trompé. Et, devant la perspective de son cœur posé sur la balance de Maât, il redoutait que celui-ci ne soit plus lourd que la plume d'autruche. Il clamait qu'il n'avait pas toujours été un bon mari, un bon père et un bon maître, mais qu'il en demandait pardon. La vision d'Apophis, le serpent géant de Seth, fondant sur lui pour le dévorer, lui arrachait des gémissements.

Ses épouses, résignées, le contemplaient d'un air las. Elles étaient habituées aux jérémiades de leur mari lorsqu'il était malade.

Le lendemain, constatant qu'il était toujours en vie, Ousethi reprit espoir. Le spectre du dieu loup s'était éloigné. La peur avait fui son esprit, la souffrance avait diminué grâce aux philtres apaisants préconisés par le médecin. Peut-être allait-il survivre ? Alors, la colère l'envahit. Il avait failli mourir ! Et surtout, il s'était donné en spectacle aux siens, à ses femmes, à ses serviteurs, qui devaient en faire à présent des gorges chaudes. Il fit appeler le capitaine Madrali.

– Les Apirous ont tenté de m'assassiner cette nuit, s'égosilla-t-il. J'ai reconnu leur odeur ! Je veux que l'on retrouve ceux qui ont commis ce crime abject.

– En as-tu reconnu, Seigneur ?

– Bien sûr que non, imbécile ! Il faisait nuit.

– Alors, comment ferai-je, Seigneur ? Les autres n'accepteront jamais de livrer les coupables.

Ousethi médita quelques instants, puis déclara :

– Il faut les contraindre à parler. Ces misérables attachent beaucoup d'importance à leurs enfants mâles. C'est là que nous les frapperons. Tu ordonneras aux sages-femmes égyptiennes d'assister les femmes apirous dans leurs couches. S'il s'agit d'une fille, elles la laisseront vivre, s'il s'agit d'un garçon, il faudra le supprimer. Tu t'en chargeras toi-même.

– Bien, Seigneur.

Madrali réunit les habitants sur la place principale du village et déclara que, sur ordre du seigneur Ousethi, et en raison du crime effroyable dont il avait été victime, les coupables devaient être dénoncés dans les plus brefs délais. Faute de quoi les nouveau-nés mâles seraient mis à mort. Des clameurs d'indignation et d'horreur jaillirent. Les plus vieux durent user de toute leur autorité pour éviter un mouvement de révolte spontanée. Combattre eût été un suicide. Trois cents soldats armés jusqu'aux dents occupaient le village. Les archers avaient pris place aux endroits stratégiques. À la moindre tentative de soulèvement, les assaillants seraient criblés de flèches. Peu à peu, un calme relatif revint. Madrali attendit qu'un délateur se manifeste. En vain. Mais il était patient. Il avait repéré trois femmes sur le point d'accoucher.

Plus tard, chez Akassar, eut lieu une réunion houleuse. Révoltés par l'ignoble décision du contremaître, les hommes envisagèrent de prendre les armes. Mais que pouvaient-ils faire contre des guerriers entraînés et parfaitement équipés ? Malgré les lamentations des futures mères, ceux qui avaient attaqué le contremaître eurent garde de se faire connaître. Akassar avait une idée assez précise quant à leur identité. Cependant, il était hors de question de les livrer aux gardes d'Ousethi. Il prit la parole :

– Chers compagnons, un grand crime se prépare contre ceux de notre village. À cause de quelques inconscients qui n'ont pas su peser toutes les conséquences de leurs actes. Se croyant investis du droit de justice, et pour venger notre regretté Ammihoud et sa famille, ils ont frappé. Mais ils ont échoué. Auraient-ils réussi que la situation serait identique. Leur aveuglement nous plonge dans le malheur, et Jaho nous impose une épreuve terrible. L'honneur de notre tribu nous interdit de les dénoncer. Cependant, ils doivent savoir que, par leur faute, de jeunes mères risquent de perdre leur enfant. Je fais donc appel à leur courage pour leur demander d'assumer leurs responsabilités.

Ayant terminé, il se tourna vers Ahimélek et ses amis. Ceux-ci baissèrent le nez, mais ne lâchèrent mot.

Une longue attente commença.

Trois jours plus tard, il y eut deux accouchements. Obéissant aux ordres d'Ousethi, les sages-femmes égyptiennes se présentèrent au domicile des parturientes. Les deux bébés étaient de sexe féminin. Méfiant, Madrali exigea de voir les enfants et dut se rendre à l'évidence : c'était bien des filles. Il ne vit pas le regard complice qu'échangèrent les sages-femmes et les accouchées. En réalité, les nouveau-nés étaient bien des garçons. Mais les sages-femmes, révoltées par les ordres monstrueux d'Ousethi, avaient pris soin d'apporter avec elles des bébés filles dont elles avaient la charge, et les avaient substituées aux garçons, escamotés dès leur naissance.

Déçu, Madrali fit son rapport à Ousethi, qui entra dans une colère noire.

– Et bien sûr, personne ne s'est encore dénoncé ! s'exclama-t-il.

– Personne, Seigneur ! Si ton serviteur peut te soumettre un avis...

– Je t'écoute.

– Pourquoi ne pas supprimer également les filles ? Ces Apirous sont trop nombreux, et ce sont les filles qui les engendrent.

– Voilà une parole sage. Qu'il en soit donc ainsi.

Cette fois, la terreur fut à son comble. Les deux sages-femmes égyptiennes, catastrophées, ne pouvaient plus rien faire. Huit jours plus tard, il y eut une nouvelle naissance, dans le foyer d'Amram. Madrali veillait. Dès que la femme, Jokébed, fut sur le point d'accoucher, il força la porte de sa demeure, accompagné d'une petite armée. Malgré les protestations des villageois, ils chassèrent les accoucheuses et les amies du foyer, ne conservant près de la parturiente qu'une vieille femme terrifiée, qui l'aida à mettre son enfant au monde. Jokébed eut à peine le temps de voir qu'il s'agissait d'un garçon. Sans aucune pitié pour ses hurlements de détresse, Madrali lui arracha le bébé, l'enveloppa dans une couverture, et l'emporta. Amram se jeta sur les soldats, suivi d'une dizaine de ses compagnons. Mais les soldats dégainèrent leurs épées et les frappèrent. Trois hommes, dont Amram, furent gravement blessés.

Lorsque les soldats emportèrent l'enfant, une foule en colère les suivit. Mais les archers se mirent en position et décochèrent quelques nuées de flèches. Deux hommes s'écroulèrent, la poitrine transpercée. Furieux et impuissants, les Apirous durent se contenter de suivre les guerriers à distance.

Le sinistre cortège se dirigea jusqu'au fleuve. Sans manifester la moindre émotion, Madrali saisit le nouveau-né vagissant et lui brisa la nuque d'un coup sec, sous l'œil indifférent de ses soldats. Puis il le projeta au loin. Le petit cadavre s'enfonça dans les eaux sombres du fleuve. Des remous convergèrent vers l'endroit où il avait coulé. Les crocodiles, fils de Sobek, allaient effacer toute trace du crime.

L'après-midi, les Apirous se réunirent, dominés par une haine dévorante. On ne pouvait laisser de telles horreurs se reproduire. Malheureusement, ils n'étaient pas de taille à lutter contre l'armée réunie par Ousethi. Akassar réitéra son discours, adjurant les coupables d'affronter leurs responsabilités. Alors, Ahimélek fit un pas en avant, la tête basse. Ses trois amis l'imitèrent.

Le soir de ce crime abominable, dans le palais de son père, la princesse Takhât mettait au monde un bébé magnifique. C'était le plus bel enfant que l'on eût jamais vu. Le menton volontaire, déjà pourvu d'une tignasse aussi rousse que celle de son grand-père Ramsès, il clamait à pleins poumons son déplaisir d'avoir quitté le confort du ventre maternel.

On l'appela Masesaya Amon-Mose. Toutefois, à cause de sa longueur, on le raccourcit en un nom plus familier, « Mosé ».

5

Entre les naissances de ses enfants, petits-enfants et arrière-petits-enfants, Ramsès II aurait pu se lasser des nouveau-nés. Mais chaque venue au monde de l'un de ses descendants était pour lui un motif de fierté. Il ressentait une bouffée d'orgueil à se dire que cette foule qui grouillait dans le palais, qui intriguait, complotait, se distinguait dans les batailles, engendrait d'autres enfants, qui riaient, pleuraient et le vénéraient comme un dieu, que cette multitude était issue de son sang. En raison de sa longévité, il avait eu la douleur de perdre plusieurs de ses enfants, comme Mériatoum ou le prince Ramsès, un glorieux général mort au cours de la cinquantième année de son règne, trois ans auparavant.

Cette fois encore, il éprouva une grande joie lorsque Takhât vint lui présenter son fils. Malgré son épuisement, la jeune mère s'inclina avec fierté devant Ramsès II. Le bébé était superbe. Doté d'une voix vigoureuse, il hurlait sa réprobation de se trouver dans la solennelle salle du trône plutôt que contre le sein tiède et nourricier de sa maman.

Nefersethrê, le père, contemplait l'enfant en feignant l'intérêt. Que cette chose gigotante et vagissante fût issue de lui et de la petite gourde qu'on lui avait imposée pour épouse l'intriguait. Il se disait qu'il aurait dû ressentir de l'orgueil : il venait d'avoir un héritier. Mais à ses yeux, ce bébé ne valait guère mieux que les bâtards qu'il avait déjà engendrés et dont il ne se souciait guère. Il laissait à leurs mères, prostituées ou filles de courtisans, le soin de se débrouiller avec leur progéniture. Il avait des préoccupations bien plus importantes que de s'inquiéter de gamins morveux et malodorants. Cependant, son intérêt s'éveilla lorsqu'il entendit son royal grand-père déclarer d'une voix ferme :

– Écoutez bien ! Cet enfant me succédera un jour sur le trône de Kemit. Il coiffera les Deux Magiciennes et le peuple ploiera la tête devant lui. Telle est ma volonté !

Nefersethrê avait appris à dissimuler ses émotions, mais il frémit. Il ne savait que penser de cette déclaration. Ramsès vivait depuis déjà si longtemps qu'il avait enterré douze prétendants à sa succession. Alors, voulait-il dire par cette décision qu'il voyait en Masesaya la continuité de la dynastie, qui passait par Meren-Ptah et lui-même ? Ou bien comptait-il leur survivre encore jusqu'à ce que le bébé fût adulte ? Nombre de courtisans avaient fini par croire qu'il était immortel, ou tout au moins qu'il atteindrait l'âge des sages, cent dix ans. Rares étaient ceux qui l'avaient connu du temps de sa jeunesse, comme l'ancien grand prêtre d'Amon, Bakenkhonsou. Ramsès régnait depuis cinquante-trois ans, il n'y avait aucune raison pour que cela s'arrêtât maintenant.

La vigueur de son grand-père faisait douter Nefersethrê de ceindre un jour la double couronne rouge et blanche. Depuis toujours il rêvait de voir le peuple entier se courber devant lui. Son père, Meren-Ptah, était désigné comme successeur légitime ; mais, à quarante-cinq ans, il n'était plus dans sa prime jeunesse. Et voilà que Ramsès désignait son arrière-petit-fils pour lui succéder. Un enfant qui était *aussi* son petit-fils, par l'intermédiaire de sa fille Takhât... Une bouffée de colère saisit le jeune père, qui se maîtrisa à grand-peine. Ce vieillard était fou. Il fallait au Double-Royaume un homme jeune, puissant et redouté, à son image. Il n'allait pas laisser un enfant tout juste né, fût-il son fils, contrarier ses ambitions. Fort heureusement, il s'écoulerait quelques années avant que cet enfant ne devînt dangereux. Il avait largement le temps d'agir.

– Princesse, il faudrait trouver une nourrice pour notre petit Mosé. Vous n'avez guère de lait.

Takhât soupira. Sarah, sa servante apirou, avait raison. La jeune mère avait pourtant de jolis seins depuis qu'elle était enceinte. Elle pressa fermement l'un d'eux, espérant voir s'écouler le précieux liquide blanchâtre, sans grand succès.

– Je suis sèche comme une vieille figue ! dit-elle avec un rire qui sonnait un peu faux.

Elle aurait aimé allaiter elle-même son fils. Il était le plus bel enfant du monde. Cela ne faisait aucun doute. Jamais elle n'avait imaginé la force de ce sentiment qui lui pénétrait le cœur, qui emplissait son esprit d'une joie de tous les instants. Elle ne se lassait pas de le contempler, se réveillait la nuit pour le regarder dormir, écoutait avec inquiétude la régularité de son souffle. Mosé était un prolongement vivant sorti de son ventre, un don des dieux. Son époux, Nefersethrê, n'avait fait aucun cas de l'amour qu'elle avait voulu lui offrir avec sa générosité naturelle, générosité dont elle n'avait même pas conscience. Takhât était faite pour aimer et être aimée. Elle avait baigné dans une atmosphère d'amour depuis sa naissance. Ses nourrices l'avaient entourée d'affection, ses frères et sœurs appréciaient sa bonne humeur constante et son rire clair. Surtout, elle avait grandi dans l'ombre protectrice d'un dieu incarné, un père de légende qui l'aimait peut-être un tout petit peu plus que les autres. Sa vie n'avait été qu'une longue période de bonheur inaltérable, de joies et de fêtes. Aussi n'avait-elle pas compris la violence dont Nefersethrê avait fait preuve à son égard.

À la vérité, il n'avait jamais accepté ce mariage imposé par le roi. Le lendemain même de leur première nuit, il lui avait craché avec méchanceté qu'elle n'était qu'une sotte. Elle ne s'intéressait qu'aux jeux et au babillage des femmes. Takhât avait espéré de longues nuits d'amour. Elle s'était retrouvée seule. Avec le temps, elle n'avait pas songé à s'en plaindre. Nefersethrê lui faisait peur, malgré la protection que lui valait son rang de princesse royale. Elle en était venue à redouter les moments où, ivre de vin et de bière, il revenait de temps à autre lui rendre visite. Subir les assauts de cette brute n'était jamais une partie de plaisir. Si les femmes devaient se plier à cette corvée répugnante pour satisfaire les envies bestiales de leurs maris, elle s'estimait heureuse qu'il se soit détourné d'elle. Elle avait compris que Nefersethrê ne lui avait fait cet enfant que parce que le roi l'avait ordonné.

Takhât conservait pourtant des réserves inépuisables d'amour à offrir. Le petit garçon arrivait à point nommé pour qu'elle déverse sur lui ses flots de tendresse. Malheureusement, elle devrait renoncer à la joie incomparable de sentir sa petite bouche puiser la vie en elle. Elle eut soudain envie de pleurer, et de grosses larmes ruisselèrent sur ses joues.

– Je suis peut-être trop jeune ! se lamenta-t-elle.

Émue, Sarah la prit contre elle.

– Là, ne pleure pas, mon petit agneau ! Il arrive souvent que les femmes n'aient guère de lait pour leur premier enfant. Cela ira mieux pour le prochain.

Takhât se dressa, soudain affolée :

– Il n'y en aura pas d'autre ! Enfin, j'espère. Nefersethrê ne partage presque plus ma couche, et je ne fais rien pour l'y amener. Je n'ai guère envie de recommencer !

– Mais les dieux souhaitent nous voir faire beaucoup d'enfants, ma princesse.

– Tes dieux peut-être, pas les miens.

– Tu as donc tant souffert pour le mettre au monde…

– Oh non ! J'ai eu mal, mais c'est déjà oublié. Non, je parle des… choses dégoûtantes que m'a fait subir son père.

Sarah eut un rire léger.

– Pourquoi ris-tu ?

– La vie est mal faite, parfois. Je pense au nombre de filles de la Cour qui rêvent d'avoir une aventure avec ton mari.

– Eh bien ! je le leur laisse. Je n'en serai pas jalouse, bien au contraire. Qu'elles le prennent, qu'elles le gardent et l'épuisent, afin qu'il ne me touche plus.

Elle se redressa et se dirigea vers le berceau où dormait le petit Mosé. Contrairement à beaucoup de nourrissons, son visage n'était pas fripé. Ses traits étaient pleins, parfaitement dessinés. De plus, la couleur de ses cheveux étaient d'une couleur rare, d'un blond clair tirant sur le roux. Une couleur héritée de Ramsès II. Takhât soupira, soupesa une dernière fois ses seins à peine gonflés et déclara :

– Tu as raison. Il lui faut une nourrice. As-tu quelqu'un à me proposer ?

Sarah hésita un instant.

– L'une de mes cousines, Jokébed, vient de perdre son fils dans des circonstances… tragiques. Il est né le même jour que Mosé. Je pourrais peut-être lui proposer. Elle a déjà eu deux enfants, Aaron et Myriam, et je sais qu'elle a eu à chaque fois beaucoup de lait. De plus, ses enfants sont magnifiques.

– Alors, cours vite la chercher.

Ainsi Jokébed entra-t-elle au service de Takhât. Celle-ci avait cru éprouver un peu de dépit à voir une autre femme donner le sein à son fils, mais elle n'était pas d'une nature jalouse. La gentillesse et la douceur de Jokébed eurent vite fait de lui faire oublier sa frustration. Puisque cette femme offrait son lait à Mosé, elle devait lui en être reconnaissante. Très vite, une complicité s'installa entre la servante et la princesse.

Takhât ne fut pas longue à remarquer la tristesse qui marquait les traits de la nourrice. Elle savait que son bébé était mort, mais n'osait lui en parler. Comment une femme pouvait-elle surmonter un tel drame ? Une angoisse glaciale l'envahissait à la simple idée qu'elle pût perdre Mosé. Sa bonté naturelle la poussait à ne pas rappeler ce souvenir cruel à la pauvre Jokébed, cependant, elle aurait aussi voulu la consoler. En lui offrant d'allaiter son fils, elle lui avait permis d'alléger sa souffrance, mais elle se doutait que jamais le petit Masesaya ne remplacerait l'enfant disparu. Jokébed faisait preuve de discrétion et conservait, dans son malheur, une attitude très digne. Si elle parlait volontiers de ses autres enfants, Aaron et Myriam, jamais elle n'évoquait le dernier.

Un jour, Takhât se décida à aborder le sujet douloureux.

– Je ne veux pas ennuyer ma princesse avec mes malheurs, répondit Jokébed. J'ai déjà perdu deux autres enfants. C'est le lot des femmes. Bien souvent aussi, elles meurent en couche. Sans doute les dieux le veulent-ils ainsi…

– Les dieux ne peuvent être aussi cruels, dit doucement Takhât.

– Peut-être, je ne sais pas, princesse. Ce n'est pas aux femmes de savoir ces choses-là.

Une lueur de haine pure passa dans ses yeux, une fraction de seconde. Takhât le remarqua, comme elle remarqua les jointures soudain blanches des doigts de la nourrice. Jokébed hésita, puis poursuivit :

– Mais la mort de ce bébé n'est pas le fait des dieux.

– Comment ça ?

– Il a été tué par des soldats égyptiens.

Takhât se dressa d'un coup, épouvantée.

– C'est impossible ! Nos soldats ne feraient jamais de mal à un nouveau-né.

– Ceux-là n'ont pas hésité à me l'arracher des bras juste après sa naissance. Puis ils l'ont emporté jusqu'au fleuve… et là…

Des larmes lourdes roulaient sur les joues de la nourrice. Elle serra les dents et acheva dans un sanglot :

– Là, ils lui ont tordu le cou et l'ont jeté aux crocodiles.

Takhât resta un moment sans voix. Elle ne se rendit pas immédiatement compte qu'elle s'était mise à pleurer elle aussi.

– Mais pourquoi ? Pourquoi ?

– Le maître d'œuvre Ousethi nous traite comme des esclaves. Il a fait tuer l'un des nôtres pour avoir provoqué un arrêt de travail. Ammihoud a été assassiné chez lui par des guerriers à la solde du contremaître, lequel a fait croire à une attaque de pillards. Des jeunes de ma tribu ont voulu venger nos morts. Ils ont tenté de tuer ce chien d'Ousethi, mais ils ont échoué. Il a voulu les faire arrêter, mais il savait que jamais nous ne livrerions les nôtres. Alors, il a ordonné que soient tués tous les nouveau-nés jusqu'à ce que les coupables se dénoncent. Nous ne pouvions pas croire que les gardes se rendraient complices de tels crimes. Mais ils ont osé, et… mon fils a été sacrifié. Le même jour, les coupables se sont rendus. Nous espérions un procès, mais Ousethi a rendu la justice lui-même.

Un nouvel éclair de haine traversa le regard de Jokébed.

– Que s'est-il passé ? demanda Takhât, impressionnée.

Jokébed baissa la voix, comme pour contenir le flot de colère qui rugissait en elle.

– Ce bâtard – que les rats lui rongent les entrailles ! – les a livrés à des hyènes de chasse affamées. J'ai encore leurs hurlements de terreur et de douleur dans les oreilles.

– Personne n'a tenté de s'opposer à ce répugnant personnage ? s'insurgea Takhât.

– Le chef de notre tribu, le vieil Akassar, a essayé de rencontrer Pharaon, mais on n'a jamais voulu lui accorder d'audience. On lui a répondu qu'il n'était qu'un Apirou… et qu'il sentait mauvais.

Takhât se leva nerveusement.

– Ce maître d'œuvre n'a pas le droit de rendre ainsi la justice. Il doit dépendre d'un grand seigneur !

– Il s'appelle Merihor. Personne n'ose se dresser contre lui, car il a l'oreille de Pharaon. Ce Merihor se moque bien de notre sort. La seule chose qui l'intéresse, c'est l'achèvement du nouveau temple de Pharaon dans les délais, quelles que soient les méthodes employées. Ousethi est donc le maître absolu du chantier.

Takhât bondit.

– Eh bien moi aussi, j'ai l'oreille de Pharaon. Je n'ai pas peur de ce Merihor, et encore moins de ce chien d'Ousethi. Suis-moi !

Confiant la garde de Masesaya à Sarah, Takhât entraîna Jokébed dans le palais, en direction des appartements de son père. Celui-ci, intrigué par sa colère, la reçut immédiatement.

– Eh bien, qu'arrive-t-il à ma fille chérie ? demanda-t-il, amusé de la voir dans un tel état d'excitation.

Mais, pour une fois, Takhât n'avait pas envie de rire. Elle exposa les faits à Ramsès, et invita la nourrice à raconter son malheur. Prosternée devant le monarque, Jokébed commença son histoire. Au fur et à mesure qu'elle parlait, le visage du roi blêmit. Avec douceur, il demanda à la nourrice de se redresser et de venir s'asseoir près de lui. Bouleversée, la jeune femme obéit, les yeux ruisselant de larmes. Lorsqu'elle eut terminé, Ramsès gronda :

– Ce que tu dis là est très grave. Je vais ordonner une enquête.

Celle-ci, suivie de près par Takhât, fut rondement menée. Sommé de se justifier, Ousethi tenta d'expliquer qu'il avait dû réprimer une révolte, que les Apirous n'étaient qu'un ramassis de fripouilles dont il eût mieux valu faire des esclaves. Mais l'étude minutieuse de ses comptes par les scribes du palais fit très vite apparaître les malversations dont il s'était rendu coupable. Le jugement fut rendu par Ramsès II lui-même. Les biens d'Ousethi furent confisqués, et lui-même fut envoyé dans les mines d'or royales, au sud du pays, en compagnie de Madrali. Quant à Merihor, fautif de n'avoir pas su s'entourer, il dut partir en Nubie, pour y servir le nomarque en place. Les salaires des ouvriers égyptiens et apirous furent augmentés de manière conséquente afin de réparer le préjudice. Et un nouveau maître d'œuvre plus honnête fut nommé par Pharaon.

Pour la première fois depuis longtemps, le calme revint dans le village apirou. On sut très vite que l'on devait cette libération à Takhât. La princesse connut alors une grande popularité parmi les bergers. À sa demande, Jokébed avait pris l'habitude d'amener avec elle au palais ses deux autres enfants, Aaron et Myriam, qui devinrent les compagnons de jeu du petit Mosé. Celui-ci écarquillait les yeux et riait aux éclats devant les grimaces et les pitreries des gamins. Bourrés de gâteaux au miel et autres sucreries, les petits Apirous s'étaient parfaitement adaptés à la vie du palais. Ils adoptèrent aussi la coutume égyptienne de la coiffure retenue par un anneau sur l'oreille.

Pi-Ramsès, la nouvelle capitale fondée par Ramsès II, attirait nombre d'étrangers, et notamment des princes hittites. Depuis que Pharaon avait signé avec le pays du Khatti le traité de *Paix et de Fraternité,* les relations entre les deux nations étaient devenues plus amicales, même si chacun restait sur ses gardes. Ousermaâtrê Setepenrê entretenait plusieurs observateurs à la Cour de ses anciens ennemis. Mais ces derniers étaient trop occupés par les querelles intestines qui déchiraient le pays pour se révéler dangereux. Régulièrement, Pharaon se tenait informé en recevant des princes avec lesquels il avait noué des liens qui, pour certains, se teintaient d'amitié. Tel était le cas de celui qui rendit visite à Ramsès à l'époque du deuxième anniversaire de Mosé.

Le seigneur Baal-Patjar arriva au moment des fêtes grandioses destinées à célébrer les dieux des jours épagomènes [1], Osiris, Isis, Nephtys, Seth et Horus. À cette période, qui coïncidait avec le retour de l'étoile Sothis, on attendait avec impatience la montée des eaux du Fleuve sacré. Baal-Patjar fut reçu avec chaleur par Pharaon. Les deux hommes, sensiblement du même âge, s'étaient combattus autrefois, à l'époque de la bataille de Qadesh. La paix

---

1. Jours épagomènes (nom grec) : Il s'agit des cinq jours qui complétaient l'année égyptienne. Voir en annexe l'article sur le calendrier égyptien.

signée, ils s'étaient rencontrés plusieurs fois et un sentiment d'amitié était né entre eux. Bien sûr, Takhât n'assista pas aux discussions entre les deux hommes. La politique ne la passionnait pas. Mais Ramsès tint à les présenter, elle et son fils, au vieux prince hittite. Celui-ci contempla longuement le petit garçon, qui allait avoir deux ans.

Le lendemain, dernier jour épagomène, consacré à Nephtys, Takhât, comme nombre d'Égyptiens, flânait sur les rives du Nil en compagnie de son fils. Elle n'avait pas oublié que sa naissance avait eu lieu à la même époque. Parfois, elle ne pouvait s'empêcher de penser que Mosé lui avait été apporté par Hâpi, le dieu du Nil.

Une foule joyeuse et bruyante les entourait, que surveillaient les gardes personnels de la princesse. Une bourse remplie de debens, cette monnaie en forme d'anneaux ronds, permettait d'acheter toutes sortes de merveilles dont regorgeaient les marchés colorés de la cité. Là, c'étaient des étoffes en provenance de lointains empires asiatiques ; ailleurs, les marchands d'herbes et d'épices avaient déployé des dizaines de tapis couverts de poudres odorantes et multicolores. Des vendeurs d'animaux proposaient des perroquets, de petits singes, des félins de toutes tailles. Des bateleurs multipliaient mimes et pitreries, tours d'adresse et d'illusion.

Soudain, alors qu'elle s'approchait des rives du fleuve, un individu à l'allure bizarre s'avança vers Takhât. Aussitôt, les gardes encadrèrent la jeune femme. L'homme, un hittite, s'inclina devant elle.

– La protection de Baal soit sur toi et sur ton fils, ô noble fille du Soleil d'Égypte ! Mon maître, le prince Baal-Patjar, m'envoie vers toi. Il souhaiterait te parler et espère que tu lui feras le grand honneur d'accepter de lui rendre visite en sa demeure, avec ton fils.

Un peu surprise, Takhât ne sut quelle attitude adopter. Que pouvait lui vouloir un seigneur étranger ? Elle avait rencontré Baal-Patjar la veille, en compagnie de son père. Pourquoi ne lui avait il pas parlé à ce moment-là ? Et pourquoi voulait-il voir son fils ?

Mais le vieux prince ne lui avait pas paru particulièrement dangereux, bien au contraire. Le serviteur demeurant respectueusement courbé, elle finit par dire :

– C'est bien, conduis-moi à lui !

Quelques instants plus tard, Takhât se retrouva devant le vieillard dont le visage parcheminé s'ornait d'une longue barbe grise. Ses yeux d'un bleu délavé pétillaient de malice. Takhât s'inclina devant lui, et voulut confier Mosé à Jokébed, qui l'accompagnait.

– Non ! Je souhaite que l'enfant reste avec toi, dit le vieil homme.

Il s'approcha de Takhât et déclara :

– Qu'Amon étende ses bienfaits sur toi et sur ton glorieux fils, ô noble fille de mon ami le Taureau Puissant des Deux-Terres. Tu dois un peu t'étonner de ma requête.

– Oui, Seigneur ! répondit la jeune femme, craintive.

Il invita Takhât à s'asseoir près de lui et ordonna aux serviteurs de sortir.

– Il fallait que je te parle seul à seule. J'ai reçu des dieux le don de percevoir la puissance des forces invisibles, petite princesse. Tous les êtres humains rayonnent d'une force subtile qui est le reflet même de la présence divine.

Le vieillard parlait presque sans accent. Il émanait de lui une noblesse et une sagesse qui subjuguaient Takhât.

– La plupart du temps, cette force s'estompe avec l'âge, car les hommes ignorent son existence. Elle est extrêmement lumineuse chez le souverain de ce pays, le grand Ramsès. Mais…

Il se tourna vers Mosé.

– Mais elle est encore plus intense chez ton fils. Son rayonnement a attiré mon attention hier, lorsque ton père vous a présentés à moi. À la vérité, je dirais qu'il m'a presque aveuglé.

Il prit la main du petit garçon dans les siennes et ferma les yeux. Une fine sueur se mit à couler sur le front ridé du vieil homme. Il poursuivit d'une voix sourde :

– Je ne m'étais pas trompé. Écoute bien mes paroles, princesse Takhât : un destin fabuleux attend ton fils. Il connaîtra la victoire et la puissance, la défaite et l'exil, la trahison et la souffrance ; mais il deviendra plus grand que le plus grand des rois. Un dieu fera alliance avec lui et son nom perdurera par-delà les siècles, bien longtemps après que le Double-Royaume lui-même aura cessé d'exister. Des peuples entiers se plieront aux lois dictées par ce dieu.

Baal-Patjar rouvrit les yeux et regarda une nouvelle fois le petit garçon, qui, pour une fois, se tenait immobile, visiblement impressionné par le grand vieillard.

– Je peux désormais mourir l'esprit en repos, car j'aurai eu le privilège de contempler son visage.

Un peu plus tard, Takhât se retrouva hors de la demeure du prince hittite, abasourdie. Elle serra son fils dans ses bras pour le protéger. Que fallait-il penser de tout cela ? Elle était sûre que le vieil homme possédait le don de dévoiler le destin. Une force étrange émanait de lui. Elle n'avait pas compris toutes ses paroles, mais elles ne pouvaient avoir qu'une seule signification : Mosé deviendrait un roi encore plus puissant que Ramsès II lui-même. Peut-être connaîtrait-il quelques revers, ainsi que le prévoyait la prophétie, mais il finirait par triompher, et asservirait des peuples innombrables. Un dieu ferait alliance avec lui. Ce dieu ne pouvait être qu'Amon, bien sûr. Amon le Mystérieux, l'Invisible, qui inspirerait à Mosé des lois nouvelles destinées à régir la vie des Égyptiens. Des lois qui feraient aussi de son fils un grand conquérant dont la légende survivrait au souvenir de l'Égypte elle-même.

Un brouhaha la tira de sa méditation. Au loin, en direction du fleuve, retentissaient des grands cris d'allégresse. Elle comprit que la crue arrivait. L'esprit troublé, elle suivit la foule joyeuse et enthousiaste qui se dirigeait vers les rives. Hâpi était de retour.

Deuxième partie

L'enfance de Moïse

–1225 à –1213

6

Nefersethrê n'appréciait pas du tout la présence des jeunes Apirous Aaron et Myriam auprès de son fils. Ces misérables étrangers ne respectaient pas les coutumes égyptiennes et, de surcroît, il les trouvait sales.

– Ils ont pris l'odeur de leurs boucs ! s'exclamait-il lorsqu'il rendait une visite rapide à son épouse. Comment peux-tu accepter qu'ils souillent ta demeure ?

Il aimait se montrer désagréable, sachant que Takhât était trop fière pour se plaindre à son père. Fort heureusement, Ramsès II, qui n'ignorait pas les relations tendues existant entre sa fille et son mari, envoyait régulièrement celui-ci sur les frontières occidentales, où les Libyens s'agitaient. Nefersethrê y trouvait son compte. Il aimait la vie des camps et les combats, et comptait bien s'illustrer dans une grande bataille. C'était un chef de guerre redoutable, craint par ses ennemis et vénéré par ses hommes. Cependant, sa cruauté naturelle le rendait impitoyable envers les prisonniers. Malheur à celui qui tombait entre ses griffes ! Il se plaisait à trancher lui-même les mains, les têtes, à allumer les bûchers sur lesquels périssaient les chefs capturés.

Takhât n'était pas fâchée d'être séparée de son époux. Suivant la Cour au gré de ses déplacements, elle continuait de mener la vie dorée des princesses royales. Elle possédait elle-même sa propre petite cour, composée de ses suivantes – des compagnes d'enfance – et de ses servantes. Jokébed, avec le temps, était devenue plus qu'une nourrice. Pleine de charme et d'esprit, la jeune femme avait séduit la princesse, qui la considérait désormais comme une amie.

Aaron et Myriam ne quittaient jamais le petit Mosé, dont ils déformaient le nom à cause de leur accent. Dans leur bouche, il devenait Moïse.

Mosé s'était habitué à être considéré comme le centre du monde. Tous s'extasiaient devant lui, même ce grand vieillard devant lequel on se frottait le nez sur le sol. Sa mère, la plus belle et la plus douce des femmes – avec la maman de Myriam et d'Aaron –, lui avait expliqué qu'il s'agissait de son grand-père, le dieu vivant gouvernant le Double-Royaume. Mosé n'avait rien compris à cette explication. Il en avait seulement retenu que le vieillard et lui étaient liés, et qu'il représentait donc lui-même quelqu'un de très important.

Ce qui lui convenait parfaitement.

Mais tout n'était pas toujours parfait dans ce monde merveilleux. De temps à autre apparaissait un homme de haute stature devant lequel sa mère elle-même semblait trembler. Takhât lui avait dit que cet homme au regard noir et à la voix grondante était son père. Cela ne signifiait rien pour l'enfant. Ce « père », absent la plupart du temps, surgissait lorsqu'on s'y attendait le moins. Il poussait alors d'épouvantables colères qui provoquaient chez le petit un mélange de peur et de fureur. Il ne supportait pas que l'on fît du mal à sa mère. Dans ces moments-là, il aurait aimé être aussi grand que l'homme aux yeux sombres pour se battre avec lui et le flanquer dehors. Il savait que cela finirait par arriver. Sa mère, après le départ de l'inquiétant personnage, lui répétait qu'un jour, il deviendrait encore plus fort que lui et le vaincrait.

Mosé attendait ce moment avec impatience.

À l'époque de ses trois ans survint un événement majeur dans la vie du Double-Royaume. La fête du Heb-Sed, célébrant le jubilé du roi, avait lieu au terme de la trentième année de son règne. Or, Ramsès II occupait le trône d'Égypte depuis cinquante-sept ans. Depuis quelques années, on avait pris l'habitude, en raison de son grand âge, de célébrer cette fête tous les deux ans. Donnée au lever de Sothis, elle coïncida avec l'anniversaire de Mosé. Les festivités avaient été organisées par le grand vizir du Sud, Neferrenpet, et par l'un des petits-fils de Ramsès II, Hori. Le matin, les dieux avaient été sortis de leurs naos et promenés sur le fleuve. Malgré la chaleur accablante, les danseuses virevoltaient au son des tambourins et des harpes, agitant leurs sistres en un rythme lancinant.

Autrefois, dans les premiers temps de l'histoire de Kemit, les rois devaient, au cours de la fête du Heb-Sed, faire la preuve qu'ils possédaient encore assez de force pour diriger le Double-Pays. Ils devaient symboliquement mourir, puis renaître à la vie, et enfin effectuer une course autour de deux bornes représentant la haute et la basse Égypte. En raison du grand âge de Ramsès II, cette coutume avait été abandonnée, et l'on se contentait d'un voyage sur la barque solaire du souverain, devant le temple sacré de Louqsor. Bravant les mille douleurs qui vrillaient son corps, le roi, coiffé de la double couronne rouge et blanche, et paré de la barbe postiche, offrait à son peuple un visage impassible. Des milliers de badauds se pressaient sur les rives pour tenter d'apercevoir le dieu vivant, qui régnait depuis si longtemps que seuls quelques rares vieillards se souvenaient encore d'un temps où le Double-Royaume était dirigé par le dieu bon Séthi Ier.

Après avoir rendu hommage au plus secret et au plus grand des dieux, Amon, ainsi qu'à tous les *neters* qui présidaient aux destinées de l'Égypte, Ramsès se rendit au palais où il devait recevoir les compliments et présents des nomarques ainsi que des membres de sa famille innombrable.

Une longue allée remontait vers le trône sur lequel se tenait Ramsès II. Celui-ci devait faire appel à toute sa volonté pour maintenir son corps rigide et droit malgré les courbatures qui lui rongeaient les membres. Les potions calmantes prescrites par les médecins ne lui étaient plus d'un grand secours. Le lourd pectoral d'or, le poids des Deux Magiciennes et son costume royal de lin brodé et garni de pierreries n'arrangeaient pas les choses.

Une foule immense, composée de tous les notables de Ouaset, de petits seigneurs lointains et de riches négociants qui avaient dû monnayer à prix d'or l'entrée dans le palais, se pressait de part et d'autre de l'allée, sur laquelle de jeunes servantes jetaient des pétales de lotus. En premier lieu entra la famille royale, précédée par le successeur désigné, Meren-Ptah. Celui-ci, à quarante-huit ans, présentait un visage serein, reflet de la sagesse qui était la sienne depuis toujours. Ramsès savait qu'il ne pouvait s'être choisi de meilleur successeur, même s'il ne possédait pas toute la rouerie nécessaire à l'exercice du pouvoir. L'honnêteté foncière de Meren-Ptah pouvait constituer un handicap sérieux. Mais le peuple l'aimait, et il comptait dans la foule des courtisans nombre d'appuis solides. Meren-Ptah, d'un pas lent, vint se prosterner devant son père, qui le releva avec bienveillance.

D'autres enfants de Ramsès II suivirent, qui imitèrent leur aîné sous l'œil perçant de leur souverain et géniteur. La dernière, Takhât, s'avança seule devant le roi, qui s'étonna de ne pas apercevoir le petit Mosé dans ses bras. Le grand vizir expliqua à voix basse au souverain que le père de l'enfant avait tenu à présenter lui-même son fils au monarque. Ramsès se réjouit de cette décision. Nefersethrê se décidait peut-être enfin à se tourner vers sa famille.

En réalité, les motivations du jeune père étaient bien différentes. Nefersethrê connaissait la tendresse que Ramsès éprouvait pour le petit garçon. Il savait que le jour – qu'il souhaitait proche – où le souverain rejoindrait le *Champ des Roseaux*, Meren-Ptah deviendrait le nouveau pharaon. Par son geste, il désirait prouver au monarque qu'il était le successeur désigné de la dynastie. En présentant lui-même son fils, il espérait conforter Ramsès dans cette idée, et attirer sur lui les bonnes grâces du dieu vivant.

De fait, un léger sourire éclaira le visage de Ramsès lorsqu'il aperçut Mosé dans les bras puissant de Nefersethrê. Mais le bambin n'avait jamais aimé ce père ombrageux, dont les brèves apparitions correspondaient toujours à des périodes de tensions et de colère. Il avait accepté de mauvaise grâce que celui-ci le prît dans ses bras. Tandis que Nefersethrê s'avançait fièrement au-devant de Ramsès II, goûtant avec un plaisir évident les acclamations de la foule, Mosé, terrorisé par les clameurs de l'assemblée et furieux de sentir la poigne puissante de son père resserrée sur son petit corps, n'avait qu'une idée : fuir. Il détestait l'odeur de cet homme, il détestait son regard noir et dominateur, il détestait ses cheveux huilés et parfumés. Parvenu devant Ramsès II, Nefersethrê brandit le bébé au-dessus de sa tête d'un geste arrogant, déclenchant de nouvelles acclamations de la foule. Par cette élévation symbolique, il tenait à affirmer sa légitimité au trône d'Égypte en tant que successeur de Meren-Ptah. La dynastie se perpétuerait encore longtemps.

Ce fut alors qu'eut lieu l'incident qui devait marquer de manière funeste les relations entre le père et le fils. Mosé, surpris par le mouvement brutal de Nefersethrê, se saisit de la couronne princière ornant le crâne paternel et la projeta violemment sur les dalles. La couronne roula jusqu'aux pieds du monarque dont le visage se figea instantanément.

Un silence s'étendit sur la foule stupéfaite. Le fils avait arraché la couronne de la tête de son père. Ce geste était lourd de signification. L'espace d'un instant, Nefersethrê contempla le bambin d'un regard chargé de haine. Puis, reprenant son empire sur lui-même, il se força à sourire tandis qu'un serviteur ramassait le joyau, que le prince remit en place d'un mouvement sec.

Peu à peu, les conversations reprirent. On commenta l'événement avec passion. Si certains n'y avaient vu qu'une anecdote banale, d'autres au contraire estimèrent qu'il s'agissait là d'un présage inquiétant.

Ce fut le cas de Nefersethrê lui-même. Le lendemain, il consulta les oracles pour tenter de percer la signification du geste de son fils. La réponse fut terriblement précise.

– Il n'y a aucun doute, Seigneur. Un jour, ton fils se dressera devant toi et te combattra pour la possession du trône d'Égypte.

– Sais-tu si je serai vainqueur ?

Le prêtre pâlit, connaissant les excès de colère de Nefersethrê.

– Parle ! insista le jeune homme, furieux.

– Hélas, les réponses des dieux sont difficiles à interpréter, Seigneur. Il semble clair que tu régneras sur le Double-Royaume. Mais…

– Mais quoi ? hurla Nefersethrê.

– Ton fils régnera lui aussi. J'ai vu un affrontement entre deux étoiles, entre deux dieux vivants. Au-delà, tout devient trouble. Car certains signes annoncent ta victoire, mais d'autres indiquent que tu perdras la vie au cours de l'un des combats qui vous opposeront. Dans cette lutte terrible, il risque de n'y avoir ni vainqueur ni vaincu.

7

Jusqu'au septième anniversaire de Mosé, Takhât et lui partagèrent leur temps entre Pi-Ramsès, la nouvelle capitale du Double-Royaume, et les rives du lac Fayoum. À Per-Sobek, la Maison du dieu crocodile, se tenait le harem royal. Là vivaient les multiples concubines d'Ousermaâtrê Setepenrê ainsi que leurs innombrables enfants en bas âge. Très tôt, Ramsès II avait épousé deux femmes, Isisnofret, et surtout la très belle Nefertari, la tant aimée, qui avait rejoint le *Champ des Roseaux* depuis bien longtemps. Isisnofret lui avait survécu pendant de nombreuses années, mais s'était éteinte à son tour, laissant la direction du harem royale à Bentanat, sa fille aînée.

Celle-ci avait hérité de son divin père une autorité que nul ne songeait à lui contester, même parmi les anciennes épouses. Les nouvelles, parfois très jeunes, avaient été unies au souverain pour sceller diverses alliances, essentiellement avec les peuples du Levant. Quoique la paix ait été signée avec les rois du Khatti, les Hittites, Ramsès II demeurait méfiant et entretenait une armée d'agents de renseignements chargés de l'informer sur la politique des minuscules cités-états de Palestine et de Mésopotamie, toujours promptes à se rebeller contre toute autorité.

En amoindrissant la puissance des souverains hittites, les luttes intestines avaient servi Ramsès II. Afin de sceller la paix, il avait fait envoyer des grains à l'ennemi d'hier, dont le pays était ravagé par la famine. Mais il s'était également assuré la fidélité de certains petits rois asiatiques par un jeu d'alliance qui avait amené dans son lit une foule de princesses auxquelles il s'était empressé de faire des enfants, obéissant à sa nature généreuse.

Takhât était le fruit de l'une de ces unions. Elle n'avait pratiquement jamais connu sa mère, morte peu de temps après sa naissance. Elle savait toutefois que Ramsès avait éprouvé pour elle un amour sincère, qu'il avait reporté sur sa fille. Ainsi Takhât jouissait-elle d'un traitement particulier au sein du harem royal.

À la vérité, elle aurait aimé rester près de son père à Pi-Ramsès, mais celui-ci voyageait souvent. Malgré son âge avancé, il voulait conserver un regard sur l'avancement des travaux des temples de Haute-Égypte. Takhât revenait alors à Per-Sobek, où elle avait passé son enfance. Son caractère heureux et sa bonne humeur lui valait l'estime des épouses royales et des autres enfants de Ramsès II, qui par ailleurs passaient leur temps à comploter. Le harem fourmillait de toutes sortes d'intrigues ayant pour motifs des futilités, querelles de préséances ou autres objets insignifiants, qui occupaient ces dames et leurs progénitures.

Chacun savait aussi que Takhât bénéficiait de la protection du *Taureau puissant*. On la tenait donc à l'écart de toutes les petites mesquineries et conflits de cour, auxquels elle ne s'était jamais intéressée. Son fils Mosé, que Ramsès présentait comme l'un de ses successeurs, était l'objet de toutes les attentions.

Le petit garçon passa ainsi une première enfance très heureuse, jouant dans les jardins du harem en compagnie d'une ribambelle de gamins qui ne se différenciaient guère des enfants de paysans lorsqu'ils rentraient le soir, couverts de bleus et de poussière.

Lors des séjours à Per-Sobek, Mosé tenait à ce que Jokébed, Aaron et Myriam les accompagnassent. L'enfant affirma très vite son caractère volontaire et batailleur. Comme tous les enfants égyptiens, il ne portait aucun vêtement. Aucun d'ailleurs n'eût été assez solide pour résister aux exploits des garnements qui passaient leur temps à escalader les murs pour galoper près des paysans travaillant dans les champs. Ils adoraient grimper dans les arbres, tout comme les singes apprivoisés que l'on utilisait pour cueillir les figues. De même ils aimaient suivre les « mères des veaux ». Chacune avait son nom propre et leurs propriétaires les décoraient de colliers de fleurs.

Mosé admirait les chasseurs qui allaient abattre des oiseaux à l'arc ou au boomerang dans les marais bordant les rives du lac. Il parvint à se faire offrir par sa mère un bâton de jet et un petit arc, dont il apprit très vite à se servir. Il adorait les jeux vigoureux, fertiles en plaies et bosses. Il avait hérité de son père une carrure massive et solide, et dépassait les autres enfants de son âge d'une bonne tête. Il en profitait pour imposer sa loi avec une belle assurance et sans aucun scrupule. Takhât le contemplait avec fierté. Il était de loin le plus fort de sa génération. Elle voulait y voir la confirmation de la prédiction du vieux prince hittite. À travers ces bagarres infantiles, Mosé apprenait son futur rôle de chef.

À six ans, Takhât lui parla de la prophétie de Baal-Patjar. Pas un seul instant Mosé ne la mit en doute. Sa mère était la princesse la plus belle et la plus importante de Per-Sobek. Les autres femmes ployaient la tête devant elle. Lui-même était le petit-fils du dieu-vivant qui gouvernait le Double-Pays. N'était-il pas naturel qu'il devînt, lorsqu'il aurait atteint l'âge adulte, le successeur de Ramsès II ? Bien sûr, il faudrait d'abord que son autre grand-père, Meren-Ptah, monte sur le trône. Mosé le connaissait peu, mais il gardait le souvenir d'un homme sage au regard doux, aux yeux rapprochés et aux oreilles légèrement décollées.

Mosé savait aussi que son propre père, Nefersethrê, succéderait à Meren-Ptah. À cette seule idée, sa peau se hérissait. Sa haine envers lui ne s'était pas calmée avec l'âge, bien au contraire. Jamais il ne pardonnerait à ce père honni ses explosions de colère, au cours desquelles il rouait sa mère de coups. Il avait hâte de grandir pour pouvoir la protéger.

Takhât n'avait pas eu d'autre enfant. Aussi Mosé considérait-il Aaron et Myriam comme le frère et la sœur que les dieux ne lui avaient pas donnés. Bien que plus âgés que lui, ils lui obéissaient. Non pas parce qu'il était fils de prince, mais parce qu'il émanait de lui une autorité naturelle contre laquelle il était difficile de lutter. Mosé ne doutait de rien. La vie à Per-Sobek ou à Pi-Ramsès était un enchantement. Tout le monde courbait la tête devant lui. On supportait d'autant plus facilement son caractère dominateur qu'il était plein de charme et qu'il avait hérité la générosité spontanée de sa mère. Lorsqu'il avait peiné l'un de ses proches, il s'en trouvait si malheureux qu'on était obligé de lui pardonner, avec au cœur un vague sentiment de culpabilité.

Mosé passait de longues heures à écouter Ferou, un vieux conteur, évoquer les innombrables légendes égyptiennes. Il tremblait un peu à l'évocation des *affrits*, ces esprits malfaisants qui attiraient les voyageurs au sein du désert pour les faire périr dans d'atroces souffrances.

– Ne vous aventurez jamais dans le désert, disait le vieillard à voix basse pour ne pas attirer l'attention des mauvais génies. Lorsqu'ils s'en prennent à un enfant, on ne retrouve de lui que les os blanchis par le soleil. Ils vous arrachent la chair par lambeaux, et ils boivent votre sang jusqu'à la dernière goutte, alors même qu'on est encore vivant.

Les autres gamins écarquillaient les yeux d'effroi, mais Mosé soupçonnait le vieil homme d'exagérer.

– À quoi ressemblent-ils ? demandait-il.

– Nul ne le sait. On dit qu'ils sont capables de prendre un aspect humain, de sorte qu'ils peuvent se fondre dans la foule. Peut-être en avez-vous déjà croisé, sans le savoir. Mais personne ne connaît leur vrai visage. Ceux qui l'ont contemplé sont tous morts.

Un autre danger, lui aussi issu du désert de l'ouest, planait sur la cité de Per-Sobek. Un ennemi qui n'avait rien à envier aux *affrits* s'abritait au-delà de l'horizon : les Tjemehous. Ainsi nommait-on les terribles guerriers nomades qui, régulièrement, se livraient au pillage sur les petits villages bordant le Fayoum. Une garnison importante défendait les abords de la ville, en prévision d'une attaque toujours possible de ces Bédouins. Ceux-ci, à plusieurs reprises, avaient tenté d'envahir le delta.

– Le *Taureau puissant* – Vie, Force, Santé – les a repoussés plusieurs fois, disait Ferou. Il a fait bâtir des citadelles là-bas, vers le couchant. Mais les Tjemehous sont rusés et cruels. Ils sont les fils des *affrits*. Il vaut mieux mourir que de tomber entre leurs mains.

– Que font-ils à leurs prisonniers ? s'inquiéta Myriam.

– Ils tranchent les mains et les pieds des hommes, puis ils leur crèvent les yeux. Ils éventrent les femmes. Quant aux enfants, ils les écorchent tout vifs pour leur dévorer le cœur.

Parfois, de brusques bouffées de haine envahissaient le cœur de Mosé. Alors, il rugissait du haut de ses six ans :

– Un jour, disait-il en serrant les poings, je serai grand et je tuerai tous les Tjemehous !

Cependant, même s'il lui arrivait de mettre en doute les paroles du vieux conteur, il n'était guère rassuré quand venait le soir. Avant de se coucher, non loin de la présence rassurante de sa mère, il contemplait la ligne rouge de l'horizon, au-delà du lac. Alors, une crainte incontrôlable le pénétrait. Bien sûr, de puissantes garnisons défendaient les abords de la cité du dieu crocodile. Mais comment combattre des esprits ? S'ils attaquaient au cours de la nuit, ils massacreraient Takhât, Myriam, Aaron, Jokébed, tous ceux qu'il aimait. Il se rendait compte qu'il n'était encore qu'un enfant, incapable de les protéger. Alors, dans le secret du crépuscule couleur de sang, il enviait son père, Nefersethrê, qui allait les combattre.

Parfois, Mosé apercevait des prisonniers que l'on ramenait sans ménagement des profondeurs du désert. Ils arboraient un visage fier malgré les coups et les humiliations. Leur regard farouche et luisant impressionnait le jeune garçon. Depuis l'intérieur du palais, il entendait ensuite un vacarme inquiétant. Avec quelques autres garnements, il parvenait à se faufiler jusqu'au sommet d'un mur et tentait de voir ce qui se passait à l'extérieur. Les gamins ne réussissaient qu'à apercevoir, montant de l'autre extrémité de la ville, une fumée épaisse et noire, tandis que des cris épouvantables retentissaient, salués par des hurlements. Une fillette un peu plus âgée expliquait aux enfants que ces prisonniers s'étaient rendus coupables de terribles massacres et qu'on les mettait à mort en les jetant dans les flammes d'un bûcher.

Mosé s'était brûlé le doigt, une fois, en s'approchant trop près d'un brasero. La douleur qu'il avait ressentie lui donnait une idée de ce que pouvaient éprouver les suppliciés. Il ne pouvait s'empêcher d'imaginer la morsure des flammes dans leur chair, la souffrance insoutenable qui les déchirait. Bien sûr, ces prisonniers étaient des ennemis. Mais l'idée de leur mort atroce provoquait des cauchemars abominables.

Ainsi passèrent les sept premières années de sa vie. Un jour, il dut pourtant abandonner cette vie insouciante. Sa mère vint le trouver.

Son visage reflétait une gravité et une tristesse qu'il ne lui connaissait pas. Elle l'embrassa longuement, puis déclara :

– Mon fils, j'ai reçu un message de ton grand-père Sesou [1]. Il désire que tu partes pour Ouaset [2], où tu suivras l'enseignement de la Maison de vie sous la direction du grand prêtre d'Amon lui-même, Bakenkhonsou. Il est temps pour toi de recevoir l'éducation de prince que tu mérites.

– Mais alors, mère, je ne vous verrai plus ?

– Nous nous verrons lorsque tu reviendras à Pi-Ramsès, pour la fête du jour de l'an.

– Qu'allez-vous devenir ?

Takhât eut un sourire pâle. Mosé vit qu'elle avait peine à retenir ses larmes.

– Ma vie est ici. Il arrive un âge où les jeunes garçons doivent s'éloigner de leur mère. Ainsi le veulent les dieux.

L'enfant comprit que cette fois, il était inutile de discuter. Tels étaient les ordres de Pharaon, et il était hors de question de se rebeller contre son autorité. Sa mère lui avait déjà parlé de cette éducation de prince. La Maison de vie d'Ouaset était la plus réputée. Peu de princes pouvaient y accéder. Ne voulant pas céder à l'angoisse mêlée de curiosité qui l'avait envahi, Mosé exigea :

– Je veux que Myriam et Aaron viennent avec moi !

Il n'y avait pas à revenir là-dessus.

– Malheureusement, je crains que cela ne soit pas possible, mon fils. Ils ne sont pas de sang royal. Ils ne peuvent suivre l'enseignement des princes.

Il sembla à Mosé que le monde s'écroulait autour de lui. Il allait se retrouver seul, dans un monde étranger peuplé d'inconnus. Jamais il n'avait cru qu'un jour il serait obligé de se séparer de sa mère, de sa nourrice et de ses amis. Bien sûr, il savait qu'il allait grandir, et il le désirait plus que tout. Mais il pensait rester néanmoins entouré de sa mère et de ses amis. Ce jour-là, il comprit que devenir un homme n'avait pas que des avantages.

---

1. Diminutif affectueux donné familièrement à Ramsès II par ses proches et par le peuple.
2. Ouaset : nom égyptien de Thèbes.

Cependant, au-delà de son angoisse, il était fier, parce que cette nouvelle vie allait le mener vers ce qu'il désirait plus que tout : devenir pharaon à son tour. Pour cette raison, il parvint à contenir ses larmes.

8

Vers la fin de la saison d'Akhet, l'Inondation, Mosé quitta Pi-Ramsès. La veille, il avait dû se séparer de sa nourrice, Jokébed, et de la petite Myriam. Cependant, Takhât réserva à son fils une surprise de taille. Sans lui en parler, elle avait demandé à Pharaon l'autorisation pour Aaron d'accompagner Mosé et de suivre l'enseignement des prêtres. Le souverain avait immédiatement accepté. Lorsque les deux garçons apprirent la nouvelle, ils laissèrent éclater leur joie, puis se répandirent en sanglots, parce que Myriam ne viendrait pas avec eux. Une fille ne pouvait être admise dans l'enceinte de la Maison de vie de Ouaset.

Durant toute la soirée, les trois enfants se jurèrent longuement de ne jamais oublier toutes les années passées ensemble. À les écouter, on eût dit que Mosé et Aaron partaient pour le royaume d'Osiris. Jokébed, qui aimait le jeune garçon comme s'il était son propre fils, ne fut pas en reste et pleura à chaudes larmes. Takhât rassura tout le monde en promettant que Mosé et Aaron reviendraient régulièrement à Pi-Ramsès pour les fêtes du nouvel an.

Debout à l'arrière du bateau qui les emportait vers Ouaset, les deux garçons restèrent longtemps à regarder les petites silhouettes dressées sur la rive. Bientôt, elles s'évanouirent dans la lumière ocre et verte qui noyait le fleuve, leurs voix se diluèrent dans les cris des mariniers et des pêcheurs. La gorge serrée par la tristesse, Mosé et Aaron revinrent prendre place auprès de Takhât, qui effectuait le voyage avec eux.

Très vite, le chagrin des enfants s'estompa devant la splendeur du paysage. On avait embarqué à l'aube sur un navire de grandes dimensions offert par Ousermaâtrê Setepenrê à sa fille bien-aimée. L'équipage était dirigé par un gros capitaine du nom de Pashed. Une cabine aménagée sur le pont protégeait les passagers des vents de sable et des insectes. Des effluves aquatiques leur pénétraient les poumons, mêlés aux relents de poissons que l'on faisait sécher sur les rives et aux parfums des champs surchauffés par le soleil.

Ravi, Mosé prit possession du bateau comme s'il en était le véritable commandant. À sept ans, il venait de « nouer sa ceinture », c'est-à-dire qu'il avait le droit de porter un pagne. Il n'était pas peu fier de son nouveau vêtement de lin rouge et vert, orné de pierres fines.

Les mariniers avaient hissé la grande voile carrée qui permettait de remonter le courant grâce aux vents du nord. Au début, on suivit l'un des bras orientaux du delta en direction de Mennof-Rê, l'antique capitale, près de laquelle les premiers rois de Kemit avaient érigés de gigantesques tombeaux en forme de pyramides. Au-delà, après quelques jours de navigation, le paysage se modifia. Aux vastes plaines inondables, couvertes de palmiers, de sycomores, de perséas et d'acacias succéda une vallée plus étroite, cernée par le désert à l'est comme à l'ouest. Cités et villages s'étiraient sur la rive orientale, dont les habitants répondaient à leurs signes amicaux. Parfois, au détour d'un méandre, se dressait une ville, avec son port, ses temples, ses palais. Alors, le navire accostait, et le nomarque accueillait la princesse avec hospitalité. On savait l'affection que le souverain lui portait, et chacun avait à cœur de lui réserver le meilleur accueil, afin de se ménager les bonnes grâces royales.

Un jour, alors qu'ils contemplaient, fascinés, la course d'un troupeau de gazelles poursuivies par des lions, Mosé et Aaron découvrirent un lieu insolite. Parvenu à un coude du fleuve, le navire longea un ensemble de ruines grandioses, alternant les restes de murailles, de demeures, de palais et de temples. Plus rien ne tenait debout. Un silence impressionnant baignait les lieux, brisé de temps à autre par les cris de rapaces. Au rythme lent du mouvement des rameurs, la cité disparue offrit, pendant plusieurs milles, sa splendeur oubliée devant les yeux ébahis des deux garçons. Ce spectacle avait quelque chose de véritablement angoissant. Jusqu'à présent, chaque ville, chaque village traversé par le Nil était habité. Même si la population n'était pas très nombreuse, même si les maisons menaçaient ruine en raison d'une crue élevée ou d'un tremblement de terre récent, toutes les agglomérations abritaient une foule animée et bruyante, des voix humaines se faisaient entendre, mêlées aux cris des animaux domestiques. Dans ce lieu étrange, les enfants cherchèrent en vain à repérer une quelconque présence. Malgré la splendeur passée que laissaient deviner les décombres, il planait sur la cité fantôme une oppressante sensation de vide et de mort. Tout était figé dans une immobilité tragique et inquiétante, comme si l'haleine létale d'Anubis, le dieu-loup, soufflait encore sur les lieux.

– Que s'est-il passé ici ? demanda Mosé à sa mère.

Elle hésita, puis répondit :

– Je ne sais pas, mon fils. Je crois que cette ville fut autrefois bâtie par un roi maudit, dont le nom ne doit jamais être prononcé.

– Un roi maudit ? Quel crime avait-il donc commis ?

– Je l'ignore. Il vaut mieux éviter d'en parler, afin de ne pas offenser les dieux.

Bien entendu, cette absence de réponse excita l'intérêt du jeune garçon. Malgré son jeune âge, celui-ci commençait à poser d'étranges questions, qui suscitait souvent l'embarras de Takhât. Il savait que les vastes nécropoles s'étendant sur la rive occidentale du fleuve, à proximité des cités, abritaient les tombeaux des notables et des personnes assez riches pour s'offrir une demeure d'éternité. C'étaient des lieux étonnants, où les citadins aimaient à se rendre pour bavarder avec leurs proches disparus. Harcelant sa mère, il avait fini par apprendre que la mort permettait de rejoindre un autre monde, situé apparemment loin vers l'ouest, à l'endroit où le soleil se couchait, et portant des noms mystérieux : *l'Amenti*, *le Champ des Roseaux*, *la Terre d'Osiris*. On disait qu'il ressemblait en tous points à la Vallée sacrée, et qu'un fleuve merveilleux, le Nil céleste, coulait en son milieu. Cette information lui avait paru particulièrement bizarre. D'autant plus que Jokébed, quelques mois auparavant, lui avait fourni une autre explication. D'après elle, lorsque l'on mourait, on rejoignait un dieu auquel elle donnait le nom de Jaho. Alors, qu'en était-il exactement ? Les morts se rendaient-ils dans des endroits différents selon qu'ils étaient égyptiens ou apirous ? Cette perspective le chagrinait, car il espérait bien, après sa mort, continuer de vivre auprès de Myriam et d'Aaron.

Takhât lui avait également expliqué que les anciens rois, ceux que l'on appelait les « dieux bons », se transformaient en étoiles. Dans ce cas, les morts revivaient-ils très loin vers l'ouest, au cœur du désert rouge, ou bien dans le ciel ? Bien qu'il n'eût encore que sept ans, ces contradictions tourmentaient le petit Mosé. Lorsque ses questions devenaient trop embarrassantes, Takhât renonçait, arguant que le grand prêtre d'Amon, Bakenkhonsou, saurait mieux lui expliquer tout cela. Mosé avait fini par comprendre que sa mère ne possédait pas la réponse à tous les mystères. Il lui fallait donc chercher ailleurs. Peu à peu, il eut envie de rencontrer ce mystérieux Bakenkhonsou auquel il devait être confié sur ordre royal. Même s'il n'était guère pressé d'être séparé de Takhât, le jeune garçon sentait son esprit bouillonner d'une intense curiosité qui lui faisait envisager avec un grand intérêt son séjour dans la Maison de vie. Il se promit d'en apprendre davantage sur ces ruines mystérieuses et sur ce roi maudit dont personne ne semblait vouloir parler. Quel crime abominable avait-il donc commis ?

À quelques jours de navigation plus au sud, le navire fit escale dans la cité de Téni [1], où se dressait un temple élevé par le grand-père de Takhât, Séthi Ier. Un autre, érigé par Ramsès, était en voie d'achèvement. Mais Téni était aussi la ville où, selon la légende, les vivants et les morts pouvaient se rencontrer. Elle était en effet dédiée à Osiris, le dieu à peau verte, *neter* de la végétation, mais aussi souverain du royaume des morts. À ce titre, on l'appelait le chef des Occidentaux, nom attribué aux défunts.

Émerveillés, Mosé et Aaron assistèrent à une procession au cours de laquelle les prêtres mimèrent la légende du « premier habitant d'Occident » et « premier momifié ». Devant une foule nombreuse, venue de toute l'Égypte, on avait aménagé une vaste esplanade au centre de laquelle les prêtres costumés racontèrent

---

1. Téni : Nom égyptien d'Abydos, capitale du nome appelé « le Reliquaire d'Osiris ».

comment Osiris fut trahi par son frère, l'ignoble Seth. Ce dernier, au cours d'un banquet, l'avait invité à essayer un sarcophage qu'il désirait lui offrir. Une fois qu'Osiris eut pris place, les guerriers de Seth se ruèrent sur lui et le lardèrent de coups. Incapable de se défendre, Osiris succomba. Seth fit ensuite découper son corps en quatorze morceaux qu'il cacha tout au long de la Vallée sacrée, afin qu'il ne puisse ressusciter. La tête d'Osiris fut enterrée ici même, à Téni. Mais l'épouse d'Osiris, la très belle Isis, s'enfuit. Avec l'aide de la propre épouse de l'odieux Seth, Nephtys, et du fils de cette dernière, le dieu à tête de loup Anubis, elle parcourut sans relâche le Double-Pays afin de retrouver les morceaux d'Osiris. Tous trois durent se cacher des hordes de soldats que Seth avaient lancées à leurs trousses.

À force de patience, Isis finit par réunir toutes les parties du corps de son époux, sauf le sexe, que Seth avait jeté par dérision dans le fleuve, où il fut dévoré par un poisson-chat. Grâce à la science d'Anubis, Isis parvint à reconstituer le corps d'Osiris en l'emmaillotant dans des bandelettes. Ainsi eut lieu la première momification. Puis elle modela dans la glaise un nouveau pénis qu'elle fixa sur la dépouille divine. Alors, le miracle eut lieu, et Osiris revint à la vie. Il s'unit à Isis et lui donna un fils, le divin Horus, dont les yeux étaient le soleil et la lune. Horus partit combattre Seth et, au terme d'une guerre impitoyable, finit par le vaincre. Osiris devint le premier habitant du royaume des morts, le « Premier Occidental », tandis que Seth fut rejeté au cœur du désert de l'Ament, le monde rouge qui s'étendait à l'endroit du soleil couchant. Un lieu sec et stérile à l'image du dieu des ténèbres.

Mosé savait déjà que Seth avait créé un monstre gigantesque, le monstrueux serpent Apophis, qui chaque nuit tentait d'avaler le soleil lorsque celui-ci traversait les contrées obscures de la nuit.

Selon la rumeur, dans les rues de Téni, les vivants pouvaient croiser les morts. À la fois intrigué et inquiet, Mosé écarquilla les yeux pour tenter d'en apercevoir un. Il ne savait pas à quoi il ressemblerait et s'en ouvrit à sa mère. Devant son embarras, Aaron suggéra :

– Il est peut-être impossible de les distinguer des vivants.

À cette idée, une frayeur indicible s'empara de lui. Le jeune Apirou ajouta d'une voix mal assurée :

– Et si cette ville n'était peuplée que de morts ? Nous sommes peut-être les seuls êtres vivants.

Il roula des yeux tellement comiques que Takhât éclata de rire.

Près d'un mois après le départ de Pi-Ramsès, le navire arriva enfin à Ouaset. Déjà, depuis quelques jours, le paysage se modifiait. De part et d'autre, la plaine fertile était devenue encore plus étroite, et l'horizon s'était élevé, découpant des montagnes rousses et arides. Après avoir traversé une région quasi déserte, le fleuve se peupla d'une multitude de felouques, de bateaux carriers et de navires d'apparat annonçant la proximité d'une grande cité. Posté à l'avant du pont, Mosé et Aaron scrutaient les rives, dévorés par la curiosité. Peu à peu, un spectacle étonnant se dessina. Sur la rive orientale se dressaient d'impressionnantes constructions. Depuis un embarcadère encombré de bateaux de toutes sortes partait une allée bordée de sphinx à tête de bélier. Maÿ, un prêtre qui voyageait avec Takhât, expliqua aux enfants :

– Le bélier est l'animal favori d'Amon. Mais il existe aussi, un peu plus loin vers le sud, un autre dieu à tête de bélier, que l'on appelle Khnoum. Il est le dieu potier, qui forge toutes les créatures vivantes sur son tour, avec l'argile du Nil. C'est lui qui détient le secret des crues d'Hâpi, car ses sabots commandent la libération des eaux retenues dans les deux cavernes sacrées où elles sommeillent.

Au bout de l'allée de sphinx se dressait un pylône construit par Ramsès II, qui donnait accès à un ensemble sacré devant lequel les garçons restèrent muets d'émerveillement. Même à Pi-Ramsès ou à Mennof-Rê il n'existait de construction aussi vaste.

– Ce temple est la demeure d'Amon, poursuivit Maÿ.

Longeant la rive, ils aperçurent une autre allée bordée de sphinx qui reliait le premier temple à un second un peu moins grand, que le prêtre présenta comme la demeure de Mout, l'épouse d'Amon. Plus loin s'étendait la ville proprement dite, avec ses palais, ses riches demeures et ses quartiers artisans, lesquels s'étaient beaucoup développés depuis le début du règne de Ramsès. Le souverain avait en effet tenu à récompenser les ouvriers qui travaillaient à l'édification de ses temples en leur octroyant une rétribution confortable. Ainsi s'expliquaient l'affection du peuple et le surnom familier de Sésou.

Le navire aborda au milieu d'une ambiance tumultueuse. Des grappes de curieux se pressaient pour tenter d'apercevoir le personnage important qui naviguait sur une barque royale. Sur les quais régnait un activité de fourmilière. Des scribes accroupis comptabilisaient les ballots de marchandises que des manœuvres chargeaient ou déchargeaient des lourds vaisseaux de transport. Des nuées de gamins nus cavalaient en tous sens, semant une joyeuse pagaïe.

Quelques instants plus tard, Mosé, Aaron et Takhât, accompagnés de leur suite, pénétraient dans la cité de Ouaset, qui avait été pendant des siècles la capitale du Double-Pays. La ville n'avait rien à envier à Mennof-Rê ou à Pi-Ramsès. Les temples et les demeures des notables étaient anciennes. Les rues et les quartiers semblaient avoir été créés en même temps que la ville, à l'origine du monde.

La Maison de vie se dressait à l'écart de la cité, en direction des temples d'Amon et de Mout. C'était un ensemble de bâtiment cerné de hauts murs abritant des jardins peuplés d'arbres magnifiques et de fleurs multicolores, entretenus par les élèves eux-mêmes sous la houlette de maîtres jardiniers.

Le prêtre portier les mena jusqu'à un bureau où les attendait une haute silhouette ascétique au crâne rasé : Bakenkhonsou, le grand prêtre d'Amon, et véritable maître de la cité d'Ouaset. C'était un homme sans doute aussi âgé que Pharaon, à la peau tannée par le soleil. Il n'affichait pas l'embonpoint affectionné par les grands personnages, qui traduisait l'état de celui qui mange toujours à sa faim. Après s'être incliné devant la princesse, son regard sombre se posa sur Mosé, qui ne sut quelle attitude adopter. Le grand prêtre l'impressionnait au moins autant que le roi lui-même.

– Sois le bienvenu, Masesaya ! dit-il d'une voix profonde et grave.

Ainsi commença la nouvelle vie de Mosé. D'ordinaire, l'éducation des princes avait lieu à Mennof-Rê. Mais Ramsès avait voulu que ce fût Bakenkhonsou en personne qui supervisât celle de Mosé. Le jeune garçon se rendit très vite compte qu'il était le seul prince de sang royal. Les autres enfants étaient tous fils de hauts fonctionnaires ou de commerçants aisés de Ouaset. S'il pensa au début que sa position de petit-fils du *Taureau puissant* lui assurerait quelques avantages, il dut vite déchanter. Il fut traité de la même manière que les autres, et reçut le bâton lorsqu'il négligeait d'apprendre ses leçons ou lorsqu'il brisait un calame.

Il logeait à l'intérieur même de la Maison de vie, occupant une petite cellule dont il devait assurer l'entretien lui-même. À sa grande satisfaction, Aaron en possédait une identique. Jamais il n'avait disposé d'une pièce pour lui seul. Un prêtre surveillant s'assurait chaque soir de la propreté des chambres, épiant la moindre trace de saleté, traquant les taches. Et gare à celui qui ne lui obéissait pas ! Il fallait également se laver deux fois par jour et deux fois par nuit, nettoyer son écuelle et son gobelet en terre.

Mais ce n'était là qu'un aspect secondaire de l'éducation. Durant la journée, Mosé et son compagnon assistaient aux cours donnés par les maîtres, des prêtres sévères avec lesquels il était plus prudent de ne pas discuter, car leur badine était prompte à s'abattre sur les récalcitrants ou les paresseux. Si parfois Mosé voua ces sévères professeurs aux *affrits* après une raclée où les fesses lui cuisaient, il apprit dès la première année à se familiariser avec les *medou-neters*, les signes sacrés de l'écriture. La tablette posée sur les genoux, il devait recopier des textes anciens jusqu'à ce que les yeux lui brûlent, aussi bien en hiéroglyphes qu'en hiératique, cette écriture plus rapide avec laquelle on rédigeait les documents courants.

Jamais il n'aurait imaginé une telle quantité de *medou-neters*. Rien que pour les plus courants, on en comptait plus de sept cents. Il dut les apprendre par cœur, étudier leur signification parfois complexe et comprendre la manière dont ils s'accordaient. Comme les autres élèves, il observa le rite séculaire consistant à laisser tomber deux gouttes d'eau à terre avant de commencer tout travail d'écriture, en hommage au magicien Imhotep, vizir du dieu bon Djoser, qui régnait au tout début de l'histoire de Kemit.

On lui enseigna également l'histoire de l'Égypte, notamment les brillantes victoires remportées par son grand-père sur les Hittites, les peuples du Levant, ou encore sur les terribles Tjemehous venus du désert occidental. Il pouvait admirer, dans le temple d'Amon, les fresques magnifiques et colorées narrant les combats livrés par Ramsès à Qadesh ou encore à Dapour. Un prêtre enthousiaste ne se lassait pas d'en commenter les détails.

Comme son grand-père, Mosé se passionna pour la géographie, qui le renseignait sur les cités et sur les pays d'où provenaient les produits importés par les marchands, mais aussi sur les ennemis du Double-Royaume. Il se promit, avant de coiffer la double couronne, de devenir un grand général afin de combattre plus tard ces ennemis qui ne cessaient de se rebeller contre l'autorité de l'Égypte. C'était le cas des Shasous, qui régnaient sur le pays de Canaan.

Mosé s'adapta très vite à sa nouvelle vie. Malgré les contraintes imposées par les prêtres surveillants, auxquelles il n'était pas habitué, l'étude le passionnait, et sa curiosité sans cesse sur le qui-vive trouvait toujours matière à s'éveiller. Tout comme il l'avait fait autrefois avec sa mère, il harcelait ses professeurs de questions, et il était bien difficile de résister à ses yeux grands ouverts, quêtant la connaissance avec candeur et enthousiasme. Pour Mosé, ses maîtres détenaient assurément les clés de toutes les énigmes de l'univers et leur rôle consistait à nourrir son esprit de leur savoir, jusqu'au moment où lui-même le posséderait. Alors seulement il pourrait songer à l'avenir glorieux qui le mènerait tout droit jusqu'au trône sacré d'Égypte.

Il n'avait pas été long non plus à s'imposer parmi les autres enfants qui partageaient avec lui les leçons données par les prêtres. Sa personnalité, alliée à sa haute naissance, attirait vers lui les autres enfants. Il avait vite fait un choix parmi eux, et, outre son inséparable Aaron, cinq garçons avaient la faveur de son amitié. Avec eux, il avait constitué un petit groupe solide et uni.

Très tôt, il leur avait fait part, sous le sceau du secret, de la prophétie révélée par le vieux prince hittite. Leur groupe s'était alors transformé en une sorte de société secrète, dont l'avenir glorieux ne faisait aucun doute. Pour lors, les opérations organisées par le petit prince n'avaient pas d'autres objectifs que de faire enrager certains prêtres surveillants un peu trop pointilleux, ou encore d'échafauder des plans pour s'emparer d'un supplément de nourriture dans les cuisines de la Maison de vie. Mais ces actions audacieuses, même si elles échouaient parfois lamentablement, avaient pour mérite de consolider la complicité et l'amitié qui liaient les sept garnements.

Mourhat, fils d'un frère du nomarque, Hori-Amon, était devenu, au même titre qu'Aaron, une sorte de confident, celui qui avait le privilège d'écouter les longs monologues du jeune prince, décontenancé par les leçons apprises dans la journée. Loin de répondre à sa soif de savoir, ces leçons soulevaient d'autres questions, qui laissaient toujours le garçon sur sa faim. Mourhat ne pouvait bien sûr pas satisfaire sa curiosité, mais il savait écouter. Et surtout, il admirait Mosé, qui le surpassait en tout. Cette admiration jamais remise en cause apportait un soutien solide à Mosé, souvent en proie au doute.

Aaron, qui peinait grandement sur les *medou-neters*, ne pouvait partager les moments de complicité qui unissaient les deux garçons. Il en résultait parfois des crises de jalousie, mais celles-ci disparaissaient très vite, car Mourhat était un joyeux compagnon, incapable d'une mauvaise pensée et toujours le premier à prendre des risques dans leurs expéditions hasardeuses.

Pan-Nefer avait vu le jour dans la région de Yêb, la cité des éléphants, située à la hauteur de la Première cataracte. Surnommé le Silencieux, il prenait rarement la parole, préférant écouter les autres. Cependant, les rares fois où il parlait, chacun, même Mosé, l'écoutait, car il témoignait d'une réelle sagesse malgré son jeune âge. À plusieurs reprises, il détourna ses compagnons de projets insensés en leur faisant considérer les conséquences possibles de leurs actes, auxquelles ils réfléchissaient peu.

Hékha et Nahou étaient jumeaux. Tous deux massifs et prompts à la bagarre, ils s'étaient désignés comme les gardes du corps de Mosé. Il leur avait promis de faire d'eux ses généraux, l'un pour le delta, l'autre pour la Haute-Égypte.

Quant à Meri-Atoum, il avait rejoint la petite bande dès son arrivée, un an après Mosé et Aaron. Fils d'un riche négociant de Mennof-Rê, c'était un joyeux boute-en-train, plein d'humour, dont l'assiduité à l'enseignement laissait beaucoup à désirer, mais qui possédait un talent rare pour se sortir de situations délicates.

Takhât manquait beaucoup à Mosé. Aussi attendait-il avec impatience l'époque de l'Inondation, Akhet, où il bénéficiait de trois mois de vacances. Un navire les ramenait, Aaron et lui, à Pi-Ramsès. Son grand-père recevait le jeune prince, le questionnait sur ses progrès. Mosé voyait rarement son père, mais ne songeait pas à s'en plaindre. Avec le temps sa rancune ne s'était pas estompée, et l'absence totale d'intérêt de Nefersethrê pour son fils ne faisait rien pour arranger les choses.

Mosé profitait de son séjour à Pi-Ramsès pour suivre les princes plus âgés lorsqu'ils partaient chasser au boomerang les oiseaux du delta ou les hippopotames du fleuve, dont le cuir épais servait à fabriquer les boucliers des soldats. C'étaient alors de grandes expéditions sur le Nil, où les jeunes garçons enthousiastes suivaient des yeux les hardis chasseurs qui tiraient des flèches équipées de vessies gonflées d'air permettant de suivre à la trace les animaux touchés, même s'ils s'enfonçaient sous l'eau. À bord des navires qui accompagnaient la chasse, et accueillaient les courtisans et le harem royal, la vie était agréable. Des serviteurs veillaient à approvisionner les invités avec quantité de friandises : fruits confits au miel, dattes, figues, pâtisseries et rôtis divers. Lorsqu'ils retournaient à Ouaset, Mosé et Aaron affichaient un ventre bien rempli, qu'ils avaient tôt fait de perdre en raison des conditions plus strictes de la Maison de vie.

Ainsi passèrent les années. Avec le temps, Mosé maîtrisa l'écriture des *medou-neters*. Cependant, plus il progressait dans son apprentissage, plus il découvrait l'étendue et la complexité de la Connaissance. Chaque jour lui ouvrait des portes nouvelles, donnant sur des mondes inconnus et infinis. Et les réponses, au lieu d'étancher sa soif d'apprendre, soulevaient toujours elles-mêmes d'autres questions. Ainsi, il connaissait par cœur la liste de plus de quatre-vingt-dix cités de Kemit et d'une vingtaine de villes appartenant aux pays du Levant et du Khatti, le royaume des Hittites. Mais il savait qu'il en existait d'autres, et se demandait s'il était possible de connaître ainsi le nom de toutes les villes du monde. D'ailleurs, où s'arrêtait le monde ? Se poursuivait-il au-delà de l'horizon ? Existait-il des pays ignorés, situés si loin qu'aucun Égyptien n'y était jamais allé ?

Le sage Bakenkhonsou avait souvent de longues conversations avec lui afin de répondre aux innombrables questions que l'enfant ne cessait de poser.

– Maître, pourquoi la disposition des signes sacrés varie-t-elle pour désigner des mots identiques ? Certains sont alignés, mais parfois, on les présente sous forme de carré. Est-ce que cela modifie le sens du mot ?

– En effet, la disposition des *medou-neters* peut modifier le sens d'un mot. Mais seuls les plus curieux de nos savants sont capables de le voir. La plupart des scribes ne voient dans les signes sacrés que des moyens d'écrire les mots qui traduisent la pensée. À cause de cela, ils s'estiment très savants et se croient supérieurs à ceux qui ignorent l'écriture. Pourtant, ils sont dans l'erreur, car ils ne voient que la surface des mots, tout comme leurs yeux ne voient que la surface des choses.

– Comment cela ?

– Lorsque tu regardes un homme, un animal, un objet, ou un paysage, tu n'en vois qu'une partie. Tes yeux ne peuvent voir ce qui échappe à la vue. Les *medou-neters* possèdent eux aussi un sens caché. Seuls les esprits les plus fins peuvent deviner ce sens. Pour cela, tu dois ouvrir tout grand ton esprit et te méfier de tes propres certitudes. Sache que les *medou-neters* ont une vie propre et un pouvoir magique. Ainsi, lorsque les anciens représentaient un animal dangereux, par exemple un crocodile, ils lui dessinaient aussi un poignard planté dans le dos afin de conjurer son effet néfaste. C'est pourquoi nous devons rester humbles vis-à-vis de l'écriture. Son pouvoir est immense, car elle permet de faire connaître les paroles et la pensée d'un homme très loin dans l'espace et dans le temps. Nous conservons dans les temples des textes qui furent écrits par des hommes ayant rejoint le *Champ des Roseaux* depuis tant d'années que les descendants de leurs enfants ont eux-mêmes disparu. Pourtant, leur pensée est toujours présente et continue de nous influencer. La puissance du calame est bien plus grande que celle de l'épée. Les mots que tu graveras sur le papyrus ou sur la pierre pourront modifier la pensée et déterminer le sort de peuples qui n'existent pas encore.

– Je n'aurais garde de l'oublier, ô mon maître.

Bakenkhonsou s'était attaché à Mosé. Il avait deviné en lui un être capable de comprendre les grands mystères cachés derrière les symboles des *neters*. Il s'était rendu compte de sa curiosité intense et des dispositions surprenantes de son esprit dès la première année.

Nombre de questions occupaient l'esprit du jeune garçon. Parmi elles, le souvenir des ruines grandioses ne cessait de le hanter. Un jour, profitant de la complicité de leurs longues promenades, il demanda des explications à Bakenkhonsou.

Amusé, le vieillard médita longuement sa réponse.

– L'histoire de cette cité est très ancienne, puisque sept souverains se sont succédé depuis sa construction, il y a plus de cent cinquante ans. Elle fut bâtie par celui que l'on appela le « pharaon hérétique ». Il s'appelait Amenophis, et fut le quatrième à porter ce nom. Il aurait pu être un grand roi, mais, dans son orgueil démesuré, il crut pouvoir se dresser contre le dieu Amon en affirmant qu'il existait un autre dieu, encore plus puissant, Aton, dont il prétendit être le fils et le messager sur la terre de Kemit. Lui-même changea son nom en Akhenaton. Son offense fut grande, car il fit effacer le nom d'Amon, détruire son image, profaner ses temples. Lorsqu'il mourut, son souvenir fut banni et sa cité d'Akhetaton fut anéantie. C'est elle dont tu as aperçu les ruines. On prétend qu'elle fut l'une des plus belles du Double-Royaume, car ce souverain maudit avait su s'entourer de grands artistes. Pourtant, depuis cette époque, personne n'a plus jamais habité à l'endroit où elle fut bâtie.

L'éducation de Mosé ne se limitait pas à l'étude de l'écriture, de la géographie et de l'histoire. Régulièrement, il quittait la Maison de vie pour la Maison des armes, où stationnait la division d'Amon. Là, un capitaine du nom de Hésy lui enseignait le métier des armes.

Bakenkhonsou regrettait de devoir partager son protégé avec ce capitaine, un brave homme au demeurant, mais dont le niveau de pensée ne s'aventurait guère au-delà du pouvoir des armes. Cependant, le vieux prêtre devait obéir aux désirs de Sa Majesté, qui, avec sagesse et clairvoyance, assurait la pérennité de sa dynastie. Masesaya était le descendant direct de Meren-Ptah, héritier désigné de Pharaon. Il devait donc recevoir l'éducation d'un futur souverain, laquelle passait aussi par la manipulation des armes. Avec le capitaine Hésy, Mosé apprit à monter à cheval, à conduire un char, à perfectionner son adresse à l'arc. Sa puissance et sa résistance forçaient l'admiration. Parmi les garçons de son âge, bien peu étaient capables de lui résister, tant au combat à l'épée qu'à la lutte à mains nues, où il excellait, terrassant même les puissants jumeaux Hékha et Nahou.

La vie de Mosé s'écoula ainsi jusqu'à la veille de son treizième anniversaire. Comme chaque année, il s'apprêtait à quitter Ouaset pour rejoindre la capitale. Tout à la joie de revoir sa mère et son grand-père, il ne prit pas tout suite garde à l'agitation qui s'était emparée de la Maison de vie lorsqu'il sortit de sa cellule. Des prêtres et des élèves couraient en tous sens. On eût dit une ruche en pleine effervescence. Puis la nouvelle lui parvint, hurlée par un homme à la voix emplie de terreur :

– Le Soleil de l'Égypte vient de s'éteindre. Qu'allons-nous devenir ?

Incrédule, Mosé mit un long moment avant de comprendre que son grand-père, le puissant Ramsès II, venait de mourir.

9

Pi-Ramsès, 1213 avant J.-C. ...

Le *Glorieux Soleil d'Égypte*, le *Seigneur des Deux Terres* avait rendu l'âme en sa quatre-vingt-dixième année, après une vie extraordinairement remplie, marquée par une longue période de paix depuis le traité signé avec l'ennemi hittite.

Lorsque Mosé parvint dans la cité, celle-ci était en pleine effervescence. Bien qu'il se fût déjà écoulé un mois depuis l'annonce du décès du *Grand Faucon*, les citadins ne semblaient pas encore remis de leurs émotions. Celui qu'on appelait familièrement Sésou régnait depuis si longtemps qu'on avait fini par le croire immortel. On le savait malade, ployant sous le poids des ans et d'innombrables souffrances. Mais n'était-il pas le fils d'Amon, son incarnation sur terre ? Les Égyptiens se sentaient tous un peu orphelins. Bien sûr, son fils Meren-Ptah, âgé de cinquante-sept ans, était immédiatement monté sur le trône et avait coiffé la double couronne blanche et rouge. Mais rien n'était plus comme avant.

Lorsque Mosé retrouva sa mère, elle se jeta dans ses bras en pleurant. Avec Ramsès avait disparu le rempart puissant qui la protégeait de la violence de son époux. Voyant Takhât si triste et si désemparée, Mosé se jura de la protéger à son tour.

Meren-Ptah l'accueillit avec chaleur, s'extasia devant son allure fière, l'interrogea sur ses progrès. Ramsès II lui avait confirmé son désir de voir la dynastie se poursuivre par Nefersethrê et Masesaya. Meren-Ptah, par respect pour ce père qu'il vénérait plus que tout, s'était promis d'œuvrer dans ce sens. Mais il se demandait si ce choix était vraiment judicieux. Il n'ignorait pas l'antagonisme existant entre son fils et son petit-fils. Le nouveau souverain n'avait pas oublié l'incident de la couronne, dix ans auparavant. Tant qu'il serait présent, il aurait le pouvoir de contenir la soif de domination de Nefersethrê. Malheureusement, il n'était plus très jeune, et rarement un roi avait atteint un âge aussi avancé que le grand Ramsès. Qu'adviendrait-il lorsqu'il aurait lui-même rejoint le *Champ des Roseaux* ? Nul ne pouvait le prévoir. Le regard volontaire et déterminé de Mosé lui prouvait qu'il était de taille à se défendre contre la tyrannie de son père. Meren-Ptah avait lui aussi interrogé les oracles. Ceux-ci avaient prédit un affrontement entre les deux hommes. Un affrontement dont personne ne sortirait vainqueur.

Aussi Meren-Ptah jugea-t-il préférable de maintenir le père et le fils éloignés l'un de l'autre. Nefersethrê devait revenir d'une nouvelle campagne contre les Tjemehous pour assister aux funérailles de son grand-père. Il le renverrait dans le désert dès que possible. Quant à Masesaya, il accompagnerait le convoi qui amènerait Ramsès II jusqu'à la *Grande Prairie*, cette vallée située sur la rive occidentale du Nil à hauteur de Ouaset, où se trouvaient les tombeaux des rois. Et il resterait dans l'ancienne capitale pour achever son éducation.

Soixante-dix jours après la mort de Ramsès II, les prêtres embaumeurs terminèrent de préparer sa momie, qui reposait au cœur d'un imposant assemblage de cercueils. En tant que membre de la famille royale, Mosé avait assisté à la « mise en sarcophage ». Ornée d'un masque d'or massif, la momie prit place dans un premier sarcophage en or, qui fut introduit dans un second cercueil de bois de cèdre finement plaqué d'or, incrusté de turquoise et de lapis-lazuli. Un troisième sarcophage de bois doré et décoré de grandes ailes protectrices accueillit l'ensemble.

Impressionné, Mosé ne put détacher ses yeux de la cérémonie. Chaque étape était accompagnée de prières rituelles, auxquelles répondaient les pleurs non feints des Dames royales, filles et petites-filles du défunt. Le jeune garçon avait lui-même peine à retenir ses larmes. Sésou s'était toujours montré bienveillant envers lui. Mosé serra les dents pour ravaler sa peine. Il ne devait pas montrer de faiblesse. Il était intimement persuadé qu'un jour, il régnerait à son tour sur le Double-Royaume et serait un roi encore plus puissant que son grand-père. La prédiction du vieux prince hittite le hantait toujours, aujourd'hui plus que jamais.

Mais une autre question le taraudait. Où l'esprit de Ramsès se trouvait-il vraiment, à présent ? Assistait-il à la cérémonie, sous une forme invisible, sondant le cœur de chaque personne présente ? Avait-il rejoint le ciel nocturne, où il s'était métamorphosé en étoile ? Avait-il gagné le royaume occidental, le mystérieux Amenti ? En voyant les lourds couvercles des sarcophages se refermer les uns après les autres, une angoisse épouvantable le saisit. Et si les prêtres se trompaient ? Et si l'âme de Ramsès se trouvait pour toujours prisonnière de ces cercueils si lourds qu'il fallait plusieurs dizaines d'hommes pour les transporter ? Par moments, Mosé scrutait le plafond de la haute salle, représentant un ciel nocturne. Il lui semblait parfois discerner comme un frémissement dans l'ombre, le vague reflet d'une silhouette un peu courbée. Un mélange d'inquiétude et de joie l'envahissait alors. Il était sûr que l'esprit du grand Ramsès veillait encore sur lui, sur sa famille et sur son peuple. Il était impensable que l'on pût retenir une âme aussi puissante à l'intérieur d'un sarcophage, aussi beau fût-il.

Au cours du repas qui réunit les membres de la famille et les plus hauts dignitaires du royaume dans les jardins du palais de Pi-Ramsès, Mosé eut l'occasion de croiser son père, qu'il n'avait pas revu depuis plus de trois ans. Nefersethrê et lui échangèrent quelques paroles sur un ton sans chaleur. Nefersethrê s'étonna en son for intérieur de leur ressemblance. Le garçon promettait de devenir un homme solide, au regard volontaire. Il fut un instant tenté d'oublier ses préventions et de prendre l'adolescent dans ses bras. N'était-il pas son fils, un fils dont les prêtres louaient l'intelligence et la clairvoyance ? Mais la scène de la couronne lui revint aussitôt à la mémoire et ses mâchoires se crispèrent. L'oracle ne pouvait se tromper. Un jour ou l'autre, ce fils se dresserait sur son chemin et l'un des deux devrait mourir. Il était bien décidé à ne lui laisser aucune chance.

De son côté, Mosé éprouva une vive émotion, qu'il dissimula autant que possible. Cet homme à la stature puissante était son père. Il aurait dû éprouver un sentiment fort envers lui. Une fraction de seconde, il lui sembla que le regard dur de Nefersethrê s'adoucissait. Il eut alors envie de rejeter au loin sa colère et ses doutes, de serrer contre lui ce père qu'au fond il ne connaissait pas et d'oublier le ressentiment, la haine et l'impuissance. Puis le souvenir des coups dont sa mère avait été victime lui revint, retenant son élan d'affection. L'instant d'après, la lueur de tendresse apparue dans l'œil de Nefersethrê s'était évanouie.

Le soir, lorsqu'il se retrouva seul dans sa chambre, Mosé laissa couler les larmes qu'il avait retenues tout au long de cette journée éprouvante. Bien sûr, la douleur de la perte de ce grand-père qu'il aimait et vénérait les justifiait à elle seule, mais il s'y glissait un sentiment différent, celui d'une perte irréparable, d'un instant privilégié où son destin s'était joué sur un regard échangé, l'occasion subtile d'une possible réconciliation à jamais perdue.

Le lendemain, les sarcophages furent chargés à bord d'une grande nef longue de soixante coudées, et abrités sous un dais. La dernière Grande Épouse royale, devenue la Grande Veuve, prit place à côté, accompagnée de pleureuses qui levaient les bras au ciel en gémissant. Le navire funéraire allait ainsi remonter le cours du fleuve sacré jusqu'à la nécropole royale. D'autres vaisseaux suivaient, qui emportaient le mobilier du roi, les membres de la famille, les prêtres funéraires et nombre de hauts fonctionnaires. Mosé chercha son père des yeux, mais celui-ci était reparti à l'aube en direction de la Libye.

Durant tout le voyage, le navire fut salué, depuis les rives, par les chants gonflés de tristesse de tout un peuple en plein désarroi.

À Ouaset, Mosé retrouva Bakenkhonsou, qui reçut le sarcophage de son souverain et ami. Le garçon connaissait à présent assez le grand prêtre pour savoir que, derrière son masque d'impassibilité, il dissimulait une grande douleur.

Quelques jours plus tard, l'escorte funèbre traversait le fleuve sacré grossi par la crue. Il fallut alors débarquer l'imposant mobilier funéraire de Ramsès : ses chars, ses sièges, ses lits, ses vases, ses coffres emplis de bijoux, ses jeux, ses armes ainsi que des jarres contenant les meilleurs vins. Il y avait aussi des *shaouabtis*, des statuettes représentant le roi, chargées d'effectuer les corvées à sa place dans l'autre monde.

Hormis l'énorme catafalque halé par des bœufs sur un gigantesque traîneau, le reste du mobilier fut transporté à dos d'hommes, par les membres de la famille, les hauts dignitaires et les serviteurs. En tête du cortège avançaient des prêtres qui répandaient du lait sur le sol. Derrière le traîneau suivaient les deux vizirs et les *Neuf Amis du rite*, le front ceint de bandelettes de deuil blanches. Les pleureuses continuaient leurs lamentations, laissant couler sur leurs cheveux défaits de pleines poignées de la poussière du chemin. Puis venait le long cortège des porteurs chargés d'objets divers, peinant sous le soleil de plomb. Mosé courbait l'échine sous le poids d'un vase de bronze, les narines emplies de l'odeur âcre et chaude de la terre rouge de l'Ament.

La procession passa devant deux fresques gravées dans le calcaire de la montagne, représentant la déesse Hathor, maîtresse de l'Occident. À cet endroit, le catafalque fut déchargé du traîneau et tiré par les hommes jusqu'à l'entrée de la tombe royale. Celle-ci avait été préparée depuis des décennies par le vizir Pazar, ami du roi, disparu depuis déjà plusieurs années.

À la lueur des torches, le gigantesque sarcophage pénétra à l'intérieur d'une succession de couloirs. On arriva à une première pièce, la *Salle du Char*, soutenue par quatre piliers, où les officiants installèrent les chars royaux, dont l'un était entièrement recouvert d'or. À plus de deux cent coudées de l'entrée, les galeries faisaient un angle droit menant à la *Chambre d'or*, la salle centrale du tombeau, soutenue par huit piliers. Après la chaleur éprouvante du désert extérieur, la fraîcheur relative du lieu permit aux officiants de reprendre un peu leur souffle. Mais leur tâche était loin d'être achevée. Il fallait disposer le mobilier funéraire du défunt dans les trois petites salles situées au fond de la *Chambre d'or*. Au centre de celle-ci, entre les piliers, trônait un vaste coffre d'albâtre. Au prix de mille efforts, on y installa l'imposant catafalque. Puis, un à un, les trois sarcophages furent ouverts, afin de procéder à un rite ultime : l'*Ouverture de la Bouche et des Yeux*. Ce rite fut exécuté par Meren-Ptah lui-même. La momie fut dressée face à l'entrée de la tombe, et le nouveau roi pratiqua les incisions à l'aide d'une herminette consacrée. Ce dernier geste rituel permettait au souverain défunt de communiquer dans l'Au-delà.

Lorsque le cortège ressortit du tombeau, Masesaya, marchant à côté de son grand-père et souverain, éprouva l'étrange impression d'avoir quitté le monde insouciant de l'enfance. Au loin vers l'ouest, le soleil descendait vers la montagne, dont les ombres mauves s'étiraient dans la vallée assombrie. Les silhouettes des officiants titubant de fatigue glissaient sur la roche rousse, tels des spectres inquiétants. Outre la douleur causée par l'adieu ultime à son bien-aimé ancêtre, Mosé savait qu'il n'aurait pas le loisir de profiter de la présence de sa mère cette année. Celle-ci allait repartir très vite pour Pi-Ramsès avec la Cour.

Désormais, sa vie ne serait jamais plus comme avant.

Troisième partie

L'épouse nubienne

–1213 à –1204

10

Pendant les années qui suivirent, Mosé ne retourna plus dans le nord à la période du nouvel an. Désirant éviter tout risque d'affrontement entre Nefersethrê et son fils, Meren-Ptah évitait de provoquer leur rencontre. L'adolescent se trouva donc contraint de demeurer à Ouaset, ce qui ne le contrariait pas outre mesure.

Pendant l'année, Takhât lui manquait. Mais la jeune femme avait reçu de Sa Majesté l'autorisation de rendre visite à son fils au début de la période d'Akhet. Cette évasion était une véritable bénédiction, car elle lui permettait de fuir la tyrannie de cet époux dont le caractère despotique ne s'était pas arrangé avec le temps. Nefersethrê ne laissait jamais passer une occasion d'humilier sa première épouse. Il se vengeait ainsi de la protection dont elle avait bénéficié pendant toutes ces années de la part de Ramsès. Il ne lui pardonnait pas non plus d'avoir mis au monde un fils dont les oracles lui avaient confirmé qu'il se dresserait un jour contre lui.

Takhât supportait les coups et les injures avec courage. Elle savait qu'il serait inutile de se plaindre à son royal demi-frère. Meren-Ptah ne possédait aucune autorité sur son fils. En revanche, ce dernier exerçait une indiscutable influence sur le roi. Ses succès militaires lui valaient une renommée croissante auprès de la population. Rôdant sur les frontières comme un chien de garde féroce, il prenait plaisir à livrer bataille, allant même jusqu'à provoquer les chefs Tjemehous en organisant de fréquentes incursions sur leur territoire.

Cette situation avait le mérite de maintenir le bouillant général éloigné de Pi-Ramsès où Meren-Ptah tentait, vaille que vaille, de maintenir la paix et la prospérité apportées par son père. Mais il n'en possédait pas la forte personnalité et, malgré sa bonne volonté, certains grands princes redressaient la tête, exigeant de nouveaux privilèges que Meren-Ptah, trop honnête pour se défendre contre la courtisanerie, savait mal leur refuser. Une atmosphère de fausse quiétude baignait la capitale. On faisait encore semblant de croire que la tranquillité instaurée par Ousermaâtrê Setepenrê perdurerait encore longtemps, mais chaque jour apportait quelque nouveau signe d'insécurité, quelque mauvaise nouvelle. L'Égypte avait perdu son protecteur et les conséquences de sa disparition commençaient à se faire sentir.

La sensibilité exacerbée de Takhât lui permettait inconsciemment de percevoir la dégradation lente et irrésistible du royaume. Son caractère heureux et insouciant n'était plus qu'un souvenir. Il s'était dilué dans la résignation, puis dans la haine. Plus que jamais elle s'accrochait à la prédiction du vieux prince hittite. Un jour, Masesaya coifferait les couronnes rouge et blanche du Double-Pays. Il deviendrait encore plus puissant que Ramsès II, il la vengerait de toutes ses humiliations et redonnerait force au royaume de Kemit. Mais il fallait attendre que le garçon ait atteint l'âge d'homme. Alors, elle serrait les poings et haïssait en silence.

Toutefois, afin de préserver Mosé, elle n'évoquait jamais dans ses lettres la façon brutale dont Nefersethrê la traitait. Elle redoutait trop que le caractère impulsif du jeune garçon le poussât à entreprendre une action insensée. Lors des trois mois qu'elle passait à Ouaset avec son fils, elle s'épanouissait de nouveau. Elle se passionnait pour ses études, passait de longues heures à jouer au senet avec lui. Sa douceur, sa beauté sans faille et sa bonne humeur retrouvée séduisaient les amis de Mosé, qui tous étaient secrètement un peu amoureux d'elle.

Lorsque son fils demandait des nouvelles de Pi-Ramsès, Takhât ne parlait que de la vie fastueuse de la Cour, lui narrait les visites des ambassadeurs étrangers, le distrayait avec les ragots du harem. Elle appréciait doublement ces périodes de calme. La cité d'Amon, toujours contrôlée avec fermeté par le grand prêtre Bakenkhonsou, ne connaissait pas les agitations de la Cour. Ici, l'ombre de Ramsès II continuait à peser de son influence par l'intermédiaire du vieil homme.

Mais celui-ci, usé et désorienté par la disparition de son maître et ami, commençait à ressentir les effets de son grand âge. S'il jouissait encore d'une santé que beaucoup d'hommes plus jeunes lui enviaient, il devait s'aider d'un bâton, un *med*, pour marcher. Cependant, son esprit demeurait parfaitement lucide, et il prenait plaisir à répondre aux innombrables questions dont Mosé le harcelait toujours. Il avait à cœur de poursuivre l'éducation du jeune prince. Jamais il n'avait eu affaire à un élève aussi curieux et à l'esprit aussi incisif. Il espérait seulement que les dieux lui accorderaient une vie assez longue pour parvenir à ses fins.

Mosé aimait les longues conversations partagées avec le vieil homme, qui lui rappelait son grand-père Sésou.

– J'aimerais tout apprendre, dit-il un jour au vieux prêtre.

Comme à leur habitude, ils avaient abandonné la Maison de vie pour une longue marche en direction des champs. Au loin, les paysans commençaient la récolte. Des rangs de moissonneurs avançaient à pas réguliers, fauchant les longues tiges d'or. Plus loin, les femmes apportaient de la bière et des fruits pour réparer leurs forces. Derrière, les enfants glanaient les épis tombés. Une merveilleuse odeur de foin coupé pénétrait les narines.

– Pensez-vous que cela soit possible ? insista l'adolescent.

– Je l'ignore. Le monde est tellement vaste et ses secrets si nombreux. D'ailleurs, je ne sais pas si ce serait une bonne chose.

Ils poursuivirent leur marche en silence, longeant le champ de blé. Soudain Mosé demanda :

– Maître, qui sont réellement les dieux ?

Bakenkhonsou ne répondit pas immédiatement. Puis il prit un épi et le froissa pour en extraire les grains.

– Regarde ! Que vois-tu ?

– Des graines.

– Que fait-on de ces graines ?

– Du pain, des gâteaux. On les utilise aussi pour ensemencer les champs.

– Pourquoi ?

Mosé hésita.

– Parce qu'elles permettent de faire pousser de nouveaux épis...

– En effet. Le grain de blé contient en lui-même le pouvoir caché de faire renaître un nouvel épi semblable à celui qui l'a porté. Ainsi se transmet la vie. Et il en est de même pour tout ce qui vit dans ce monde. Le blé naît de la graine de blé. L'orge naît du grain d'orge, le figuier de la figue. Chacun de ces fruits est une infime parcelle d'Osiris, le dieu de la végétation. On dit qu'il a la peau verte à cause de la couleur des feuilles. Osiris est le dieu du renouvellement de la vie. Un dieu, ou plus exactement un *neter*, c'est-à-dire le symbole d'un principe de l'univers.

Bakenkhonsou désigna ce qui restait de l'épi froissé.

– Après avoir porté ses grains, l'épi meurt, soit parce qu'on l'a moissonné, soit parce que le soleil l'a desséché. La destruction est l'œuvre de Seth, le *neter* de la mort. Il est celui qui transforme la vie en poussière. Mais il est aussi celui qui protège la vie en devenir, la graine qui donnera un nouvel épi. La hyène et le chacal dévorent les charognes. Ils transforment l'énergie morte en source de vie. La mort est un aspect de la vie en gestation et toute vie est promise à la destruction ; de même, Seth et Osiris sont indissociables et complémentaires. Ainsi s'établit l'harmonie de Maât.

Le vieil homme resta un long moment silencieux, puis il ajouta :

– Si tu veux comprendre les dieux, ou ce que les hommes appellent ainsi, observe la nature. En elle se trouvent toutes les réponses, à condition de savoir ouvrir ses yeux et son cœur. Mais c'est une tâche longue et difficile, qui exige beaucoup d'humilité. Car tout au long de ta vie, tu ne connaîtras du monde que ce que t'en permettront de percevoir tes sens, ta conscience et ton intelligence, c'est-à-dire la façon dont tu comprendras ce que tu découvriras. Garde à l'esprit que tes yeux ne te montrent que la surface des choses ; ils ne te permettent pas de voir à l'intérieur des hommes. Tes oreilles entendent les sons, la musique, différencient les voix ; mais sont-elles capables d'entendre ce que disent les cœurs ? Seule ta conscience te permettra d'analyser tes sentiments, et seule ton intelligence te portera vers de nouvelles connaissances. La plupart des hommes se contentent de ce qu'ils croient savoir. Ce qu'ils ne comprennent pas les effraient et ils refusent de s'y intéresser. Ainsi, ils restent aveugles, car ils sont incapables de voir plus loin que leurs certitudes trompeuses.

« Toi, Mosé, tu dois aller au-delà. Ne te laisse pas impressionner par ceux qui aiment faire étalage de leur savoir. Il existe une grande différence entre le Savoir et la Connaissance. Le Savoir n'est qu'une accumulation de faits engrangés par la mémoire. Le Double-Royaume fourmille de scribes orgueilleux qui s'estiment savants parce qu'ils se croient initiés aux grands mystères du monde. Or, l'instruction n'est pas l'intelligence. Connaître une chose, ce n'est pas la garder en mémoire, mais la comprendre. Et pour comprendre, il faut avoir le courage de repousser ses préjugés, parfois à l'encontre même de ce que l'on croit savoir, de ce que l'on a appris dès le plus jeune âge. Cela peut te sembler facile aujourd'hui, car ta mémoire n'est pas encore emplie et chaque jour t'apporte des sujets d'étonnement. Mais plus tu avanceras en âge, plus tu seras persuadé de détenir la vérité. Pourtant, si tu veux un jour approcher cette vérité, tu dois rester prêt à rejeter tout ce que tu auras retenu pour ouvrir ton cœur à autre chose, afin de savoir qui tu es et pourquoi tu es né. Le but de ta vie sera de découvrir le secret que Maât a déposé dans ton cœur. À ce moment-là seulement tu deviendras *makherou*, c'est-à-dire que tu auras atteint l'état de celui qui vit en harmonie avec les dieux.

– Comment puis-je y parvenir, maître ?

– Observe le monde. Aime-le et respecte-le, car tu fais partie de lui. Domine ta colère et ton impulsivité et apprends à plonger en toi-même, à méditer, c'est-à-dire réfléchir, ouvrir ton esprit, laisser parler ton intuition. L'intuition est le chemin subtil par lequel les dieux s'expriment dans ton cœur. C'est là une route délicate à suivre, car nul maître, aussi grand soit-il, ne pourra jamais te guider. Tu devras découvrir seul le chemin que Maât a tracé en toi. Ne laisse jamais ton orgueil t'aveugler. Sache rester humble. Mais prends garde aussi de ne jamais te sous-estimer. La tâche la plus difficile sera de savoir qui tu es vraiment. Si tu sais ouvrir ton esprit, ta conscience te mènera vers de nouvelles étapes, des pas que tu devras franchir avant d'aller encore plus loin. Et nul ne sait où te conduiront ces pas.

« Apprends aussi à connaître les hommes. Aies la patience de les écouter, avec ton cœur. Ne tire jamais gloire de ce que ton intelligence t'aura permis de voir plus loin que la plupart. Tu devras au contraire en remercier les dieux avec humilité, en gardant à l'esprit que les autres n'ont pas eu ta chance. Ton devoir sera de les aider, de les protéger, et non de les juger ou de les dominer.

Un autre jour, Mosé demanda :

– Maître, peut-il exister un dieu encore plus puissant qu'Amon l'Invisible ?

Bakenkhonsou ne répondit pas immédiatement.

– Pour les Hittites, les Cananéens, les Tjemehous, les Phéniciens, pour tous les autres peuples, Amon n'est rien que le dieu de l'Égypte et la plupart d'entre eux ignorent jusqu'à son existence. Dans leur croyance, il ne possède donc aucune puissance. À l'inverse, nous ignorons presque tout de leurs dieux, et à nos yeux, ils ne sont que de stupides superstitions. Pourtant, chez certains peuples, nombre d'hommes se feraient tuer pour la gloire de leurs dieux.

– Les Apirous vénèrent un dieu nommé Jaho, qu'ils redoutent beaucoup, car il n'existe pour eux aucune divinité capable de s'opposer à lui.

– Je connais le dieu de ces bergers. C'est un dieu sévère, issu du fond du désert d'où leurs ancêtres sont venus, voici bien longtemps. Lorsqu'ils sont arrivés en Égypte, à l'époque du roi Séthi, ils le craignaient plus qu'aujourd'hui. Depuis, à notre contact, ils ont découvert une autre manière de concevoir les divinités, et même s'ils n'ont pas renié complètement leur dieu, nombre d'Apirous ont adopté nos croyances. Alors, peut-on affirmer que nos dieux sont plus puissants que le leur ? En réalité, c'est dans le cœur de chaque homme que se mesure la puissance d'un dieu, car seule la foi qu'il lui porte détermine cette puissance. Elle influera plus ou moins son comportement, son jugement, voire son intelligence. Aussi, n'oublie jamais : la croyance en un dieu ne doit jamais obscurcir l'esprit, mais au contraire le développer pour lui permettre de s'ouvrir totalement.

Bakenkhonsou se tut. Au loin se dressait le magnifique temple d'Amon, sur lequel le soleil déclinant faisait jouer une lumière dorée. Dans le ciel limpide passa une nuée d'oiseaux. De la ville sourdait une rumeur faite d'appels, de cris d'animaux, de pleurs et de rires. Une activité intense régnait sur le port où grouillait une foule de scribes, de manœuvres, de capitaines et de marchands. D'où ils se trouvaient, le vieil homme et l'adolescent distinguaient parfaitement l'alignement des béliers d'Amon reliant les deux temples. Le prêtre poursuivit :

– Les statues dont nous peuplons nos temples ne sont pas les dieux qu'elles représentent. Ces effigies, pour grandioses qu'elles soient, ne sont qu'une manière de fixer leur image aux yeux du peuple. La plupart des hommes ont besoin d'être rassurés et de pouvoir identifier les dieux sous une forme connue. Ils ne perçoivent pas les symboles véhiculés par ces effigies. Un jour viendra peut-être où les hommes apprendront à adorer les dieux en esprit. Alors, les temples deviendront inutiles, et inutiles aussi ces statues. Malheureusement, les hommes sont encore loin d'avoir atteint ce niveau de sagesse. Et toi en particulier.

– Que veux-tu dire, ô mon maître ?

– Tu dois dominer l'animal qui bouillonne en toi. La passion traduit des pulsions vitales naturelles. Bien souvent, l'homme ne sait pas les maîtriser et elles s'expriment par la colère, la haine, l'inconscience, l'irresponsabilité. Seul le sage parvient à les canaliser et à les contrôler.

– Comment dois-je faire ?

– Par la méditation et la réflexion, tu apprendras à te connaître, à dominer ces forces indomptées. Ne les laisse jamais prendre le pas sur ta volonté. Cependant, rares sont ceux qui accèdent à la sagesse. Il faut pour cela beaucoup d'humilité et de clairvoyance. La plupart du temps, les hommes n'éprouvent guère de difficultés à trouver quantité de raisons pour justifier leurs pulsions animales. Ils leur donnent des noms qui rassurent leur conscience. Et ils restent aveugles à la vérité de Maât.

Il s'arrêta de marcher et se tourna vers Masesaya.

– Les qualités du sage sont inscrites en toi, Mosé. Si tu n'avais été fils de roi, tu aurais pu me succéder dans le temple d'Amon. Tu possèdes le don de pénétrer les mystères cachés, de voir ce que les autres ne perçoivent même pas. Peut-être monteras-tu un jour sur le trône d'Égypte. N'oublie pas alors que Pharaon est aussi le chef spirituel du pays. Ce rôle est incompatible avec toute ambition personnelle. Un roi n'exerce pas le pouvoir pour satisfaire son égoïsme et ses désirs. Il ne domine pas ses sujets. Au contraire, il les écoute et les protège. Tu dois donc apprendre à tendre l'oreille pour comprendre les hommes. Cela exige que tu saches te taire, contrôler tes émotions et tes pulsions de haine.

Il se tut un instant et ajouta :

– Mais je ressens en toi une zone d'ombre, une pulsion puissante qui risque de te rendre aveugle à la sagesse. C'est elle que tu dois apprendre à maîtriser.

Mosé comprit aussitôt à quoi le vieux prêtre faisait allusion. Bakenkhonsou n'ignorait rien de la haine que le jeune homme ressentait pour son père. Bien sûr, cette haine trouvait sa justification dans la manière révoltante dont Nefersethrê traitait Takhât. Même si elle n'en parlait pas, Mosé la connaissait trop pour ne pas s'apercevoir de la mélancolie qui embrumait parfois son humeur. Mais cette hostilité confortait aussi son ambition de succéder un jour à Meren-Ptah sur le trône du Double-Pays.

– Il est difficile d'interpréter les desseins que les dieux nourrissent pour nous, poursuivit Bakenkhonsou. Nous comprenons mal les signes qu'ils nous adressent et nous nous leurrons sur leurs intentions. Souvent parce que ces signes ne correspondent pas aux désirs ancrés au plus profond de notre cœur. Alors, nous nous égarons sur des voies qui ne sont pas les nôtres.

Il pointa un doigt décharné sur le jeune garçon et ajouta :

– Tu devras te méfier de ta propre ambition, Mosé ! Elle risque de te mener à ta perte.

Mosé ne savait comment interpréter ces dernières paroles. Il était persuadé, au fond de lui-même, qu'il deviendrait un souverain sage et éclairé, aimé de son peuple. La prophétie du prince hittite ne pouvait mentir. S'égarer sur une voie qui ne serait pas la sienne, cela signifiait, à ses yeux, s'engager à tort dans des guerres hasardeuses, comme cela avait été le cas pour Ramsès II lui-même au début de son règne. La bataille de Qadesh, représentée sur les fresques des temples comme une grande victoire, n'avait toutefois pas permis la prise de la cité. Il circulait des bruits selon lesquels le grand roi avait failli tomber dans un piège mortel et n'avait dû la vie qu'à la fougue de ses Néarins, des fantassins surgis au moment propice pour dégager la camp royal attaqué par les chars hittites. Mosé se promit, au cas où il livrerait bataille contre un ennemi puissant, de faire preuve de toute la prudence nécessaire. Mais les dieux, qui avaient dessein de l'amener sur le trône d'Horus, ne pouvaient lui permettre de perdre.

Cependant, un doute obscur s'insinuait parfois en lui. Était-il vraiment destiné à devenir roi ? Bakenkhonsou l'orientait plutôt vers l'étude de la théologie. Même si cet aspect de la connaissance le passionnait, la perspective de devenir grand prêtre plutôt que souverain ne le réjouissait pas. Comment, dans ce cas, son nom pourrait-il perdurer au-delà du nom même de l'Égypte ? Il était donc évident qu'il devrait un jour coiffer les Deux Magiciennes.

Depuis qu'il avait atteint ses quatorze ans, Masesaya bénéficiait d'une liberté de plus en plus grande, qui lui permettait de sortir de l'enceinte de la Maison de vie pour se livrer à la chasse en compagnie de ses amis. Les liens qui les unissaient s'étaient renforcés avec les années. S'il possédait un caractère quelque peu dominateur, Mosé le compensait par la loyauté et la fidélité. Comme il se convainquait chaque jour un peu plus qu'il accéderait un jour au trône d'Égypte, il avait déjà, par avance, distribué les rôles que chacun jouerait près de lui.

À Aaron, son confident et ami de toujours, il avait donné le poste de grand vizir. Cette perspective avait encouragé le jeune Apirou à s'investir avec zèle dans des études qui, au fond, ne le passionnaient guère. Mais que n'aurait-il fait pour satisfaire celui qu'il considérait comme son frère ?

Mourhat, qui se passionnait pour l'architecture, avait été chargé d'étudier la construction de la maison d'éternité du futur souverain.

– Tu seras pour moi comme le grand Imhotep fut pour le dieu bon Djoser ! lui disait Mosé.

Mourhat, pour qui l'avenir royal de Mosé ne faisait aucun doute, s'était déjà lancé dans les plans d'un tombeau magnifique. Pour cela, tous deux se rendaient, suivis de la petite bande, sur la rive occidentale où la montagne abritait déjà quantité d'autres sépultures.

Les jumeaux Hékha et Nahou se verraient confier le commandement des armées. Tous deux ne rêvaient que plaies et bosses et passaient leur temps à chercher querelle à des garçons parfois bien plus âgés qu'eux. Dotés d'une force physique exceptionnelle, ils se consacraient plus au maniement des armes qu'à l'étude.

À Pan-Nefer le silencieux, Mosé offrirait la charge des négociations avec les princes étrangers. Il possédait une qualité rare chez un adolescent : il savait écouter, analyser et possédait un courage certain. Mosé en avait eu la preuve le jour où, emporté par sa fougue habituelle, il avait failli se faire tuer par un lion. Avec sang-froid, Pan-Nefer s'était interposé, armé seulement d'une lance et d'un bouclier. Le fauve, impressionné par la détermination du garçon, avait reculé.

À Meri-Atoum, Masesaya comptait confier l'organisation des fêtes royales. S'il ne brillait pas par son courage, Meri-Atoum affichait toujours une bonne humeur communicative que les autres appréciaient beaucoup.

Dès l'âge de treize ans, Mosé avait appris à conduire un char. Secondé par son fidèle Aaron, il aimait décocher ses flèches à pleine vitesse. Avec le temps, son adresse s'était confirmée et il utilisait désormais un puissant arc composite qui lui permettait sans difficulté d'atteindre des cibles à plusieurs dizaines de coudées de distance. Il faisait l'admiration des guerriers de métier avec lesquels il s'entraînait à la Maison des armes.

Outre Bakenkhonsou, un autre homme complétait l'éducation de Mosé. Le vieux général Patenemheb, autrefois serviteur loyal d'Ousermaâtrê-Setepenrê, s'était installé à Ouaset depuis la mort de Ramsès II. Écœuré par les méthodes cruelles de Nefersethrê, il avait demandé à Meren-Ptah l'autorisation de quitter sa charge. Le roi lui avait alors proposé de parfaire la formation militaire de son petit-fils, Masesaya. Patenemheb remerciait chaque soir Amon de la justesse de cette décision. Il avait retrouvé dans le jeune homme toute la sagesse et la détermination de son illustre grand-père.

Cette période de l'adolescence apporta avec lui son lot d'émotions nouvelles. Mosé se surprenait à considérer les jeunes filles avec des yeux différents, à éprouver des envies qu'il était incapable d'expliquer, mais dont les jeunes gens riaient beaucoup entre eux, pour se donner du courage. Les femmes elles-mêmes les dévisageaient autrement, cherchaient à attirer leurs regards.

Le jour de ses seize ans, Mosé fit une découverte étonnante et bien agréable. Alors qu'il pénétrait dans la cellule qu'il occupait depuis bientôt neuf années, une ravissante jeune fille l'attendait, allongée sur sa couche, vêtue de légers voiles de lin blanc ne dissimulant rien de son corps parfait. Envoyée par Bakenkhonsou, elle était chargée par le vieux prêtre de compléter son éducation dans un domaine différent. Elle s'acquitta de sa tâche avec une conscience remarquable, qui émerveilla le jeune homme que Mosé était devenu.

Ce fut le dernier cadeau que le vieux prêtre fit à son élève. Quelques jours plus tard, il s'éteignit doucement, ayant atteint lui aussi l'âge respectable de quatre-vingt-dix ans. Mosé en éprouva un chagrin immense. Bakenkhonsou avait été pour lui plus qu'un maître. Il avait représenté le havre de paix, le repaire contre les doutes qui souvent assaillaient l'adolescent. Face aux mystères de l'inconnu, face aux questions fondamentales qui ne cessaient de hanter l'esprit de Masesaya, il avait apporté le secours de sa sagesse et de sa sérénité, comme un éclaireur qui ouvre la voie. Il lui avait aussi apporté une affection réelle, et les relations de maître à élève s'enrichissaient de complicité et d'une confiance mutuelle.

La perte du vieux prêtre bouleversa le jeune homme, qui eut pendant plusieurs jours l'impression de vivre dans un monde vide, que même la compagnie de ses amis ne parvenait pas à combler. Ses questions n'avaient pas toutes reçu de réponses et Mosé se sentait soudain désarmé face aux angoisses qui parfois le saisissaient lorsqu'il s'isolait pour méditer. Il lui semblait alors marcher vers un combat dont il ignorait tout, sans armes et sans vêtements. Les mystères posés par les divinités constituaient comme une nappe de brouillard impénétrable dans laquelle il se sentait incapable de s'orienter. Son guide avait disparu. Il le pleura plus encore qu'il n'avait pleuré son grand-père Ramsès II, avec lequel il n'avait guère eu de contacts après son septième anniversaire. Bakenkhonsou au contraire avait toujours été présent depuis.

Personne dans le temple d'Amon ne pourrait jamais le remplacer. Meren-Ptah fit nommer un autre grand prêtre, du nom de Merirê, mais Mosé ne retrouva pas avec lui la complicité qui l'avait rapproché du vieil homme.

Aussi passa-t-il plus de temps à la Maison des armes, en compagnie de ses amis et du vieux général Patenemheb qui, lui aussi, avait conscience de former le futur pharaon. Afin de chasser ses angoisses, Mosé partageait ses loisirs entre la chasse et les plaisirs de la ville. Ayant découvert, grâce à la jeune fille envoyée par Bakenkhonsou, la douceur du corps féminin, il consacra de longues heures aux jolies filles de Ouaset.

Mais cette vie insouciante n'était pas destinée à durer. Mosé allait atteindre ses dix-huit ans lorsque parvint à Ouaset un message de Pharaon l'invitant à revenir au plus vite à Pi-Ramsès.

11

Pi-Ramsès, cinquième année du règne de Meren-Ptah (1208 avant J.-C. ...)

Cela faisait cinq ans que Mosé n'était pas revenu dans la capitale. Sitôt reçue la lettre de Pharaon, il avait quitté Ouaset en compagnie de ses amis. Pendant les dix jours que durèrent le voyage, Mosé se demanda avec inquiétude ce que pouvait bien lui vouloir le roi. Sa missive laconique ne comportait aucune explication, aucun début de réponse. Il eut très peur qu'il ne soit arrivé quelque chose à sa mère bien-aimée. Mais le messager lui avait confirmé qu'à son départ, la princesse se portait bien. Dix jours plus tard, Mosé parvenait à Pi-Ramsès. Il n'avait guère laissé aux mariniers le temps de souffler.

Tandis qu'il se rendait au palais, Mosé remarqua à des signes imperceptibles que l'état de la cité n'était plus celui qu'il avait connu quelques années auparavant. L'entretien des bâtiments publics laissait à désirer, un insidieux sentiment d'insécurité semblait s'immiscer dans les quartiers populaires, où l'on voyait errer des bandes de mercenaires étrangers désœuvrés. Mosé apprit qu'il s'agissait là des soldats engagés par son père. Les visages ne reflétaient plus la sérénité affichée à l'époque d'Ousermaâtrê Setepenrê, beaucoup d'enfants maigres hantaient les abords des tavernes dans l'espoir de chaparder un peu de nourriture. L'abondance connue sous le règne de Ramsès II n'était plus qu'un souvenir.

En revanche, on voyait çà et là de riches seigneurs étaler leur opulence avec ostentation, entourés d'une foule de serviteurs munis de plumes d'autruche, de gardes armés de lances et d'épées. Takhât lui avait déjà parlé de ces parvenus qui avaient su se glisser dans les bonnes grâces de Meren-Ptah à coup d'adroites flatteries, adressées tant au souverain qu'à son fils, dont il ne faisait aucun doute qu'il lui succéderait sur le trône d'Égypte.

Lorsque Mosé parvint au palais, il se jura, une fois sur le trône, d'étudier avec un soin particulier le cas de chacun de ces individus. Takhât lui avait souvent conté l'histoire de Merihor et de son contremaître Ousethi, qui avait provoqué la mort du bébé de Jokébed. Mosé entra d'un pas décidé et hargneux dans le palais. Ces chiens ne perdaient rien pour attendre.

Cependant, sa hargne s'effaça pour laisser place à un grand trouble quand il pénétra dans la grande salle. Son arrivée avait été annoncée depuis plusieurs jours déjà, et une bonne partie de la Cour avait tenu à le voir. On n'ignorait pas l'antagonisme opposant Nefersethrê à son fils ; il était donc préférable de savoir de quel côté se ranger. Nefersethrê exerçait une sorte de pouvoir occulte sur la Basse-Égypte, et beaucoup le considéraient déjà comme le véritable maître du Double-Royaume. Mais, curieusement, son pouvoir semblait s'arrêter aux portes de la Haute-Égypte. On en avait déduit que, d'une certaine manière, il ne tenait pas à s'opposer directement à Masesaya. En réalité, seuls les plus avisés avaient su discerner là l'esprit diplomate de Meren-Ptah, lequel œuvrait toujours pour empêcher une aggravation de la rivalité entre Nefersethrê et Mosé.

Serrant les mâchoires pour ne pas laisser transparaître son émotion, Masesaya s'avança le front haut sous les regards curieux et intrigués des seigneurs présents. Tout au bout de la salle, assis sur le trône royal, siégeait son oncle et grand-père, Meren-Ptah. Près de lui était assise la Grande Épouse, Isisnofret, la mère de Nefersethrê, sa propre grand-mère. Il n'avait jamais aimé cette grosse femme qui ne jurait que par son fils et détestait cordialement Takhât. Celle-ci, aux pieds de l'estrade sur laquelle se dressait le trône, n'avait d'yeux que pour son fils. Mosé se rengorgea. Il vit qu'elle était fière de lui. Cependant, sa joie se ternit lorsqu'il remarqua la haute silhouette de son père dressée à côté de Meren-Ptah.

Selon la tradition, Mosé se prosterna devant le souverain, représentant d'Amon sur terre. Après les compliments d'usage, Meren-Ptah prit la parole.

– Prince Masesaya, nous sommes heureux de te revoir. Je remarque avec plaisir que les années t'ont transformé en un homme de grande stature et de noble allure. Notre *ami unique*, le grand prêtre d'Amon, Bakenkhonsou, a fait de toi un prince de valeur. Il est temps maintenant de mettre cette valeur à l'épreuve. C'est pourquoi nous t'avons demandé de venir à Pi-Ramsès. Tu dois y recevoir le commandement d'une armée qui partira combattre en Nubie. Depuis plusieurs années, nos frontières occidentales sont harcelées par des hordes de Tjemehous, que ton père, le prince Nefersethrê, a chaque fois réussi à repousser avec succès. Mais certains d'entre eux se sont rendus dans le pays koushite afin de soulever des armées de pillards. Khaemtir, notre *fils royal*, qui gouvernait les cités situées au-delà de Yêb, a dû fuir devant leur progression. C'est un administrateur, non un soldat. Des villages entiers ont été brûlés et pillés. Iqen, Bouhen et Primis sont tombées. Tutzis ne tiendra pas longtemps. Le temple du dieu bon Ramsès Harakhtès est entre les mains des Nubiens.

« Nous avons donc décidé de te confier la mission d'anéantir ces rebelles. Je sais que tu as reçu l'enseignement d'un grand guerrier qui a servi loyalement Ousermaâtrê Setepenrê. C'est ton propre père, le prince Nefersethrê, commandant en chef des armées, qui a eu l'idée de te confier cette mission. Sache te montrer digne de notre confiance.

Mosé marqua un temps d'étonnement. Se pouvait-il que Nefersethrê ait décidé de se réconcilier ? Le jeune homme regarda son père, qui lui adressa un vague sourire. Il ne savait plus que penser.

– Ma vie appartient au Seigneur des Deux-Terres ! répondit-il en se prosternant de nouveau.

Meren-Ptah ajouta :

– Lorsque tu auras reconquis la Nubie, tu en seras nommé gouverneur. Mais pour cela, il te faut remporter une victoire totale.

La perspective de s'illustrer dans de glorieux combats convenait parfaitement à Mosé. Le roi voulait lui donner l'occasion de faire ses preuves au combat et il bouillait d'impatience de lui montrer sa valeur. Par malheur, le vieux général Patenemheb avait rejoint l'Occident quelques mois auparavant et le jeune prince ne pourrait plus bénéficier de ses conseils éclairés. Mais il avait retenu les points essentiels de son enseignement : s'entourer d'une armée bien préparée et disciplinée, ne jamais sous-estimer son adversaire et préserver la vie de ses guerriers sans les exposer inutilement.

Pas un instant il ne s'étonna de cette nomination à un poste aussi important malgré son jeune âge. Elle confirmait la prophétie du prince hittite. Il était convaincu que les dieux lui seraient favorables.

Plus tard, Nefersethrê vint le trouver et le prit familièrement par l'épaule.

– C'est une mission importante que le *Taureau puissant* te confie, Masesaya. Tu dois t'en montrer digne. Écrase cette révolte avec la plus grande fermeté. Ton cœur doit être insensible à la pitié.

– Bien, père.

– Dès demain, je te présenterai aux guerriers que j'ai recrutés pour toi. Je ne pouvais me permettre d'affaiblir mes troupes en t'offrant le commandement de l'une de mes armées. Mes fidèles soldats sont toujours mobilisés par la lutte contre les envahisseurs. Une nouvelle bataille se prépare et je crains qu'elle ne soit bien plus meurtrière que toutes celles qui l'ont précédée. Les Tjemehous ont fait alliance avec les peuples de la Mer et mes espions m'ont informé qu'ils envisagent d'attaquer avec des forces très importantes. Sans cette menace, j'aurais mené moi-même cette campagne dans la misérable Koush. C'est pourquoi j'ai pensé à toi. Nous aurons ainsi l'occasion de savoir si le vieux Patenemheb t'a bien éduqué.

Le ton désinvolte que Nefersethrê utilisait pour parler du général déplut fortement à Mosé, mais il se garda de réagir. Malgré la bienveillance dont son père faisait preuve à son égard, quelque chose sonnait faux. Le jeune homme resta sur ses gardes.

Non sans raison. Dès le lendemain, Nefersethrê le présenta lui-même à ses « guerriers ». À l'aube, il se retrouvèrent à la Maison des armes de Pi-Ramsès, où attendaient quelques milliers d'hommes. Mosé se rendit très vite compte qu'il n'y avait là que des paysans arrachés à leur terre, qui n'avaient jamais manipulé une arme de leur vie. Il suffisait de voir la façon maladroite dont ils tenaient leurs épées, leurs arcs et leurs lances. Une telle troupe n'avait aucune chance de vaincre les farouches guerriers qu'étaient les Nubiens. Mosé serra les dents. Sous couvert de lui réserver l'honneur de commander une armée, Nefersethrê lui avait tendu un piège. Sans doute espérait-il qu'il serait vaincu, peut-être même tué au cours des combats. Mosé lutta contre l'envie de laisser exploser sa colère. Mais il ne pouvait pas renoncer sans perdre la face.

Il était hors de question d'offrir à son père une victoire aussi aisée. Il se contraignit à ne rien laisser paraître et, avec une hypocrisie consommée, il simula l'enthousiasme. Puisque piège il y avait, autant laisser croire à son auteur qu'il fonctionnait et que Mosé n'était qu'un jeune écervelé gonflé d'orgueil à l'idée de commander plusieurs milliers de soldats.

– Je saurai me montrer digne de la confiance que vous avez placée en moi, père, dit-il comme si de rien n'était.

Le soir même, Mosé retrouva sa mère et lui expliqua la situation.

– Il a réuni une armée de paysans, grommela-t-il. À peine aurai-je fait un pas en Nubie que tous ces hommes seront massacrés. Et moi avec !

– Il faut te plaindre à Pharaon, s'insurgea Takhât, prise de fureur. Lorsque Meren-Ptah verra cette armée, il conviendra que ton père a voulu t'envoyer à la mort. Il le punira et te confiera le commandement d'une véritable armée.

– C'est inutile, mère. Nefersethrê est le chef suprême des Maisons des armes. Meren-Ptah est âgé et fatigué. Il n'écoute que son fils et il confirmera sa décision.

– Mais que vas-tu faire ?

Mosé eut un petit sourire.

– Le prendre à son propre piège en remportant une victoire. Il verra alors que mon vieux maître, Patenemheb, m'a bien formé. Nefersethrê escompte sans doute que je vais me précipiter en basse Nubie pour tenter de sauver Tutzis. Si j'agissais ainsi, je me lancerais tête baissée dans son traquenard. Je dois donc sacrifier Tutzis et sans doute Taphis. Mais il est probable que les Nubiens et leurs alliés Tjemehous n'oseront pas s'attaquer immédiatement aux forteresses de la Première cataracte. C'est là que je vais mener mes hommes. Je prendrai le temps qu'il faut pour les former. Je ferai d'eux des archers émérites. Et j'attendrai qu'ils soient devenus de solides guerriers pour lancer une contre-offensive. De plus, je compte bien convaincre le commandant de la Maison des armes de Ouaset de me confier une partie de son armée afin d'accélérer la formation de mes hommes.

Le premier souci de Mosé fut de fournir à ses soldats un équipement digne de ce nom. Dès le surlendemain, il quitta Pi-Ramsès pour Mennof-Rê, où se trouvait les plus importants arsenaux chargés de l'approvisionnement des quatre armées royales. Là se trouvait également un atelier qui fabriquait et réparait les chars. Mosé comptait bien profiter des lettres de crédit confiées par Sa Majesté pour réquisitionner tout ce qui lui semblerait nécessaire. Il espérait bien adjoindre des chars à son armée.

Lorsque Nefersethrê le vit quitter la capitale aussi vite, il se réjouit. Ce jeune chien fou fonçait sans réfléchir.

La division de Mosé comprenait quatre mille hommes. Aussitôt parvenu à Mennof-Rê, il prit ses quartiers dans une caserne proposée par le général Hesirê, qui commandait l'armée de Ptah. Dans un premier temps, le jeune homme, aidé par ses compagnons enthousiastes, répartit ses troupes en seize compagnies de deux cent cinquante hommes, à l'imitation des divisions de Ramsès II. À chacune il fit confectionner un étendard. Réunissant ses soldats dès le second soir, il leur déclara :

– Chaque compagnie des armées royales est désignée par un étendard qui porte son nom propre et symbolise la valeur particulière de cette compagnie. Vos étendards n'ont encore aucun nom. Il vous appartiendra de trouver celui qu'ils porteront, mais que vous ignorez encore. Leur gloire à venir reposera sur votre courage au combat, sur votre endurance et sur les qualités guerrières que vous portez en vous sans le savoir. Dans les jours suivants, ces qualités vont se révéler au cours des exercices que vous allez subir. Lorsque vous reviendrez de Nubie, chacun de ces étendards aura amplement mérité son nom, car vous aurez su vous en montrer dignes.

Ce discours eut le don de galvaniser sa troupe, composée essentiellement de jeunes hommes. S'ils étaient inexpérimentés, ils possédaient l'enthousiasme. Ce prince leur plaisait. Sa voix portait loin et vibrait d'une force étonnante. Ils avaient envie de le suivre.

À Mennof-Rê, chaque compagnie fut complétée par une vingtaine de scribes chargés du ravitaillement et de l'équipement. Les soldats reçurent chacun un casque, un bouclier rectangulaire, une dague, un javelot court et une hache. Puis Mosé fit essayer un arc composite à chacun de ses hommes. Il désirait choisir parmi eux mille archers, qui composeraient la phalange la plus puissante de son armée.

Pour commencer, il effectua lui-même une démonstration. À cent ou cent vingt coudées, cet arc, introduit autrefois par les Hyksos, provoquait des ravages. Mais Mosé stupéfia ses guerriers en atteignant une cible située à cinq cents coudées. Exaltés par la performance de leur général, les jeunes soldats eurent à cœur d'écouter ses conseils. En moins de trois jours, Mosé tenait ses quatre compagnies d'archers, sélectionnées parmi les plus adroites des recrues. Bien sûr, il faudrait encore du temps pour perfectionner leurs tirs, mais Mosé comptait bien profiter des haltes du soir, lors du voyage vers la Nubie, pour les entraîner.

Outre les archers, il réquisitionna également une cinquantaine de chars, chacun attelés de deux chevaux. D'ordinaire, les officiers de chars étaient recrutés parmi la noblesse. Or, Mosé ne disposait que de paysans. Aussi ceux-ci connurent-ils un grand moment d'exaltation lorsqu'ils apprirent que le jeune prince comptait confier ces chars aux meilleurs d'entre eux.

– Ces soldats d'élite seront choisis en fonction de leurs résultats à l'entraînement. Chaque char sera doté d'un conducteur et d'un archer.

La perspective d'occuper bientôt une place d'ordinaire réservée aux nobles encouragea les guerriers, qui rivalisèrent de zèle pour offrir le meilleur d'eux-mêmes.

Afin de ne pas attirer l'attention de Nefersethrê, Masesaya ne demeura que quelques jours à Mennof-Rê. Il fallait lui laisser croire que le piège fonctionnait. L'armée se mit donc en marche dès que l'approvisionnement fut terminé, moins de dix jours plus tard. Longeant le Nil, elle se dirigea vers le sud, prenant ses quartiers près des cités ou villages rencontrés. Cependant, Mosé se contentait d'une progression d'une douzaine de milles par jour[1], ce qui

1. Environ trente kilomètres. Voir en annexe les mesures égyptiennes.

représentait environ cinq heures de marche. Il prenait ensuite soin de restaurer ses hommes avec une nourriture solide, puis venaient quatre à cinq heures d'entraînement intensif, qu'ils accueillaient avec bonne humeur malgré leur fatigue. Tous guettaient avec envie les chars dont les chevaux piaffaient d'impatience.

À Ouaset, Masesaya octroya quelques jours de repos à ses hommes, pendant lesquels ils perfectionnèrent leur science du combat. Le jeune général demanda à rencontrer le grand vizir du Sud, Neferrenpet, auquel il présenta ses lettres de créances. Le vieil homme, ancien compagnon de Ramsès II, et auquel on confiait la tâche d'organiser les fêtes du nouvel an, n'entendait pas grand-chose à l'art militaire. Mosé n'eut aucune difficulté à le convaincre de lui apporter son soutien. Il décrivit les hordes sanguinaires de Nubiens qui risquaient bientôt de déferler sur la Haute-Égypte et l'invita à passer son armée en revue. Impressionné, Neferrenpet accepta de lui confier le commandement d'une partie de la glorieuse division d'Amon, stationnée à Ouaset. Le prince Masesaya n'était-il pas le descendant direct d'Ousermaâtrê Setepenrê ? N'avait-il pas reçu l'enseignement du grand général Patenemheb ?

Mosé grossit ainsi les rangs de ses troupes de près de trois mille hommes supplémentaires, dont deux cents chars, effectifs qui n'avaient pas été prévus par Nefersethrê. Sans doute le fils de Meren-Ptah estimait-il que le jeune homme n'aurait jamais l'audace de réquisitionner les soldats de Ouaset.

Dès qu'il eut obtenu ce qu'il voulait, Mosé ordonna à ses hommes de se mettre en route. Il était à présent à la tête de sept mille guerriers. Déjà, les premiers auriges avaient été nommés, et d'autres allaient suivre.

Cinq jours plus tard, l'armée parvenait en vue de Yêb [1], la capitale du pays des éléphants, située immédiatement avant la Première cataracte. Autour de la cité avaient été bâties plusieurs forteresses destinées à lutter contre les pillards et contre les invasions venues de Nubie. Ce n'était pas la première fois que les princes koushites se révoltaient contre l'Égypte. Avec le temps, les différents

1. Éléphantine, aujourd'hui Assouan.

pharaons avaient appris à se méfier de cette province prompte à la rébellion. Zehouti, le général commandant la cité accueillit avec soulagement Mosé et ses sept mille soldats.

– Sois le bienvenu, ô Masesaya, petit-fils du dieu bon Ramsès. Mes éclaireurs ont signalé que les Nubiens sont parvenus à prendre Tutzis et marchent sur Taphis. Ils seront bientôt là.

Mosé exigea immédiatement de prendre le commandement des troupes casernées aux alentours. Un peu réticent, Zehouti finit par obéir. L'autorité dont faisait preuve le jeune homme, ajoutée au fait qu'il était le petit-fils d'Ousermaâtrê Setepenrê, ne permettait pas de remettre ses ordres en question.

Adroitement, il évita de dire que l'armée venue de Pi-Ramsès avait été recrutée par son propre père, ce qui lui aurait été préjudiciable. Au contraire, il expliqua :

– Dans le nord, on redoute une invasion des Tjemehous alliés aux Égéens. Mon père, le prince Nefersethrê, ne pouvait se permettre de dégarnir les divisions de Rê et d'Amon. Il m'a donc fallu rassembler une armée de paysans en toute hâte, et les former au cours du voyage.

Zehouti s'étonna. Il était incapable de repérer les soldats novices au cœur des compagnies.

– Tu dis qu'il s'agit là de paysans ?

– Entraînés par mes soins depuis mon départ de la capitale.

– Ils semblent pourtant déjà bien aguerris.

Mosé omit de préciser qu'il avait intégré à ses compagnies d'origine quelques vétérans prélevés dans les troupes recrutées à Ouaset.

– Il faudra pourtant encore quelques jours pour parfaire leur formation. Il me manque encore une dizaine d'officiers de chars et quelques archers. C'est pourquoi j'ai besoin de tes hommes pour leur enseigner le maniement de l'arc et l'art de diriger les chevaux.

En moins d'un mois, Mosé disposa d'une armée puissante, formée essentiellement de paysans égyptiens transformés en combattants, galvanisés par un chef jeune qui faisait plier tout le monde devant sa volonté. Mosé lui-même n'avait pas conscience de la force contenue dans sa voix, faite pour diriger. Il trouvait naturel d'être obéi, puisqu'il était mandaté par Pharaon. Il ne se rendait pas compte que sa propre personnalité impressionnait au moins autant que ses lettres de créance.

Pourtant, le soir, lorsqu'il se retrouvait seul sous sa tente, de terribles moments de doute le saisissaient. Ne courait-il pas à l'échec ? Ses hommes avaient été solidement entraînés, c'est vrai, mais ils n'avaient jamais livré un véritable combat. Pas plus que lui-même. Que se passerait-il lorsqu'il se trouverait face à un ennemi redoutable, rompu à la guerre et assoiffé de sang. On racontait tellement d'horreurs sur les Nubiens. On disait qu'ils arrachaient la peau de leurs prisonniers encore vivants, qu'ils allumaient de gigantesques bûchers dans lesquels ils jetaient les femmes et les enfants. Malgré la bravoure des soldats de métier dont il avait su s'entourer, saurait-il mener ses guerriers à la victoire ? Parfois, une peur viscérale saisissait le jeune homme, qu'il chassait au prix d'un gros effort sur lui-même. Il n'avait aucune envie de voir ses hommes dépecés par un ennemi supérieur en nombre.

Le fidèle Aaron était le seul confident des doutes qui parfois l'assaillaient.

– Aie confiance en toi, mon frère, répondait-il. Vois comme tes guerriers t'acclament. Ils croient en la victoire.

– Mais nous ne nous sommes jamais battus, répliquait Mosé.

– Rappelle-toi : nos combats contre les lions dans le désert de Ouaset étaient bien réels. Plusieurs fois nous avons failli y laisser la vie.

Aaron savait aussi trouver l'argument irréfutable pour redonner confiance à son ami.

– Et puis, songe à la prophétie ! Les dieux ne peuvent mener à la défaite celui qu'ils ont choisi pour devenir un pharaon encore plus puissant que le grand Ramsès lui-même... Tu dois leur faire confiance.

Cette idée seule suffisait à rassurer Mosé.

Dix jours après son arrivée, Zehouti vint le trouver.

– Prince Masesaya ! Mes espions confirment que les Nubiens ont pris Taphis. Ils marchent sur Yêb.

Mosé prit immédiatement sa décision.

– C'est bien. Les dieux ont décidé. Nous allons nous porter à la rencontre de l'ennemi et le vaincre.

12

À la vérité, malgré les doutes qui le taraudaient, Mosé bouillait d'impatience. Il rêvait d'en découdre et de mettre en pratique les leçons du vieux général Patenemheb. Pour un futur souverain, il était important de prouver sa valeur en remportant une victoire éclatante.

Bientôt, ils franchirent la cataracte à l'aide de gros navires tirés depuis la rive à l'aide d'attelages de bœufs. La crue facilita grandement la manœuvre, car les eaux étaient hautes. Mais il fallait lutter contre le débit un peu plus rapide du fleuve, resserré entre deux formations rocheuses qui réduisaient la vallée à un étroit défilé bordé de rives quasi dépourvues de végétation.

Le spectacle que l'on découvrait de l'autre côté était d'une beauté à couper le souffle. Au-delà des remous tumultueux de la cataracte, le Nil s'élargissait, étalant ses eaux d'un bleu profond. À l'est et à l'ouest, de hautes montagnes cernaient la vallée, dressant leurs contreforts rocheux sous un soleil de plomb. Une chaleur écrasante oppressait les soldats. Au centre du fleuve s'étirait une île depuis toujours dédiée à Isis. Un temple se dressait en son milieu, autour duquel se pressaient quelques dizaines de fidèles, des prêtres chargés de l'entretien, des paysans et des mariniers venus adresser leurs hommages à la belle déesse de la fécondité. Mosé fit accoster son navire pour se rendre au temple. Il aimait particulièrement cette divinité aussi ancienne que l'Égypte elle-même, symbole de la mère, de la femme, de la douceur et de la protection. Dans son esprit, il l'associait à sa mère, Takhât.

Plus loin, les navires débarquèrent sur la rive occidentale. À peine le camp avait-il été installé qu'une colonne de poussière leur indiqua l'arrivée d'une troupe nombreuse en provenance du sud.

– Mais, que font-ils ? s'étonna Mourhat. Ils viennent se jeter dans la gueule du loup. Ils ne sont pas assez nombreux pour nous attaquer.

En quelques instants, les archers se déployèrent pour accueillir l'ennemi. Mais Mosé leur fit signe de ne pas tirer.

– Ce ne sont pas des guerriers, dit-il soudain. Ce sont des paysans qui fuient l'avancée des Nubiens.

En effet, un millier de personnes se dirigeait vers eux, femmes, enfants, vieillards, encadrés par des hommes uniquement armés de lances et de massues grossières. Leur peau sombre indiquait que certains venaient du sud lointain. Nombre d'entre eux portaient des traces de blessures. Parvenus devant Mosé, leurs chefs se prosternèrent.

– Prends pitié de nous, Seigneur. Nous ne sommes pas tes ennemis. Des démons sont venus dans notre village. Ils ont tout brûlé, tout saccagé. Ils ont pris beaucoup de vies. Les serviteurs que tu vois ont réussi à s'enfuir. Mais les démons sont à nos trousses.

Mosé ordonna aux paysans de se relever, puis passa dans les rangs des fuyards. Parmi eux pouvaient se dissimuler des guerriers espions qui profiteraient de la situation pour détruire leurs provisions ou leurs armes. Mais il n'en remarqua aucun. Les quelques hommes en âge de combattre semblaient aussi terrorisés que leurs épouses. Il n'aurait même pas le temps de les former pour en faire des soldats.

– Où se trouve l'ennemi ? demanda-t-il.

– Seulement à quelques milles, Seigneur, répondit un vieillard au visage raviné par les ans et le soleil. Sur cette rive.

– Mes compagnons, déclara Mosé, nous devons nous préparer au combat. Cette fois, il ne s'agit plus d'un exercice.

Quelques heures plus tard, les deux armées se trouvaient face à face. Visiblement, les rangs des Nubiens étaient renforcés par des cavaliers à peau plus claire : les fameux Tjemehous dont avait parlé Nefersethrê. Au moins sur ce plan, il n'avait pas menti. Les Libyens montaient des chevaux nerveux et rapides. Mosé estima leur nombre à plus d'une centaine. À leurs côtés marchait une multitude de guerriers armés de longues lances et de casse-tête, visiblement recrutés parmi les tribus du grand sud. On n'ignorait pas que parmi eux se trouvaient de redoutables combattants, les Nyam-nyams, qui avaient coutume de dévorer leurs ennemis au cours des festins orgiaques suivant les batailles.

Forts de leurs succès précédents, les Nubiens ne prirent pas le temps de réfléchir. Leur armée, composée peut-être de plusieurs milliers d'hommes, semblait plus nombreuse que celle de Mosé. Une clameur formidable s'éleva de leurs rangs tandis qu'une vague humaine se ruait vers les Égyptiens. Mosé songea qu'il ne fallait pas commettre l'erreur de répondre à cette attaque soudaine et désorganisée. Le choc et le combat au corps à corps occasionnerait trop de pertes. Se souvenant des conseils du vieux Patenemheb, Masesaya avait pris le temps d'étudier la situation. Il avait placé ses compagnies d'archers aux endroits stratégiques, utilisant le moindre repli de terrain. Derrière eux, prêts à intervenir, les fantassins protégés par leurs boucliers attendaient patiemment les ordres de leurs chefs, essentiellement choisis parmi les soldats confirmés.

Au moment où les Nubiens s'élançaient, Mosé se tourna vers ses nouvelles recrues et leur lança :

– Guerriers du Double-Pays, voici venu le moment de prouver votre valeur et d'offrir leurs noms à vos étendards !

Un tonnerre d'acclamations lui répondit. Ses hommes étaient prêts à se battre. Mosé vérifia que les chars placés en retrait, dissimulés à la vue de l'ennemi, étaient en formation de bataille. Il espérait ne pas avoir à les utiliser. Le sol rocailleux risquait d'être fatal aux roues légères.

Suivi de Mourhat et d'Aaron, il rejoignit ses archers. Ceux-ci avaient ordre de ne tirer que lorsqu'il en aurait donné le signal en lançant lui-même la première flèche. Devant eux, à environ un demi-mile, l'ennemi progressait en courant. D'où ils se trouvaient, les Nubiens ne pouvaient voir les archers dissimulés derrière les accidents du terrain.

Posément, Mosé arma son arc. Avec patience, il attendit que l'ennemi fût à portée de tir. Lorsque les Nubiens parvinrent à environ deux cents coudées, il décocha sa première flèche en direction d'un meneur. Le trait siffla dans l'air, décrivit une magnifique parabole… et vint se ficher dans la poitrine de sa cible. L'homme s'écroula, comme frappé par la foudre. Une clameur de triomphe s'échappa de la poitrine de tous les archers rangés autour de Mosé. L'instant d'après, ils se dressèrent tous en même temps et lancèrent mille flèches en direction des assaillants. Une pluie meurtrière faucha les premiers rangs qui culbutèrent sur le sol, brisant net l'élan des hordes nubiennes. Celles-ci, prises au dépourvu, marquèrent un temps d'arrêt avant de reprendre l'offensive. Mais les archers égyptiens avaient déjà réarmé leurs arcs. Un nouveau déluge de flèches s'abattit sur l'ennemi, semant la panique.

Les cavaliers libyens décidèrent alors de charger. Au mépris des fantassins freinés dans leur élan, ils s'élancèrent en direction des archers de Mosé, bien décidés à les hacher sur place. Pour parer à cette manœuvre, Mosé ordonna aux archers de se replier en bon ordre. Derrière eux, les fantassins s'écartèrent pour leur permettre de se mettre à l'abri, puis resserrèrent leurs rangs pour faire face aux cavaliers tjemehous. Une barrière de grands boucliers rectangulaires se forma, hérissée de longues lances prenant appui dans le sol rocailleux. Le choc fut effrayant de sauvagerie. Au mépris du danger, les Tjemehous lancèrent leurs montures sur les Égyptiens, brandissant glaives et haches. Des hurlements de douleur et de rage retentirent de tous côtés. Dans leur course, les chevaux vinrent s'empaler sur les piques. D'épouvantables hennissements de douleur résonnèrent, mêlés aux hurlements de rage des combattants. Les cavaliers, comprenant leur erreur, tentèrent de rebrousser chemin, mais plusieurs d'entre eux basculèrent sur les fantassins égyptiens qui les massacrèrent à coup de hache, d'épée ou de casse-tête. Les autres voulurent revenir en arrière, mais les hordes de Nubiens qui avaient repris leur assaut les en empêchèrent. La situation devint confuse et dégénéra en une sanglante mêlée.

Mosé, monté sur son char conduit par Mourhat, se lança lui-même à l'assaut. Armé de son arc, il décochait flèche sur flèche, dont chacune abattait un ennemi. Voyant leur jeune chef au cœur même de la mêlée, les Égyptiens combattirent avec une énergie décuplée. Les guerriers novices affrontaient l'ennemi dans un corps à corps bestial, tenaillés par une peur qui engendrait la haine. Épées et haches ouvraient les ventres, tranchaient les cous, entaillaient les membres, les casse-tête broyaient les crânes, les lances défonçaient les poitrines, les boucliers s'entrechoquaient. Une épaisse odeur de sang imprégnait l'air surchauffé. Partout des corps s'effondraient, mutilés, sans vie. Aux clameurs de rage succédaient les hurlements de douleur, les gémissements, les supplications.

Pendant un long moment, l'issue du combat sembla incertaine. Déjà plusieurs centaines de cadavres gisaient sur le champ de bataille. Des flots écarlates ruisselaient, teintant les eaux sombres du Nil du sang des victimes. Mais Mosé gardait encore un atout en réserve : les chars, restés à l'arrière, dissimulés dans un défilé. Lorsqu'il jugea le moment propice, il tira une flèche enflammée pour leur envoyer un signal. L'instant d'après, deux cents auriges commandés par Meri-Atoum surgirent au grand galop. Le tonnerre des sabots frappant le sol décontenança les Nubiens qui marquèrent le pas. Nombre d'entre eux rompirent le combat et s'enfuirent. Sur un ordre de Mosé, les fantassins égyptiens s'écartèrent pour laisser le flot de véhicules envahir le champ de bataille. En quelques instants, les Égyptiens prirent l'avantage. L'ennemi reflua en désordre, abandonnant morts et blessés sur place.

Mosé renonça à poursuivre les fuyards. Ses hommes étaient trop épuisés car les combats avaient duré près de six heures. Bientôt, Rê allait emprunter la barque de la nuit et traverser ses royaumes secrets. Une clameur de victoire éclata soudain, poussée par les milliers de guerriers vainqueurs, tandis que l'ennemi en déroute s'enfuyait vers le sud. Harassé, les muscles endoloris et la peau poisseuse de sang adverse, Mosé parcourut le champ de bataille, bientôt rejoint par ses fidèles compagnons et par le général Zehouti.

Le chant de victoire s'était calmé, laissant place aux plaintes des blessés, Nubiens ou Égyptiens, tous unis dans la même détresse. Selon la tradition, on trancha la main droite de chaque ennemi tué, afin que les scribes puissent comptabiliser les morts. Des amoncellements macabres se formèrent ainsi un peu partout, répandant une odeur âcre et écœurante. Les prisonniers les plus touchés furent achevés sur place. Les autres furent enchaînés et emmenés vers Yêb, d'où ils partiraient pour les mines d'or. Quant aux chefs, ils furent jetés sans pitié dans un bûcher. La sauvagerie dont ils avaient fait preuve envers leurs victimes n'incita pas Mosé à la clémence.

En les interrogeant, il se rendit d'ailleurs compte qu'il avait affaire à quelques chefs de bande de pillards.

Mosé aurait dû se sentir heureux. Il avait déjoué le piège de son père et remporté une magnifique victoire. Il avait prouvé son courage et sa valeur. Ses guerriers s'inclinaient devant lui avec respect, le reconnaissant vraiment comme leur chef. Même le général Zehouti le considérait différemment. Ce triomphe était un nouveau pas vers son accession au trône d'Égypte.

Pourtant, un malaise obscur le pénétrait. Il ne pouvait détacher son regard de ses soldats blessés ou tués. Il s'attarda sur le corps d'un jeune homme que l'on emportait. Son nom lui revint : Khaseb. C'était un paysan du nome de Tanis. Il lui avait enseigné lui-même le tir à l'arc. Il promettait de devenir un excellent archer. Mosé se souvenait que le soir, lorsque les hommes s'arrêtaient enfin pour partager le pain et la bière, il aimait raconter des histoires de son pays, légendes ou histoires pleines d'humour. Mosé soupira. Khaseb n'était qu'un paysan, destiné à obéir. Le jeune prince songea un instant qu'il aurait pu naître, lui aussi, paysan ; il n'aurait eu d'autre droit que celui d'exécuter les ordres et de mourir dans un combat qu'il n'aurait pas décidé lui-même. La victoire qu'il venait de remporter lui laissait dans la gorge un goût amer.

Pourtant, il prit sur lui de ne pas montrer son désarroi à ses compagnons, qui affichaient tous des visages de vainqueurs. Les combats n'étaient pas terminés. Dès demain, il faudrait se relancer à la poursuite de l'ennemi.

13

Mosé ne perdit pas de temps à savourer sa victoire. Il devait profiter du désarroi de l'ennemi pour le harceler et le pousser à rendre les armes. On consacra une journée à offrir une sépulture aux soldats morts au cours de l'affrontement, puis, longeant la rive occidentale, on se remit en route le jour suivant, en direction de Taphis.

Le jeune prince s'attendait à ce que les Nubiens ripostent et lui opposent une résistance farouche. Pourtant, il n'en fut rien. Les éclaireurs lui signalèrent que l'ennemi avait abandonné la petite cité située juste avant un coude du fleuve gonflé par les eaux.

Mais bientôt, un autre danger menaça les guerriers. La crue du Nil avait provoqué l'éclosion de quantités d'œufs de batraciens et de reptiles, dont certains pouvaient se révéler dangereux. Le troisième jour, plusieurs soldats furent mordus et périrent faute de soins.

– Ils infestent la région. C'est une véritable invasion, grogna Aaron. Nous ne passerons jamais.

Le lendemain, ils trouvèrent, abandonnés aux charognards, les corps de plusieurs Nubiens mordus eux aussi par les serpents.

– Par où sont donc passés les autres ? s'étonna Nahou. Il est impossible de continuer dans ces marais.

Un éclaireur releva les traces du passage d'une troupe importante en direction du désert de l'ouest.

– Ils ont dû contourner par les montagnes, en déduisit Mourhat. Nous allons être contraints de les suivre.

Mosé secoua la tête.

– Cela nous fera perdre trop de temps. Si nous parvenions à couper à travers les terres inondées, nous avons une chance de couper leur retraite.

– Mais comment faire ? grommela Aaron. Nombre des nôtres risquent de périr.

– Ils ne périront pas. L'oiseau de Thôt peut nous aider à passer.

L'Apirou le contempla avec étonnement, puis son visage s'éclaira.

– Évidemment ! Les ibis mange les serpents. Mais il va en falloir beaucoup.

– Ils sont nombreux dans cette région. Ordonne aux hommes qu'ils préparent des filets !

Aussitôt, les consignes furent données. Il était interdit d'utiliser le bâton de jet, lequel pouvait tuer les oiseaux. Or, l'ibis était un animal sacré, dédié au dieu de la lune et de la sagesse. Il fallait donc le préserver, sous peine de s'attirer la colère divine.

Une journée suffit pour réunir plusieurs centaines d'échassiers, dont on entrava une patte afin qu'ils ne puissent s'échapper. Le lendemain, dès l'aube, l'armée reprit sa progression, précédée par une escouade de fantassins tenant les ibis en laisse, sur une largeur d'un quart de mile, le long du fleuve en crue. Le stratagème porta très vite ses fruits. Serpents d'eau et batraciens fuyaient devant leurs prédateurs, provoquant des remous sur les eaux sombres du fleuve. La zone dangereuse fut ainsi traversée en une seule journée, alors qu'il en aurait fallu plusieurs en passant par les montagnes.

Lorsqu'ils parvinrent à Taphis, les Nubiens venaient tout juste d'abandonner les lieux.

– Nous sommes sur leurs talons, s'exclama triomphalement Hékha.

Avant de reprendre la poursuite, Mosé prit le temps d'offrir un sacrifice au dieu Thôt, qui lui avait inspiré l'idée d'utiliser ses oiseaux. Au cours de la cérémonie, tous les ibis furent libérés.

Dans la petite ville de Taphis, on retrouva les corps atrocement mutilés de fonctionnaires n'ayant pas eu le temps de fuir avant l'arrivée des rebelles. Certains avaient été décapités, d'autres tailladés à coups d'épée, d'autres encore dépecés vivants.

– Je ne comprends pas, remarqua Mourhat. Les habitants de ce pays sont plutôt calmes d'habitude.

– Il s'agit sans doute de tribus du grand sud.

L'armée continuait d'avancer sans rencontrer de résistance. Mosé finit par comprendre que sa victoire de Yêb était plus décisive qu'il ne le croyait au départ. Il avait fait près de mille prisonniers. Partout, on découvrait des hordes de guerriers errants, qui s'échappaient vers les montagnes à l'approche de l'armée. Les fuyards capturés expliquèrent que leurs chefs n'avaient plus envie de continuer à lutter. Les princes nubiens révoltés avaient été trompés par les hommes venus du désert. Ces étrangers avaient prêché la rébellion contre l'Égypte. Ils avaient convaincu quelques chefs de tribus qui vivaient de pillage et l'un d'eux avait réussi à les réunir sous sa bannière. Il s'appelait Seth-Isfet. Un nom prédestiné, puisqu'il associait le dieu de la destruction à celui de la déesse de la discorde.

– Ils nous ont enrôlés de force, Seigneur ! clama l'un des prisonniers. Mais les habitants de Koush sont pacifiques. Nous ne voulons plus nous battre.

– Vous avez massacré vos semblables et de hauts fonctionnaires égyptiens ! répliqua Mosé, furieux.

– Ils nous écrasaient d'impôts ! s'insurgea l'homme. Nous n'avions même pas de quoi nourrir nos familles. Et les soldats égyptiens nous battaient lorsque nous ne pouvions plus payer.

Évidemment, songea Mosé. Il n'avait guère été difficile de convaincre ces gens de se rebeller.

Après une nuit de réflexion, il fit libérer les prisonniers. Ceux-ci, stupéfaits, filèrent sans demander leur reste. À Mourhat qui s'étonnait, Mosé répondit :

– Je ne peux tout de même pas emprisonner toute la Nubie. Ces paysans avaient quelques raisons de se révolter. Je sais que les gouverneurs locaux profitent souvent de leur position et de leur éloignement pour s'enrichir de manière éhontée.

Vers le début de *Choïak*, quatrième mois d'Akhet, l'Inondation, l'armée parvint dans la petite cité de Méha. Des paysans remontant le Nil apprirent à Mosé que l'armée des princes nubiens stationnait à une vingtaine de miles plus au sud, peu avant la Deuxième cataracte. Leurs rangs semblaient avoir reçu le renfort de tribus nouvelles. Mosé ordonna à ses troupes de se tenir prêtes au combat. L'affrontement final approchait.

Par miracle, Méha avait été épargnée par les rebelles. Mosé s'en étonna auprès du nomarque, Efenamon. Celui-ci le salua en se prosternant.

– Noble fils du *Taureau puissant*, dit-il, l'ennemi ne peut rien contre nous. Nous sommes protégés par les dieux.

Le gouverneur l'entraîna un peu plus au sud, jusqu'à deux temples grandioses taillés à même le grès rose de la montagne. Celui du nord alignait six statues d'une vingtaine de coudées de hauteur, représentant Ramsès II et son épouse Nefertari. Le second, au sud, impressionnait par ses quatre sculptures gigantesques représentant le souverain disparu, Rê-Horakhty, Amon et Ptah. Chacune des statues mesurait plus de cinquante coudées. Entre les deux colosses du centre s'ouvrait une porte au-dessus de laquelle veillait une effigie d'Horus. Au pied des géants de grès se dressaient des statues plus modestes, figurant la mère de Ramsès II, la reine Touy, la Grande Épouse royale, Nefertari, et huit des enfants du souverain. Mosé s'étonna du fait que la propre mère de Meren-Ptah, Isisnofret, ne fût pas représentée. En revanche, sa fille, Baketmout et le prince Ramsès, son fils, se tenaient entre les jambes des colosses. Les couleurs vives conféraient aux statues un aspect un peu irréel.

Efenamon expliqua :

– Lorsqu'ils ont marché sur Yêb, les Nubiens sont passés sur l'autre rive. Ils redoutent les colosses de pierre. Ils pensent qu'ils sont vivants et qu'ils se mettront en marche contre eux s'ils tentent de prendre Méha.

Fasciné, Mosé contemplait le monument grandiose. Le souffle permanent du vent chaud produisait un mugissement sourd et profond, comme si les statues avaient fait entendre leur voix. Efenamon s'inclina de nouveau devant lui.

– Demain, nous allons célébrer la fête d'Amon-Rê, seigneur. Tu es le descendant du dieu bon Ramsès. Accepterais-tu de participer à ces festivités ?

Une vive émotion s'empara de Mosé. Le nomarque, qui était aussi grand prêtre d'Amon, lui proposait ni plus ni moins que de tenir le rôle du souverain. Il répondit :

– Demain, je rendrai hommage à mon ancêtre.

Dans les rues de la petite cité régnait une animation inhabituelle. À l'inverse des premières villes construites aux premiers temps de l'Égypte, Méha n'était pas fortifiée. Une modeste garnison, cantonnée à proximité des temples, était censée la défendre. Mais ses effectifs restreints eussent été incapables de s'opposer aux rebelles. La présence des colosses à l'effigie du grand Ramsès II suffisait à tenir les Nubiens à distance.

Le lendemain, peu avant l'aube, Mosé, précédé du grand prêtre de Méha, pénétra dans le sanctuaire. Quotidiennement, les quatre colosses, tournés vers l'est, attendaient le lever du soleil. Mais en ce quatrième jour du mois de *Choiak* devait avoir lieu un événement qui ne se produisait que deux fois dans l'année : la lumière solaire allait pénétrer jusqu'au fond du temple et éclairer les quatre statues des dieux principaux de Kemit.

À la lueur des torches, on franchit une porte menant tout d'abord dans une salle haute. À l'intérieur se dressaient, de chaque côté, quatre statues représentant Ramsès II dans la position d'Osiris : les bras croisés portant le *Heq* et le *Nekheka*, la crosse des bergers et le fléau des agriculteurs. Sur les murs apparurent les fresques décrivant les batailles livrées par Ousermaâtrê Setepenrê pour protéger le Double-Royaume. L'un des tableaux évoquait la Nubie elle-même. Un défilé de prisonniers koushites se complétait d'une image de Ramsès II faisant des offrandes à Amon, coiffé des plumes d'autruche. Un cobra symbolisant les sources du Nil s'élevait entre les deux divinités.

Dans la salle suivante, de dimensions plus modestes, un socle soutenait une barque solaire figurant la nef d'Amon-Rê, ornée de la tête du bélier d'Amon et de celle du faucon de Rê. À chaque étape avaient lieu des offrandes et des incantations. La durée de chaque rite était rigoureusement respectée afin de parvenir dans la dernière salle au moment même où le soleil se levait.

Ainsi Mosé et les prêtres pénétrèrent-ils dans le Saint des Saints à l'instant précis où les premiers rayons s'alignaient dans l'axe du temple. On éteignit les torches. L'endroit, une seconde plus tôt noyé dans les ténèbres, s'emplit soudain d'une lumière surnaturelle, dorée, éclairant tout d'abord la statue de Rê-Horakhty. Un silence profond s'installa dans le sanctuaire. La lumière vive glissa comme un rêve sur l'effigie de Ramsès II, coiffé de la double couronne, puis elle illumina celle d'Amon, surmontée des plumes d'autruches. Enfin, elle effleura l'épaule gauche du dernier des dieux, Ptah, celui qui fait naître les ténèbres.

Ému, Mosé contempla les images des divinités, frappé par la magie qui se dégageait du lieu. La lumière irréelle se déplaçait lentement, en un mouvement majestueux, à peine perceptible. Sous cet effleurement éblouissant, les effigies divines semblaient prendre vie, leurs regard s'allumaient de lueurs intenses qui transperçaient les âmes des officiants. L'odeur de la pierre, mêlée à l'encens et la fumée des torches que l'on rallumait une à une, tournèrent un peu la tête du jeune prince. Une sensation intense l'envahit. Il eut l'impression que les dieux lui adressaient un signe.

Lorsqu'il sortit du temple, déconcerté, deux sentiments contradictoires se disputaient son esprit. L'un d'eux lui soufflait que les dieux avaient confirmé la prophétie de Baal-Patjar : il était destiné à devenir lui-même un pharaon digne de la gloire d'Ousermaâtrê Setepenrê. Un destin hors du commun l'attendait. Mais ce sentiment se doublait d'une angoisse incoercible. Tout cela n'était-il pas qu'une illusion trompeuse ? Ne se fourvoyait-il pas sur le sens qu'il devait accorder aux volontés divines ?

Après la cérémonie, la procession regagna la ville. L'esprit perturbé, Mosé rejoignit ses compagnons. Ceux-ci devinèrent son trouble, mais il refusa de parler de ce qu'il avait ressenti. Tout au plus fit-il part de ses doutes à Aaron.

– Je ne sais que penser, dit-il. J'ai senti que les dieux me parlaient, à l'intérieur de ma tête, comme pour m'encourager à poursuivre ma tâche. Tout cela semble corroborer la prédiction. Pourtant, une intuition inexplicable me dit que mon destin est différent.

– Comment pourrait-il être différent ? répliqua Aaron. Seul le nom d'un grand roi est capable de traverser les siècles. Que pourrais-tu être d'autre ?

Mosé resta un long moment silencieux, puis soupira :

– Tu as certainement raison.

Soudain un tumulte retentit au-dehors. Mourhat surgit, essoufflé.

– Seigneur, les sentinelles ont signalé trois navires venant du sud. Peut-être les Koushites souhaitent-ils négocier !

14

Mosé se rendit sur les rives du Nil, suivi de ses fidèles. Au loin, trois navires approchaient. L'un d'eux était un grand vaisseau d'apparat. Une longue cabine tendue de voiles devait abriter de hauts personnages. Les deux autres bateaux, plus modestes, transportaient quelques guerriers, en nombre insuffisant pour représenter un danger.

Après que le grand vaisseau eut accosté, une douzaine de Nubiens richement vêtus en débarquèrent, qui vinrent se prosterner aux pieds de Mosé. Puis un personnage à la forte corpulence s'avança vers le jeune prince et s'inclina légèrement.

– Mon nom est Khefty, roi d'Iqen, déclara-t-il d'une voix étonnamment basse.

Son regard trahissait sa fierté et son courage. Il poursuivit :

– Je sais qui tu es, prince Masesaya, et je viens vers toi animé par le même esprit de paix que celui qui permit à ton illustre ancêtre, le grand Ramsès, de mettre fin aux combats stériles qui l'opposaient au roi du Khatti.

La phrase était subtile, car la sagesse d'Ousermaâtrê Setepenrê pouvait aussi bien s'appliquer à lui-même qu'à Mosé. Elle signifiait que si le jeune prince refusait la proposition de paix, il ne montrerait pas la même sagesse que son grand-père. Mosé eut un léger sourire.

– Dans ce cas, sois le bienvenu, roi Khefty.

À ce moment, une autre silhouette descendit du navire, celle d'une jeune femme vêtue d'une fourrure de léopard et d'un jupe de lin ajourée, qui mettait ses jambes longues en valeur. Un voile blanc masquait son visage, dont seuls les yeux étaient visibles. Mosé, troublé et intrigué, l'observa. Si la peau de son corps, d'un joli brun doré, trahissait son origine nubienne, ses yeux semblaient taillés dans la turquoise. Sans doute comptait-elle des hommes du nord parmi ses ancêtres. D'une démarche féline, elle s'avança et s'inclina à son tour devant Mosé. Puis elle défit son voile, révélant des traits fins et réguliers. Ses longs cheveux noirs et serrés en fines tresses lui tombaient sur les épaules et sur la poitrine nue, mal dissimulée par la peau de léopard. Elle marchait pieds nus, les chevilles chargées d'anneaux d'or. À sa ceinture pendait un long poignard, dont elle savait probablement se servir.

– Voici ma fille, la princesse Tiyi, la présenta le roi d'Iqen.

Mosé resta un instant interdit. La jeune femme devait avoir son âge, dix-huit ans. Rarement il avait contemplé semblable beauté. Subjugué par ce regard clair, qui contrastait avec les reflets sombres de sa peau, Mosé faillit oublier toute règle de prudence. Mais Mourhat réagit pour lui. Il se plaça devant lui et s'adressa à la jeune femme :

– Si tu es venue en paix, détache d'abord ta ceinture.

Tiyi eut un sourire amusé et se défit de son arme.

Un peu plus tard, Khefty, Mosé et Tiyi se retrouvaient sous un dais aménagé à la hâte sur les rives du Nil.

– Que désires-tu ? demanda le jeune général.

– Je souhaite que les combats cessent entre nos deux peuples. Koush n'a pas voulu de cette guerre. Nous savons depuis toujours que nous n'avons aucune chance de vaincre les armées de Pharaon. Chaque cité de Nubie est gouvernée par un roi. Selon les traités passés, il doit allégeance au souverain des Deux-Terres. Mais certains chefs de tribu supportent mal cette tutelle et n'attendent qu'un prétexte pour se rebeller. Ils ont écouté les fausses paroles d'hommes venus du désert pour prêcher la révolte contre l'Égypte. Ils se sont désigné un chef, Seth-Isfet, pour les diriger. D'autres rois nubiens, comme moi, ont refusé de les suivre dans leur guerre insensée. Ils ne nous ont pas écoutés. Ils ont pris les armes, et ont attaqué les petites forteresses maintenues par Pharaon en Nubie. Ils ont massacré les fonctionnaires. Puis ils se sont attaqués aux cités des rois qui n'avaient pas accepté de marcher à leurs côtés. Ensuite, aveuglés par leurs faciles victoires, ils ont marché vers le nord. Seth-Isfet était habité par une ambition démesurée, proche de la folie. Il pensait être investi d'une mission divine. Il s'imaginait envahissant la Haute, puis la Basse-Égypte, aidé par les hordes de Tjemehous dont les hommes du désert lui avaient promis l'alliance. Mais il n'a fait que mener notre peuple dans une lutte inégale où beaucoup de braves guerriers ont péri. Chaque conflit appauvrit un peu plus mon peuple. Cela, je ne puis plus l'accepter.

– Et tu es venu me rencontrer afin d'implorer ma clémence, répondit Mosé.

Khefty le toisa fièrement.

– Je suis venu te proposer une alliance.

Mosé admirait le courage de son interlocuteur. Ses trois navires ne transportaient pas plus d'une cinquantaine de gardes.

– Comment savoir si tu dis la vérité ? Ton peuple a pris les armes contre Pharaon.

– Seuls certains princes l'ont fait. Si tu portes la guerre à Iqen, je serai contraint de livrer combat. J'ai réuni là-bas une armée importante, composée de tous les chefs qui ont refusé d'écouter les Tjemehous. Ils sont prêts à se défendre, mais, tout comme moi, ils ne te considèrent pas comme un ennemi.

Sans attendre de réponse, il frappa dans ses mains. Six guerriers restés à bord apportèrent des paniers de lianes tressées qu'ils alignèrent sur deux rangs devant Mosé. Puis, sur un signe de Khefty, ils les ouvrirent. Mosé ne put réprimer un mouvement de recul. Chaque panier contenait une tête exsangue, couverte de sang séché. Les têtes du premier rang appartenaient à des Tjemehous. Celles du second rang étaient noires. Une puanteur infernale s'en dégageait. Imperturbable, Khefty expliqua :

– Voici les têtes des Tjemehous qui ont incités certains des nôtres à la révolte. Et voici celles de Seth-Isfet et de ses compagnons. Après leur défaite de Yêb, ils ont fui devant ton armée. Ils sont venus à Iqen où j'avais réuni les partisans de la paix. Ils ont exigé que nous prenions les armes à notre tour. Nous avons refusé et nous les avons tués, car ils sont responsables de la mort de trop de Koushites. Tes ennemis sont ici, dans ces paniers. C'est eux que tu as vaincus, pas les rois que je représente. Nous ne souhaitons pas qu'une guerre nous oppose. C'est pourquoi je t'ai apporté des présents.

Il tapa une nouvelle fois dans ses mains. Les guerriers apportèrent d'autres coffres contenant des pierres précieuses, des sacs de poudre d'or, de l'ivoire, de l'ébène, des peaux d'hippopotames, ainsi que des armes. Khefty fit venir également une vingtaine d'hommes entravés, sans doute capturés dans les villages du sud lointain.

– Ils seront pour toi les plus dévoués des esclaves ! affirma-t-il.

Mosé hocha la tête silencieusement. Puis il déclara :

– Ta proposition est digne d'intérêt et tes présents sont magnifiques, noble roi. Mais je dois réfléchir à tout cela. Je te donnerai ma réponse demain. En attendant, toi et ta fille êtes mes hôtes.

Le soir même, Mosé organisa des festivités avec l'aide d'Efenamon. Tandis que se succédaient danseuses et musiciens, jongleurs et bateleurs, on servit un repas copieux, accompagné de vins capiteux. Le jeune prince ne pouvait détacher ses yeux de Tiyi. Le roi son père devait savoir ce qu'il faisait en l'amenant avec lui.

Plus tard dans la soirée, Mosé entraîna la jeune femme à l'écart, en direction des temples de Ramsès-Horakhty. Tiyi, impressionnée par les hautes silhouettes des géants de pierre, n'osa s'en approcher de trop près. Mosé se souvint que les Nubiens du sud redoutaient ces colosses.

– Quelle décision dois-je prendre, princesse Tiyi ? La proposition de ton père prouve que son armée n'est pas aussi puissante qu'il le prétend. Peut-être certains chefs de tribu désirent-ils encore poursuivre la guerre. Alors, pourquoi me priverais-je d'une nouvelle victoire qui peut me rapporter un butin bien plus important que les présents offerts par ton père ? Pourquoi accepterais-je une vingtaine d'esclaves là où je pourrais m'assurer la capture de centaines de prisonniers ?

– Parce que la sagesse commande d'éviter de livrer la guerre à un peuple qui n'est pas ton ennemi ! répondit la princesse d'une voix douce.

– Mais je pourrais m'emparer d'Iqen et de Bouhen et exiger le versement d'un lourd tribut.

Il hésita, puis ajouta :

– Un tribut dont tu ferais partie.

Elle eut un sourire plein de charme et répliqua :

– Le grand prince Masesaya n'aurait-il donc d'autres moyens, pour séduire une femme, que de réduire son peuple en esclavage ?

– Je puis prendre de force ce que je désire !

Le sourire se figea.

– Peut-être ton armée vaincrait-elle celle de mon père. Et peut-être aussi pourrais-tu faire de moi ton esclave. Mais tu ne posséderas alors que mon corps. Et mon cœur sera chargé de haine contre toi.

Mosé se sentit maladroit. Il avait voulu impressionner la jeune femme par sa puissance. Mais elle était trop fière pour cela. Il grommela :

– Je ne veux pas que tu éprouves de la haine envers moi. Mais les massacres perpétrés par les Nubiens m'ont incité à la méfiance.

– Notre proposition de paix est sincère, répondit-elle. Iqen est une belle cité. Elle a été épargnée par les combats depuis bien longtemps, grâce à la sagesse de ton grand-père, le grand Ramsès. Depuis ma naissance, je n'ai jamais connu la guerre. Je souhaite que cela dure, car les femmes détestent la violence. Mais je suis prête à me battre moi-même pour défendre mon peuple.

Mosé ne répondit pas. L'alliance proposée par Khefty présentait aussi des avantages. En vérité, il était déjà las des batailles, las de voir périr ses guerriers. D'ailleurs, le grand Ramsès ne lui avait-il pas dit lui-même que « la paix était préférable à la guerre ». Il regarda longuement la jeune femme et déclara :

– Je crois que je vais accepter l'offre de ton père. Je ne supporte pas l'idée que tu puisses me détester. Mais… à une condition !

– Laquelle ?

– Je voudrais que tu restes quelques jours avec moi. Je désire que nous soyons amis.

Le sourire qu'elle lui adressa lui fit couler une liqueur de feu dans les veines.

– Mon père voudra porter ta réponse aux autres chefs. Ils l'attendent avec impatience, et je dois repartir avec lui.

– Je pourrais toujours te garder ici, en gage de sa loyauté.

– Mon père n'acceptera jamais de me laisser derrière lui comme otage. En revanche, tu peux toujours lui expliquer que tu as besoin de réfléchir quelques jours.

Mosé n'eut pas à fournir de longues explications. Khefty avait immédiatement remarqué que, comme il l'avait espéré, le jeune prince n'était pas indifférent à la beauté de sa fille. Aussi accepta-t-il bien volontiers de demeurer quelques jours à Méha.

– Ton vin est bon ! dit-il avec bonne humeur.

Et il s'installa confortablement dans le palais d'Efenamon, qui le reçut avec tous les honneurs et de solides repas. Le cuisinier du nomarque connaissait son métier.

Quant à Tiyi, elle n'était guère pressée de voir Mosé prendre sa décision. De même, le jeune prince n'avait pas hâte de la voir repartir. Ils passaient le plus clair de leur temps à bavarder en se promenant le long du Nil, indifférents à la chaleur. Dès le matin, un soleil de plomb écrasait la vallée. Vers midi, les montagnes se peignaient en teintes pastel dans un ciel surchauffé. Les deux jeunes gens profitaient de l'ombre vert tendre des acacias et des sycomores agrippés aux rives du Nil. Mosé aimait écouter la jeune femme lui parler de son pays, des vastes troupeaux que l'on rencontrait plus loin encore dans le sud. Elle évoquait pour lui les rites ancestraux, le sang que l'on prélevait sur les vaches sans les tuer, le pays mystérieux où vivaient les Hommes gris. On les appelait ainsi parce qu'ils couvraient leur corps d'un mélange de cendre et d'urine de bovin afin se protéger des piqûres de la mouche du sommeil.

Mosé parla de Pi-Ramsès, de la Grande Maison, de sa mère, la douce Takhât. Il raconta la vie fastueuse du grand Ramsès, les nombreux souvenirs qu'il conservait de son enfance. Il évoqua Ouaset et ses temples immenses, les vallées sacrées où se trouvaient les tombeaux des rois et des reines. Le soir, ils retardaient toujours l'instant où ils devaient se séparer.

Lorsqu'il se retrouvait seul, Mosé éprouvait une souffrance étrange. Le souvenir de la voix de Tiyi restait gravé dans son esprit, comme une mélodie aérienne et rassurante. Son parfum lui emplissait encore les narines. Il n'avait alors qu'une hâte : être au lendemain pour la retrouver. Mais les nuits étaient longues, car le sommeil le fuyait. Il refusait d'imaginer que Tiyi puisse repartir pour Iqen avec son père.

– Que puis-je faire ? demanda-t-il à Aaron un soir.

L'Apirou se planta devant lui, les mains sur les hanches.

– Serais-tu aveugle, mon frère ? Tu es amoureux de cette femme.

– C'est vrai. Mais dès que j'aurai accepté la proposition de son père, elle s'en ira.

– Et tu n'as en tête aucun moyen de la retenir près de toi ?

Mosé le regarda, étonné.

– Aurais-tu une idée ?

– C'est bien ce que je disais : l'amour t'a rendu aveugle. Et il t'a obscurci l'esprit. N'as-tu pas imaginé un seul instant que tu pouvais épouser cette princesse ?

– L'épouser ?

– Qui t'en empêche ?

Mosé bondit sur Aaron et le serra dans ses bras.

– Mais quel imbécile je fais ! Comment n'y ai-je pas pensé plus tôt ?

Le lendemain, Mosé exigea de rencontrer Khefty dès le lever du soleil. Le gros roi vint immédiatement, en compagnie de sa fille. Mosé la regarda longuement, puis s'adressa au souverain nubien :

– C'est bien. J'accepte tes propositions. Nos peuples ne porteront plus les armes l'un contre l'autre. Mais je pose une condition à la paix entre nos deux peuples.

Le roi le contempla avec une lueur amusée dans les yeux. Mosé poursuivit :

– Je désire que ta fille Tiyi devienne ma première épouse.

Puis il ajouta très vite :

– Si elle le désire elle-même, bien sûr…

Un large sourire éclaira le visage de Khefty.

– Pour ma part, je te donne mon accord !

Pour la première fois, le regard fier de Tiyi se troubla. Elle baissa rapidement les yeux, puis les releva et sourit.

– J'accepte ! dit-elle enfin d'une voix mal assurée.

15

Ainsi Mosé épousa-t-il Tiyi, princesse nubienne, fille de Khefty. Son armée remonta le Nil jusqu'à Iqen, mais ce fut l'occasion d'une parade pacifique. Les festivités qui réunirent l'armée égyptienne et le peuple de Koush furent joyeuses, et d'autant plus animées que l'on avait redouté les combats. Le grand Ramsès avait bien raison : la paix était préférable à la guerre.

Avec Tiyi, Mosé découvrit un sentiment nouveau. Jusqu'à présent, il n'avait éprouvé pour les demoiselles glissées dans sa couche qu'un attachement limité au plaisir qu'elles lui apportaient. Cette fois, il était amoureux. Et c'était réciproque. Mosé prenait Aaron et Mourhat à témoin et ne tarissait pas d'éloges sur son épouse. Nul autre femme ne marchait avec autant de grâce, ne possédait une voix plus douce. Ses yeux avaient la couleur du ciel, extrêmement rare chez les Koushites.

Tiyi faisait preuve d'un personnalité affirmée. Au-delà de sa beauté, qui faisait l'admiration de tous les hommes de la Cour entourant Mosé, elle possédait une intelligence fine et une intuition remarquable. Elle connaissait également la magie des plantes qui soignent, à laquelle elle avait été formée par un vieux sorcier. Mosé comprit très vite qu'elle deviendrait pour lui une alliée sûre lorsque le moment arriverait d'affronter son destin royal. Car plus que jamais, il était persuadé que les dieux le guidaient irrésistiblement vers le trône d'Égypte.

Il avait choisi son épouse sans demander l'autorisation de Pharaon ni de son père. Très souvent, les princes et princesses de sang étaient mariés selon les désirs du souverain ou de leurs parents. En épousant Tiyi, il avait négligé la volonté royale.

Bien sûr, il avait agi de cette manière pour concrétiser une alliance. Il savait que son père lui ferait reproche de ne pas avoir réduit les Nubiens en esclavage, privant ainsi le Double-Pays d'un tribut guerrier important. De même, jamais il n'accepterait que Mosé considère Tiyi comme sa première épouse, ce qui était justement l'intention du jeune homme. Son mariage constituait pour lui un défi à l'autorité paternelle et une façon d'affirmer son indépendance.

Durant son séjour dans la petite cité nubienne, Mosé se rendit compte que les chefs de tribu le traitaient comme s'il avait été lui-même le roi d'Égypte. Les présents offerts pour son mariage étaient dignes d'un souverain.

La paix était signée, mais il subsistait encore çà et là quelques poches de résistance. Des hordes de pillards continuaient de harceler les villages isolés, massacrant les habitants, violant les femmes, volant ou abattant les troupeaux. Pendant plusieurs mois, Mosé ne leur laissa pas une seconde de répit, traquant les bandits avec une ténacité implacable. Les Nubiens alliés fournirent des pisteurs qui lui permirent de repérer plusieurs bandes. Mais les farouches guerriers se laissaient exterminer jusqu'au dernier plutôt que de se rendre. Ils savaient que, dans tous les cas, la mort les attendaient, soit sur le bûcher, soit dans les terribles mines d'or où les plus résistants ne survivaient pas plus de trois ou quatre ans.

Enfin, au bout de quatre mois, la Nubie fut entièrement débarrassée de ces hordes sauvages. Parce qu'il avait su les associer à cette victoire, et parce qu'il les considérait avec dignité, les Koushites s'étaient pris de sympathie pour ce prince égyptien pas comme les autres. De plus, il avait épousé l'une des leurs. À ce titre surtout, il était à leurs yeux plus qu'un allié. Il était devenu un ami. C'est pourquoi, lorsque Mosé réunit les chefs pour leur expliquer que sa victoire faisait de lui, de par la volonté de Pharaon, le nouveau gouverneur de Nubie, cette nomination fut accueillie avec enthousiasme.

Après avoir ainsi consolidé l'alliance conclue avec les chefs Nubiens, Mosé songea à repartir pour Ouaset. Il laissa dans le sud une partie de son armée, sous les ordres de Pan-Nefer, Nekha et Nahou, auxquels il confia la tâche d'organiser l'administration de son nouveau territoire. Il faisait confiance à Pan-Nefer pour entretenir des relations diplomatiques efficaces avec les chefs de tribu et aux jumeaux pour régler avec fermeté les problèmes qui pourraient éventuellement se poser.

Lorsque Mosé quitta Iqen, il fut longuement acclamé. Tiyi amenait avec elle une douzaine de gardes du corps, des colosses rompus au combat qui se seraient fait hacher menu pour la défendre. Quatre servantes la suivaient, qui étaient aussi ses compagnes de jeu depuis son plus jeune âge.

Mosé avait pensé faire redescendre le Nil à sa jeune épouse par bateau, afin de la ménager. Mais Tiyi lui avait fait comprendre qu'elle se sentait capable de marcher aux côtés de l'armée. Il se rendit très vite compte qu'elle disait vrai. Sa grande résistance physique lui permettait sans peine de soutenir le rythme imposé par les soldats. Le soir, elle était même plus en forme que la plupart d'entre eux.

– J'aimais accompagner mon père à la chasse, expliqua-t-elle. Il nous arrivait de marcher ainsi des journées entières.

Grâce à ce rude entraînement, Tiyi possédait un corps svelte. Sa musculature ferme et magnifiquement sculptée la différenciait des autres filles de la Cour, qui avaient tendance à s'empâter à cause des friandises dont elles s'empiffraient à longueur de journée. Mosé avait conscience d'être l'heureux époux d'une belle femme, et il en était très fier.

Dès son arrivée à Ouaset, son premier soin fut d'adresser un message à Meren-Ptah pour l'avertir de sa victoire.

Vers le milieu du mois de *Payni,* second de *Chemou*, saison des moissons, il reçut un message de Pharaon lui demandant de revenir dans la capitale, afin de célébrer les deux victoires remportées par les troupes égyptiennes, l'une à Per-Irer par le prince Nefersethrê, l'autre dans le pays de Koush par son fils, le prince Masesaya. Ravi, Mosé hâta les préparatifs de départ. Entouré de Tiyi et de ses compagnons, Aaron, Mourhat et Meri-Atoum, il embarqua un matin en direction du nord. Le soleil levant inondait la vallée d'une lumière irréelle, d'un vert doré, tandis que l'air s'emplissait d'odeurs exaltantes. Une bouffée d'orgueil gonfla les poumons de Mosé. La perspective de revenir dans la capitale en vainqueur l'emplissait de joie. Il avait réussi à triompher du piège tendu par son père et celui-ci devait enrager.

Quelques jours plus tard, après un voyage agréable, au cours duquel les nomarques locaux avaient tenu à recevoir ce jeune prince dont on connaissait désormais la valeur guerrière, Mosé et ses amis arrivèrent dans la région de Mennof-Rê, la ville aux murs blancs, ancienne capitale du Double-Royaume. Là, curieusement, leur enthousiasme s'estompa, sans qu'ils pussent expliquer pourquoi. Les chants des rameurs s'étaient raréfiés et un silence s'était abattu sur le fleuve, d'ordinaire très animé à l'approche des grandes cités. Depuis la veille, Tiyi se sentait bizarrement nerveuse.

– Il s'est passé ici quelque chose de mauvais, souffla-t-elle à Mosé.

Comme le navire longeait la rive occidentale, elle tendit le bras vers le ciel.

– Regarde tous ces oiseaux !

Elle indiquait, planant au-dessus de la rive occidentale, des nuées de grands rapaces noirs. Ils tournoyaient en cercles larges et lents. Parfois, quelques-uns plongeaient vers le sol pour se poser hors de la vue des voyageurs. Mosé plissa le nez. Une odeur pestilentielle emplissait l'air du matin. Il redouta alors qu'une invasion ait eu lieu depuis la réception du messager royal et une vive inquiétude s'empara de lui.

Mais c'était une idée stupide. Nulle part on n'apercevait de traces d'incendies. Les paysans croisés sur les berges depuis l'aube ne semblaient pas particulièrement affolés. Il décida de s'arrêter à Mennof-Rê. Il aimait beaucoup cette cité vivante, dédiée à Ptah, le *dieu au beau visage*. Les habitants y étaient hospitaliers, joviaux et empreints d'une sagesse qui reflétait l'antiquité de la ville.

Le navire pénétra dans le long chenal qui desservait le port, et qu'encombraient nombre de vaisseaux de toutes tailles, depuis les modestes felouques des pêcheurs jusqu'aux imposants navires carriers. L'animation qui régnait sur les quais était toujours aussi grande, mais la gaieté des habitants ne s'exprimait plus. Les visages restaient fermés, presque hostiles. Et partout s'imposait cette puanteur qui rampait sur la ville comme une menace invisible, mais omniprésente. Mosé et ses compagnons débarquèrent. On s'écarta avec respect pour les laisser passer. Intrigué, Mosé décida de rendre visite au nomarque, Hékanefer. Celui-ci le reçut immédiatement.

– Que Ptah te soit favorable, noble Fils du Soleil, dit-il d'une voix triste.

– Que se passe-t-il dans ta cité ? demanda Mosé. D'où vient cette odeur nauséabonde ?

– Il s'agit là des conséquences de la victoire du seigneur Nefersethrê. Mais je crois que le mieux est de te montrer. Si tu veux bien me suivre...

Le gouverneur entraîna alors Mosé et ses compagnons vers les murailles occidentales. Au-delà s'étendait le vaste plateau sur lequel les anciens rois avaient construits d'immenses monuments, à l'image de l'énigmatique pyramide à degrés du dieu bon Djoser, enclose dans son enceinte sacrée depuis l'aube de Kemit. Jamais les pillards n'avaient pu en percer le mystère. Le petit groupe contourna l'enceinte, puis la pyramide du roi Ounas. Plus loin s'étendait une savane sur laquelle le désert gagnait peu à peu chaque année.

Là, un spectacle hallucinant s'offrit à eux. Tiyi détourna les yeux, épouvantée. À perte de vue, des milliers de corps avaient été empalés sur de longs pieux, espacés les uns des autres de quelques dizaines de coudées. Les suppliciés étaient si nombreux qu'il était impossible de les compter. Des nuées de vautours et de marabouts au cou décharné tournoyaient, puis s'abattaient sur les cadavres en décomposition, arrachant la chair des membres, nettoyant les os, becquetant les yeux, les oreilles, les joues, les entrailles des malheureux que toute vie avait fui depuis longtemps.

– Qui étaient ces hommes ? demanda Mosé, écœuré.

– Des Tjemehous, Seigneur. Ceux que le prince Nefersethrê a vaincus à Per-Irer. Depuis toujours, les tribus libyennes représentent une menace pour les territoires situés à l'ouest du delta. Ici, à Mennof-Rê, nous devons régulièrement repousser leurs attaques. Dans sa grande sagesse, le dieu bon Ramsès a, dès le début de son règne, fait construire un ensemble de forteresses pour protéger les petites cités frontalières. Ces citadelles nous ont permis de tenir les Libyens en respect. Mais c'est un combat sans fin et frustrant. L'ennemi s'attaque aux villages isolés, il pille, tue et viole, puis s'enfuit sitôt qu'une armée le pourchasse.

– Je le sais. C'est contre eux que mon père lutte depuis des années.

– Avec la disparition de notre bien aimé Ousermaâtrê Setepenrê, les Tjemehous se sont sentis plus forts. Un roi libyen, le féroce Palmidi, est parvenu à unir un grand nombre de tribus. Et il s'est allié aux Égéens. Il ne s'est pas attaqué aux forteresses, mais il les a contournées par la dépression de Qattarâ. Il a ensuite fait mouvement vers les oasis de Bahariya et de Farâfra, qu'il a pillées au passage. Puis, au cœur de *Chemou*, la saison des moissons, il a dirigé son attaque vers la Vallée sacrée. Aussitôt, Sa Majesté a mobilisé l'armée. On dit que Pharaon fit un songe dans lequel il vit Ptah lui tendre un glaive. Il confia alors les commandes de l'armée à son glorieux fils, le prince Nefersethrê, qui lança ses troupes d'élite contre l'envahisseur. Quinze jours plus tard, le prince marchait contre l'ennemi, qu'il rencontra dans le nome de la Cuisse, près d'un village nommé Per-Irer, le vingt-troisième jour de *Pakhons*[1] de l'An Cinq du Taureau puissant Meren-Ptah – Vie, Force, Santé. On affirme qu'il ne fallut que six heures aux troupes du prince Nefersethrê pour anéantir les meutes sanguinaires de Palmidi. Il y eu six mille morts parmi les Libyens et l'on ramena neuf mille prisonniers.

– Ce sont donc les morts qu'il a fait empaler ainsi ?

Le nomarque baissa les yeux. Enfin, il se décida à parler.

– Non pas, Seigneur ! D'ordinaire, les hommes capturés lors des batailles sont envoyés dans les mines d'or de Koush ou offerts comme esclaves à de riches seigneurs. Certains sont libérés au bout d'un certain nombre d'années de captivité.

– C'est en effet la loi de la guerre ! répondit Mosé.

Hékanefer hésita, puis poursuivit d'une voix lugubre :

1. Il s'agit de la bataille de Per-Irer, qui eut lieu le 8 avril 1208 avant J.-C.

– Cette fois, votre père, le général Nefersethrê, n'a pas voulu faire de prisonniers. Les neuf mille hommes capturés ont été amenés jusqu'ici, à Mennof-Rê. Le prince a fait tailler de longs pieux aiguisés. Ni moi ni mes administrateurs ne comprenions ce qu'il voulait en faire. Un matin, ces pieux furent plantés dans le sol sur des milles de distance. Jamais je ne pourrai effacer de ma mémoire ce qui s'est passé ensuite. L'un après l'autre, tous les Tjemehous furent embrochés vivants par le fondement. C'est un supplice infernal, car le pieu s'enfonce lentement dans les entrailles de la victime sous l'effet de son propre poids ; la torture peut durer plusieurs heures avant que la mort ne vienne.

– Quelle horreur ! s'exclama Tiyi.

– C'est une pratique que le prince a ramené d'Asie où elle est, paraît-il, très répandue. Cela s'appelle le *pal*. J'entends encore les interminables hurlements de douleur de ces malheureux. Nefersethrê avait convié tous les hauts dignitaires de Mennof-Rê pour assister à ce sinistre spectacle. Pardonnez-moi, seigneur Masesaya, car il s'agit de votre père, mais je les ai vus, lui et ses lieutenants, rire des cris poussés par les sacrifiés. Ces hommes étaient nos ennemis, bien sûr, et nombre d'entre eux furent responsables de bien horribles massacres. Mais je ne suis pas sûr qu'ils méritaient une telle ignominie. Depuis, plus rien n'est pareil à Mennof-Rê. La façon dont Nefersethrê a traité ces prisonniers a effrayé le peuple. Des gens jurent avoir vu les spectres de certains suppliciés revenir hanter les abords de la cité. Pendant près de trois jours, nous avons entendu leurs cris de souffrance. Puis ce furent des gémissements, et enfin, plus rien. Seulement cette odeur abominable et ces rapaces venus s'acharner sur les cadavres.

Le nomarque désigna les sinistres alignements.

– Plus de trois mille d'entre eux sont ainsi exposés autour de Mennof-Rê. Quant aux autres, vous en rencontrerez aussi loin que vos pas vous porteront en direction du Royaume d'Osiris. Leurs rangs sont parfois si serrés qu'ils masquent l'horizon.

– Mais pourquoi a-t-il commis un acte aussi répugnant ? s'emporta Mosé.

Hékanefer marqua une pause, puis ajouta :

– Pharaon lui-même a condamné les actes du général Nefersethrê, mais celui-ci a rétorqué que seule la terreur pouvait dissuader les Tjemehous de s'attaquer de nouveau à l'Égypte. Peut-être a-t-il raison. Pourtant, je ne peux m'empêcher de penser que, au temps du dieu bon Ramsès, jamais un tel massacre n'eût été permis.

Le lendemain, Mosé et ses compagnons quittaient Mennof-Rê pour la capitale. Il ne parvenait pas à chasser les images épouvantables des cadavres empalés. Lui-même n'avait pas fait preuve d'une grande clémence vis-à-vis de certains chefs de tribu nubiens. Des bûchers avaient été dressés, sur lesquels avaient péri quelques dizaines de prisonniers. Mais il s'agissait d'individus qui s'étaient livrés à de terribles massacres sur des villageois sans défense. Il les avait ainsi punis de leurs crimes. Jamais il n'aurait pu imaginer que l'on pût ainsi exterminer plusieurs milliers d'ennemis dont la plupart n'avaient fait qu'obéir à leurs chefs. Et surtout, pourquoi avoir pratiqué cette épouvantable torture du pal à proximité de Mennof-Rê ? Nefersethrê avait encore plus effrayé les Égyptiens que les Tjemehous. Rien ne pouvait expliquer cela. Sauf si son père avait ainsi voulu affirmer sa puissance et offrir un exemple de ce qui attendait tous ceux qui oseraient se dresser sur sa route. Qu'ils fussent étrangers ou… égyptiens.

Trois jours plus tard, Mosé arriva à Pi-Ramsès, où Meren-Ptah, prévenu par courrier, l'attendait. Le jeune homme n'était pas peu fier de se présenter devant le roi fort d'une victoire qu'il ne doutait pas d'avoir remportée avec la fougue de son illustre grand-père. Il lui suffisait, pour s'en convaincre, d'observer l'enthousiasme avec lequel les habitants de la capitale l'acclamaient. Il trouvait un goût particulièrement agréable à cette popularité, d'autant plus qu'il était parvenu, au-delà de ce triomphe, à tromper la perfidie de son père.

Celui-ci l'accueillit avec un visage fermé, où Mosé se plut à discerner le reflet d'une intense jalousie. Nefersethrê n'était plus le seul héros de l'Égypte : son fils marchait sur ses traces. Si le peuple se réjouissait de compter à la tête du royaume deux personnages aussi puissants, ce n'était pas le cas de l'héritier présomptif, qui n'avait pas oublié l'anecdote de la couronne, quinze ans plus tôt. Mais il dut faire bonne figure à Masesaya, tandis que le jeune homme marchait d'un pas assuré vers le trône avant de se prosterner devant Meren-Ptah.

Le roi releva son petit-fils et l'invita à prendre place à ses pieds, près du trône.

– Mon cœur se réjouit de te revoir, Masesaya. Tu es digne de la valeur de ton père et de notre ancêtre à tous, le dieu bon Ousermaâtrê Setepenrê. Nul doute qu'il a inspiré ta victoire. Je sais aussi la manière dont tu as réussi à imposer la paix aux frontières méridionales de la Nubie. C'est pourquoi je confirme ma décision de te nommer gouverneur de cette province.

Ainsi Masesaya devint-il officiellement maître du pays de Koush, au grand déplaisir de son père. Mais la rage de celui-ci ne connut plus de bornes lorsque Mosé présenta son épouse. Son fils avait osé prendre femme sans même le consulter. Peut-être l'avait-il fait pour des raisons diplomatiques, mais ce n'était pas une excuse. Mosé agissait comme s'il ne tenait aucun compte de l'autorité paternelle. Tout dans son attitude et dans ses actes témoignait qu'il n'acceptait plus aucun autre maître que le roi lui-même. Cette indiscipline était intolérable. Comble de malchance, Meren-Ptah trouva Tiyi à son goût et exprima sa satisfaction à son petit-fils. Aussi, dès que la cérémonie fut achevée, Nefersethrê s'éclipsa sans même prendre le temps de saluer son fils.

Mosé en éprouva un vif soulagement. Tandis que les courtisans, à la suite de Meren-Ptah, se dispersaient vers les jardins où l'on avait dressé des tables débordant de plateaux de victuailles, oiseaux rôtis, gâteaux au miel, fruits de toutes sortes, Mosé put enfin rejoindre sa mère. Takhât le serra longuement dans ses bras. Elle ne l'avait pas revu depuis l'année précédente, lorsqu'il avait quitté la capitale pour se lancer dans son expédition hasardeuse. Elle avait redouté que Mosé, bien que prévenu du piège, ne se laissât aveugler par l'ivresse du pouvoir. Mais Thôt l'avait inspiré et il avait su déjouer les manœuvres sournoises de Nefersethrê. Elle avait tremblé pour lui durant ces derniers mois, craignant l'arrivée des messagers provenant du sud. Mais ceux-ci n'avaient apporté que des nouvelles édifiantes : le prince Masesaya avait écrasé les Nubiens et repoussé les hordes ennemies très loin vers le sud, où celles-ci avaient capitulé presque sans combattre, effrayées par l'arrivée d'un si valeureux guerrier.

Au début, Takhât ne vit pas d'un très bon œil la présence d'une autre femme auprès de son fils unique et tant aimé. D'autant plus que Tiyi était belle et arborait le visage d'une véritable princesse. Cette fille était faite pour devenir reine. Il était visible aussi que Mosé l'aimait profondément. Mais Takhât ne possédait pas un cœur foncièrement jaloux. Avec sa générosité habituelle, elle comprit que Mosé était heureux et qu'elle devait se réjouir de voir auprès de lui une femme à la personnalité solide, qui saurait le seconder et le soutenir dans les épreuves à venir. Car pour Takhât, la prophétie du vieux prince hittite se confirmait. Un destin fabuleux attendait son fils. N'était-il pas déjà nommé gouverneur de Nubie ?

Deux mois plus tard, Masesaya était de retour à Yêb, cette fois officiellement en qualité de gouverneur. Son premier acte fut de faire graver une stèle commémorant la victoire remportée par Meren-Ptah sur les Libyens et les Égéens. Il y associa sa propre victoire, dont il fit graver le détail dans différents temples. Le texte commençait ainsi :

En l'an 5, le premier jour du troisième mois de l'été, la vaillante armée de Sa Majesté dut intervenir pour repousser le misérable chef des Libyens…

Masesaya se fit représenter agenouillé, rendant hommage à son souverain. En revanche, même s'il savait pertinemment que les combats avaient été menés par son père Nefersethrê, à aucun moment il ne cita son nom [1].

1. Les stèles commémorant ces victoires ont été découvertes à Wadi es Seboua, Amada et Aksha, trois petites villes situées entre la Première et la Deuxième cataracte.

Durant les quatre années qui suivirent, Mosé s'intéressa de près à l'administration de sa province. Loin de pressurer les Koushites sous de nouveaux impôts, il travailla à consolider l'alliance qu'il avait conclue avec eux. L'exemple qu'il avait donné avait découragé les pillards. Toujours suivi par son épouse, qu'il associait étroitement à ses activités, il parcourait inlassablement le pays, remontant jusqu'à Napata, à l'extrême sud du pays. Sa popularité était telle que nombre de Nubiens demandèrent à servir comme soldat sous ses ordres. En effet, Mosé continuait à entraîner lui-même ses guerriers, formant de nouveaux archers. Il avait confié à Tiyi le secret de la prophétie du prince hittite Baal-Patjar.

– Je dois constituer une armée puissante, pour le jour où je devrai combattre mon père.

En consultant les oracles, Mosé avait appris qu'une terrible bataille devait l'opposer à Nefersethrê. Perspicace, il avait supposé que cette bataille n'aurait lieu qu'après la disparition de Meren-Ptah, et il faisait tout pour s'y préparer.

Tiyi n'aimait guère cette prophétie. Le souverain égyptien disposait de forces bien supérieures à celles de son mari. Mais rien ne pouvait détourner Mosé de son but. Il attendait cet affrontement de pied ferme, et même, il l'espérait. Baal-Patjar n'avait-il pas dit que son nom perdurerait bien au-delà de l'Égypte elle-même ?

Afin de s'assurer l'alliance des cités situées au nord, il rendait de fréquentes visites aux nomarques de Yêb, Ombos et surtout de Ouaset, où il comptait de nombreux amis. Ses compagnons le suivaient partout, commandant chacun une division de ses archers, dont la réputation avait franchi les frontières.

Dans sa sagesse, Meren-Ptah faisait tout pour tenir Nefersethrê et Masesaya éloignés l'un de l'autre. Mais ses forces commençaient à décliner et il savait que le jour approchait où il allait rejoindre le *Champ des Roseaux*. Alors, plus rien n'empêcherait le fils de se dresser contre le père. Et cela l'inquiétait pour l'avenir de l'Égypte.

Vers la fin de la neuvième année de son règne, Meren-Ptah fut atteint d'une fièvre maligne qui refusa de le quitter, malgré les soins des médecins, les incantations à Thôt, à Imhotep le Magicien, à Isis la Guérisseuse et à toutes les autres divinités. À soixante-six ans, ce roi qui avait tenté par tous les moyens de poursuivre l'œuvre de son glorieux père s'éteignit.

Mosé reçut la nouvelle à peine vingt jours plus tard. Un profond chagrin l'envahit. Il éprouvait une affection réelle pour ce souverain qui était aussi son grand-père, même s'il ne possédait pas l'aura de Ramsès. Mais, au-delà de la tristesse, un sentiment étrange le pénétra : la prophétie se réalisait et il allait maintenant se retrouver face à face avec son père.

Quatrième partie

Amon Masesa
Le pharaon rebelle

–1204 à –1202

16

Pi-Ramsès, 1204 avant J.-C. …

Une nouvelle fois, le navire de Mosé le ramenait vers la capitale pour une cérémonie funèbre. Un sentiment paradoxal animait le jeune homme. Il n'existait désormais plus de puissance capable de s'interposer entre son père et lui. Il en éprouvait une sorte d'exaltation, car il considérait cet antagonisme comme une épreuve indispensable sur le chemin de son accession au trône. Pourtant, plus que jamais, une intuition irrationnelle semait le doute au fond de lui. Était-il vraiment destiné à devenir un grand pharaon ? Parfois, il lui semblait entendre la voix grave de Bakenkhonsou.

« Je ressens en toi une zone d'ombre, Mosé. C'est elle que tu dois apprendre à maîtriser. Souvent, nous comprenons mal les signes que les dieux nous adressent, parce qu'ils ne correspondent pas aux désirs ancrés au plus profond de notre cœur. »

Nefersethrê n'avait guère attendu pour se faire couronner sous le nom de Séthi II. Tout comme Meren-Ptah avant lui, la nomination du nouveau roi s'était faite le lendemain même du décès du précédent. Cette tradition reposait sur le fait que l'on ne pouvait laisser le Double-Royaume sans souverain. Mosé imaginait la jubilation de son père, qui réalisait enfin son rêve le plus cher : monter sur le trône de Ramsès II.

Mais Mosé ne nourrissait-il pas lui-même une ambition similaire ? Sa volonté de croire à la prophétie de Baal-Patjar n'était-elle pas motivée par le fait qu'elle coïncidait avec son propre désir ?

« Tu devras te méfier de ta propre ambition ! Elle risque de te mener à ta perte. »

Mosé redoutait l'attitude que son père allait avoir à son égard. Sur un simple caprice, il pouvait très bien lui ôter le titre de gouverneur de Nubie. Il était désormais le maître absolu des Deux-Terres, ce qui lui permettrait d'assouvir ses moindres désirs.

Mais le nouveau pharaon ne remit pas les fonctions de son fils en question. Si l'accueil qu'il lui réserva fut des plus froids, pas un instant il ne s'attaqua à lui. Mosé eut même l'impression qu'il l'ignorait, comme s'il préférait éviter tout affrontement. Devant son étonnement, sa mère lui expliqua que Séthi II devait une fois encore faire face à des invasions dans l'ouest du delta. Le gros de ses armées était mobilisé contre les peuples de la Mer qui harcelaient et pillaient les petites cités côtières. Il ne pouvait donc se permettre de laisser éclater un conflit avec Mosé, dont il connaissait la popularité en Haute-Égypte grâce à son réseau d'espions. C'est pourquoi il préférait temporiser.

– Ici même, poursuivit Takhât, plusieurs princes supportent de plus en plus mal le despotisme de ton père. Déjà, sous le règne de mon frère, il exerçait le pouvoir de manière occulte. Rien ne se faisait sans son accord et Meren-Ptah cédait à tous ses désirs. À présent, l'ancien roi n'est pas encore mené à sa demeure d'éternité que Nefersethrê impose sa loi à tous ; il lève de nouvelles taxes, pressure les paysans, les temples.

– Et personne ne s'oppose à lui ? s'insurgea Mosé.

– Hélas, l'armée lui est complètement dévouée, soupira sa mère. Il prend soin de couvrir ses généraux d'honneurs et de récompenses. Ses soldats sont grassement rémunérés. Lorsqu'ils se déplacent dans un nome, les habitants doivent les nourrir et les loger, supporter sans broncher les exactions, les viols, les pillages. Malheur à celui qui se plaint. On m'a rapporté de bien tristes histoires, bien avant même la disparition de mon frère. Nefersethrê abuse de sa puissance, mais personne n'ose se dresser contre lui. Je crains que nous ne connaissions des années bien sombres, mon fils.

– Vous êtes en danger à Pi-Ramsès. Peut-être pourriez-vous venir avec moi à Ouaset…

– J'en serais très heureuse, Mosé. Malheureusement, c'est impossible ! Je suis la Grande Épouse. Je dois rester ici, près du roi. Nefersethrê interpréterait mon départ avec toi comme une provocation.

Évidemment, elle avait raison. Séthi n'aurait pas manqué de bondir sur l'occasion pour jeter ses hordes sur la Haute-Égypte afin de reprendre son épouse.

Mosé observa sa mère. Toute lueur joyeuse avait déserté son regard. Elle avait trente-neuf ans. À cet âge, les princesses affichaient un embonpoint confortable, dû aux friandises et aux sucreries dont elles se gavaient dans le harem royal, où elles n'avaient rien d'autre à faire que de tisser, bavarder et écouter de la musique. La plupart avaient donné naissance à de nombreux enfants et ces grossesses leur avaient modelé des formes généreuses.

Takhât au contraire demeurait svelte. Mosé avait tout d'abord été fier en constatant que sa mère bien-aimée gardait une silhouette de jeune fille. Mais il avait constaté en la serrant dans ses bras qu'elle n'avait plus que la peau sur les os. Takhât ne mangeait presque plus. En présence de son fils, elle tâcha de faire bonne figure, mais il ne fut pas dupe. Il devina qu'elle était terrorisée par Séthi.

– Il vous bat ! gronda-t-il.

– Ce n'est rien, Mosé. Tu ne dois pas t'opposer à lui. Pas encore. Il est trop puissant. Ici, tu n'es pas sur ton territoire. Aujourd'hui, il te laissera en paix parce qu'il a besoin de toi. Mais prends garde ! Un jour ou l'autre, il tentera de t'éliminer. Par la force, peut-être, mais plus sûrement par sournoiserie. Méfie-toi des assassins qu'il pourrait lancer sur tes pas. Trois grands seigneurs ont trouvé la mort dans d'étranges accidents, parce qu'ils avaient osé lui faire remarquer que leurs paysans ne pouvaient plus payer les impôts supplémentaires réclamés pour engraisser l'armée. À Pi-Ramsès, on appelle ses guerriers les « Hordes de Seth ». Jamais ils ne font de prisonniers. Ceux qui tombent entre leurs griffes finissent empalés ou brûlés vifs sur les bûchers.

Elle prit les mains de Mosé dans les siennes.

– N'aie crainte, mon fils, j'aurai le courage de tout supporter. J'ai toujours foi dans la prédiction du prince hittite et je sais que les dieux te viendront en aide. Tu deviendras un souverain encore plus puissant que ne le fut le grand Ramsès II et tu écraseras Nefersethrê.

Mosé comprit que seule cette idée, à laquelle elle s'accrochait avec l'énergie du désespoir, lui permettait encore de survivre. Une inquiétude insidieuse l'envahit, mêlée à un étouffant sentiment d'impuissance. Percevant le malaise qui s'était emparé de lui, Takhât lui adressa un pauvre sourire.

– Tant que tu seras là, il n'osera pas me frapper. Il te craint.

La dernière phrase de sa mère étonnait Mosé. À Pi-Ramsès, il était vulnérable. Ses plus fidèles compagnons, malgré leur dévouement, n'auraient pu s'opposer aux gardes royaux s'il avait pris fantaisie à Pharaon de le faire arrêter. Cependant, Séthi semblait ne pas s'intéresser à lui, et même l'évitait. Alors, pouvait-il accorder crédit aux propos de Takhât ? Séthi le redoutait-il vraiment ? Et pourquoi ?

Aux confidences de certains serviteurs, il finit par apprendre la vérité. Les oracles avaient parlé. Ils disaient qu'une bataille terrible dont personne ne pouvait connaître l'issue opposerait le père et le fils. Certains affirmaient que le père vaincrait le fils. D'autres au contraire prétendaient que le fils serait cause de la mort de son père.

Grâce aux enseignements de Bakenkhonsou, Mosé avait appris à voir au-delà des apparences. À l'inverse, Séthi était très superstitieux et croyait volontiers aux signes. Le souvenir de la couronne jetée à bas de sa tête par son fils âgé de trois ans ne cessait de le hanter et justifiait sa haine.

Pendant le temps que dura le rituel de la momification de Meren-Ptah, Mosé eut peu l'occasion de voir son père. Celui-ci ne faisait que de brèves apparitions au palais, préférant la compagnie de ses soldats. Au cours des rares visites du roi, Mosé, en retrait, l'observait avec un mélange de rancœur et de fascination. L'image qui venait à l'esprit du jeune prince était celle du *Taureau puissant*. Jamais elle n'avait été plus proche de la réalité. Véritable force de la nature, Séthi semblait toujours sur le point de charger. Ainsi effrayait-il les membres de la Cour, qu'il terrorisait de sa voix de stentor, de ses gestes larges et brusques. De son père, il avait hérité des oreilles décollées, qui élargissaient encore son visage carré et massif. Ses yeux, profondément enfoncés dans les orbites, luisaient d'un feu intérieur dévorant, difficile à soutenir. Il semblait capable d'écraser d'un simple regard tous ceux qui auraient eu le front de se mettre en travers de son chemin. Séthi prenait un plaisir malsain à user de son pouvoir royal pour installer autour de lui une sensation de malaise, une tension permanente. Maniant la caresse et le bâton avec virtuosité, il s'amusait à combler l'un ou l'autre, dispensant compliments et flatteries d'une voix doucereuse. Puis, sur un simple caprice, et sous les prétextes les plus fantaisistes, il reprenait sans aucune raison ce qu'il avait généreusement octroyé. Ces distributions de cadeaux et de punitions paraissaient tout à fait déroutants à première vue, et bon nombre de courtisans n'y comprenaient rien. Mais Mosé s'était rendu compte que Séthi ne faisait rien par hasard. Il connaissait parfaitement les hommes dont il avait besoin et s'arrangeait pour ne pas les mécontenter. Cependant, l'exemple de ses victimes suffisait à impressionner ces seigneurs indispensables, en leur faisant comprendre qu'il valait mieux continuer de le servir avec zèle. Mosé avait aussi constaté que Séthi déployait des trésors de ruse pour entretenir une multitude de petits conflits d'intérêt, de droits de préséance afin de maintenir ces différents seigneurs dressés les uns contre les autres.

Par moments, le roi savait aussi se montrer charmeur, séducteur, et écoutait chacun avec une bienveillance inhabituelle. Chacun se prenait à rêver que l'humeur royale était au beau fixe et qu'il dévoilait là sa vraie nature. On se laissait alors aller à des confidences, à émettre des souhaits, à s'ouvrir à un souverain qui savait se montrer si bon et si indulgent. Mais cela ne durait jamais. Au moment où l'on s'y attendait le moins, cette belle humeur l'abandonnait et il éclatait d'une colère soudaine dont un malheureux courtisan faisait les frais. Les autres, soulagés de ne pas tenir le rôle de victime, se rangeaient aussitôt du côté du maître pour enfoncer l'infortuné.

Cette tyrannie avait modifié les comportements au sein de la Cour, et il régnait dans le palais une atmosphère étouffante de suspicion et de délation. Mosé fut heureux d'entendre Séthi lui confier son désir qu'il le remplace au cours du voyage qui amènerait Meren-Ptah jusqu'à la Grande Plaine, où il devait reposer dans son tombeau d'éternité. Ainsi le jeune homme embarqua-t-il sur le vaisseau funèbre lorsque la momie royale fut enfin prête.

Une nouvelle fois le cortège se forma, comme une reconstitution des grandioses funérailles qui avaient amené, neuf années plus tôt, Ousermaâtrê Setepenrê jusqu'à la Vallée des Rois. Les pleureuses avaient pris place sur le bateau funéraire, se lamentant et se tordant les bras. Suivait un second navire où avait pris place la famille royale.

Pendant le mois que dura le voyage funèbre, Mosé ne quitta pas sa mère. Il désirait profiter au maximum de sa présence. Malheureusement, une fois de retour à Ouaset, ils durent une nouvelle fois se séparer. Takhât ne pouvait demeurer près de lui. Tandis que le navire qui devait la ramener à Pi-Ramsès s'éloignait de la jetée, un sombre pressentiment envahit Mosé. Il eut l'impression terrible qu'il ne la reverrait jamais.

Hélas, le destin confirma ses craintes : deux mois plus tard, un message signé du roi l'informait que la Grande Épouse royale avait rejoint les étoiles.

17

Jamais Mosé n'aurait pensé que l'on pût souffrir autant. Il lui semblait que le monde s'était effondré autour de lui, que l'air lui-même se chargeait d'une douleur impalpable et lancinante qui drainait ses forces. Parfois, de violentes nausées lui tordaient l'estomac et il avait l'impression qu'il allait étouffer. Il avait envie de crier, de hurler jusqu'à ce que ses poumons éclatent, pour nier l'abjecte vérité, la repousser. Il allait se réveiller, et aller attendre le navire de Takhât qui devait arriver bientôt. La saison d'Akhet n'allait-elle pas débuter ? Sa mère allait passer toute la période de l'Inondation avec lui, et il pourrait lui raconter sa campagne de Nubie en détail, lui dire combien il se sentait bien avec Tiyi...

Mais le cauchemar ne s'effaçait pas. Aucun navire royal n'apparaissait sur le Nil. Il n'en viendrait plus jamais. Plus jamais...

Une sourde culpabilité lui broyait les entrailles. Pourquoi avait-il laissé repartir Takhât après les funérailles de Meren-Ptah ? Pourquoi n'avait-il pas été capable de la protéger de la brutalité de Nefersethrê ? Pendant plusieurs jours, il s'enferma dans ses appartements, refusant de voir quiconque. Seule son épouse, la douce Tiyi, pouvait encore l'approcher. Mais elle se sentait impuissante devant la douleur intense de son mari. Cette souffrance dura dix jours. Au matin du onzième, il retrouva ses compagnons qui l'attendaient avec anxiété. Son visage s'était durci. Ses yeux reflétaient une détermination nouvelle, une volonté implacable.

– Je dois me rendre à Pi-Ramsès, déclara-t-il.

Aaron voulut intervenir, dire que son père risquait de lui tendre un nouveau piège, mais Tiyi lui adressa un regard résigné. Il renonça. Mosé voulait participer aux funérailles de sa mère, et rien ni personne ne pourrait le faire changer d'avis.

Le lendemain, son navire quittait Ouaset. Des odeurs puissantes montaient du fleuve, annonciatrices de la crue prochaine. Mais Mosé ne les percevait pas. Près de lui, Tiyi dissimulait son inquiétude. Elle n'avait nul besoin de l'interroger pour deviner ses pensées. On ignorait comment avait péri Takhât. Peut-être était-elle morte d'une mauvaise fièvre. Elles étaient fréquentes en cette saison. Cependant, même si rien ne le prouvait, Mosé ne pouvait s'empêcher d'imaginer qu'elle avait succombé sous les coups de Nefersethrê. Et Tiyi redoutait que la fougue et la haine de Mosé ne l'entraînassent à affronter son père, voire à le provoquer.

Depuis quarante jours, les prêtres pratiquaient le rituel de momification, qui en durerait environ soixante-dix. Masesaya devait donc demeurer un mois à Pi-Ramsès, dans l'attente du cortège funéraire qui amènerait Takhât jusqu'à la *Grande Plaine*, à l'ouest de la cité d'Amon. Tiyi craignait des retrouvailles houleuses entre le père et le fils. Pourtant, ses craintes ne se confirmèrent pas. Le roi Séthi avait quitté la capitale. Le grand vizir, Maÿ, en recevant Mosé, l'informa que Pharaon était parti combattre de nouveaux envahisseurs venus des îles lointaines, et qu'il n'assisterait pas aux funérailles de la Grande Épouse. Il chargeait son fils, le prince Masesaya, de le représenter et d'accomplir les rites funèbres à sa place.

Mosé garda pour lui son étonnement et son écœurement. Nefersethrê avait déjà évité d'assister aux funérailles de son père. Cette fois, il bafouait sans vergogne la tradition établie depuis la nuit des temps qui exigeait que le mari accompagnât son épouse jusqu'à sa demeure d'éternité. Pourtant, personne ne semblait s'en offusquer à Pi-Ramsès. Pour Maÿ et les autres, il était le maître absolu, et lui seul décidait de ce qu'il convenait de faire. Mosé décela, derrière les explications embarrassées du ministre une sorte de gêne, un malaise provoqué par la peur. Séthi avait instauré une atmosphère de terreur dans la capitale.

L'absence de Séthi rassura Tiyi. Sans doute fallait-il y voir la manifestation de la peur du roi, qui n'avait pas oublié les mots de l'oracle annonçant que Mosé serait cause de sa mort. C'était une raison de plus pour se méfier. Pharaon ne devait rêver que d'une chose : voir disparaître Mosé. Mais celui-ci était trop impulsif pour se méfier d'une traîtrise. Aussi Tiyi chargea-t-elle discrètement le fidèle Pan-Nefer de redoubler de vigilance.

Mosé profita du temps que lui laissait le rituel de la momification pour revoir Myriam, Jokébed et Amram. Il chargea Aaron d'aller les chercher dans le quartier apirou. Ceux-ci, trop heureux de son invitation, se rendirent aussitôt au palais. Intimidés, ils se prosternèrent devant lui. Mosé se hâta de les relever et les serra dans ses bras avec affection. Myriam était devenue une femme magnifique. Amram s'était un peu voûté sous le poids du travail et les cheveux de Jokébed avaient viré au gris. Mais, avec elle, c'était un peu de Takhât qui revenait. Les deux femmes avaient été liées par une amitié très profonde, qui s'était poursuivie bien après le départ de Mosé pour Ouaset.

Cependant, la joie des retrouvailles était ternie par les circonstances. L'ombre de la Grande Épouse errait près d'eux, provoquant des larmes furtives.

– Ta mère était la meilleure des femmes, Seigneur, dit doucement Jokébed. Ma vie fut embellie par l'affection qu'elle me portait.

– Takhât était encore jeune. Comment est-elle morte ?

Mosé perçut aussitôt la légère hésitation de sa nourrice.

– On dit qu'elle souffrait du ventre ces derniers temps, répondit-elle évasivement.

– Tu mens mal, Jokébed.

Elle baissa les yeux, puis jeta un regard effrayé autour d'elle.

– Je ne peux rien dire, souffla-t-elle. Le danger plane sur ceux qui parlent trop.

– Explique-toi !

– On dit qu'ici, dans ce palais, des gens meurent pour avoir vu ce qu'ils n'auraient pas dû voir, ou entendu ce qu'ils n'auraient pas dû entendre.

– Avec moi, tu ne risques rien, répliqua le jeune prince.

– Comme je voudrais que cela soit vrai, Moïse, mais certains affirment que Pharaon a passé un pacte avec les esprits invisibles.

Par eux, il sait tout ce qui se dit, il entend tout, il voit tout, et malheur à ceux qui osent s'opposer à lui.

– Je ne crains pas les esprits ! rétorqua Mosé.

Il prit la main de Jokébed.

– C'est lui qui l'a tuée, n'est-ce pas ?

La nourrice éclata en sanglots. Mosé la prit contre lui.

– Pardonne-moi, Jokébed. Mais j'ai le droit de savoir ce qui s'est vraiment passé.

Elle reprit son souffle, puis se mit à parler d'une voix à peine audible.

– Ta mère m'a toujours fait l'honneur de son amitié. Avec le temps, j'étais devenue sa confidente. Elle ne m'a jamais rien caché des coups que lui donnait ton père, surtout lorsqu'il avait abusé du vin des oasis, comme cela arrivait souvent. Elle supportait tout sans se plaindre, car elle croyait de toute son âme qu'un jour viendrait où tu te dresserais contre lui pour le terrasser. Malheureusement, ces derniers temps, le roi est devenu de plus en plus violent. Il lui reprochait souvent de t'avoir donné le jour. Lorsqu'il était sous l'emprise du vin, il affirmait qu'il allait te tuer. Il disait cela pour la provoquer, la pousser à se révolter. Alors, il la frappait jusqu'à ce qu'elle tombe à terre. Des serviteurs effrayés ont assisté à plusieurs scènes. Mais, la dernière fois…

Jokébed fut secouée d'un long sanglot.

– Ma princesse ne s'est pas relevée.

La vieille femme serra les poings et ses yeux reflétèrent une haine incommensurable.

– Ce chien l'avait battue à mort.

Une bouffée de colère et de souffrance submergea Mosé. Il eut envie de courir à la recherche de Séthi pour lui fendre la tête. Mais Pharaon était absent et Mosé eût ainsi signé son arrêt de mort. Il fallait patienter. Au prix d'un violent effort, il parvint à se maîtriser.

– Mais pourquoi s'acharner ainsi sur ma mère ? gronda-t-il sourdement.

– Il est hanté par cet oracle qui lui a prédit que tu serais cause de sa mort. Une terrible bataille doit vous opposer, dont aucun mage ne parvient à deviner l'issue. Certains prétendent que nul général n'est assez puissant pour s'opposer à Séthi et qu'il anéantira tous ses ennemis. Mais d'autres avancent – avec prudence – qu'ils ont vu une défaite effrayante, au cours de laquelle il perdra la totalité de son armée. Ceux-là ont ajouté qu'il lui faudra se méfier de l'eau. Le roi est très superstitieux. Il ne sait qui croire, mais il estime que ceux qui prédisent sa victoire le font par flatterie. Il est ainsi persuadé que ce sont ceux qui prennent tant de précautions pour lui avouer leurs visions qui détiennent la vérité. C'est la raison de son absence, Moïse. Il te redoute à un point tel qu'il évite désormais de te rencontrer.

– Il me redoute ?

– Tous les oracles se rejoignent sur un point : tu es protégé des dieux. C'est pourquoi il a peur de toi. Il ne veut pas t'affronter directement. Ta mère le savait, et, plusieurs fois, des serviteurs l'ont entendue utiliser cet argument pour l'effrayer. Elle disait que tu la vengerais. Alors... il frappait encore plus fort.

Jokébed secoua lentement la tête.

– Il faut vraiment qu'il soit inquiet. Ici, dans le delta, ses guerriers, les « Hordes de Seth », sont plus nombreux et plus dangereux qu'un nuage de sauterelles. Les paysans doivent les loger et les nourrir. Lorsqu'ils repartent, il ne reste rien, pas même de troupeau. Cette armée plane comme une menace sur le Double-Royaume, plus malfaisante encore qu'un ennemi venu de l'extérieur. Là où elle passe, ce ne sont que scènes de pillages et de viols. Et pourtant, malgré la puissance de cette armée, il te craint, car il sait que rien ne peut s'opposer à la volonté des dieux.

– C'est absurde ! s'exclama Mosé. Je ne possède ici aucun guerrier, à peine quelques serviteurs qui seraient bien incapables de me défendre contre les gardes royaux, s'il lui prenait la fantaisie de me faire assassiner.

– Il ne prendra jamais le risque de s'attaquer directement à toi, répondit la nourrice. Il craindrait trop une vengeance divine. Cependant, il va te falloir redoubler de prudence. Il n'hésitera pas à provoquer un accident pour te faire disparaître. Ne commets pas l'erreur de le provoquer, Moïse. Fais semblant d'ignorer ce que tout le monde sait. Tant que tu ne seras pas assez fort pour t'opposer à lui, n'attire pas ses foudres.

Jokébed prit les mains du jeune homme Mosé dans les siennes et ajouta :

– Séthi est un monstre. Tu es notre seul espoir, Moïse.

Il serra les dents. Il ne pouvait chasser de son esprit l'image de sa mère frappée à mort. Mais sa nourrice avait raison : il ne devait pas s'opposer à son père. Pas encore. Bakenkhonsou lui avait enseigné la patience. Il attendrait donc le moment favorable.

Pendant le temps que dura le rituel de momification, il resta à l'écart du palais. Séthi était parti combattre dans le delta occidental, mais Mosé se méfiait d'un retour inopiné, fort d'une victoire qui lui donnerait plus d'assurance.

Comme pour accentuer encore la tension qui régnait à Pi-Ramsès, le temps se comportait bizarrement. À une série de violents orages venus de la Grande Verte avait succédé de terribles tempêtes de sable. L'air craquait sous les dents et une fine pellicule rousse recouvrait la cité. Des messagers arrivant du lac de Sobek affirmaient que jamais les vents en provenance du désert des morts n'avaient soufflé aussi fort. Des toits avaient été emportés, des maisons s'étaient écroulées. Dans certains villages, des prophètes surgis d'on ne sait où prédisaient des catastrophes encore plus graves et l'effondrement du Double-Royaume.

Mosé ordonna que l'on capturât l'un de ces individus, mais ils disparaissaient dès qu'ils apercevaient l'ombre d'un garde. Même parmi les prêtres et les scribes, on n'était pas éloigné de croire qu'il s'agissait d'*affrits* venus pour terroriser le peuple.

Le jeune prince estimait que ces hommes concrétisaient seulement la peur qui s'était emparée de la Basse-Égypte devant les « Hordes de Seth », les tempêtes inhabituelles, et les récoltes désastreuses.

Enfin, la momification s'acheva et l'on put charger les sarcophages de la Grande Épouse sur le navire funéraire, dans une atmosphère irréelle. C'était à peine si l'on apercevait l'autre rive du fleuve tant les nuages de sable étaient denses.

La veille du départ, Mosé s'apprêtait à prendre quelque repos avec Tiyi lorsque Mourhat entra dans ses appartements.

– Seigneur, des hommes sont là, qui demandent à te voir.

– Qui sont-ils ?

– Ils n'ont pas donné leur nom, mais ils affirment que leur démarche est de la plus haute importance.

Un peu méfiant, Mosé hésita. Par prudence, il répondit :

– Fais-les patienter ! Et demande à Aaron et Pan-Nefer de venir.

Quelques instants plus tard, ses deux compagnons les rejoignaient. Mourhat introduisit alors une douzaine d'hommes encore jeunes. Celui qui semblait les diriger se prosterna devant Mosé.

– Qu'Amon répande sur toi ses bienfaits, Seigneur Masesaya, petit-fils du dieu bon Ramsès. Mon nom est Penrê. Nous sommes tous fils de hauts fonctionnaires et hommes de fortune. Le but de notre démarche va peut-être te sembler étrange, mais voilà : nous ne désirons plus rester à Pi-Ramsès et nous souhaiterions que tu nous acceptes auprès de toi.

– Pour quelles raisons ?

Penrê hésita, puis poursuivit :

– Il se passe ici trop de choses étranges.

– Quelles choses ?

– Pardonne au serviteur que tu vois la façon dont il va te parler, Seigneur, car il sait que tu es le fils de Pharaon. Mais plusieurs seigneurs attachés à la Grande Maison sont morts dans des circonstances inquiétantes. On murmure qu'ils ont été frappés par une malédiction parce qu'ils avaient osé s'élever contre la volonté de Pharaon. Mais il est vrai que les temps ont changé depuis que le dieu bon Meren-Ptah a rejoint le *Champ des Roseaux*. Nous vivons dans la crainte des colères du roi. Elles éclatent soudain, sans la moindre raison, comme un orage inexplicable dans un ciel sans nuages. Et nous avons peur, Seigneur. Tu es le seul que redoute le roi. Nous le savons. Il ne prononce jamais ton nom. Et les rares fois où il le fait, il y a dans ses yeux un mélange de colère, de haine et de crainte.

Mosé ne répondit pas. Les jeunes nobles le regardaient avec espoir. Penrê ne faisait que confirmer ce qu'il avait appris auprès de Jokébed. Séthi régnait par la terreur et supprimait ceux qui se dressaient contre sa volonté. Après tout, ces hommes pouvaient se révéler d'excellentes recrues pour l'armée qu'il commençait à mettre sur pied.

– C'est bien. J'accepte que vous nous suiviez à Ouaset.

Penrê se jeta une nouvelle fois à ses pieds, imité par ses compagnons.

– Merci, Seigneur ! Tu n'auras pas de serviteurs plus fidèles que nous.

Le lendemain, le cortège funèbre quitta Pi-Ramsès. Pendant les quinze jours du voyage, Penrê et ses compagnons s'intégrèrent très vite à la petite Cour qui s'était constituée autour de Mosé. Chacun d'eux avait eu à subir la personnalité malfaisante de Séthi et se trouvait heureux de quitter Pi-Ramsès.

Curieusement, l'un d'eux restait à l'écart des autres. Il avait nom Kanéthotès. Son visage reflétait une dureté peu commune. Il ne parlait jamais de lui-même et ses compagnons avouèrent qu'ils savaient peu de choses sur lui. Il n'appartenait pas à l'aristocratie de la capitale. Il avait dit être originaire de la lointaine Saou [1], dans la partie occidentale du delta. Méfiant, Pan-Nefer le surveilla discrètement. Ce Kanéthotès pouvait très bien être un espion infiltré parmi les nouveaux venus sur ordre de Séthi.

Penrê attendit que le convoi funèbre fût revenu de la Grande Plaine pour parler à Mosé. Il lui avoua alors que nombre d'autres seigneurs de la Cour supportaient de plus en plus mal la tyrannie de Séthi. Beaucoup songeaient à se rallier au prince Masesaya pour lui proposer de mener un combat contre le roi afin de prendre possession du trône.

Mosé répondit évasivement. Son armée n'était pas assez puissante pour s'opposer à celle de Séthi. Cependant, il ne pouvait s'empêcher de penser qu'une fois de plus, le destin le guidait vers le trône du Double-Royaume. S'il parvenait à réunir suffisamment de seigneurs près de lui, il serait alors assez puissant pour s'opposer à Séthi. La Maison des armes de Ouaset lui était déjà acquise, ainsi, probablement, que celles des cités de Haute-Égypte. Mais il ne possédait aucun espion dans le delta. Pharaon avait assis sa puissance sur les armées de Mennof-Rê et de Pi-Ramsès. Les troupes que pourraient lui rallier quelques seigneurs de Basse-Égypte

1. Saou : Saïs.

seraient-elles assez importantes pour contrebalancer cette puissance ?

– Je dois réfléchir à tout cela, Penrê, dit-il enfin. Mener une guerre contre mon père signifierait déchirer en deux le Double-Royaume. Voilà une opportunité dont ne manqueraient pas de profiter les ennemis extérieurs de l'Égypte. Il convient de rester prudent.

Penrê fit grise mine.

– Nous nous sommes rangés à tes côtés pour nous battre, Seigneur. Pour ma part, j'ai suivi l'entraînement de la Maison des armes. Je sais commander les soldats.

Un ricanement salua la déclaration de Penrê. Kanéthotès.

– Tu n'as jamais livré de combats véritables, Penrê. Tu ignores ce que signifie une vraie bataille.

Vexé, Penrê se tourna vers lui.

– Parce que toi, tu t'es déjà battu, peut-être ?

– Oui. Et chaque jour je remercie les dieux d'être encore en vie.

– Dans quelles circonstances ? demanda Mosé.

Kanéthotès haussa les épaules, mais ne répondit pas. Le jeune prince s'approcha de lui. Pan-Nefer le suivit aussitôt. Il n'appréciait guère la désinvolture de Kanéthotès.

– Je t'ai posé une question, insista Mosé.

L'autre poussa un soupir, puis grommela :

– Je n'ai guère envie de parler de ça, Seigneur.

– Si tu veux me servir, j'ai besoin d'en savoir plus sur toi.

– Bien. Cela s'est passé non loin de Saou, où mon père possédait l'une des plus belles propriétés du nome de la *Cible du Nord*[1]. Nous avons toujours vécu en paix sous les règnes des dieux bons Ousermaâtrê et Meren-Ptah. Mais le roi Séthi leur a succédé. Dans le courant de la saison des semailles, il a mené une campagne contre les peuples de la Grande Verte. L'un de ses généraux, Menkherê, est passé par Saou. Il a exigé que nos paysans nourrissent ses soldats. Ceux-ci se sont comportés d'une manière épouvantable. Ils ont violé les femmes et les enfants, massacré tous ceux qui refusaient de les servir. Mon père a demandé une audience à Sa

1. La Cible du Nord : nom du nome de Saou (Saïs), dans l'ouest du delta.

Majesté. Séthi a refusé de le recevoir. Il lui a fait savoir qu'il lui devait une entière obéissance. Mon père a insisté. Alors, les guerriers de Menkherê sont venus. Et ils ont incendié notre maison. J'entends encore les cris de ma mère et de mes sœurs, prises dans les flammes. J'ai réussi à m'enfuir. Je ne pouvais lutter seul contre les soldats. Quant à mon père, on a retrouvé ce qui restait de lui le lendemain. On lui avait tranché les bras et les jambes avant de le laisser mourir lentement, baignant dans son sang. Voilà ! Voilà la manière dont Sa Majesté traite les Égyptiens !

Il serra les dents. Son regard scintilla d'une haine féroce, puis il se calma et précisa :

– C'est pourquoi je désire combattre à tes côtés, Seigneur Masesaya. Si tu m'acceptes, bien sûr.

– Tu en auras bientôt l'occasion, compagnon, répondit Mosé, bouleversé.

18

Mosé avait choisi de résider à Yêb, à la frontière nord du pays de Koush. Cependant, avant de regagner sa petite capitale, il avait effectué un séjour assez long à Ouaset, afin de connaître la position des généraux de la Maison des armes de la cité, ainsi que celle des prêtres d'Amon. Tous le considéraient comme l'héritier présomptif et lui étaient favorables. Ils avaient eu vent des ravages causés par les « Hordes de Seth » dans le nord et l'on n'avait guère envie qu'il prenne fantaisie à Sa Majesté d'envoyer ses troupes en Haute-Égypte. Si ce jour-là arrivait, un seul homme serait assez puissant pour se dresser devant Séthi : son propre fils, Masesaya.

Revenu dans la cité des éléphants, Mosé travailla à développer son armée. Il fit fabriquer de nouveaux arcs, des boucliers, des lances, des épées, des casques, pour lesquels il créa un atelier de fonderie et recruta les meilleurs métallurgistes du pays.

La douce Tiyi exhortait son mari à la prudence. Il fallait à tout prix éviter un affrontement entre Égyptiens.

– Ce serait une guerre fratricide, disait-elle. Elle affaiblirait dangereusement le Double-Pays. Nul ne pourra vaincre totalement les peuples de la Mer ou les Tjemehous. Ton père a eu beau les empaler par milliers à Mennof-Rê, il en viendra toujours de nouveaux. La richesse de Kemit les attire.

Malgré la haine qu'il éprouvait pour son père, Mosé écoutait son épouse. En dépit de son jeune âge, elle faisait preuve d'une sagesse que des hommes bien plus âgés lui auraient enviée. Elle s'entendait également très bien avec Pan-Nefer, qui partageait sa prudence.

– Il n'y a aucune raison de t'alarmer, ma tendre sœur [1], répondait Mosé. Pourquoi Séthi dirigerait-il ses armes contre moi ? Il ne peut s'étonner de me voir fabriquer des armes. Je suis gouverneur de Nubie. Il est normal que je renforce mon armée au cas où un nouveau soulèvement se préparerait.

Officiellement en effet, Pharaon ne pouvait rien reprocher à Mosé. Mais Tiyi ne se faisait aucune illusion sur les motivations réelles de son mari. D'ailleurs, la plupart de ses compagnons espéraient un affrontement qui ne faisait plus de doute dans leur esprit. Certains même, comme Mourhat et Meri-Amon, révoltés par ce qui se passait dans le delta, poussaient Mosé à prendre immédiatement les armes contre Séthi.

– Tu dois te déclarer roi de Haute-Égypte, affirmait Mourhat. Séthi est un tyran, et tu es le descendant légitime du dieu bon Ramsès. Si tu te proclames pharaon, toute la Haute-Égypte te suivra. Les prêtres d'Amon te soutiennent. Et je suis sûr que tu peux compter sur l'appui de beaucoup de nobles de Basse-Égypte.

Intelligemment conseillé par Tiyi, Mosé résistait. Son père faisait régner la terreur dans le delta, mais il était toujours le roi. En se déclarant pharaon de Haute-Égypte, le jeune prince se conduirait comme un usurpateur, malgré son ascendance. Même si la haine le taraudait, même s'il bouillait d'impatience de se trouver face à Séthi, son armée était encore trop faible pour soutenir une attaque des « Hordes de Seth ». Il fallait encore patienter.

Mais un événement imprévu bouleversa le cours des choses.

La série de tempêtes qui affectait la Basse-Égypte ne touchait pas encore la région de Yêb. Il régnait au contraire un climat d'une douceur exceptionnelle. Les moissons avaient été fructueuses. Tout était calme et la région connaissait une période de tranquillité trompeuse. Comme un répit avant la tempête. À plusieurs signes,

1. En Égypte antique, les époux s'appelaient parfois « mon frère » et « ma sœur », ce qui contribua à répandre l'idée que l'inceste était une pratique courante. Il n'en est rien. Il fut utilisé à certaines époques par les lignées royales afin de conserver pur le sang divin qui, selon la tradition, coulait dans les veines de Pharaon.

chacun sentait que de terribles événements s'annonçaient. Les mariniers qui remontaient jusqu'aux carrières de granit de la Première cataracte parlaient des orages et des tornades qui s'étaient abattus sur le delta, dispersant les troupeaux, anéantissant les cultures. Dans les tavernes de Haute-Égypte, dans les ports, dans les masures des paysans, dans les demeures des nobles, on évoquait les jeunes enrôlés de force dans l'armée, les femmes et les enfants maltraités, voire massacrés par les soldats égyptiens eux-mêmes, les caravanes attaquées par des ennemis insaisissables sur les pistes des oasis. Une inquiétude sournoise s'était emparée de chacun et l'on envisageait l'avenir avec angoisse.

Les anciens parlaient avec regret du dieu bon Ramsès, dont l'ombre protectrice ne s'étendait plus sur le Double-Pays. Chacun connaissait à présent l'antagonisme opposant entre Pharaon et son fils. On n'osait pas évoquer les combats qui se préparaient inéluctablement, mais on ne pouvait s'empêcher d'y penser.

Pour chasser cette ambiance délétère, Mosé avait décidé de donner une série de festivités. Il chargea donc cuisiniers et échansons d'organiser des réceptions somptueuses, à laquelle il convia les nomarques et grands propriétaires des nomes avoisinants, ainsi que les chefs qu'il avait nommés en Nubie. Ce fut au cours de l'une d'elles qu'eut lieu l'événement.

La fête battait son plein. Des tables avaient été dressées dans les jardins du palais. Des cohortes de plats proposaient des rôtis, quantités de pains aux formes différentes, des fruits frais ou séchés, des gâteaux de miel et de sésame, des flacons de verre opaques contenaient les vins liquoreux des oasis ; la bière coulait à flot des jarres de terre cuite décorées.

Mosé, confortablement installé, écoutait avec plaisir un groupe de musiciens particulièrement habiles. Une douzaine de danseuses nues ou vêtues de voiles transparents évoluaient, pour la plus grande joie des hommes présents. Près de Mosé, Tiyi lui tenait la main. Avec le temps, l'amour qui les liait s'était renforcé, nourri par une complicité et une confiance réciproque. Mosé admirait son épouse. Contrairement à la plupart des femmes parvenues au premier rang grâce à leur mariage, elle restait lucide et n'encourageait pas son mari à livrer bataille afin de devenir la nouvelle Grande Épouse royale. Elle espérait, sans trop y croire, que les dieux maintiendraient cet équilibre de paix précaire.

Soudain, l'attention de Tiyi fut attirée par Kanéthotès qui portait un gobelet de vin à Mosé. Sans savoir pourquoi, une angoisse aussi soudaine que violente l'envahit. Elle aurait voulu agir, mais elle était comme paralysée. Elle n'avait aucune raison objective d'empêcher son mari de boire le vin. Mosé saisit le gobelet et inclina la tête pour remercier Kanéthotès. Aussitôt, Pan-Nefer posait sa main sur son avant-bras. Mosé leva un regard étonné sur son ami.

– Ne bois pas, Seigneur ! Ce vin est empoisonné.

Un immense soulagement s'empara de Tiyi.

– Par les dieux, Pan-Nefer, quelle mouche te pique ? répliqua Mosé.

Pour toute réponse, Pan-Nefer pointa un doigt accusateur sur Kanéthotès, dont le visage avait soudain pâli.

– Demande plutôt à Kanéthotès quelle est la nature de la poudre qu'il a versée dans ton gobelet.

L'intéressé explosa :

– Es-tu devenu fou, Pan-Nefer ? Je n'ai rien versé dans ce gobelet.

– Malgré le soin que tu as pris à jouer la comédie de l'homme assoiffé de vengeance, je n'ai jamais cru à ton histoire de demeure pillée et de parents massacrés.

– Tu oses mettre ma parole en doute ? explosa Kanéthotès, la main sur son poignard.

– Parfaitement ! Et je t'accuse en outre d'avoir tenté d'assassiner le prince Masesaya Amon-Mose, petit-fils du dieu bon Ousermaâtrê Setepenrê.

– C'est la jalousie qui te fait parler, Pan-Nefer ! riposta Kanéthotès. Depuis le début, tu me détestes. Tu n'as trouvé que cette accusation stupide pour me discréditer auprès du prince.

Interloqué, Mosé regardait les deux hommes l'un après l'autre. Pan-Nefer lui prit doucement le gobelet des mains et le tendit à Kanéthotès.

– Peut-être dis-tu la vérité. Il existe un moyen très simple de le savoir. Bois le contenu de ce gobelet jusqu'à la dernière goutte. Si je t'ai accusé à tort et s'il ne contient aucun poison, je te ferais mes excuses les plus sincères.

Décontenancé, Kanéthotès marqua un instant d'hésitation. Puis il poursuivit sur un ton agressif :

– Je n'ai nullement besoin de me livrer à cette mascarade. Tu m'as insulté et je ne me contenterais pas de tes excuses. Tu me rendras compte de ton attitude dans l'arène. Nous combattrons les armes à la main.

Mosé se leva.

– Si mon ami Pan-Nefer t'a accusé à tort, Kanéthotès, je t'accorderai la réparation que tu exiges. Mais sa demande me semble honnête et loyale. Si tu n'as rien à te reprocher, tu ne risques rien à boire ce vin, sinon une horde de petits démons qui viendront demain danser sous ton crâne.

L'autre recula.

– Seigneur, je croyais que j'avais ta confiance. C'est pour venger les miens que je me suis rangé sous ta bannière.

Le regard de Mosé se durcit.

– Bois ! dit-il sèchement.

Kanéthotès blêmit, puis tendit la main vers le gobelet. Il le saisit, le porta à ses lèvres d'un geste décidé. Soudain, au dernier moment, il le projeta dans le visage de Pan-Nefer et dégaina son poignard. L'instant d'après, il bondissait sur Mosé, l'arme haute. Mais le jeune prince fut plus rapide. Esquivant l'attaque, il saisit le bras de son adversaire auquel il fit perdre l'équilibre. Kanéthotès se retrouva au sol. Mosé, solidement entraîné depuis son plus jeune âge, n'eut aucun mal à lui arracher son arme. Soulevant d'un geste brusque le menton de l'autre, il lui trancha la gorge si violemment que la tête fut à moitié décollée. Des cris de stupeur et d'effroi retentirent. La confusion s'empara de la salle. Mosé réagit promptement :

– Que l'on fasse arrêter tous les compagnons de Kanéthotès ! ordonna-t-il.

Mais ceux-ci, qui assistaient tous à la fête, vinrent d'eux-mêmes se jeter à ses pieds.

– Pardonne à tes serviteurs, dit Penrê. Nous n'avons rien à voir avec lui. Nous ne sommes pas ses complices.

– Comment puis-je vous croire ?

– Nous n'avons que notre parole pour te convaincre, Seigneur. Ce Kanéthotès s'est joint à nous peu avant ton arrivée à Pi-Ramsès. Il avait appris que nous souhaitions nous rallier à toi. Il désirait nous accompagner. Il nous avait raconté son histoire.

Un autre renchérit :

– Nous l'avons cru, Seigneur. Nous n'avions aucune raison de mettre sa parole en doute.

Mosé ne répondit pas. Tiyi se glissa près de lui.

– Je crois que ces hommes sont sincères, dit-elle doucement.

– Peut-être, mais je vais demander à Pan-Nefer de les faire surveiller discrètement.

Pan-Nefer, quant à lui, avait été abondamment aspergé d'eau afin d'éliminer toute trace du vin empoisonné. Pendant un moment, il redouta de voir apparaître sur sa peau d'inquiétantes taches, mais il ne se passa rien. Il expliqua à Mosé :

– Depuis le début, je me méfiais de lui. Son histoire paraissait vraie, mais elle était invérifiable. Je soupçonnais Pharaon d'avoir voulu introduire un traître près de toi. Je me suis tenu volontairement dans l'ombre, afin qu'il ne me soupçonne pas de l'espionner. Chaque jour, je l'ai vu tout faire pour devenir ton ami et endormir ta méfiance. J'ai failli moi-même me laisser prendre à son piège. Mais tout à l'heure, je l'ai observé pendant qu'il préparait un gobelet de vin. Il y a fait tomber le contenu d'un petit sachet qu'il dissimulait dans les plis de ses vêtements. Il n'a pas vu que je le surveillais.

– Tu as agi avec clairvoyance, mon fidèle compagnon. Je ne me serais pas méfié. Ce n'était pas la première fois qu'il m'apportait du vin.

Mosé posa la main sur l'épaule de son ami.

– Merci, Pan-Nefer, je te dois la vie.

Il se tourna vers le cadavre et ajouta :

– Mais voici la preuve que mon père a voulu se débarrasser de moi par une manœuvre basse et déshonorante.

Il s'avança vers la foule des courtisans que l'événement avait rassemblée.

– Écoutez-moi tous ! Cet acte de traîtrise est une nouvelle preuve que le prince Nefersethrê est indigne d'occuper le trône du Double-Royaume. Il a lui-même tué la Grande Épouse, ma mère, la douce Takhât. Ce crime odieux ne doit pas rester impuni. Ses guerriers font régner la terreur sur toute la Basse-Égypte. Actuellement, ils doivent lutter contre l'envahisseur, mais, dès qu'ils l'auront repoussé, Séthi les enverra en Haute-Égypte où ils pilleront les domaines. Je ne peux accepter de voir la Vallée sacrée saccagée. C'est pourquoi, avec votre accord et celui des prêtres d'Amon de Ouaset, je désire, moi, prince Masesaya Amon-Mose, petit-fils du dieu bon Ramsès, être proclamé Pharaon.

Une ovation formidable lui répondit. Lorsqu'enfin elle s'apaisa, Mosé leva les bras pour obtenir le silence :

– Je respecterai donc votre volonté et vous remercie de la confiance que vous avez placée en moi. À compter d'aujourd'hui, je serai votre nouveau roi et régnerai sur la Nubie sous le nom d'Amon-Masesa, le fils d'Amon. Dès demain, je m'entretiendrai avec les prêtres d'Amon afin qu'ils me fassent connaître leurs volontés.

Un homme s'avança, nommé Meri-Hotep, un très riche marchand de Ouaset.

– Avec ta permission, Seigneur, ton serviteur croit pouvoir dire qu'ils confirmeront ta décision. Et je sollicite le grand honneur de la leur porter moi-même.

– Je te l'accorde, mon ami.

De nouveaux cris de joie éclatèrent. Dès cet instant, l'enthousiasme des festivités ne connut plus de limites. Tandis que les membres de la cour se congratulaient, commentant la résolution du jeune prince avec passion, Mosé appela Mourhat.

– Je veux que l'on tranche la tête de ce traître et qu'on la fasse porter à Séthi !

– Il n'y a plus grand-chose à faire pour la couper, répondit Mourhat avec une moue de connaisseur.

La tête de Kanéthotès fut renvoyée à Pi-Ramsès dans un panier qu'un groupe de guerriers était chargé de porter à la Grande Maison avant de s'enfuir discrètement.

La réponse des prêtres de Ouaset ne tarda pas à venir : ils soutenaient entièrement le prince Masesaya Amon-Mose, qu'ils considéraient désormais comme le nouveau pharaon. La nouvelle se répandit comme le vent à travers le pays. À peine un mois plus tard, au début de l'An Deux du règne de Séthi II, l'Égypte se trouvait coupée en deux. Un nouveau pharaon du nom d'Amon-Masesa régnait sur le sud du pays et la Nubie.

Mosé fit activement préparer les cérémonies du sacre. Il devait confirmer sa décision et la rendre officielle avant que Séthi ne puisse réagir. Il savait par les mariniers que le roi avait dû livrer de violents combats dans le nord-est du delta. Séthi ne pourrait donc pas se retourner contre lui avant quelque temps. Mais il le ferait un jour ou l'autre, malgré les prédictions néfastes des oracles. Mosé renforça encore son armée, recrutant de nouveaux guerriers parmi les paysans en âge de se battre.

Le sacre amena à Ouaset une foule importante, venue des villes les plus éloignées de la Nubie et de tout le Double-Royaume, y compris de Basse-Égypte. Certains seigneurs, ayant appris la nouvelle, avait déserté précipitamment Pi-Ramsès pour rallier le nouveau souverain.

Des festivités grandioses confirmèrent le sacre du nouveau roi. Devant la foule innombrable qui se prosternait devant lui, Mosé comprit que la prédiction du noble hittite commençait à se réaliser. Cependant, il regrettait amèrement que sa mère ne fût pas là pour partager son triomphe.

Le jeune roi s'adapta très vite à sa nouvelle condition. Comme il s'y était engagé quelques années plus tôt, le fidèle Mourhat se pencha sur les plans de la maison d'éternité de son maître et ami. Il réunit autour de lui tout ce que la Haute-Égypte comptait d'architectes parmi les plus talentueux. Des équipes furent dépêchées dans les carrières de Yêb et l'on effectua des repérages dans la Vallée des Rois afin de déterminer l'emplacement du futur tombeau. Mosé lui-même dirigea cette expédition. Il choisit un lieu proche de la tombe où sa mère avait été ensevelie.

Il fit des offrandes nombreuses au dieu suprême, Amon, à qui il devait cette première victoire. Il y en aurait d'autres. Il en était désormais persuadé. Bien sûr, il lui fallait compléter rapidement l'équipement de son armée, moins nombreuse que celle de Séthi. Mais celui-ci était occupé par des forces extérieures. N'était-ce pas là un signe du destin, qui laissait ainsi à Mosé le temps de s'organiser ?

Pi-Ramsès, deux mois plus tard…

Lorsque Séthi reçut la tête de Kanéthotès, il poussa un terrible rugissement de douleur. Kanéthotès était l'un des seuls courtisans pour qui il éprouvât une réelle amitié. Parce qu'il était digne d'une confiance absolue, Séthi l'avait chargé de s'introduire dans le cercle des amis de Mosé, avec pour mission de l'empoisonner après avoir endormi sa méfiance. Sa mort devait paraître accidentelle et aurait fait disparaître la menace de la prédiction néfaste.

Mais Mosé avait su déjouer sa machination, il avait tué Kanéthotès et s'était proclamé pharaon. Cette décision plongeait Séthi dans une fureur noire. La Haute-Égypte lui échappait, plusieurs nobles avaient rallié la bannière de son fils et ici même, à Pi-Ramsès, la révolte grondait. Certains avaient osé contester ses ordres ! Nul doute qu'il fallait voir derrière ces manifestations de désobéissance la main de Mosé. Cette fois, ce chien avait passé les bornes. Malgré la funeste prophétie, Séthi ne pouvait se permettre de laisser bafouer son autorité ainsi. Il devait réagir, frapper, anéantir cette racaille et le traître qui la commandait une fois pour toute.

Cependant, le premier coup de colère passé, sa nature calculatrice reprit le dessus. Il ne devait pas précipiter les choses. Sa puissance reposait sur ses armées. Or, ses soldats étaient affaiblis par de longs mois de campagne contre les envahisseurs. Il fallait leur laisser reprendre des forces. Une grande partie des chars avait été détruite au cours des derniers combats. Les navires devaient amener du bois du Levant. Ce répit lui laissait le temps de préparer la guerre.

Masesaya ne perdait rien pour attendre.

19

Mosé avait redouté que son père n'attaquât immédiatement. Son armée, grossie par les guerriers envoyés par les chefs nubiens, mais formée en grande partie de jeunes hommes inexpérimentés, n'était pas en mesure de s'opposer à celle du nord, qui comptait dans ses rangs des soldats chevronnés et habitués au combat dans des conditions difficiles. Aussi reprit-il confiance lorsqu'il constata que Séthi demeurait cantonné en Basse-Égypte. Cette attitude pouvait s'expliquer par les craintes de son père dues à la prophétie. Mais peut-être ses troupes n'étaient-elles pas aussi puissantes qu'on le disait.

Il envisagea alors d'attaquer le premier. Ses compagnons abondaient dans ce sens. Aaron voulait conquérir Pi-Ramsès afin de délivrer les Apirous du joug du tyran. Les jumeaux Hékha et Nahou, revenus de Nubie avec des guerriers nouvellement recrutés, bouillaient d'impatience. Ils ne rêvaient que de venger Takhât, pour qui ils éprouvaient une véritable adoration. Lorsqu'ils avaient appris que Séthi l'avaient frappée à mort, ils n'avaient plus eu qu'une envie, tenir le roi de Basse-Égypte au bout de leur épée et le tailler en lanières. Meri-Atoum, malgré son dégoût de la violence, s'était rangé à leur côté. Mourhat lui-même, d'ordinaire plus mesuré, estimait qu'il fallait profiter du désarroi de l'ennemi pour aller le débusquer. Plusieurs riches propriétaires s'étaient rebellés contre la tyrannie de Séthi. Si l'on parvenait à s'allier avec ces seigneurs révoltés, l'équilibre basculerait en faveur de Mosé.

À condition toutefois que ces nobles parvinssent à recruter des troupes en nombre suffisant, rétorquait Pan-Nefer pour réfréner les ardeurs de ses compagnons. Il avait mis sur pied un réseau d'espions qui le tenait informé de l'importance des troupes de Séthi et des activités du delta. Il avait averti Mosé que les divisions de son père étaient plus nombreuses et mieux entraînées que l'armée de Haute-Égypte, malgré les renforts reçus de Nubie.

– Actuellement, disait-il, Séthi est contraint de s'opposer aux invasions incessantes des peuples de la Mer et des attaques des Tjemehous. Il ne peut tourner ses armes vers toi. Mais nous devons nous attendre à une offensive dès qu'il aura triomphé de ses ennemis. Nos troupes sont moins puissantes que celles de ton père. L'attaquer à présent serait de la folie. Ses divisions de réserve de Mennof-Rê et de Bubastis suffiraient à tenir tête à ton armée. Leurs effectifs sont identiques aux nôtres, mais leurs guerriers connaissent mieux le delta que nos soldats. Il est plus sage de profiter du répit que les Tjemehous et les Égéens nous donnent bien involontairement pour renforcer notre défense. Ainsi, nous serons prêts lorsque Séthi nous attaquera.

Tiyi abondait dans le sens de Pan-Nefer, estimant que l'absence de réaction de Séthi constituait peut-être un nouveau piège.

À la grande déception des autres, Mosé se rangea donc à l'avis de son épouse et de Pan-Nefer. Il n'oubliait pas les termes de la prédiction qui affirmait que même si son nom devait perdurer bien au-delà de l'Égypte elle-même, il devait d'abord subir une grave défaite. Cette perspective l'inquiétait. N'était-il pas possible de faire mentir cette prophétie ? Il continua de renforcer ses troupes, formant lui-même de nouveaux archers, des fantassins, des auriges. Malheureusement, il lui était difficile de se procurer du bois en quantité suffisante pour fabriquer de nouveaux chars. La matière première, en provenance du Levant, devait passer par le delta. Or, tout trafic commercial par le fleuve avait été interrompu depuis qu'il s'était proclamé pharaon. Il fallut faire venir des arbres de la lointaine Nubie, mais leur qualité n'égalait pas celle des cèdres de Palestine, et surtout, ils étaient beaucoup plus onéreux.

L'activité des artisans de Haute-Égypte fut orientée vers la guerre. On tailla des boucliers dans du cuir d'hippopotame, on fabriqua des lances, des flèches et des épées de bronze en grande quantité.

Mosé parcourait inlassablement la vallée pour obtenir le soutien des nomarques et recruter de nouveaux soldats. On ne pouvait cependant pas réquisitionner tous les hommes valides. Les semailles et les moissons exigeaient des bras nombreux.

Les tribus koushites, menées par le père de Tiyi, lui adressaient régulièrement des présents, or, ivoire, myrrhe, des peaux de félins, de buffle, des troupeaux de bovins, ainsi que des bois précieux, ébène et okoumé, toutes richesses qui venaient grossir le trésor royal. Mais la préparation d'une guerre coûtait très cher.

Pendant les deux années qui suivirent, on attendit en vain les troupes de Séthi. Hormis quelques escarmouches dans les nomes de Moyenne-Égypte, dans la région du Fayoum ou de la cité de Ount, la séparation de l'Égypte en deux royaumes indépendants n'eut guère de conséquences militaires. Mosé en arrivait à croire que son père avait accepté le partage du Double-Pays.

Cette séparation mettait Mosé mal à l'aise. L'Égypte était double et indissociable. Seules les périodes de grands troubles l'avaient vue divisée et livrée au chaos. Il faudrait donc que, tôt ou tard, elle soit de nouveau réunie.

Tout en demeurant sur ses gardes, Mosé profita de l'absence de réaction de Séthi pour jouer pleinement son rôle de souverain. Il reprit en main les travaux commencés sous son grand-père Ramsès II et poursuivis sous le règne de Meren-Ptah. Très rapidement, sa popularité s'étendit au-delà de Ouaset, dans les cités situées au nord. Il en connaissait la plupart des nomarques, rencontrés régulièrement à chacun de ses voyages dans la capitale. Beaucoup de ces gouverneurs locaux avaient souffert des énormes augmentations d'impôts exigées par Séthi et il n'avait eu aucune difficulté à les convaincre de le reconnaître pour roi. Son royaume s'étendait ainsi jusqu'à la hauteur du nome du Second sceptre, juste avant la région du Fayoum. À cet endroit, il avait concentré deux divisions de deux mille hommes, chargées de retenir une éventuelle invasion.

La route commerciale du delta étant fermée, il développa les caravanes qui se rendaient sur les rives de la mer Rouge et en

Erythrée. Le trafic était plus long, en raison de la traversée du désert et des attaques des hordes de pillards, mais il réserva une partie de ses forces à la protection de ces convois devenus indispensables. Ainsi, le commerce ne souffrit pas trop de la rupture avec le nord. Malheureusement, les récoltes ne furent guère fructueuses ces deux années-là. Les crues trop abondantes avaient noyé les champs et plusieurs troupeaux avaient péri noyés.

Mosé s'acquittait également avec beaucoup de conscience de ses fonctions sacerdotales, ainsi que les lui avait enseignées Bakenkhonsou. Chaque matin, il pénétrait dans le naos pour faire des offrandes à Amon. Accompagné du grand prêtre et de ses assistants, il ouvrait l'autel contenant la statue du dieu, puis disposait sur la table des fruits, des légumes, des pièces de viande, et élevait devant lui une figurine représentant la déesse de la justice et de l'harmonie, Maât. Cette cérémonie très ancienne lui tenait beaucoup à cœur.

Avec le temps, il avait fini par ressentir une adoration très profonde pour le dieu invisible et mystérieux qui régnait sur l'Égypte depuis plusieurs siècles, à tel point qu'il considérait à présent les autres divinités comme secondaires. Elles n'étaient, à ses yeux, que des prolongements de sa puissance absolue et infinie. Il aimait aussi la déesse Maât. Depuis son plus jeune âge, il avait été influencé par l'esprit de sa mère, qui détestait l'injustice. Il avait hérité d'elle ce trait de caractère. Aussi accordait-il beaucoup d'importance aux doléances dont on lui faisait part. Il ne tenait aucun compte de la position sociale des parties en présence et tâchait de réparer les torts commis par les puissants envers les plus faibles. Il réforma la justice, nomma de nouveaux juges. Les plus vieux, issus de l'administration de Meren-Ptah, avaient tendance à profiter honteusement de leurs privilèges. Cet assainissement lui valut la reconnaissance du peuple.

Amon-Masesa songea à sa demeure d'éternité, dont les travaux furent dirigés par Mourhat dans la Vallée des Rois. Il commanda également deux statues à son effigie, qui furent placées dans la grande salle du temple d'Amon, à Ouaset. Sur la jambe gauche de la deuxième, il fit graver une petite fresque représentant Takhât, avec sa titulature et sa condition de « mère du roi [1]».

Un autre événement accrut encore cette popularité et donna à Mosé le sentiment d'avoir franchi un nouveau pas vers le trône d'Égypte. Vers la fin de l'An Un de son règne, la Grande Épouse Tiyi donna naissance à un fils, Nebamon Meri-Maât, un garçon superbe à la peau idéalement dorée que le jeune roi présenta avec une fierté légitime à la Cour.

Pendant cette période eut lieu une affaire à laquelle Mosé n'accorda pas une grande importance sur le moment, mais qui fut lourde de conséquences quelque temps plus tard. À Ouaset, les travaux du temple d'Amon étaient dirigés par le contremaître Nefer-Hotep. Ce maître d'œuvre avait adopté un fils du nom de Paneb. C'était un colosse doué d'une force surhumaine, dont il profitait pour commettre toutes sortes de petites vilenies, et surtout pour abuser des femmes des ouvriers. Lorsque Nefer-Hotep mourut, au début du règne d'Amon-Masesa, consumé par une mauvaise fièvre, il nomma Paneb pour le remplacer. Son père adoptif disparu, l'audace et l'arrogance de Paneb ne connurent plus de limites. En raison de sa puissance exceptionnelle, dont il n'hésitait jamais à faire usage, personne n'osait se dresser devant lui.

Un jour cependant, un chef de chantier, Amennakht, accusa Paneb de différents larcins, de voies de fait sur des carriers, de détournements de nourriture et d'avoir débauché plusieurs femmes : Touy, épouse de Qenna, Hel, épouse de Pendoua. Enfin, il l'accusait d'avoir violé une jeune fille nommée Oubekhet, qu'il avait ensuite contrainte à s'offrir à son frère aîné, Âapehte.

Or, Paneb dépendait d'un architecte qui avait autrefois travaillé pour le dieu bon Ramsès. Ce vieil homme, usé par les ans et dont

---

1. Cette statue, attribuée à Amon-Masesa par l'archéologue Yurco, constitue l'un des points essentiels de la théorie de Rolf Krauss. Après la défaite d'Amon-Masesa, Séthi II a usurpé cette statue. L'historien allemand écrit : « La légende de la figure de Takhât est originale, sauf à un endroit : les hiéroglyphes constitutifs du mot “épouse” résultent de l'altération d'un signe plus ancien, celui du vautour, qui sert à noter le substantif “mère”. La reine représentée portait donc, à l'origine, le titre de “mère du roi”, qui a été ensuite remplacé par celui d'“épouse du roi”. »

les yeux ne regardaient jamais directement ses interlocuteurs, semblait en permanence remâcher quelque sombre rancune. Les juges ne voulurent pas mécontenter ce haut personnage et déboutèrent Amennakht de sa plainte. Il fut même condamné à recevoir cent coups de bâtons pour diffamation [1].

L'affaire en serait restée là si elle n'était parvenue à l'oreille de Mosé. Lorsque la « Bouche de Pharaon », le juge suprême de Ouaset, lui rapporta le jugement, le jeune homme bondit.

– Quelle mauvaise justice est-ce donc là ? s'exclama-t-il. Pourquoi administrer le bâton à l'accusateur ? C'est un honnête ouvrier, tandis que le contremaître profite de sa force et de sa position pour débaucher les épouses. Ne sera-t-il donc pas puni pour ses crimes ?

– Pardonne au serviteur que tu vois, Seigneur. Mais cet homme, ce Paneb, est le contremaître préféré du seigneur architecte. Nous ne voulions pas le mécontenter à cause d'un stupide ouvrier qui n'a jamais pu prouver les vols dont il accusait Paneb. Quant à ces femmes, il n'a pas dû avoir grand peine à les séduire. Ces filles de paysans n'attendent que ça.

– Je veux que tu m'amènes cet Amennakht, ce Paneb et son frère Âapehte, ainsi que les femmes dont il a abusé.

Lorsque Mosé eut écouté les versions données par les victimes, il n'eut aucun mal à confondre le coupable, qui fut condamné à deux ans d'emprisonnement. Mais l'architecte n'accepta pas le jugement et s'en plaignit amèrement. Le jeune roi se mit en colère :

– Silence, vieil homme ! Par égard pour ton grand âge, j'avais voulu t'épargner. Mais tu as protégé un individu lâche et méprisable. Ton cœur est injuste et mauvais. Aussi, je ne désire plus te voir travailler pour moi.

L'architecte baissa la tête et s'en fut. Le lendemain, il quitta Ouaset en direction du nord. Lorsque l'on rapporta son départ à Mosé, il ne regretta pas la disparition de ce vieil homme qu'il n'avait jamais apprécié.

---

1. Cette anecdote est directement inspirée par un acte d'accusation établi à Deir el Medineh.

Cependant, il ne pouvait chasser un malaise étrange. Le nom de ce vieil architecte lui disait vaguement quelque chose. Peut-être lui avait-on parlé de lui, bien longtemps auparavant, pourtant il ne parvenait pas à se rappeler dans quelles circonstances. Mais comment aurait-il pu se souvenir d'un personnage nommé Merihor, mêlé à un événement qui avait eu lieu avant même sa naissance ?

Contrairement à ce qu'espérait Mosé, Séthi n'avait pas renoncé à l'idée de se débarrasser de ce fils honni qui lui avait volé la moitié de son royaume. Depuis deux ans, les impôts de Haute-Égypte lui échappaient, et ses finances s'en ressentaient de manière dramatique.

Ces difficultés le galvanisèrent pour jeter toutes ses forces contre les Égéens, qu'il écrasa une nouvelle fois dans la région de Saïs. Il s'ensuivit de nouveaux massacres. Des dizaines de bûchers fleurirent le long du fleuve, qui brûlèrent pendant des jours entiers. De sinistres alignements de pals s'étirèrent le long des frontières occidentales, sous le regard atterré des populations autochtones. Les yeux luisants, Séthi parcourait les rives du Nil, fièrement dressé sur son char tiré par deux chevaux noirs, sa cuirasse de bronze étincelant sous les feux des foyers macabres.

Ces batailles impitoyables avaient exigé des efforts considérables de la part de la population de Basse-Égypte. Les paysans, déjà accablés d'impôts, étaient enrôlés de force dans l'armée. En de nombreux endroits, les femmes, les vieillards et les enfants étaient contraints d'assurer eux-mêmes les travaux des champs. Partout la famine menaçait. Les réserves de grains, prudemment engrangées par Meren-Ptah à l'imitation de son père Ramsès, s'épuisaient inexorablement. La révolte grondait. Plusieurs grands propriétaires demandèrent à Pharaon de libérer les paysans engagés contre leur gré, sous peine de voir les récoltes gravement compromises. Mais Séthi ne les écoutait pas. Pour asseoir son autorité, il en fit arrêter une dizaine, dont il confisqua les biens au profit du palais. Plus que jamais les courtisans tremblaient devant lui.

Fort d'une nouvelle victoire, son caractère aurait dû s'améliorer. Au contraire, il s'aigrit encore. Car, au-delà des revenus dont le privait la séparation de la Haute-Égypte, il ne pouvait accepter le défi que lui avait lancé Mosé. Séthi n'était plus qu'un bloc de haine, une haine encore décuplée par cette stupide prédiction qui affirmait que son fils serait cause de sa mort. L'avertissement était clair : il ne pouvait prendre lui-même la tête de ses armées pour envahir la Haute-Égypte.

Il ne fallait pas compter renouveler la tentative de Kanéthotès. Mosé était trop efficacement protégé par son entourage. Il demanda conseil à Menkherê, le général en chef de ses armées, une sorte de géant couturé de cicatrices qui ne se plaisait qu'au cœur des batailles. Impitoyable, insensible aux cris de détresse des vaincus, c'était lui qui avait ramené d'Asie le supplice du pal. D'une cruauté raffinée et insatiable, il était redouté aussi bien par ses ennemis que par les populations qu'il était censé protéger. On ne comptait plus le nombre de têtes qu'il avait tranchées, les foyers qu'il avait allumé de ses mains, contemplant les souffrances de ses victimes avec un sourire terrible sur les lèvres. Ce bourreau épouvantable prenait sa force dans la douleur des autres. Il trouvait la justification de ses actes abjects dans son dévouement pour Pharaon. C'était les ennemis du *Taureau puissant*, fils d'Amon, qu'il massacrait et torturait. Il agissait donc pour le Bien.

Cependant, pour être assoiffé de sang, Menkherê n'en était pas moins un fin stratège.

– Seigneur, dit-il, tu dois te méfier. D'après les renseignements fournis par nos espions, l'armée du sud, bien que moins importante que la nôtre, reste cependant de taille à nous tenir tête. Sur son territoire, il sera difficile de la vaincre. Il vaudrait mieux amener ce chien d'usurpateur à envahir lui-même la Basse-Égypte.

– Tu veux qu'il nous attaque ?

– Il faut surtout l'amener à quitter Ouaset. Là-bas, ses défenses sont très bien préparées. Même avec la totalité de nos forces, nous risquerions d'échouer.

– Il n'a rien tenté depuis deux ans. Pourquoi changerait-il soudain ses plans ?

– Il a posté deux divisions à Ouâb Sep-Meri, dans le Second Sceptre. Si nous les détruisons, il sera contraint de réagir.

– Il a dû prévoir cette éventualité.

– C'est probable. Mais je garde en réserve une arme secrète.

20

Ouâb Sep-Meri, quelques jours plus tard...

Depuis deux ans, le capitaine Zebti avait dû repousser quelques attaques sporadiques venues du nord. La forteresse qu'il commandait sur les rives du Nil n'avait eu aucun mal à maintenir à distance un ennemi qui ne faisait preuve d'aucun acharnement. Depuis quelque temps, les attaques s'étaient espacées et il avait fini par croire que le pharaon de Basse-Égypte avait renoncé à ses droits sur le sud. Peut-être les deux souverains avaient-ils conclu un accord, afin de faire face aux envahisseurs.

Ce soir-là comme les autres, il effectuait une ronde en compagnie de ses fidèles lieutenants. Par pure précaution. Rien ne laissait présager qu'une attaque aurait lieu cette nuit. Lorsqu'il se fut assuré que tout allait bien, il salua ses compagnons, puis se retira pour prendre un peu de repos.

Il avait à peine fermé l'œil qu'un garde affolé venait le réveiller.

– Capitaine ! Il se passe quelque chose !

D'un bond, Zebti fut sur pied. À la suite du soldat, il se rendit sur le chemin de ronde. En direction du nord, les étoiles semblaient s'être posées sur la rive du fleuve. Leur nombre croissait d'instant en instant, dessinant comme une barrière de feu qui progressait vers la petite forteresse dans un silence quasi absolu. Puis un grondement étrange se fit entendre.

Un guerrier déclara d'une voix teintée d'angoisse :

– Ce ne sont pas des hommes qui peuvent pousser ce genre de cris.

– Je ne sais pas. Mais il faut prévenir la garnison. J'ai l'impression que le pharaon Séthi a décidé d'attaquer notre bon roi Amon-Masesa.

– Nous ne pouvons pas rester ici, capitaine ! s'exclama un autre. Nous ne sommes qu'une vingtaine contre plusieurs milliers.

Le soldat avait raison. Zebti donna immédiatement l'ordre de se replier vers la cité.

Quelques instants plus tard, les deux garnisons de Ouâb Sep-Meri étaient prévenues. À la hâte, les soldats se préparèrent au combat, surpris par la soudaineté de l'attaque. On se porta au-devant de l'ennemi, bien décidé à résister. Au loin, la barrière de feu se déployait avec une lenteur inquiétante. Le grondement s'amplifiait au fur et à mesure que l'envahisseur approchait. Un sentiment de peur se répandit peu à peu parmi les défenseurs. Ce grondement n'avait rien de naturel. Quelques guerriers avancèrent l'hypothèse que Séthi avait conclu un pacte avec les *affrits*.

Au loin, la marée de torches s'arrêta. Tout à coup, des sifflements suraigus retentirent ; puis le bruit étrange s'amplifia, explosa, tandis que le sol résonnait sous le martèlement de centaines de battements sourds. La barrière de feu n'avait pas bougé, mais une vague sombre progressait très rapidement en direction des défenseurs, comme un flot meurtrier dont sourdait un concert de rugissements à la limite du supportable.

– Mais qu'est-ce que c'est ? hurla la voix affolée d'un soldat.

– Je ne sais pas, mais ça pue ! remarqua un autre.

Lorsqu'enfin il comprit ce qui se passait, le capitaine Zebti murmura :

– Par les dieux, nous sommes perdus !

L'instant d'après, une masse énorme à l'odeur épouvantable bondissait sur lui. Il sentit sa gorge s'ouvrir sous la pression de crocs impitoyables. Puis sa tête sectionnée roula sur le sol tandis que ses soldats terrorisés commençaient à refluer en désordre.

– Des hyènes de combat ! Les misérables ! s'exclama Mosé lorsqu'il apprit l'anéantissement des deux divisions de Ouâb Sep-Meri.

– Les Hordes de Seth ont attaqué de nuit, en jouant de l'effet de surprise. Sur les deux mille soldats, une centaine seulement a pu s'enfuir pour donner l'alarme, expliqua Mourhat. Les survivants étaient terrifiés. Ils ont préféré sauter dans le fleuve et affronter les fils de Sobek plutôt que d'être déchiquetés par les fauves.

– Depuis, renchérit Aaron, l'ennemi progresse vers nous en brûlant systématiquement tous les villages qu'il rencontre. Malheur à ceux qui tombent entre leurs mains. Des mariniers ont aperçu des bûchers et des lignes de pals. On dit qu'ils s'en prennent aussi bien aux paysans qu'aux soldats.

– Ouâb Sep-Meri, Het Benoun, capitale de l'Épervier volant, et Kasa, dans le nome du Chacal, ont été entièrement rasées. Séthi veut répandre la terreur pour nous effrayer.

L'armée du nord progressait avec une lenteur délibérée, afin de laisser à ceux qui fuyaient devant elle le temps de trouver refuge à Ouaset. Arrivés dans la capitale, les survivants racontaient, avec des tremblements dans la voix, les horreurs commises par l'ennemi. Dans la capitale méridionale, l'idée se propageait qu'un serpent monstrueux rampait vers la cité, que rien ne pourrait arrêter. L'image d'Apophis, l'effrayante créature de Seth, hantait tous les esprits.

Les villes situées en aval tombaient les unes après les autres. Les habitants s'enfuyaient avant l'arrivée de l'envahisseur. Ils remontaient le Nil en direction de Ouaset, seul endroit où ils étaient certains de trouver une protection. Mais souvent, les hordes de hyènes les rattrapaient et anéantissaient les troupeaux. Certains préféraient affronter le désert et les bandes de pillards. Des récits tous plus atroces les uns que les autres parvenaient à Mosé.

– Dans la ville de Ount, ils ont capturé le nomarque, raconta un soldat. Il ont attaché chacun de ses membres à quatre chars qu'ils ont lancés au galop. J'ai encore les cris de mon seigneur dans les oreilles. J'ai cru qu'ils allaient me faire subir le même sort, mais ils m'ont libéré pour que je vienne te répéter ce que j'avais vu.

Il se jeta aux pieds de Mosé.

– Pardonne à ton serviteur, ô Taureau puissant, mais ce ne sont pas des hommes qui peuvent faire ça ! C'est le dieu Seth lui-même qui les dirige !

Le lendemain, Mosé accueillit en personne quelques navires rescapés du nome du Lévrier. Un vieil homme lui apporta quelques précisions sur celui qui menait les armées ennemies.

– Il est gigantesque, coiffé d'un casque de bronze qui étincelle aux feux des bûchers. À Shashetep, il a ordonné d'arrêter notre bien-aimé nomarque, Ouéni, ainsi que sa Cour. Il a capturé aussi des paysans, hommes, femmes, enfants et vieillards. Puis ils ont installé des potences et ont allumé des feux au-dessous. Ils ont pendu les malheureux par les pieds et se sont amusés à les balancer de manière que leur tête passe sans cesse dans les flammes. Et plus les victimes hurlaient, plus les soldats riaient. Le géant au casque de bronze a dit que tel était le sort qu'il réservait – pardonne à ton serviteur, Seigneur – à l'usurpateur de Ouaset. Au matin, les têtes avaient disparu, il ne restait plus que les troncs noircis. Une épouvantable odeur de chair brûlée flottait sur Shashetep. La ville a été rasée, les temples ont été pillés, les prêtres égorgés.

Les récits de ces massacres eurent des conséquences inquiétantes. S'ils provoquèrent chez la plupart des soldats de terrifiantes bouffées de haine, ils engendrèrent aussi des défections chez les jeunes recrues épouvantées par ce que racontaient les réfugiés. Une rumeur se répandit rapidement, qui confirmait que c'était bien le dieu Seth en personne qui commandait les Hordes du Nord. Ne portaient-elles pas son nom ?

Pourtant, Mosé apprit que ce n'était pas son père qui dirigeait les meutes ennemies.

– C'est son général en chef, indiqua Pan-Nefer, renseigné par ses espions. Il s'appelle Menkherê. C'est un homme cruel et impitoyable.

– Séthi te craint ! s'exclama Mourhat. Les oracles ont dit que tu serais cause de sa mort et il ne veut pas t'affronter directement. C'est un lâche !

– Alors, que faisons-nous ? explosa Nahou. Nous ne pouvons laisser nos alliés périr sans tenter de les secourir.

Hékha, Aaron, Meri-Atoum et Mourhat renchérirent.

À l'origine, Mosé avait pensé attendre l'armée de son père à Ouaset, où il avait organisé une défense efficace. Il s'était imaginé que les troupes ennemies ne feraient que traverser les nomes situés au nord. Il n'avait pas un instant envisagé que Séthi pût se livrer à de telles atrocités sur le peuple égyptien. Chaque nouvelle cité anéantie augmentait la colère de Mosé. Mais il n'était pas dupe. Cette stratégie faisait partie d'un piège destiné à le déloger de sa forteresse. Chaque jour voyait grossir les rangs des réfugiés. Seule une poignée d'entre eux accepta de se ranger sous la bannière d'Amon-Masesa. Les autres, terrorisés par ce qu'ils avaient vu, préféraient s'enfuir vers la Nubie.

Lorsque le nome du Serpent fut envahi, Mosé déclara :

– C'en est trop ! Nous allons nous porter à la rencontre de ces monstres.

Un hurlement d'enthousiasme lui répondit. Mais une sourde angoisse broya le cœur de Tiyi. Un terrible pressentiment l'étouffait, qu'elle garda pour elle seule afin de ne pas semer le doute dans l'esprit de son mari.

L'affrontement eut lieu au début de la saison de Peret, les semailles, dans le nome appelé « le Foudre de Min », près de la cité d'Apou. En tête de son armée, Mosé ruminait de sombres pensées. La stratégie de Menkherê avait payé. Il avait réussi à le déloger. Par les espions de Pan-Nefer, il savait que l'ennemi avait reçu des renforts et surtout de nouvelles meutes de hyènes dressées.

Il eût été bien sûr plus prudent d'attendre les Hordes de Seth sur des positions préparées à l'avance. Mosé avait résisté aussi longtemps que possible. Mais il avait aussi le devoir de porter assistance aux nomarques qui lui avaient juré fidélité. Trop d'entre eux avaient péri à présent, même ceux qui avaient ouvert leurs portes en grand à l'ennemi, en espérant sa clémence. Menkherê ne faisait aucune différence. Le pillage était la seule manière dont il rétribuait ses soldats, et ces derniers ne s'en privaient pas. Peu leur importait de massacrer des Égyptiens.

La prédiction de Baal-Patjar hantait le jeune souverain. Il était dit qu'il devait subir une défaite. Et, tout au fond de lui, une voix lui hurlait que le moment approchait. Une rage impuissante lui broyait les entrailles. Il n'avait aucune envie de laisser la victoire à un père qui n'avait même pas le courage de l'affronter en personne.

Au matin du treizième jour de pharmouti, mois consacré à Renenouete, la déesse serpent des récoltes, les deux armées se trouvèrent face à face. Un silence impressionnant s'étendit sur la plaine bordant le Nil. Puis l'envahisseur lâcha plusieurs centaines de hyènes en direction des défenseurs. Mais Mosé s'était préparé à cette attaque. Deux lignes d'archers prirent place, les uns avec un genou à terre, les autres debout, avec ordre de tirer en alternance. Mosé savait que ses archers constituaient son atout majeur.

Le flot des fauves fonça vers eux dans un vacarme d'enfer. Une pluie de flèches s'abattit sur les bêtes, qui s'écroulèrent en couinant. Sans relâche, les deux lignes décochaient leurs traits meurtriers. Cependant, une bonne centaine de hyènes parvint jusqu'aux archers, qui durent décrocher. Les lanciers les remplacèrent aussitôt, mais l'attaque avait été suffisante pour désorganiser la défense. Les envahisseurs profitèrent de cette diversion pour se lancer à l'assaut. Une vague hurlante déferla en direction des soldats de Mosé.

Le choc fut terrible. Durant des heures, épées et casse-tête frappèrent, et frappèrent encore, des hommes tombaient dans les deux camps, le ventre ouvert, le crâne éclaté, un bras sectionné, une main tranchée. Les cris des blessés et des agonisants se mêlaient aux rugissements des hommes encore valides. Des scènes atroces, inhumaines, se répétaient d'un bout à l'autre de la plaine, des actes courageux côtoyaient la pire des barbaries, attisée par la haine et la peur, dans les deux camps.

Monté sur son char, Mosé parcourait le champ de bataille pour galvaniser ses troupes. Son armée avait été bien préparée, ses hommes solidement formés au combat. Il avait beaucoup compté sur ses archers, mais le terrain ne permettait pas de les utiliser efficacement. Aussi Mosé les avait-il regroupés à l'arrière, afin de protéger un éventuel repli. Ce fut cette disposition qui le sauva du désastre à la fin de la première journée. D'offensives en contre-attaques, les troupes de Menkherê avaient fini par prendre l'avantage sur celles de Mosé. Ses hommes étaient plus nombreux et bénéficiaient d'un entraînement acquis tout au long des années de combat contre l'envahisseur extérieur. En revanche, les seuls ennemis que les hommes de Masesaya avaient dû affronter étaient les Nubiens, très rapidement vaincus.

Vers la fin de l'après-midi, Mosé avait perdu la moitié de ses chars de combat. Lui-même avait été blessé et n'avait dû la vie sauve qu'à l'intervention furieuse des jumeaux Hékha et Nahou. Les fantassins avaient payé le plus lourd tribut à la bataille, puisque près du tiers était hors de combat. Comprenant qu'il allait être débordé, Mosé donna l'ordre de repli. Avec discipline, les rangs d'archers s'écartèrent pour laisser passer les fuyards, puis se reformèrent immédiatement derrière. Menkherê commit l'erreur de croire qu'il tenait la victoire. Il lança ses guerriers à la poursuite des soldats de Mosé. Enivrées à l'idée du massacre qu'elles allaient commettre, les Hordes du Nord se précipitèrent en direction des fuyards en vociférant.

Mais les rangées d'archers les accueillirent une nouvelle fois, freinant leur ardeur. Des essaims de flèches meurtrières les clouèrent sur place. Des dizaines d'hommes s'écroulèrent, la poitrine ou les membres transpercés. Comprenant qu'il risquait de perdre son avantage, Menkherê eut la sagesse d'ordonner le repli. Ses hommes étaient épuisés.

Les guerriers de Mosé purent enfin souffler et porter secours aux blessés. La gorge desséchée par la poussière, le jeune roi demanda à boire. Un officier lui porta un casque rempli d'eau prélevée dans le Nil. Mosé porta le récipient improvisé à ses lèvres. Puis il recracha : l'eau avait le goût du sang.

Le soir, Mosé avait regagné son campement, la mort dans l'âme. Deux de ses compagnons avaient trouvé la mort au cours des combats. Pan-Nefer le Silencieux avait été surpris par une attaque éclair lancée par l'un des lieutenants de Menkherê. D'après l'un des rares soldats rescapés de cet accrochage, il avait courageusement fait face, mais un homme l'avait frappé dans le dos d'un violent coup de hache.

– Il est tombé de son char et a tenté de poursuivre le combat, raconta l'homme. Mais l'autre a arraché la hache et lui a fendu le crâne avant qu'il ne puisse réagir.

L'un des jumeaux, Hékha, avait lui aussi succombé en s'attaquant à Menkherê lui-même. D'après les témoins, cela avait été un combat effroyable, les deux hommes étant sensiblement de la même taille. Hékha avait espéré venir seul à bout du général en chef ennemi pour offrir sa tête à Mosé. Mais l'autre était un guerrier rusé et mieux entraîné. Il avait pris plaisir à achever lui-même son jeune adversaire à coups de casse-tête. Isolé, Nahou n'avait pu porter secours à son frère. Depuis, il restait prostré, les yeux perdus dans le vague. Parfois, il poussait un terrible rugissement de fureur, puis se mettait à pleurer et retombait dans son abattement.

Une nuit longue et douloureuse commença, pendant laquelle Mosé échafauda différentes stratégies, qui aboutissaient toutes au même résultat : l'armée ennemie était deux fois plus nombreuse que la sienne et finirait par l'emporter. Il ne pouvait espérer la contenir avec ses rangs d'archers, aussi efficaces fussent-ils.

Le jeune souverain tenta de dormir, mais cela lui fut impossible. Quelque chose s'était brisé en lui. Comment espérer retourner la situation ? Demain, son armée ne tiendrait pas longtemps devant celle de Menkherê. Celui-ci ne commettrait pas deux fois la même erreur face aux archers. La défaite prédite par la prophétie allait avoir lieu et Mosé ne pouvait rien y faire. Comment lutter contre la volonté des dieux ?

Il était dit aussi qu'il finirait par remporter la victoire ! Mais comment cela serait-il possible si l'armée du Sud était anéantie ? Même s'il parvenait à repousser les Hordes de Menkherê, il ne disposait plus d'assez de combattants pour lancer une contre-offensive sur la Basse-Égypte. Désemparé, Mosé ferma les yeux et adressa de ferventes suppliques à Amon.

– Pourquoi m'as-tu abandonné, ô toi le plus grand de tous les dieux ? N'ai-je donc pas suffisamment garni ta table ? Ne suis-je pas destiné à monter sur le trône d'Égypte ?

Mosé avait toujours trouvé du réconfort à s'adresser ainsi directement au roi des dieux. Depuis toujours, il était persuadé qu'il coifferait les Deux Magiciennes et qu'il deviendrait ainsi l'incarnation d'Amon. Mais à présent, il ne ressentait plus la présence mystérieuse et rassurante de ce dieu auquel il avait toujours cru avec la plus grande sincérité. Un vide insupportable avait commencé à se creuser en lui, comme la sensation d'une terrible trahison, dont il était en partie responsable. Se pouvait-il qu'il ait été à ce point aveugle ?

Il avait l'impression d'étouffer. Il avait voulu croire à la prédiction de Baal-Patjar parce qu'elle flattait son orgueil. Bien sûr, elle prophétisait une défaite, mais il finissait par triompher, puisqu'il était dit que son nom perdurerait bien après l'effondrement de l'Égypte elle-même. Mais comment croire au triomphe après un désastre d'une telle ampleur ? Il avait perdu la moitié de ses hommes et ne voyait pas par quel miracle il parviendrait à redresser la situation. Aucune force alliée ne viendrait lui apporter son soutien. S'il n'était pas tué demain au combat, Menkherê le traquerait sans relâche pour ramener sa tête à Séthi.

Alors, que devait-il faire ? Combattre jusqu'à la mort pour l'honneur ? Et offrir à Séthi une victoire définitive ? Fuir pendant qu'il était encore temps, afin – peut-être – de trouver un moyen de retourner la situation en sa faveur ? Il n'y croyait guère. Il songea à repartir pour Ouaset et retrouver Tiyi et leur fils. Tous deux devaient être sauvés.

Cependant, il résolut de demeurer sur place pour tenter de résister. Peut-être Amon lui viendrait-il en aide, comme il le fit pour son grand-père à la bataille de Qadesh, bien longtemps auparavant. S'il fallait en croire les fresques des temples, Ramsès, isolé au cœur des troupes ennemies, en grand danger d'être abattu, avait imploré l'aide du dieu mystérieux, et celui-ci avait entendu son appel. Mosé se souvenait des textes gravés sur les murs :

« Je fis appel à toi, mon père Amon, quand j'étais au milieu de multitudes que je ne connaissais pas. J'étais seul, ma nombreuse infanterie m'avait abandonné, mes chars ne me cherchaient pas. Je n'ai cessé de les appeler, aucun d'eux n'a entendu.

« J'ai prié aux confins des pays étrangers et ma voix a atteint la ville de Iounou. J'ai trouvé Amon quand je l'ai appelé. Il m'appelle derrière moi, comme si nous étions vis-à-vis :

« Je suis avec toi, je suis ton père, ma main est avec toi, je suis plus utile que des centaines de milliers d'hommes, je suis le seigneur de ta victoire ! »

Ces mots, il les connaissait par cœur. Combien de fois ne les avait-il pas lus et relus alors qu'il n'était qu'un élève. Il y voyait la preuve de l'essence divine de son ancêtre. Amon avait répondu à l'appel de Ramsès. Alors, répondrait-il à celui que Mosé lui adressait cette nuit, afin qu'il lui accordât la victoire ?

21

Le lendemain, peu avant l'aube, Mosé et ses compagnons regagnèrent le champ de bataille. Durant la nuit, les deux armées avaient campé sur leurs positions. L'obscurité provoquée par la nouvelle lune, autant que l'épuisement des guerriers, avaient rendu impossible toute poursuite des combats pendant la nuit. Dès que les premiers rayons de Râ commencèrent d'illuminer la vallée, les belligérants se relevèrent après un repos trop court. Le soleil levant dévoila le spectacle désolant des corps enchevêtrés, couverts de sang noir séché, unis dans la terrible fraternité de la mort. De nombreux blessés avaient succombé pendant la nuit, au cœur des ténèbres, après de longues heures de souffrance. Dans les deux camps, leurs cris avaient hanté les rêves cauchemardesques des soldats. Quelques hyènes affamées erraient parmi les cadavres, qu'elles déchiquetaient à coups de crocs précis et rageurs.

Les combats reprirent. Malheureusement, sous la pression du nombre, l'armée de Mosé perdit pied, malgré les prouesses des archers qui harcelaient les lignes ennemies. Le jeune prince ne savait plus que faire. Il avait espéré que le dieu Amon l'aiderait à retourner la situation. Mais peu à peu, il voyait ses défenses réduites une à une. Ses hommes reculaient, parfois rompaient les combats pour s'enfuir devant la férocité des guerriers de Séthi, qui n'accordaient aucune pitié à quiconque tombait sous leurs coups.

Au bord du désespoir, Mosé lança un appel vibrant vers le ciel, à l'adresse d'Amon.

– Écoute-moi, ô toi, Amon l'Invisible, Maître de toutes choses, apporte-moi ton soutien et accorde-moi de vaincre mes ennemis ! Je t'en conjure !

Mais ses appels demeurèrent sans écho. Pire encore, à deux reprises, Mosé faillit être encerclé. Il dut son salut au courage de Meri-Atoum qui sut rassembler les derniers chars et les lança contre l'ennemi. Mosé, monté sur son véhicule, parvint à se dégager, mais Menkherê, armé d'une hache immense, surgit près de Meri-Atoum et le frappa au défaut du cou. Comme dans un cauchemar, Mosé vit la tête de son compagnon sauter en l'air. Il aurait voulu réagir, le venger, mais déjà le cercle ennemi se reformait. Partagé entre la colère, la haine et la tristesse, il se dégagea, suivi par quelques-uns de ses guerriers couverts de sang.

Mosé comprit que ses troupes ne pourraient contenir très longtemps les assauts répétés des Hordes de Menkherê. Il se préparait à vendre chèrement sa vie lorsqu'un étrange allié lui prêta main-forte. Vers le milieu de la matinée, alors que tout semblait perdu, un vent d'une violence exceptionnelle se leva, qui bouscula indifféremment les guerriers de l'un ou l'autre camp. Une falaise de sable surgit des profondeurs du désert et envahit la vallée en quelques instants. Le champ de bataille disparut, laissant les combattants désemparés, le souffle court. On n'y voyait plus à quelques pas. Les cris des hommes s'étouffèrent devant les rugissements de l'ouragan. L'air avait pris une teinte rousse. Très vite, chacun se retira sur ses positions. Il était impossible de poursuivre l'affrontement dans ces conditions. Mourhat et Aaron vinrent trouver Mosé. Mourhat fut obligé de hurler pour se faire entendre.

– Seigneur, Nahou vient d'être tué à son tour.

– Je pense qu'il serait plus prudent de profiter de cette tempête pour nous replier, ajouta Aaron. Nous avons perdu trop des nôtres.

Mosé acquiesça. Cette bataille avait été une folie. Il ordonna la retraite. Peu à peu, ses guerriers abandonnèrent le champ de bataille. Quelques soldats du Nord poussèrent des cris de victoire. Mais ceux-ci manquaient d'enthousiasme. Les combats avaient été rudes et meurtriers, aussi les vainqueurs accueillirent-ils ce retrait avec soulagement. Malgré leur supériorité numérique, les Hordes de Seth avaient subi de lourdes pertes. Menkherê aurait aimé se lancer immédiatement à la poursuite de l'adversaire, mais, en raison de la tempête, l'expédition était plus que hasardeuse. Il valait mieux attendre sur place la fin des vents de sable.

Pour les guerriers de Mosé commença alors une longue marche en direction de Ouaset, distante de plus de cent miles [1]. L'ouragan soufflait toujours et l'on devait suivre les rives du Nil afin de ne pas s'égarer. Les hommes encore valides portaient leurs camarades blessés sur des litières. On avait abandonné les morts sur place. Les crocodiles et les charognards se chargeraient de faire disparaître les cadavres. C'était la dure loi de la guerre. Seuls les vainqueurs avaient parfois droit à quelques égards. De temps à autre, un blessé succombait. On l'abandonnait alors en chemin. L'ennemi n'allait pas tarder à reprendre des forces et à se lancer à la poursuite des fuyards. Il était essentiel d'atteindre Ouaset au plus vite. Là, peut-être pourrait-on organiser rapidement la défense de la ville.

Mais Mosé n'y croyait pas. Mosé n'y croyait plus. Tandis qu'il marchait aux côtés de Mourhat et d'Aaron, les seuls survivants de ses plus fidèles compagnons, harassés de fatigue, une idée angoissante taraudait son esprit : Amon l'avait abandonné, Amon n'avait pas répondu à son appel, comme il l'avait fait jadis pour son grand-père, le grand Ramsès. Cela ne pouvait avoir qu'une signification : il n'était pas destiné à devenir pharaon ! Contrairement à ce qu'il avait toujours cru, la prophétie de Baal-Patjar était fausse, et, à cause d'elle, il avait usurpé un titre auquel il n'avait aucun droit. Il avait agi poussé par un orgueil stupide, et cet orgueil avait causé la mort de milliers d'hommes. Son peuple... n'était pas le sien. Il n'avait aucun droit à se proclamer pharaon. Un désespoir sans nom l'envahit, provoqué par une idée encore plus épouvantable : si Amon n'avait pas répondu à ses appels, c'était peut-être parce qu'il... n'existait pas. Un grand froid le pénétra à l'évocation de cette possibilité. Se pouvait-il que tout ce à quoi il avait cru jusqu'à aujourd'hui ne fût qu'illusion ?

Une terrifiante sensation de vacuité s'insinua en lui, détruisant une à une toutes les certitudes sur lesquelles il avait fondé sa vision du monde. Les temples n'étaient que des amas de pierre, les statues des écorces vides, dont seules les affirmations des prêtres faisaient croire qu'elles étaient vivantes. La réalité était bien diffé-

1. Environ 250 km. Voir en annexe les unités de mesure égyptiennes.

rente, et combien plus angoissante : l'homme était seul, désespérément, face à un monde impitoyable, incompréhensible et mystérieux, derrière lequel n'existait aucune présence divine rassurante et bienfaisante. Mosé n'avait plus qu'une idée : retrouver les bras de Tiyi, se noyer dans sa douceur, enfouir son visage contre sa poitrine tiède.

Malgré leur épuisement, les soldats marchèrent jusqu'à la limite de leurs forces. Enfin, Mosé ordonna d'établir le bivouac pour la nuit. Le lendemain, on leva le camp avant l'aube. Il ne fallait pas permettre aux troupes de Menkherê de les prendre par surprise.

Le retour vers Ouaset dura quatre jours, au cours desquels on prit à peine le temps de se ravitailler dans les cités rencontrées : Thinis, Abydos, Hou, Dendérah et Gebtou. En apprenant la nouvelle de la défaite, les habitants effarés se joignaient à la multitude afin de gagner Ouaset au plus vite. L'incrédulité dominait. On avait vu passer, quelques jours plus tôt, une armée glorieuse et puissamment armée. Celle-ci ne pouvait avoir été vaincue que si un dieu lui-même dirigeait les troupes ennemies. La terreur s'installa et des rumeurs épouvantables se répandirent à la vitesse du vent. Le dieu Seth avait triomphé ; il allait répandre la mort et la désolation dans la Vallée sacrée.

À Ouaset, l'accueil fut rien moins que chaleureux. La population, qui n'avait pas connu de bataille depuis des décennies, reçut fort mal la nouvelle de la défaite. On avait travaillé depuis deux ans pour constituer une armée puissante et elle revenait vaincue. Le responsable ne pouvait en être que le roi. Masesaya apprit ainsi que les foules sont versatiles. Celle-là même qui l'acclamait quelques jours plus tôt le huait à présent. Il s'y mêlait également des relents de peur et de désarroi, car des éclaireurs affirmaient que les Hordes de Seth approchaient. Chacun colportait le récit des atrocités commises sur les populations situées en aval. Déjà, certains habitants rassemblaient quelques maigres biens pour s'enfuir en direction du sud.

Découragé, Mosé regagna le palais. Il s'isola dans la petite salle où il se réunissait autrefois avec ses amis. Il se laissa pesamment tomber dans son fauteuil d'ébène incrusté de nacre et ferma les yeux. Épuisé par la longue marche qu'il avait fourni depuis plusieurs jours, il sombra quelques instants plus tard dans un sommeil agité.

Soudain, il lui sembla s'éveiller d'un cauchemar. Il se redressa, un peu chancelant. Autour de lui, les sièges de ses compagnons n'étaient plus vides. Les jumeaux Hékha et Nahou étaient là, bien vivants, devant lui, tout comme Pan-Nefer et Meri-Atoum. Tous lui souriaient. Il reconnut aussi d'autres soldats, quelques-uns de ses archers. Il les avait pourtant vu tomber, quelques jours plus tôt, sur le champ de bataille. Tout cela n'était-il donc qu'un cauchemar ? Les véritables combats restaient encore à livrer. Curieusement, Mourhat et Aaron n'étaient pas présents. Sans doute n'étaient-ils pas encore arrivés. Il fit quelques pas maladroits, titubant. D'où lui venait donc cette fatigue incommensurable qui lui rongeait les membres. Il aurait voulu parler, réconforter ses amis, leur dire combien il croyait à la victoire à venir. Mais les mots refusaient de sortir de ses lèvres. Une terrible sensation d'étouffement le gagnait insidieusement. Il regagna son fauteuil, le cœur battant la chamade, se rassit lourdement.

Lorsqu'il rouvrit les yeux, les sièges autour de la table étaient vides. Il avait rêvé. Ses compagnons avaient péri. Il n'avait vu que leurs fantômes. Mais l'écho de leurs voix résonnait encore à ses oreilles. Il eut envie de pleurer et serra les dents pour contenir ses larmes.

Tiyi entra. Le visage grave de la jeune femme le bouleversa. Elle lui prit les mains avec tendresse et le regarda longuement, hésitant à parler. Enfin, elle se décida :

– Les prêtres d'Amon ne te pardonnent pas d'avoir échoué, dit-elle. Les espions que j'ai placés dans les temples m'ont rapporté la rumeur suivante : avant même ton retour, il était question de te livrer à Séthi afin d'implorer sa clémence.

– Les lâches ! cracha Mosé. Ils m'avaient pourtant assuré de leur soutien inconditionnel.

Il se laissa retomber sur son fauteuil.

– Mais peut-être ont-ils raison, soupira-t-il. Je suis responsable de ce désastre. Jamais je n'aurais dû me porter à la rencontre de Menkherê. À Ouaset, nous étions en position de force.

– Cela n'aurait rien changé, répondit Tiyi. Tu aurais été vaincu ici également parce que telle était la volonté des dieux. La prophétie avait prévu ta défaite.

– Je ne crois plus à cette prophétie. Comment imaginer que je puisse réunir une armée suffisante pour vaincre celle de mon père ? Surtout à présent que je n'ai plus l'appui des prêtres.

– Ils ont peur pour leur vie. Séthi risque de ne pas leur pardonner de t'avoir soutenu.

– Je ne veux pas qu'il y ait de nouveaux massacres. Je suis prêt à me livrer si cela peut sauver mon peuple.

– Je pense que les prêtres vont se charger de le faire sans te demander ton avis. Leurs gardes sont peut-être déjà en route.

– C'est sans doute mieux ainsi. Que puis-je faire, sinon mourir dignement ?

Tiyi se jeta dans ses bras en pleurant.

– Je ne veux pas que tu meures ! Ta défaite était inéluctable, Mosé. Mais la prédiction disait aussi que ton nom serait révéré bien après la disparition de l'Égypte telle que nous la connaissons. N'est-ce pas ainsi que parlait ta mère ?

– C'est vrai !

– Toute sa vie, elle a eu foi en cette prophétie. Celle-ci l'a aidée à vivre et à supporter les coups de ton père. Alors, en souvenir de Takhât, tu dois y croire, toi aussi, et sauver ta vie ! Tu dois fuir !

– Moi, fuir ?

– Séthi rêve de te voir mort, parce qu'il espère ainsi faire mentir les oracles. Tu ne dois attendre aucune pitié de sa part. Tu dois fuir aussi pour une autre raison : tu n'as pas le droit de lui offrir une victoire si facile. Il n'a même pas eu le courage de t'affronter en personne.

Mosé soupira :

– Je ne suis pas digne de monter sur le trône d'Égypte.

– C'est peut-être un autre destin qui t'attend, riposta Tiyi.

Il haussa les épaules.

– Quel destin ? Seuls les rois demeurent dans la mémoire des hommes. Et mon règne aura été bien court.

– La volonté des dieux n'est pas toujours facile à interpréter. Tu ne la connaîtras qu'en restant en vie. C'est pourquoi tu dois partir pendant qu'il en est encore temps.

– Mais avec quelle armée pourrai-je un jour vaincre mon père ? Seuls me soutiennent mes fidèles archers et quelques centaines de fantassins. Les autres désertent, poussés par les prêtres. Il ne me reste qu'un fantôme de royaume.

– C'est vrai, Mosé, dit soudain la voix de Mourhat, qui venait d'entrer en compagnie d'Aaron. Mais tu ne dois pas mourir pour autant. Moi aussi, je crois encore à cette prophétie. Aucun de nous ne l'a entendue. Elle nous a été transmise par la seule bouche de ta mère, notre bien-aimée princesse Takhât. Tous nous l'écoutions lorsqu'elle évoquait sa rencontre avec le vieux seigneur hittite Baal-Patjar. Sa voix vibrait d'une telle sincérité qu'elle semblait être celle de Maât elle-même. Une telle voix ne pouvait mentir, Mosé.

Le roi baissa la tête.

– Je ne suis pas un lâche, Mourhat...

– Il ne s'agit pas de lâcheté, mon bien-aimé frère, rétorqua le jeune homme en le prenant dans ses bras. Tu dois obéir à la volonté des dieux. J'ignore le destin qu'ils te réservent, mais ils ne veulent pas que tu meures ici. Ton véritable combat ne fait que commencer.

– Mais où irai-je ?

– Vers l'orient. Tu vas traverser le désert et gagner la mer Rouge. Lorsqu'il ne te trouvera pas à Ouaset, Menkherê pensera que tu as fui en direction de Koush. Il te fera poursuivre. Et il échouera. Tiyi et ton fils partiront avec toi. Elle emmènera ses gardes du corps et ses servantes. Aaron te suivra également, avec tes soldats les plus fidèles, choisis parmi tes archers. Ils emmèneront aussi leurs femmes et leurs enfants. Vous passerez pour une caravane de marchands fuyant les combats. J'ai déjà tout préparé. Mais il faut faire vite, car les soldats du temple d'Amon ne vont pas tarder.

– Et toi ?

– Je dois rester. Pour tenter de négocier une reddition honorable de notre armée. Nous dirons que tu nous as abandonnés et nous lui confirmerons que tu as fui vers le sud.

– Tout ceci est si peu glorieux.

– Détrompe-toi, Mosé. Peut-être aurais-tu pu vaincre si tu avais attendu les Hordes de Seth ici, à Ouaset. Mais tu as préféré te porter au secours des cités dont Menkherê massacrait les habitants. C'était un acte honorable, inspiré par ton courage. Tu as été vaincu par un ennemi largement supérieur en nombre et rompu depuis des années à la guerre. Tu n'as donc pas à avoir honte. Ici même, nous aurions pu organiser une nouvelle bataille. Mais tu as été trahi par les prêtres d'Amon.

– C'est vrai, souffla Mosé. Cette fois, Amon m'a vraiment abandonné. Il ne m'a pas aidé comme il a secouru le grand Ramsès.

– Amon n'y est pour rien, mon frère. Seuls ses prêtres sont responsables. Jamais ils ne se seraient conduits ainsi du temps de notre vieux maître Bakenkhonsou. À présent, vous allez quitter le palais par le quartier des marchands. Aaron va te guider. Tes guerriers t'attendent dans un campement à l'est de la ville. Vous y passerez la nuit et partirez dès l'aube.

Mourhat reprit Mosé dans ses bras et le serra avec force.

– Je ne sais si je serai encore en vie pour assister à ton triomphe, mon frère, mais je veux que tu saches que je suis fier et heureux de t'avoir servi et d'avoir bénéficié de ton amitié. Quel que soit l'endroit vers lequel les dieux guideront tes pas, mes pensées t'accompagneront.

– Puissent-ils te préserver, mon frère !

22

« Alors Moïse s'enfuit et alla se réfugier dans le pays de Madian. »
EXODE 2-15

À l'est de Ouaset s'étendait le désert d'Arabie. C'était un endroit désolé, une vaste étendue de pierraille balayée par des vents chauds et secs. Depuis le matin, une longue caravane s'étirait en direction de l'orient. On avait très vite franchi la limite de la végétation de la vallée pour plonger au cœur des sables brûlants et des rocailles.

Le stratagème de Mourhat avait fonctionné. Mais il était plus que temps. À peine Mosé, Tiyi et Aaron avaient-ils quitté le palais qu'une escouade de gardes envoyés par le grand prêtre y pénétrait pour arrêter « l'usurpateur ». La jeune reine ne s'était pas trompée : afin de se concilier les bonnes grâces de Menkherê et de Séthi, le plus sûr moyen était de leur livrer le prince Masesaya. Mort ou vif. Mais les soldats ne trouvèrent rien, hormis Mourhat qui les attendait, l'air consterné.

– Le roi s'est enfui ! dit-il. D'après ce qu'il m'a dit, il veut gagner au plus vite la Nubie afin de lever une armée de fidèles. Ici, il n'a plus confiance en personne, pas même en moi.

Les gardes ne cherchèrent pas à comprendre et rapportèrent les paroles de Mourhat au grand prêtre, qui ordonna qu'une escouade militaire partît immédiatement vers la Nubie afin d'arrêter « l'usurpateur ».

Une grande effervescence régnait dans le vaste camp situé à l'est de la cité, qui accueillait les caravanes venues des ports de la mer Rouge. Des rumeurs inquiétantes signalaient des hordes féroces se dirigeant vers Ouaset et les récits les plus terrifiants circulaient sur elles. La nouvelle de la défaite du roi Amon-Masesa était tombée comme la foudre. Aussitôt, une seule idée avait prévalu : il fallait quitter la ville sans délai, avant l'arrivée de l'envahisseur. Dans la confusion, on ne prêta guère attention au groupe de quelques dizaines d'individus qui se mêla aux caravaniers pendant la nuit. Personne ne reconnut, parmi eux, le roi, son épouse et leur fils, habilement grimés en marchands. On avait d'autres préoccupations.

Mourhat avait réagi avec promptitude. Mis au courant des intentions du grand prêtre, il avait acquis un petit troupeau de chèvres, ainsi qu'un chargement de lin censé être livré dans le port de Leukos, situé à environ cent miles. Si tout se passait bien, il faudrait une dizaine de jours pour y parvenir.

Outre Tiyi, leur fils Nebamon Meri-Maât et Aaron, une vingtaine de soldats suivaient Mosé afin de protéger sa fuite. Toujours pour tromper d'éventuels délateurs, Mourhat avait adjoint au groupe une vingtaine de femmes et autant d'enfants, les familles de certains des guerriers. La troupe se complétait des gardes du corps nubiens de la reine et de ses quatre servantes. Peu avant l'aube, la petite troupe quitta la cité, mêlée à une marée humaine pressée d'échapper aux meutes de Menkherê. Avant que celui-ci ne réagisse, elle serait loin. Si les vêtements étaient pauvres et rapiécés, Mosé emportait avec lui une petite fortune en or et pierreries, afin de l'aider à reconstituer une armée nouvelle. Le tout, ainsi que les arcs et les armes, était caché dans des ballots.

La première partie du plan de Mourhat avait parfaitement fonctionné. Mais ils n'étaient pas sauvés pour autant. Ils étaient entourés d'individus qui partageaient leur fuite, et provenaient de tous les horizons du monde. Il était impossible de faire confiance à ces marchands, capables de vendre père et mère. Le capitaine des archers, Hori, avait pris le commandement, afin de ne pas attirer l'attention sur Mosé, dont le visage était dissimulé par un capuchon censé le protéger du soleil.

Mosé redoutait que la ruse fût éventée. Il suffirait alors à Menkherê d'envoyer une troupe de guerriers pour anéantir leur groupe. En estimant que le général ennemi parviendrait à Ouaset le lendemain de leur départ, ils disposaient de deux jours d'avance. C'était peu pour distancer d'éventuels poursuivants. Les femmes et les enfants ralentissaient la progression. Pourtant, contrairement à ce qu'il avait craint, les petits se révélèrent résistants et ne se plaignirent pas. Pas plus que leurs mères, trop heureuses d'échapper aux hordes maudites. Mais un autre problème risquait de survenir : on avait juste eu le temps de prendre des provisions d'eau pour joindre les mines de Hamma, à environ soixante miles. Il était primordial d'y arriver très vite.

Chaque pas était une torture. Mosé admirait Tiyi, qui portait son fils à la manière des femmes de Koush, serré dans une pièce de lin sur son dos. Le jeune roi se devait de ne pas montrer de faiblesse devant les siens. C'était pour lui qu'ils avaient tout quitté, pour lui offrir une chance de réaliser la prophétie. Aussi se forçait-il à marcher d'un pas solide et décidé.

Pourtant, il ne pouvait chasser la fatigue intense qui lui broyait les membres. Au début, il avait cru qu'elle était provoquée par les combats passés et par la marche harassante sur les roches brûlantes du désert. Mais son origine était différente. Plus il avançait vers l'inconnu, plus Mosé se disait que cette fuite était inutile. Parfois, il pensait qu'il aurait dû affronter son destin avec courage et se livrer lui-même à Séthi afin d'épargner le peuple de Haute-Égypte. Déjà, il ne l'appelait plus « son » peuple. Il n'avait aucun droit au titre de roi et se considérait lui-même comme un usurpateur.

Et surtout, sa détresse morale était due à cette étouffante sensation de vide qui l'avait saisi au moment de la défaite. Amon l'avait abandonné. Dans un premier temps, il en avait conclu que le dieu bleu ne l'avait pas soutenu car il estimait que Mosé ne devait pas occuper le trône du Double-Royaume. Mais une autre vérité était apparue, terrifiante, angoissante : Amon n'était qu'un leurre, comme tous les dieux égyptiens. Et tous les autres, sans doute, dans tous les pays du monde connu. Ils avaient été inventés par les hommes pour apporter des réponses à leurs questions sur le monde. Un monde qu'ils ne comprenaient pas et qui les effrayait.

La lumière éblouissante du désert brûlait les yeux du jeune homme. Aussi loin que portait son regard, il ne voyait que la pierre, la rocaille, des hommes titubant de fatigue. Un air brûlant pénétrait ses poumons, desséchait sa gorge. Sa souffrance, comme celle de ses compagnons, n'était que trop réelle. De temps à autre, un animal, serpent, scorpion ou petit rongeur, s'enfuyait à leur approche. Même ici, dans cette fournaise à la limite du supportable, la vie conservait ses droits. Jamais auparavant il n'y avait prêté attention. Curieusement, au fond de lui, une voix chuchotait qu'il devait accorder une plus grande attention à ces animaux, à ces plantes roussies qui survivaient au cœur de l'enfer. Était-ce une manière de s'empêcher de ruminer sa défaite ? Ou bien y avait-il autre chose ?

Tandis qu'il marchait d'un pas lourd et machinal, des pensées hallucinantes bouillonnaient dans sa tête surchauffée. Il ne comprenait plus rien. Si Amon et les autres dieux n'existaient pas, comment expliquer cette immensité grandiose, ce vent impitoyable qui leur tordait la respiration dans la gorge, ces animaux étranges qui se réfugiaient sous le sable à la moindre alerte ? Le monde existait, puisqu'il l'avait sous les yeux, puisqu'il y vivait. Alors, si ce n'étaient les dieux, qui avait créé tout cela ? Et pourquoi ? Une soif de comprendre lui dévorait l'esprit. Ce monde si cruel, si beau, si mystérieux, ne pouvait exister *pour rien*. Il fallait bien qu'il y eût un dieu derrière tout cela. Ou ce que les hommes appelaient un dieu. Mais ce dieu, qu'était-il ? Qui était-il ? Comment se manifestait-il ? Pouvait-on lui parler ou, tout au moins, communiquer avec lui ? Quelles prières lui adresser ?

Mosé avait l'impression que son crâne allait éclater. Il tendait l'oreille, espérant une réponse. Mais rien ne lui répondait sinon les hurlements des tornades résiduelles, nées de la tempête de sable qui avait sévi quelques jours auparavant. Parfois, il avait envie de hurler. Il lui semblait marcher vers nulle part, au cœur d'un monde vide de toute substance, de tout esprit. Un monde brûlant, impitoyable, un univers de roche et de sable stérile. Un monde où la vie elle-même était stérile, puisqu'elle était inutile, irrémédiablement vouée à l'anéantissement. Car s'il n'y avait rien au-delà de la mort, à quoi pouvait servir la vie ? Toutes ces souffrances ne trouvaient-elles donc aucune justification ? Un dieu qui n'existait pas s'enivrait du sang des hommes. Le Néant lui-même…

Parfois, Mosé éprouvait l'envie de s'arrêter, de se coucher sur la rocaille et d'attendre la fin, terrifié par le vide absolu, épouvantable, qu'il sentait croître en lui. Il aurait aimé que son vieux maître, Bakenkhonsou, fût là pour le rassurer, lui expliquer ce qu'il ne comprenait pas. Des bribes de phrases du vieux prêtre hantaient sa mémoire :

« Ouvre ton esprit, laisse parler ton intuition. Elle est le chemin subtil par lequel les dieux s'expriment dans ton cœur. C'est une route délicate à suivre, car nul maître, aussi grand soit-il, ne pourra jamais te guider. Tu devras découvrir seul le chemin que Maât a tracé en toi. »

Mais si Maât, si Amon, si les dieux n'étaient que des illusions, ce chemin existait-il seulement ? Ne marchait-il pas vers le néant ?

« Tu devras te méfier de ta propre ambition, Mosé ! Elle risque de te mener à ta perte. »

Le vieux prêtre ne s'était pas trompé. Mosé n'avait écouté que son ambition et il en payait le prix. Mais la prophétie était-elle vraiment fausse ? Elle annonçait bien qu'il subirait une défaite. Seulement, il n'avait jamais voulu croire à cette défaite. Et puis, comment imaginer qu'elle revêtirait des proportions aussi effrayantes ? Il avait perdu ses amis, l'armée puissante qu'il avait mis plus de deux ans à constituer. Les prêtres l'avaient abandonné et trahi. Alors, comment penser qu'il puisse un jour prochain prendre sa revanche et vaincre les Hordes de Séthi ?

La prédiction affirmait qu'un dieu ferait alliance avec lui. Ce dieu serait-il assez puissant pour lui permettre de triompher ? Et surtout, comment rencontrer ce dieu s'il ne croyait plus en aucun d'eux à présent ?

Le soir, au bivouac, harassé de fatigue, il s'écroulait comme une masse pour un sommeil peuplé de cauchemars. Autour de lui, des corps s'effondraient, couverts de sang. Il reconnaissait les visages de ses compagnons, Pan-Nefer, Meri-Atoum, Hékha, Nahou et tant d'autres. De partout surgissaient des hordes belliqueuses précédées de hyènes géantes qui dévastaient tout sur leur passage. Il aurait voulu se dresser devant elles et les combattre, mais il n'avait même pas la force de soulever son épée. Alors, les guerriers féroces passaient à travers lui et poursuivaient leur œuvre de mort, incendiant les demeures, allumant des bûchers dans lesquels on jetait des femmes et des enfants terrorisés.

Lorsqu'il s'éveillait au matin et reprenait la marche épuisante, les questions revenaient le hanter. Alors, il serrait les dents pour les chasser de son esprit. Pour sauver les siens, il n'avait pas le droit de renoncer, de céder à la mort insidieuse qui rampait vers lui, la plus terrible de toutes, celle de l'âme. Il devait rester prêt à sacrifier sa propre vie pour protéger sa femme, son fils et ceux qui avaient cru en lui. Malgré son désarroi, sa rage de vivre reprenait toujours le dessus. Il n'accepterait pas de mourir. Il devait bien exister quelque part une réponse à ses questions angoissantes.

Peu à peu, alors que la soif commençait à faire sentir ses effets, une idée se fit jour en lui : si cette réponse existait, il devrait la trouver seul, sans aucune aide, sans savoir où il allait, ni ce qu'il cherchait vraiment. Cette réponse restait encore hors de portée de tout ce qu'il pouvait concevoir. Il était donc inutile de tenter de la chercher à travers ce qu'il savait déjà. Il lui fallait porter sur le monde un regard différent...

Au bout du quatrième jour, Mosé se prit à espérer que la ruse de Mourhat avait fonctionné. Personne ne semblait les poursuivre. Forçant l'allure, ils étaient parvenus à distancer les groupes de marchands qui avaient fui Ouaset en même temps qu'eux. Si Menkherê avait lancé des troupes à leur poursuite, elles s'intéresseraient d'abord aux retardataires.

Pourtant, au matin du cinquième jour, après une nuit de sommeil trop courte sous la tente en poils de chèvre, un curieux sentiment l'envahit. Sans savoir pourquoi, il se leva juste avant l'aube, envahi par un mauvais pressentiment. À la hâte, il défit le ballot dans lequel étaient cachées les armes et saisit son épée. Aussitôt éveillée, Tiyi le regarda avec inquiétude.

– Qu'y a-t-il, mon bien-aimé seigneur ?

– Je ne sais pas.

Soudain, un cri de douleur retentit. Mosé bondit hors de la tente et vit la sentinelle s'écrouler, la gorge tranchée par une silhouette sombre.

– Aux armes ! s'écria-t-il.

Le danger avait habitué les hommes à ne dormir que d'un œil. En quelques instants, tout le monde fut debout. Mais un groupe d'hommes avait déjà envahi le campement. Mosé, furieux, se porta vers eux et les affronta. Il avait redouté un moment avoir affaire aux soldats de Menkherê. Mais il s'agissait d'une bande de pillards du désert. Ils avaient compté sur l'effet de surprise pour massacrer les voyageurs et s'emparer de leurs biens.

Dans la lumière violette de l'aube, l'affrontement fut aussi court que meurtrier. L'expérience des compagnons de Mosé leur permit de mettre les assaillants en fuite, abandonnant une dizaine des leurs sur le sable. Mais quatre soldats avaient été tués et deux enfants enlevés. Le jeune prince et un petit groupe tenta de poursuivre les ravisseurs, mais ceux-ci connaissaient bien le désert et eurent tôt fait de les distancer. La mort dans l'âme, Mosé revint au campement.

– Une chance que tu aies entendu quelque chose, lui dit Aaron. Sans cela, nous aurions tous été massacrés.

Mosé se laissa tomber sur le sable, accablé.

– Une chance, peut-être, répondit-il. Mais quatre de nos compagnons ont encore perdu la vie et deux enfants vont devenir esclaves. À cause de moi. À cause de cet orgueil monstrueux qui m'a amené à m'opposer à mon père. Bakenkhonsou m'avait pourtant prévenu.

Aaron le prit par l'épaule.

– Ne sois pas amer, mon frère, dit-il doucement. Ton orgueil monstrueux, comme tu l'appelles, représente pour nous le courage de t'être dressé contre la tyrannie de Séthi. Nous t'avons suivi, parce que nous avons cru en toi. Et nous y croyons encore. Tu nous as donné ta force.

– Ma force… ricana Mosé.

– Oui, ta force ! Tu es le digne fils de ton ancêtre, le grand Ramsès. Si le destin ne t'avait opposé ainsi à Séthi, tu serais devenu un roi puissant et respecté. Les réformes que tu avais entreprises en Haute-Égypte étaient justes. Ton peuple t'aimait.

– Il n'a pas hésité à me trahir.

– Pas le peuple, Moïse, pas le peuple. Ce sont les prêtres d'Amon qui l'ont fait, pour préserver leurs vies. Les habitants de Ouaset se souviendront de toi lorsqu'ils devront subir la dure loi de Séthi ! Ils diront : nous avions un bon souverain !

Mosé ne répondit pas. Aaron ajouta :

– Tu doutes, Moïse. Tu as subi une défaite, mais elle était inéluctable. Alors, il te faut redresser la tête et continuer ta route. Personne ne sait où elle te mènera, mais nous te suivrons. Tu as autour de toi tes plus fidèles compagnons.

– Mourhat me manque.

– Peut-être a-t-il survécu. Mais s'il s'est sacrifié, c'est pour que tu puisses poursuivre ta tâche, Moïse. Par respect pour sa mémoire et celle de nos amis morts au combat, tu ne dois pas faiblir. Nos compagnons comptent sur toi. Il y a des femmes, des enfants. C'est une tribu encore petite, mais elle peut devenir un grand peuple. Ton peuple, Moïse !

Mosé acquiesça.

– Tu as raison. Je ne dois plus m'apitoyer sur mon sort. Je viens déjà de perdre deux enfants et quatre hommes. Je ne veux plus en perdre un seul jusqu'à ce que nous soyons arrivés.

Arrivés ? Mais où ? songea-t-il. Il ignorait où il allait. En vérité, cela avait-il une importance ?

Deux jours plus tard, alors qu'ils avaient presque épuisé leur réserve d'eau, ils arrivèrent en vue des mines de Hamma, où ils purent remplir leurs outres sans difficulté. Personne n'avait encore entendu parler de la bataille. Redoutant l'arrivée des soldats de Menkherê, Mosé et les siens repartirent immédiatement.

Ce fut dans un état d'épuisement presque total qu'ils parvinrent en vue du port de Leukos. L'activité principale de cette petite cité reposait sur le trafic commercial entre l'Égypte et les nations situées de l'autre côté de la mer Rouge. Certaines caravanes préféraient utiliser les navires pour gagner la Mésopotamie par le sud, évitant ainsi les longues pistes où les attaques de pillards se multipliaient, malgré les forteresses construites par Ramsès II.

Moïse loua les services d'un capitaine qui les mena, quelques jours plus tard, au fond du golfe occidental de la mer Rouge. Un plan avait germé dans l'esprit du jeune prince. Il s'en était ouvert à Aaron :

– Je veux retourner à Pi-Ramsès. Ainsi déguisé en bédouin, personne ne me reconnaîtra. Une fois là-bas, je reprendrai contact avec les nobles qui voulaient se rebeller contre mon père. Avec leur aide, je pourrai sans doute parvenir à le vaincre.

Il soupira :

– Enfin… je ne sais pas. Mais je ne peux lui laisser ainsi la victoire. Je dois tenter quelque chose. Et je verrai bien si cette prophétie contenait une part de vérité.

Aaron ne répondit pas immédiatement.

– Nous ferons comme tu le souhaites, Moïse. Mais ne laisse pas la haine aveugler ton cœur. Souviens-toi de ce que disait notre vieux maître : « Sachez écouter les signes envoyés par les dieux ! »

Mosé n'osa répondre qu'il ne croyait plus guère aux dieux.

Depuis les rives de la mer Rouge, une piste menait jusqu'à Pi-Ramsès. Une émotion intense saisit Mosé lorsque, après plusieurs jours de voyage, il pénétra dans la capitale que son grand-père avait fait surgir de terre. Mais l'aspect de la ville avait changé. Les demeures et les rues autrefois si bien entretenues semblaient presque à l'abandon. Les jardins tournaient en friche, les façades des temples se fissuraient. Les palais des nobles ne faisaient pas exception, qui montraient des murs en partie éboulés. Une population lasse et craintive s'affairait derrière les étals, mais il ne régnait plus l'atmosphère joyeuse de l'époque du dieu bon Ramsès. Les visages affichaient des mines tristes et sombres. Les véritables seigneurs de la cité étaient les gardes, qui partout imposaient la terreur.

Tandis que la petite troupe bivouaquait à l'extérieur de la cité, Mosé, en compagnie d'Aaron, s'attarda dans les tavernes, afin d'écouter ce qui se disait. Très vite, il comprit que son plan était voué à l'échec. Pharaon avait fait arrêter et disparaître tous ceux qu'il soupçonnait d'avoir aidé Amon-Masesa. Même les patriarches des plus anciennes familles avaient été éliminés sans aucune pitié. Les biens avaient été redistribués à des jeunes militaires de son entourage. Les temples n'avaient pas été épargnés, qui devaient payer un lourd tribut à l'effort de guerre.

Tout le monde parlait de la grande victoire qui avait été remportée dans le sud sur les troupes de l'usurpateur. Celui-ci avait fui tel un lâche, mais de nombreuses patrouilles s'étaient lancées à sa recherche. Pharaon exigeait qu'on lui apportât sa tête. Malheureusement, jusqu'à présent, nul ne savait ce qu'il était devenu.

– Nous perdons notre temps, finit par dire Mosé. Je ne trouverai ici aucun soutien afin de reprendre la lutte contre mon père. Nous devons quitter l'Égypte et chercher un pays où nous réfugier.

– C'est une sage décision, Moïse, répondit Aaron avec soulagement.

Ils sortirent de la taverne et s'engagèrent dans la ruelle qui longeait les bas quartiers du port. Soudain, dans l'encoignure d'une porte, un mendiant se dressa devant eux.

– La charité, mes bons seigneurs !

Mosé le regarda. C'était un vieillard édenté, qui brandissait devant leur nez une serre avide. Le jeune prince lui donna un deben que l'autre glissa dans sa besace de cuir en une fraction de seconde. L'espace d'un instant, leurs regards se croisèrent. Un étrange malaise saisit Mosé. Il s'était laissé pousser la barbe, afin de ressembler à un bédouin, mais était-ce suffisant pour dissimuler son visage ? Les yeux fuyants de l'homme lui rappelaient quelque chose. Le mendiant marqua un temps d'hésitation, puis se fondit dans le crépuscule. Envahi par un mauvais pressentiment, Mosé reprit sa marche.

– Le regard de cet individu ne m'est pas étranger, murmura-t-il tant pour lui que pour Aaron.

Tout à coup, il blêmit et s'écria.

– Par Horus ! Je sais qui il est : Merihor, l'architecte que j'ai chassé de Ouaset ! Il m'a sans doute reconnu, lui aussi, et il va donner l'alarme.

– Alors, il faut fuir au plus vite ! déclara Aaron.

Ils se mirent à courir en direction du camp de nomades.

Le lendemain, une escouade de soldats se présenta au campement. Ils fouillèrent chaque tente, examinèrent chaque visage. Mais ils durent se rendre à l'évidence, leurs proies s'étaient déjà enfuies. On tenta sans succès de faire parler les caravaniers. Ceux-ci indiquèrent que plusieurs convois avaient quitté la cité depuis la veille, dans différentes directions. Le capitaine décida d'envoyer des patrouilles pour les rattraper.

23

Mosé et ses compagnons avaient trouvé refuge dans les marais qui bordaient le delta à l'est. Là poussaient des roseaux et des papyrus dont certains atteignaient six à huit coudées. C'était un lieu sauvage, hostile à l'homme, royaume des oiseaux de toutes sortes, canards, flamants roses, hérons, martins-pêcheurs, pélicans. On y croisait aussi des animaux dangereux, comme les crocodiles, les varans, ou encore les hippopotames et les serpents. Des nuées de moustiques harcelaient les fuyards. Les femmes et les enfants s'étaient emmitouflés, malgré la chaleur, dans des vêtements épais, le visage protégé par des voiles. Le deuxième jour, un homme mourut de la morsure d'une vipère d'eau. Mais les marais présentaient l'avantage de faire disparaître toute trace de passage. Dans cet univers liquide, il était difficile pour les chiens et les hyènes de chasse des gardes royaux de suivre une piste.

Bientôt, la petite troupe atteignit la ville de Per-Amon[1], la « *demeure d'Amon* ». Une certaine effervescence régnait dans le port. Tout comme à Pi-Ramsès, de nombreux soldats circulaient dans les rues. Mais, apparemment, ils n'avaient pas encore été prévenus de la présence de Mosé dans les parages.

On prit à peine le temps de prendre des provisions et de l'eau douce, puis on se remit en route. Le jeune prince avait décidé de suivre la côte en direction de la Palestine. C'était la seule manière de quitter au plus vite les pays soumis à l'Égypte. On croisa encore deux ou trois petits villages de pêcheurs, accrochés à la côte interminable

1. Péluse, aujourd'hui Tell el Farame. C'est dans cette cité que serait arrivée la Sainte Famille fuyant la Palestine.

comme de fragiles îlots de civilisation perdus à la lisière de l'eau et de la terre grise et plate. Les habitants les regardaient passer craintivement, certains s'enfuyaient vers les dunes balayées par les vents marins. Mosé décida de louer les services d'un guide dans le dernier hameau. Celui-ci accepta devant la récompense confortable que lui proposa le jeune prince. L'homme, qui s'appelait Dereb, les mena jusqu'à un endroit singulier. De la côte partait une bande littorale, large d'à peine soixante coudées, qui fuyait à perte de vue jusqu'à l'horizon oriental, entre la Grande Verte au nord, et une vaste étendue d'eau salée, bordée de hautes plantes aquatiques, au sud.

– Ceci est la mer des Roseaux, Seigneur ! expliqua Dereb.

– Où mène cette bande de terre ? demanda Mosé.

– On dit qu'elle rejoint la côte, très loin vers l'est, à plusieurs jours de marche. Mais ce chemin est très dangereux, à cause des sables mouvants.

– Personne ne doit oser s'aventurer par là ! avança Aaron, méfiant.

– Oh si, Seigneur ! À un jour de marche, il y a un petit village de pêcheurs.

Effectivement, ils remarquèrent, contre toute attente, qu'une sorte de piste suivait la mystérieuse langue de terre. Mosé hésita. La route suivie par les caravanes longeait la rive sud de la mer des Roseaux.

– Si nous suivons la piste principale, dit-il à Aaron, les soldats auront tôt fait de nous rattraper. En revanche, ils n'imagineront pas que nous avons emprunté ce chemin étrange. Quelque chose me dit que nous serons plus en sécurité par là.

Aaron acquiesça. On s'engagea donc sur la bande littorale qui dominait la mer d'à peine quelques coudées. Les flots incessants venaient battre sur une grève morne où s'abattaient des essaims d'oiseaux migrateurs parfois si importants qu'ils obscurcissaient le ciel comme des voiles noirs, lourds de menaces. Du côté de la mer intérieure, la terre se transformait en marécage et en sables mouvants. À perte de vue, ce n'était qu'un champ de plantes maritimes, qui abritaient pélicans et aigles pomarins. On croisait aussi des colonies de flamants que l'arrivée des hommes faisait fuir dans un envol bruyant et majestueux.

Vaillamment, les enfants suivaient les adultes, accrochés à leurs mères. S'il fallait économiser l'eau douce, les chasseurs n'avaient aucune difficulté à fournir le groupe en chair fraîche. Les oiseaux étaient nombreux et si peu habitués à la présence humaine qu'ils ne se méfiaient pas.

À la fin de la première journée, ils parvinrent en vue de Gerrah, la petite bourgade annoncée par Dereb. La centaine d'habitants les regarda arriver avec étonnement et méfiance. Ils acceptèrent néanmoins de les approvisionner en eau, moyennant quelques pièces de tissu. Le petit port servait d'abri à plusieurs barques de pêcheurs et pouvait recevoir des navires marchands de plus grande taille. Mais aucun n'était présent. Visiblement, les autochtones n'avaient pas entendu parler de la fuite d'un grand prince d'Égypte déguisé en bédouin. Les premières craintes passées, ils réservèrent un bon accueil à Mosé et à ses compagnons. Le maire du village leur confirma que la bande littorale se poursuivait ainsi pendant plusieurs jours de marche jusqu'à rejoindre l'autre extrémité de la mer des Roseaux.

Plus loin se dressait une forteresse nommée Tcharu. Elle avait été rebâtie sur ordre du roi Séthi Ier afin de prévenir les attaques des peuples de la Mer. Cependant, sa situation insolite l'avait tenue à l'écart des grandes batailles récentes et seule une poignée de soldats y attendaient nonchalamment une hypothétique relève. Ils ne s'intéressèrent au groupe de Mosé qu'en raison du troc.

La petite troupe poursuivit sa progression le long de la bande de terre. Parfois, celle-ci se rapprochait du niveau de l'eau et l'on pouvait penser qu'elle allait s'enfoncer sous la mer. On pataugeait alors dans l'élément liquide, redoutant de voir surgir du fouillis végétal quelque redoutable fils de Sobek. Mais ceux-ci détestaient l'eau salée et ils n'en rencontrèrent aucun.

Le troisième jour, la bande de terre s'élargit et s'éleva en une haute dune qui devait servir de point de repère aux marins. Malgré la violence des vents venus de la mer, les fuyards furent satisfaits de pouvoir s'y reposer quelque temps loin des eaux. Une végétation de buissons arbustifs y survivait. Aussi loin que la vue pouvait porter, on ne découvrait, à l'est comme à l'ouest, que cet étroit ruban de terre. Il paraissait relier les deux horizons du soleil, du levant au couchant.

Loin vers le sud, on devinait le reflet de l'autre rive de la mer des Roseaux, déformée par les vapeurs montant de la lagune. Mais, quand Mosé se rendit à l'extrémité orientale de la dune, il découvrit que cette rive méridionale s'éloignait encore plus loin vers le sud, jusqu'à disparaître complètement. Et, droit vers l'est, la bande de terre semblait se perdre entre deux étendues d'eau infinies.

– Es-tu sûr de ce que nous faisons, mon doux Seigneur ? s'inquiéta Tiyi. Ce chemin ne va-t-il pas s'enfoncer sous les eaux ?

– Ton épouse parle avec sagesse, renchérit Aaron. Cette route me fait peur.

– Les habitants de Gerrah et les soldats du fort ont bien confirmé qu'elle rejoignait la côte. Et je les crois. Regardez la couleur des eaux. Celles de la Grande Verte sont beaucoup plus foncées. Celles de la mer des Roseaux restent claires. Cela veut dire qu'elles ne sont pas très profondes.

– Jusqu'au moment où elles le deviendront, objecta l'Apirou.

– Eh bien, il sera toujours temps de rebrousser chemin. Mais nous n'aurons pas à le faire.

Un curieux sentiment animait Mosé. Il éprouvait l'impression étrange qu'il n'était pas passé là par hasard. Quelque chose l'avait poussé à emprunter cette voie singulière. Bien sûr, elle offrait sans doute le moyen d'échapper plus facilement à leurs poursuivants. Mais il pressentait derrière cette décision une autre raison, inexplicable, comme si un esprit invisible l'avait inspiré. Malgré les conditions difficiles de leur progression, malgré les moustiques, les serpents, la chaleur parfois insoutenable du soleil, il se sentait en sécurité. Particulièrement sur cette colline perdue au milieu de la mer, comme un étrange navire immobile.

Aaron soupira, mais donna l'ordre aux autres de se remettre en marche. Bientôt, la haute dune ne fut plus qu'un souvenir et l'on retrouva la longue bande de sable marécageuse, toujours balayée par les vents. On avançait péniblement, fouetté par les embruns, la peau brûlée par le sel, desséchée par l'ardeur du soleil. Si les adultes connaissaient parfois des moments de découragement et d'angoisse, les enfants en revanche faisaient preuve d'une vaillance exemplaire. Au cours des longues journées de marche, les plus grands prenaient les plus jeunes en charge, les portant sur leurs épaules, les distrayant lorsqu'ils étaient effrayés. Le soir au bivouac, ils aidaient à monter les tentes en poils de chèvre, dérisoire rempart contre les vents frais et humides venus de la mer. Mosé les admirait et engageait les adultes à prendre exemple sur leur bravoure.

La nuit, il n'était guère facile de dormir, en raison du fracas incessant des vagues sur la grève. Aussi, on se serrait frileusement les uns contre les autres, tandis que les sentinelles veillaient.

Après plusieurs jours enfin, la rive méridionale de la mer des Roseaux se dessina de nouveau, et la vaste étendue se réduisit progressivement à une longue bande liquide qui se perdit dans des marécages infranchissables. Enfin, la petite troupe retrouva la terre ferme et la piste des caravanes. Une sourde inquiétude s'empara bientôt de Mosé. Durant la traversée de la bande littorale, il s'était senti en paix. Là, il risquait de rencontrer une escouade envoyée à leur recherche par Pharaon.

Le paysage était morne et désolé. Vers le sud, ce n'était qu'une étendue de dunes basses, tachetées d'ocre et de gris, griffées d'une végétation brune, desséchée par le soleil de plomb. Parfois, on apercevait des hardes de dromadaires sauvages, qui s'enfuyaient à l'approche des hommes.

Peu à peu cependant, la végétation se transforma et le littoral se couvrit de bouquets de palmiers. Plus loin, ils découvrirent une oasis où s'était déjà installée une petite caravane de marchands en provenance du Levant. Ceux-ci leur proposèrent de partager leur repas.

– Plus à l'est se trouve la cité de Rhinocorura, expliqua leur chef. Nous y avons croisé beaucoup de soldats. On dit qu'ils sont à la recherche d'un usurpateur qui s'est dressé contre Pharaon il y a quelque temps.

– Nous en avons rencontrés à Per-Amon et à Pi-Ramsès, répondit Mosé avec aplomb. Ils nous ont arrêtés pour fouiller nos ballots. Certains disent que cet usurpateur voyagerait déguisé en bédouin. C'est difficile à croire.

– Et où allez-vous ?

– Jusqu'à Tyr et Byblos, pour acheter de la pourpre.

Le lendemain, le jeune prince fit traîner les préparatifs de départ afin de laisser le temps aux autres caravaniers de partir les premiers.

Lorsqu'ils furent assez loin, Mosé, toujours méfiant, donna le change en suivant la direction de Rhinocorura. Mais, dès que les autres furent hors de vue, il ordonna de quitter la piste et de s'enfoncer dans le désert en direction du sud.

– Séthi sait désormais que nous avons fui vers la Palestine, expliqua-t-il à Aaron. Il a dû y envoyer des troupes à ma recherche. Si nous poursuivons notre route dans cette direction, nous n'avons aucune chance de leur échapper.

– Alors, où comptes-tu aller ?

– Très loin vers le sud-est s'étend le pays de Madian. C'est un désert peuplé de bergers nomades et indépendants. Nous allons leur demander asile.

La petite caravane eut tôt fait de parvenir dans le lit desséché d'un oued menant en direction de Madian. La marche se révéla encore plus difficile que dans le désert situé à l'est de Ouaset. Le sol n'était pas couvert de sable, mais de rocaille et de pierres coupantes. Par chance, la rivière irrégulière avait donné naissance à plusieurs points d'eau, où ils purent se ravitailler. Contrairement à ce que l'on aurait pu penser, ce lieu sauvage et impitoyable abritait toutes sortes d'animaux : onagres et hémiones, autruches, renards roux et fennecs, quelques petits troupeaux de gazelles, ainsi que des ours et des léopards, qui venaient rôder près du bivouac, la nuit venue, attirés par les chèvres et les moutons. Les sentinelles étaient obligées de redoubler de vigilance.

Le fait que ce désert inhospitalier fût capable d'accueillir la vie intriguait beaucoup Mosé. À plusieurs reprises, il s'attarda pour observer les animaux, gerboises et damans, serpents et lézards, insectes et scorpions, tous parfaitement adaptés à la survie. La végétation peu fournie se composait de plantes étranges, aux feuilles résistantes et épaisses qui retenaient une eau rare. Au creux des formations rocheuses, on rencontrait aussi des arbres, comme les acacias aux épines acérées, solidement ancrés dans le sol au milieu d'une étendue apparemment sans vie. Les paroles de Bakenkhonsou lui revenaient :

« Si tu veux comprendre les dieux, observe la nature… »

Il restait de longues heures, le soir, au bivouac, à étudier cette nature si surprenante. Parfois, des émotions inexplicables l'envahissaient. Malgré sa peau desséchée, brûlée par le soleil, malgré la soif qui le torturait, malgré ses pieds écorchés par les pierres dures, Mosé se surprenait à aimer ce désert cruel et impitoyable. Parfois, il lui semblait que des idées nouvelles cherchaient à s'exprimer en lui, des images difficiles à saisir, qui apparaissaient, fugaces, puis disparaissaient l'instant d'après. Comme si quelqu'un lui parlait, au plus profond de lui-même, sans que jamais un mot ne fût prononcé.

– Que dois-je comprendre ? murmurait Mosé, tous les sens aux aguets. Que veux-tu me dire ?

Il ne savait même pas à qui il s'adressait.

Peu à peu, le relief s'éleva et il devint de plus en plus difficile de suivre le lit de l'oued qui se perdait au creux de ravines ne menant nulle part. Il fallait parfois franchir de véritables éboulis rocheux. La vie se raréfiait, mais s'agrippait encore à la moindre aspérité de rocher : mousses, lichens, arbustes chétifs. Mosé tentait, à l'aide du soleil, de conserver la direction du sud-est. À cause de la rocaille, ils ne pouvaient parcourir plus de cinq à six milles par jour.

À l'aube du sixième jour, une petite bourgade inattendue se dressa devant eux, construite au cœur d'une oasis fertile. Ses habitants leur offrirent l'hospitalité. Le chef, un vieil homme au sourire édenté, leur apprit que le lieu s'appelait Qadesh Barnea et accueillait les nomades voyageant en direction du pays de Madian.

Après avoir fait de nouvelles provisions d'eau, Mosé donna l'ordre du départ. Le relief continua à s'élever. Une chaleur infernale régnait sur le désert transformé en fournaise. Animaux et végétation se raréfièrent, à tel point que l'on pouvait croire que la vie avait complètement disparu. Pourtant, çà et là subsistait des plantes de petites tailles, des lichens desséchés, où vivait une foule d'insectes, scorpions et reptiles minuscules.

Un jour, une barrière montagneuse se dressa devant la petite troupe, posée sur l'horizon, illuminée d'or et de sang par le soleil déclinant. Sa masse allongée alternait les zones d'ombre mauves, violettes ou noires et les flancs ocre et roux. Un ciel d'un bleu profond la surplombait. Cependant, poussées par les vents du nord, des cohortes de nuages inquiétants progressaient. Une odeur de pluie à venir se mêlait aux senteurs de la roche et du sable. Les voyageurs, les pieds usés par les aspérités des cailloux, se dirigèrent péniblement vers la montagne.

– Regarde ! s'écria soudain Aaron.

Il désignait, sur l'étendue de rocaille rousse, des pierres singulières couvertes d'inscriptions. Elles représentaient, symbolisés, des bouquetins, des scorpions, des hommes en train de chasser. L'une d'elles racontait même un accouchement.

– Ce sont des dessins des temps anciens, remarqua Mosé.

Il observa longuement l'environnement sauvage et désolé.

– C'est incroyable, dit-il. Des hommes ont vécu ici, au cœur de ce désert.

– Ils vivent peut-être encore sur cette montagne, avança Tiyi en confiant son fils à une servante.

– Je ne crois pas, répondit Mosé. Je ne vois aucune piste.

Il observa longuement la montagne allongée, qui devait culminer à plus de deux mille coudées.

– Cette montagne est un lieu sacré, déclara-t-il. Ces pierres sont des stèles destinées à rendre hommage aux dieux qui y vivent.

Cependant, comme il prononçait ces mots, une impression désagréable le pénétra. Il avait perdu toute foi dans les divinités auxquelles il avait cru depuis son enfance. Le nom d'Amon ne représentait plus rien pour lui désormais. Son nom s'était perdu dans les sables et les cailloux du désert, laissant derrière lui comme une douleur impalpable, diffuse, une morsure angoissante qui lui dévorait l'âme inexorablement. Il évitait de trop réfléchir à tout cela, car il avait alors l'impression de marcher au bord d'un abîme insondable, dont même la mort ne pourrait le délivrer.

Et pourtant…

Pourtant, paradoxalement, une sensation bizarre l'imprégnait, presque aussi douloureuse, mais chargée d'espoir. Quelque chose lui soufflait que la réponse à toutes ses questions se trouvait là, sous ses yeux, et qu'il était trop aveugle pour la voir.

Il secoua la tête et donna l'ordre de se remettre en route. Une tempête menaçait et il serait préférable de trouver un abri à proximité de la montagne.

Le front nuageux progressait vite. Ils eurent à peine le temps d'atteindre les contreforts avant qu'il ne recouvrît le ciel. Une luminosité étrange baignait le désert. On monta les tentes à la hâte. En quelques instants, la nuit envahit le méplat cerné d'éboulis où ils s'étaient installés. Les hurlements du vent s'amplifièrent soudain, comme si un monstre colossal s'était tapi au cœur de la montagne qui les surplombait de sa masse sombre et impressionnante. Les voyageurs se serrèrent les uns contre les autres. Tiyi, son fils de quelques mois endormi contre son sein, se blottit contre Mosé. Le jeune prince ressentait l'inquiétude de son épouse. Il aurait voulu la rassurer, mais lui-même ne pouvait se défaire d'une crainte étrange et inexplicable. Il avait l'impression qu'il avait provoqué la colère d'un dieu ignoré. Ce n'était pourtant pas le premier ouragan qu'il rencontrait.

Et il ne croyait plus aux dieux…

D'un moment à l'autre, on s'attendait à un déluge. Mais celui-ci ne venait pas. Les ténèbres s'étaient abattues sur le monde. À cause des bourrasques, il était hors de question de tenter d'allumer des feux. C'était à peine si Mosé distinguait le visage de Tiyi. Les enfants avaient dépassé la peur et ne laissaient échapper aucun gémissement, de crainte d'attirer l'attention de la Créature épouvantable qui devait ramper dans les parages. À tâtons, les femmes distribuèrent quelques galettes de blé et des fruits troqués aux habitants de Qadesh Barnea.

Mosé éprouvait une sensation bizarre. Il ne cessait de regarder en direction du sommet, dont il devinait l'énorme échine noire, se détachant loin au-dessus contre les ténèbres du ciel. Soudain, l'orage éclata, illuminant les cimes d'une myriade d'éclairs. Curieusement, hormis quelques gouttes fines et tièdes, il ne plut presque pas. Mosé se redressa et contempla la montagne. Des lueurs d'un bleu intense inondaient sa crête par instants, auxquels répondaient de formidables roulements de tonnerre. Les visages des siens lui apparaissaient furtivement, inquiets ou apeurés.

– Nous avons provoqué la colère d'un dieu, chuchota un guerrier d'une voix tremblante.

La main d'Aaron se posa sur le bras de Mosé.

– Lorsque les anciens parlent de notre dieu, ils évoquent l'orage, dit-il. Nous sommes dans la région d'où sont venus nos plus lointains ancêtres. Peut-être vit-il ici, sur cette montagne.

– Il s'agit seulement d'un orage très puissant, voulut le rassurer Mosé.

L'instant d'après, une lueur rouge et mouvante inonda le sommet.

– C'est lui ! souffla Aaron, impressionné. Hori a raison : nous avons déchaîné sa colère.

– Non, affirma Mosé. Ne vois-tu pas qu'un éclair a embrasé la végétation ?

Mais, au fond de lui, il n'était plus sûr de rien. L'impression étrange qu'il avait ressentie dès qu'il avait découvert la montagne s'était encore accentuée. Certains termes de la prophétie lui revinrent, qui affirmaient qu'un dieu ferait alliance avec lui. Depuis son départ de Ouaset, il n'avait plus voulu penser aux dieux égyptiens. Amon l'avait trahi. Du moins l'avait-il cru au début. Mais à présent, il estimait qu'Amon n'existait pas. Ni Amon, ni les autres. Les dieux n'étaient que des leurres que les hommes s'inventaient pour expliquer ce qu'ils ne comprenaient pas et se rassurer face à l'inéluctabilité de la mort.

Il respira profondément. Ce n'était donc pas un dieu qui se manifestait au sommet de cette montagne. Pas un dieu au sens où l'entendaient ordinairement les hommes. C'était autre chose. Peut-être simplement un orage d'une exceptionnelle puissance.

Mosé aurait voulu s'en persuader. Mais il ne parvenait pas à chasser le sentiment singulier qui ne le quittait plus depuis quelques heures. Une force inconnue l'attirait irrésistiblement vers le sommet de cette montagne. Malgré le vacarme épouvantable de l'orage sec, il n'éprouvait aucune crainte, aucune angoisse.

Tout à coup, il dit à Tiyi :

– Demain, dès que cet orage sera apaisé, je me rendrai sur la montagne.

24

« Dieu déclara à Moïse : Je suis qui je suis »
EXODE 3-14

Ils ne dormirent guère cette nuit-là. Après quelques heures de fureur sèche, la pluie se décida enfin à tomber, drue et serrée, froide, presque glaciale. Ils se réfugièrent alors sous les tentes de poils de chèvre. De véritables torrents ruisselaient autour d'eux, invisibles et bruyants, charriant boue et rocaille, emplissant l'air nocturne d'une odeur de terre mouillée et de plantes arrachées. Chèvres, moutons et ânes, s'agitaient, faisant entendre des bêlements et des braiments inquiets.

Enfin, le matin se leva, et un soleil triomphal pointa à l'orient, de l'autre côté de la montagne, dardant ses rayons rouges sur la terre couleur de sang séché. Vers le sud ne subsistaient que de longues traînées nuageuses effilochées par les vents du désert. Mosé contempla le sommet, illuminé par l'aurore. Les pluies de la nuit avaient éteint les incendies.

– Vous allez m'attendre ici, dit-il. Je dois gravir cette montagne.

Aaron hésita. Il aurait volontiers proposé à son ami de l'accompagner, mais son intuition lui soufflait que Mosé devait accomplir seul cette ascension. La prophétie de Baal-Patjar lui revenait à l'esprit. Il n'en souffla mot à Mosé, mais une idée ne le quittait pas : se pouvait-il que le dieu qui devait faire alliance avec Moïse fût celui, un peu oublié, de ses ancêtres ? Ce dieu, que les anciens nommaient Jaho, ou Jahu, existait-il vraiment ? La foi d'Aaron, comme celle de beaucoup d'Apirous, était devenue bien tiède.

Nombre d'entre eux révéraient maintenant les divinités de Kemit et avaient abandonné les croyances ancestrales. Mais s'il vivait bien là, à la cime de cette montagne étrange, peut-être s'était-il manifesté la nuit passée afin d'attirer Moïse vers lui. Perplexe, Aaron regarda la silhouette décidée de son ami se diriger vers le flanc de la montagne.

Il fallut plusieurs heures au jeune prince pour atteindre le sommet. Ce mont, dont il ignorait le nom, dressait devant lui de hautes falaises sang et ocre, griffées de larges entailles provoquées par les éboulements. Parfois, Mosé avait l'impression qu'elles s'effondraient sur elles-mêmes. S'aidant du solide bâton dont il s'était muni depuis son départ de Ouaset, il parvint à franchir ces éboulis. Une fraîcheur nouvelle emplissait l'air, pénétrait ses poumons. Une symphonie d'odeurs subtiles sollicitait ses narines, fragrances de fleurs, relents de terre et de sable, exhalaisons de végétaux mouillés. Un vent vif et léger lui fouettait la peau. Il ne sentait pas la fatigue qui lui broyait les membres, ni la morsure des pierres sous ses sandales usées. Rarement il avait éprouvé une telle plénitude. Il avait la sensation que rien de néfaste ne pourrait lui arriver sur cette montagne.

À certains endroits inattendus, la vie explosait en bouquets de plantes rases, qui avaient profité de la pluie nocturne pour se gorger d'eau et exploser en fleurs magnifiques. Celles-ci ne résisteraient pas longtemps aux ardeurs du soleil, mais elles auraient le temps de transmettre la vie. Par endroits, les eaux avaient sculpté la roche tendre et creusé des niches où se réfugiaient rongeurs, reptiles et insectes. La montagne vibrait d'une vie intense qui avait accueilli l'orage de la nuit comme une véritable bénédiction.

Vers le milieu de la matinée, Mosé atteignit enfin un large plateau rocailleux dominant le désert. Il découvrit très vite les arbustes touchés par la foudre, en grande partie anéantis par les flammes. Il n'en subsistait que des souches noircies. Intrigué, il s'approcha. Était-ce pour ces buissons carbonisés qu'il avait gravi ce mont mystérieux ? Il les examina attentivement, puis soupira. Tout cela n'avait aucun sens. Un doute insidieux le pénétra de nouveau.

Il fit quelques pas lents, au hasard, un début de désespoir dans l'âme. Parce qu'il avait perdu toute foi en Amon et dans les autres dieux égyptiens, il espérait trouver une réponse au sommet de cette montagne mystérieuse. La prophétie avait prédit qu'il rencontrerait un dieu et que ce dieu inconnu ferait alliance avec lui. Cette montagne l'avait attiré de manière inexplicable et il avait cru que cette divinité mystérieuse se manifesterait à lui. Alors, qu'attendait-il ? Un être supérieur allait-il lui apparaître et lui parler ? Il regarda longuement autour de lui, scruta les cieux, l'horizon lointain. Mais il ne se passait rien. Rien, sinon cette vie luxuriante et soudaine, née de l'orage nocturne. Rien, sinon ce vent tiède et chargé de parfums. Rien sinon le spectacle grandiose du désert inondé de soleil.

L'esprit en déroute, Mosé s'accroupit et resta un long moment prostré. Le vide qu'il rencontrait était à la mesure de son désespoir. Un vide... à la dimension du monde qui l'entourait, un monde vaste et incompréhensible, regorgeant de mystères inaccessibles.

Une angoisse incoercible l'imprégna peu à peu. Et si les prêtres d'Amon avaient raison, si ce monde n'était qu'une sphère immense perdue au milieu du ciel ? Le ciel n'avait-il donc aucune fin ? À quelle distance se trouvaient le soleil, la lune ou les étoiles ? Ne pouvait-on les atteindre autrement qu'après la mort, comme le prétendaient les prêtres ? Et qu'était donc la mort ? Si les dieux n'existaient pas, que devenait-on après ? Sombrait-on pour toujours dans le néant ?

Mosé se mit à trembler. Il lui semblait à présent que son esprit se détachait de son corps. Avec une lucidité insoutenable, il se représentait clairement ce monde sphérique sur lequel il vivait, un monde immense, dont il ne connaîtrait jamais les limites, mais qui n'était pourtant qu'un grain de poussière au milieu du ciel. Son angoisse s'accrut. Il aurait voulu cesser de penser à tout cela, retrouver les siens, rire avec eux, partager un repas, bavarder avec son épouse, jouer avec son fils... Mais une force supérieure l'en empêchait. Tout son être se concentrait sur une notion nouvelle et effrayante : l'infini. Petit à petit, il prit conscience d'une réalité hallucinante : l'univers ne commençait et ne s'arrêtait nulle part. Il n'avait aucune limite. Si Mosé avait eu la possibilité de s'envoler dans une direction, de la suivre pendant des siècles, des millions d'années, il ne rencontrerait aucune barrière, aucune frontière infranchissable. Jamais.

Un vertige incommensurable s'empara de lui, et une nausée lui tordit l'estomac. Cette notion inouïe heurtait son esprit. Ce n'était pas possible… Et pourtant, son intuition lui confirmait que c'était la réalité. Une réalité inimaginable, insensée. Maîtrisant son angoisse par un effort de volonté, il posa une autre question : l'univers avait-il connu un début ? S'achèverait-il un jour ? La réponse lui parvint aussitôt, limpide, évidente : tout comme il n'avait aucune limite, il n'avait jamais commencé et ne connaîtrait pas de fin. Jamais. Il était… éternel.

L'infini, l'éternité… Lui-même, Mosé, n'était rien en regard de cela. Et les dieux qu'il avait vénérés lui semblaient, eux aussi, inconsistants.

Mais alors, comment tout ceci pouvait-il exister ? Qui avait créé ce monde sans limite ? Un dieu ? Autre chose ? Peut-être l'esprit humain n'était-il pas capable de comprendre cette immensité. Il pouvait seulement avoir conscience de son existence.

Un dieu ferait alliance avec lui… Un petit rire le secoua. Combien avait-il été orgueilleux de croire à une telle fable. Qui était-il pour qu'un être aussi prodigieux s'intéressât à lui ?

Personne ne lui apparaîtrait, personne ne lui parlerait, ni dieu, ni homme…

Pourtant, ce monde existait, il s'étalait là, sous ses yeux. Il sentait l'air lui pénétrer les poumons, le vent caresser sa peau, il respirait l'odeur de la terre encore humide de l'orage nocturne, les relents âcres des feux de broussailles…

Il se releva nerveusement et se remit à marcher. Soudain, son attention fut attirée par un buisson détruit. Il n'aurait su dire pourquoi il s'en approcha. Il n'offrait aucun intérêt particulier. Il avait sans doute brûlé plusieurs mois auparavant, car les incendies de la nuit ne l'avaient pas touché. Mosé s'accroupit, intrigué. Les branches restaient noires, cassantes. Cependant, à la base, il remarqua de petites pousses vertes. Contre toute attente, cet arbuste étrange refusait de mourir, la vie s'accrochait à lui de toutes ses forces, avec une étonnante opiniâtreté. Il avait profité de la pluie récente pour reprendre force et vigueur. Avec un peu de chance, il redeviendrait d'ici quelque temps un magnifique buisson.

Mosé se redressa, déconcerté. Et soudain, une formidable bouffée de bonheur l'imprégna. Avait-il été aveugle et stupide... La réponse était là, devant ses yeux ! Elle avait toujours été là, évidente, et il n'avait pas su la voir. Il éclata d'un rire sonore dans le matin tiède. Un dieu avait bien fait alliance avec lui, un dieu qui avait toujours été à ses côtés, mais dont il n'avait jamais perçu la présence.

Lentement, les yeux brouillés de larmes de joie, il murmura :

– Je suis la Vie. Je suis tout ce qui est vivant.

Cette phrase avait surgi en lui spontanément. Respirant profondément, il laissa ses larmes couler. Tant de choses lui apparaissaient clairement, à présent. Tout se mettait en place, très vite, comme s'il avait déchiré un voile lui masquant la lumière. Ce que les hommes appelaient Dieu, c'était la Vie, et tout ce qui existait. Dieu était la plante, l'animal, la roche, le monde sur lequel Mosé vivait, l'air qu'il respirait. Il s'était toujours imaginé les dieux comme des personnages, certes extraordinairement puissants, mais semblables à l'homme. La vérité était différente. Dieu était tout. Mosé avait cru être isolé, enfermé en lui-même. C'était faux : la poussière dont il était composé, l'âme qui l'animait, tout cela participait de ce dieu éternel et omniprésent, il était une infime parcelle de l'Infini, une étincelle vivante à travers laquelle Dieu s'exprimait, comme il s'exprimait à travers chaque être vivant, à travers l'eau, la roche et les cieux sans limite.

Mosé se remit à rire et esquissa un pas de danse, tournant sur lui-même en écartant les bras. Il ressentait à présent profondément cette puissance prodigieuse émanant de la montagne et du monde qui l'entourait. Un esprit l'avait guidé jusqu'ici dans le but de lui faire comprendre le miracle de la vie. Ce dieu n'avait pas de nom, ou bien il en avait mille. Il était partout, dans l'arbre et dans l'animal, dans la roche et au fond des eaux. Il était aussi dans le cœur de chaque homme. Il ne s'exprimait pas par des mots que les oreilles pouvaient entendre, il faisait apparaître les vérités au plus profond de soi, parce qu'il avait donné à l'homme la faculté de comprendre. Il fallait seulement accepter d'ouvrir tout grand son cœur et son âme.

Le jeune prince reprit sa marche, l'esprit en ébullition. Il avait l'impression d'être intimement mêlé à la montagne, et au-delà, au désert, à l'Égypte, aux autres nations. Dieu *était* tout cela, et chaque être humain, chaque animal, chaque plante, chaque pierre, chaque montagne, chaque cours d'eau s'intégrait et s'harmonisait en lui. Dieu n'était pas une entité supérieure, telle que le concevaient les religions. Dieu était un tout unique, multiple, infini, éternel... dont l'homme faisait partie. Cet univers magnifique vibrait d'une vie intense, qui prenait racine dans les endroits les plus hostiles.

Mosé pouvait lui parler, à voix haute ou dans son cœur, il savait qu'il serait entendu, que les réponses apparaîtraient en lui. Il ne se sentait pas dominé, écrasé par une volonté supérieure et incompréhensible. Il éprouvait seulement une plénitude totale, une paix extraordinaire, parce qu'il avait pris conscience d'une présence fabuleuse autour et à l'intérieur de lui. En proie à une vive émotion, Mosé s'agenouilla, écarta les bras et murmura :

– Merci...

Lorsqu'il descendit de la montagne, le doute l'avait fui définitivement, et il éprouvait une profonde sérénité. Son esprit s'était ouvert totalement et ne se refermerait plus jamais. Un lien prodigieux s'était établi, qui lui permettait de ressentir le monde vibrer autour de lui. En se concentrant, il pouvait percevoir tout ce qui l'entourait, les milliers de vies palpitant dans les creux abrités, les eaux invisibles qui creusaient inéluctablement la montagne sacrée, le battement des ailes des oiseaux migrateurs, le souffle du vent dans les branches des arbustes. Il faisait pleinement partie de ce monde. Et, à travers lui, de l'Esprit infini qui l'avait créé.

Cependant, il savait qu'il ne pourrait partager cette expérience extraordinaire avec les siens. Son vieux maître Bakenkhonsou l'avait averti : *« Nul maître, aussi grand soit-il, ne pourra jamais te guider. Tu devras découvrir seul le chemin que Maât a tracé en toi. »* Chacun devait faire sa propre expérience, et prendre conscience, au plus profond de soi, de cette réalité prodigieuse. Et ses compagnons, accrochés aux croyances qu'on leur avait inculquées depuis l'enfance, n'étaient pas encore prêts à les remettre en cause.

Ils attendaient son retour avec anxiété. Chacun brûlait d'en savoir plus, mais on n'osait lui poser des questions. Son visage avait subi une métamorphose. Les rides soucieuses qui creusaient ses traits malgré son jeune âge avaient disparu. Il émanait de lui une puissance et un calme qui les déconcertèrent. Cependant, Mosé ne révéla rien de ce qu'il avait ressenti. Sauf à Tiyi. Le soir, alors qu'ils effectuaient quelques pas ensemble, elle se blottit contre lui et déclara :

– Je sens une force nouvelle en toi, mon beau seigneur.

– C'est vrai. La prophétie ne mentait pas. Un dieu a bien fait alliance avec moi. Mais ce n'est pas une véritable alliance. J'ai découvert ce que les religions appellent Dieu. Et je sais à présent qu'aucun autre dieu n'existe. Il est tout.

Tiyi resta un long moment silencieuse, méditant les paroles de son mari. Puis elle demanda :

– À présent, désires-tu toujours conquérir le trône de Pharaon ?

Mosé la regarda, interloqué. Puis son visage s'éclaira d'un large sourire. Sans s'en rendre compte, il avait oublié toute ambition. Il s'étonnait même à présent d'avoir tellement désiré coiffer la double couronne. Tout cela lui semblait vain. Sa vie avait pris un sens tellement différent…

Il porta les mains de Tiyi à ses lèvres et y déposa un baiser infiniment doux.

– Que ma tendre sœur se rassure. Je n'ai plus envie de régner.

– Le dieu que tu as rencontré t'en a dissuadé…

– Il m'a montré que le pouvoir n'est qu'une illusion, un leurre destiné aux hommes dévorés par l'ambition et l'orgueil. Comme je le fus moi-même. Ainsi étais-je aveugle à la beauté du monde. Le dieu que j'ai rencontré m'a fait comprendre que la seule manière de lui rendre hommage était… d'aimer la vie. Tout simplement. Aussi, une seule chose m'importe à présent : vivre.

Il la prit dans ses bras et la fit tourner.

– Vivre ! répéta-t-il en riant. Et aimer !

– Tu es fou ! dit-elle en se débattant.

Mais elle riait elle aussi.

La colonne se remit en route vers le sud-est, en direction du pays de Madian. La sérénité de Mosé rejaillit très vite sur ses compagnons. Personne ne savait ce qui s'était passé au sommet de la montagne, mais nul doute qu'il s'agissait de quelque chose d'extraordinaire, car jamais encore on n'avait vu le jeune prince aussi sûr de lui, et aussi calme. Toute tristesse, toute rancune l'avaient déserté. Même la haine qu'il vouait auparavant à son père avait disparu.

Intrigué, Aaron voulut en savoir plus. Il tenta adroitement d'interroger son ami. Il voulait vérifier si cette divinité inconnue était bien le dieu de ses ancêtres, Jaho.

– Dis-moi, Moïse, quel est le nom de ce dieu ?

– Il n'a pas de nom, mon frère. Il est simplement le Créateur, l'Esprit infini qui a créé ce monde et la Vie qui l'anime.

– Et tu lui as parlé ?

– Il a fait naître les réponses en moi.

– Mais… comment t'est-il apparu ? Sous quelle forme ?

Mosé hésita. Aaron serait-il capable de comprendre, sans avoir vécu une telle expérience ? Il décida de lui dire la vérité.

– Sous la forme d'un buisson dévoré par le feu, mais qui vivait pourtant.

Aaron regarda Mosé, stupéfait.

– Alors, c'était bien un dieu.

– Le Dieu de toutes choses en ce monde. Il est en toi également, mon frère bien-aimé.

Mosé se dirigeait vers Madian parce qu'il pensait que les siens seraient en sécurité là-bas. Mais il se sentait chez lui dans ce désert de rocaille, tout comme il se serait senti chez lui n'importe où dans le monde. Car Dieu y serait aussi, à ses côtés. La Vie était partout.

Quelques jours plus tard, Mosé et ses compagnons arrivèrent en lisière du désert. Là s'étendait une vallée agréable où poussait une végétation clairsemée, mais arrosée par une succession de points d'eau provenant d'une rivière irrégulière. Au loin, ils aperçurent quelques troupeaux de chèvres et de moutons, paissant à l'ombre de palmiers, d'acacias, de sycomores et de figuiers.

– Si les habitants de ce pays nous acceptent, nous allons nous y installer, déclara Mosé.

Ils se dirigèrent vers un étang, généreusement alimenté par les pluies récentes. Un groupe d'une demi-douzaine de jeunes filles menait leurs bêtes vers le point d'eau. Soudain, elles se mirent à crier. L'instant d'après, Mosé vit un groupe de pillards se ruer vers elles.

– Elles sont attaquées. Vite, portons-nous à leur secours !

25

« Moïse accepta de s'installer chez cet homme.
Jethro lui donna pour épouse sa fille Séphora. »
EXODE 2-21

Sans doute les pillards avaient-ils escompté s'offrir du bon temps avec les jeunes filles. Mais ils ne s'attendaient pas à voir surgir du cœur du désert une troupe armée et hurlante, fondant sur eux l'arme haute. Ils ne tentèrent même pas de se défendre et détalèrent vers l'est sans demander leur reste. En voyant Mosé et ses compagnons courir vers elles, les filles crurent un instant être tombées dans un péril encore plus grand. Courageusement, l'une d'elles fit face, faisant aux autres un rempart de son corps. Elle n'avait pas plus de dix-sept ans, et des yeux aussi sombres que déterminés. Mosé s'inclina devant elle pour la rassurer.

– Ne crains rien, dit-il. Nous voulions seulement chasser tes ennemis.

Mais elle fit reculer les autres jeunes filles atterrées, écartant les bras de manière dérisoire pour les protéger. Mosé comprit qu'elle ne parlait pas l'égyptien. Il désigna le troupeau.

– Tu voulais faire boire tes chèvres, dit-il.

Il s'avança et, à l'aide de son bâton, poussa les bêtes vers le point d'eau. Elles se mirent à boire. Puis il emplit une outre et la tendit à la jeune fille. Farouche, elle s'en empara. Mosé recula en lui adressant un sourire.

– Je ne te veux pas de mal, répéta-t-il.

La jeune fille prononça quelques mots. Surpris, Aaron s'avança.

– Je crois qu'elle demande qui tu es, Moïse, dit-il. Cette fille parle un langage qui ressemble beaucoup à celui de nos ancêtres.

– Alors, confirme-lui que nous n'avons aucune mauvaise intention.

Aaron répéta mot pour mot ce que Mosé lui avait dit. Les filles hésitèrent, puis s'écartèrent. Lentement au début, puis, voyant qu'on ne les poursuivait pas, elles se mirent à courir.

– Leur aurais-tu fait peur ? demanda Mosé.

– Peut-être. Mais je crois plutôt qu'elles sont allées chercher du renfort. Mosé, nous ne savons rien des gens de ce pays. Et s'il nous traitaient en ennemis ?

– Nous verrons bien.

Mais les craintes d'Aaron étaient vaines. À peine Mosé et les siens avaient-ils eu le temps de faire boire leur propre troupeau que les filles revenaient, accompagnées d'une foule curieuse. Un homme au visage mangé par une barbe noire et fournie s'approcha de Mosé. Il s'inclina devant lui et déclara dans un égyptien approximatif :

– Mon nom est Jethro. Je suis le chef de cette tribu. Mes filles m'ont rapporté que tu avais pris leur défense contre des pillards.

– C'est la vérité.

– Alors, béni soit le jour de notre rencontre, mon ami. Ces chiens ne cessent de harceler nos terres. Nous les avons chassés il y a quelque temps, mais cette attaque prouve qu'ils sont revenus. Sans toi, ils auraient enlevé mes filles, qui sont mes biens les plus précieux. Grâces te soient rendues. Quel est ton nom ?

– Mosé. Je suis égyptien. Et voici mon épouse, Tiyi, mon fils, Nebamon Meri-Maât, et mes compagnons. Nous avons fui l'Égypte où sévit un roi cruel. Nous cherchons un pays où nous installer.

– Alors, ne cherche plus, mon ami. Tu es ici chez toi.

Un peu plus tard, Jethro recevait Mosé sous sa tente. Il avait ordonné que l'on organisât une fête de bienvenue destinée à ses hôtes.

– Une alliance avec un homme tel que toi est une bénédiction, mon ami. Ici, les bergers manient le bâton et la hache, mais ils ignorent l'art du combat. La dernière fois que nous avons été contraints d'affronter ces bandits, plusieurs hommes ont péri.

– Qui sont-ils ?

– On les appelle les Amalécites. Ils vivent dans le désert. Ils rançonnent les caravanes, pillent les oasis. Ils envient nos terres, mais ils sont trop fainéants pour travailler et élever des bêtes. Parfois, ils lancent des attaques contre nous, pour enlever nos femmes. La dernière fois, nous leur avons résisté. C'était il y a deux ou trois ans. Nous pensions qu'ils avaient émigré vers le nord. C'est pourquoi mes filles s'étaient rendues au puits sans escorte.

Il affichait une mine soucieuse.

– Je crains que ces chiens n'aient pas apprécié leur défaite d'aujourd'hui. Ils risquent de revenir en nombre.

– Alors, nous serons à vos côtés pour les accueillir, répondit Mosé.

Jethro ne s'était pas trompé. Deux jours plus tard, les sentinelles signalèrent l'approche d'une troupe importante en provenance de l'est.

– Ils sont près de deux cents ! déclara Hori.

– Oh, Seigneur, gémit Jethro. Nous ne sommes pas assez nombreux. Ils vont nous massacrer. Que Yahveh nous protège.

– Nous ne sommes pas encore morts, répondit Mosé avec calme.

Il se tourna vers Hori.

– Quand seront-ils là ?

– D'ici deux heures.

– Cela nous laisse juste le temps d'organiser la défense.

La tribu de Jethro pratiquait le nomadisme. Elle vivait sous des tentes en poils de chèvre qu'elle déplaçait au gré des points d'eau et des pâturages. Il n'existait aucune construction solide derrière laquelle s'abriter. Mais Mosé eut tôt fait de repérer une légère surélévation qui pouvait leur procurer un avantage. Jethro, qui ne connaissait rien en stratégie, fut heureux de voir l'Égyptien prendre la direction des opérations. La tribu ne comportait pas plus d'une soixantaine d'hommes en âge de se battre. Mais les femmes, peu désireuses d'être enlevées, s'emparèrent de bâtons avec la ferme détermination de s'en servir. On mit les enfants et les troupeaux à l'abri, puis on attendit l'arrivée de l'ennemi. Jethro vit alors avec stupéfaction les Égyptiens sortir de leurs couvertures des épées et des arcs puissants équipés de flèches à pointe de bronze. Il reprit espoir.

Galvanisés par l'assurance du jeune prince, les nomades se postèrent aux positions qu'il leur indiqua. Puis il plaça ses archers aux points stratégiques, de manière à prendre l'ennemi sous des tirs croisés. Le piège fonctionna pleinement. Dès que les pillards apparurent, ils se précipitèrent en direction des tentes, escomptant semer la terreur. Mal leur en prit. Des volées de flèches précises et meurtrières les cueillirent en pleine course. Les compagnons de Mosé figuraient parmi les plus adroits de ses archers. Chaque trait faisait mouche, transperçant les bras, les poitrines, les jambes. En quelques instants, plusieurs dizaines d'agresseurs furent mis hors de combat. Lorsque Mosé jugea que la panique commençait à s'installer dans les rangs adverses, il se dressa et poussa un cri terrible. Les nomades lui répondirent d'une seule voix, puis se ruèrent en direction des pillards désorganisés.

Au soir de la bataille, les nomades ne comptaient que quelques blessés. En revanche, les pillards avaient abandonné plusieurs morts sur le champ de bataille. Les autres, blessés et meurtris, s'étaient enfuis sans demander leur reste. Jethro, dont l'accent ressemblait beaucoup à celui d'Aaron, exultait :

– Mille fois béni soit le jour de notre rencontre, Moïse. Avec un allié tel que toi, nous n'aurons plus rien à craindre de ces chiens. Cette terre est la tienne, et je veux te considérer comme mon fils. Pour sceller notre alliance, je souhaiterais que tu acceptes l'une de mes filles comme épouse. Séphora, approche.

La jeune fille qui avait pris la défense de ses jeunes sœurs s'avança, le regard baissé.

– N'est-elle pas magnifique, mon ami ?

– En vérité, elle est très belle. J'accepte ce gage de notre alliance et de notre amitié. À condition que Séphora soit elle-même d'accord.

– Mais pourquoi refuserait-elle ? Une fille doit obéir à son père !

Mosé sourit.

– Sans doute, mon ami. Mais l'expérience m'a appris que l'on ne pouvait contraindre un être humain, et surtout pas une femme. De plus, j'ai déjà une épouse.

Cependant, lorsque Jethro eut traduit les mots de Mosé, Séphora vint s'agenouiller devant Mosé et déclara :

– Tu as pris ma défense, Moïse, et je serais très heureuse de devenir ta seconde femme. Ta première épouse sera comme une sœur et une amie pour moi.

Ainsi Mosé épousa-t-il Séphora.

Pendant quatre années, le jeune prince partagea la vie des nomades madianites. C'était une existence calme, rythmée par les lents déplacements des troupeaux le long des points d'eau de la vallée. Parfois, on rencontrait d'autres tribus avec lesquelles on pratiquait le troc. C'était alors l'occasion de festivités, de danses, de solides repas et l'opportunité de nouer des alliances par des mariages. Ainsi Aaron épousa-t-il une jolie fille du nom d'Elicheba, qui ne tarda pas à lui donner des enfants.

Mosé apprit que l'ancêtre des Nomades portait le nom de Madian. Il était le fils d'un homme nommé Abraham, dont étaient issues nombre de tribus du Levant. Tout comme les ancêtres des Apirous, les Madianites adoraient le dieu Jaho, qu'ils appelaient Yahveh, et auquel ils sacrifiaient régulièrement un agneau ou un chevreau.

Tiyi avait facilement accepté la présence de Séphora aux côtés de Mosé. Un prince égyptien se devait d'avoir plusieurs épouses. Déjà par le passé, elle lui avait conseillé, pour consolider les alliances avec les nomarques qui l'avaient reconnu pour roi, de prendre leurs filles pour épouse. Mais Mosé n'y avait pas souscrit.

– Je ne suis pas sûr que cette coutume soit une bonne chose, avait-il répondu. Il naît autant de petits garçons que de petites filles, et en bonne logique, chaque homme ne devrait avoir qu'une seule épouse. Lorsqu'il en a plusieurs, c'est au détriment des autres.

– Beaucoup de guerriers meurent au cours des combats, rétorqua Tiyi. Si chaque homme n'avait qu'une seule épouse, nombre de femmes resteraient seules. Et combien d'enfants ne naîtraient pas !

Mosé hocha la tête. L'argument était juste. Mais il répondit :

– Ce que tu dis est vrai. Mais il faudra qu'un jour s'arrêtent ces guerres stupides qui détruisent la vie des hommes. Elles sont une insulte à la face de Dieu.

Habituée aux traditions égyptiennes et à la menace permanente d'un conflit, Tiyi avait un peu de peine à comprendre ce raisonnement. Mosé était différent depuis qu'il avait gravi cette montagne mystérieuse. Elle ne s'en plaignait pas, au contraire. Même s'il ne parlait jamais de sa rencontre avec le dieu inconnu, Mosé était beaucoup plus gai, plus enjoué. Il prenait plaisir à chacun des gestes simples de leur vie. Il passait du temps à jouer avec leur fils, lui apprenait à marcher. Il s'occupait aussi du garçon que la petite Séphora lui avait très vite donné, Guerchom, un nom madianite signifiant « le réfugié », et symbolisant l'accueil que Mosé et les siens avaient trouvé au pays de Jethro.

Mosé aimait profondément ses deux compagnes. Jamais Tiyi ne s'était plainte de l'existence difficile qu'elle avait dû mener à ses côtés. Elle qui avait connu les palais et l'admiration d'un peuple s'acquittait avec une humeur égale des tâches dévolues aux femmes de la tribu, qui la laissaient le soir éreintée et les mains abîmées. Ses quatre servantes, qui l'avaient suivi dans son exil, auraient souhaité la décharger des corvées, mais elle refusait leur aide. Mosé admirait Tiyi. Cette sagesse et cette plénitude qu'il avait atteintes à présent, elle paraissait les posséder de manière innée, acceptant ce que la vie lui réservait avec une humeur égale. Son seul souci était de protéger leur fils Nebamon, qui ne semblait pas avoir souffert de leur difficile traversée du désert. Il grandissait sans histoire, mêlé aux gamins des Madianites.

Les relations de Mosé avec Séphora étaient différentes. Il avait accepté de l'épouser pour sceller une alliance dont il avait grand besoin pour mettre son peuple à l'abri. Mais, avec le temps, il comprit les qualités de sa seconde épouse. D'une rare intelligence, elle n'avait pas été longue à apprendre l'égyptien. Tiyi et lui passaient de nombreuses heures à lui enseigner les subtilités de la langue de Râ, et Mosé lui avait même fait découvrir quelques *medou-neters*, qu'il inscrivait sur des pierres plates à l'aide de morceaux de calcaire. Séphora s'émerveillait de la connaissance que possédait son époux et s'enthousiasmait pour tout ce qu'il lui faisait découvrir.

Mosé regrettait de ne pouvoir écrire plus régulièrement. Il avait tellement de choses à l'esprit. Parfois lui venaient à l'idée des poèmes à la gloire de Dieu et de la vie, des réflexions sur l'existence des hommes, sur les merveilles dont regorgeait la nature. Par l'intermédiaire des caravanes, il tentait d'obtenir des rouleaux de papyrus. Mais ceux-ci ne présentaient aucune valeur aux yeux des marchands, et ils ne s'en encombraient que très rarement. Souvent, Mosé devait se contenter des pierres plates et rousses du désert.

Mais cette vie calme ne devait pas durer. Trois années après leur arrivée, Aaron vint le trouver. Il semblait mal à l'aise.

– Moïse, j'aimerais te parler.

– Je t'écoute, mon frère.

– Cela fait bien longtemps que je n'ai pas revu mes parents et ma sœur Myriam. J'aimerais que tu m'autorises à suivre la prochaine caravane qui part en direction de l'Égypte. Les trois compagnons apirous qui t'ont suivi ici aimeraient partager ce voyage. Tous ont laissé de la famille là-bas.

– Chaque homme est libre de ses décisions et de ses actes. Tu peux donc partir quand tu le souhaiteras. Comptes-tu revenir ?

– Oui, mon frère. Ma vie est à tes côtés. Et puis, je suis heureux ici. J'y ai trouvé une épouse, qui porte déjà notre second fils. Il sera probablement né quand je reviendrai.

– C'est un voyage dangereux. Que la protection de Dieu soit sur toi.

Mosé pensa un moment accompagner Aaron. Depuis plus de trois ans, il n'avait plus guère de nouvelles de ce qui se passait là-bas. Il supposait que son père régnait encore. Parfois, les caravaniers évoquaient des batailles livrées contre des tribus de pillards venus de l'autre côté du Nil. Mais cela ne concernait pas la route du Levant, encore à peu près sûre. Les forteresses construites par le grand Ramsès jouaient leur rôle et suffisaient à décourager les bandits.

Il renonça. Il n'avait, quant à lui, aucune raison de retourner en Égypte. Il n'éprouvait plus de haine envers Séthi. La paix s'était faite en lui depuis son ascension du mont sacré, à laquelle les Madianites donnaient le nom d'Horeb, ce qui signifiait : « la montagne qui croule sur elle-même ». C'était, à leurs yeux, un lieu où Yahveh se manifestait aux hommes depuis fort longtemps, car on trouvait sur place quantité de dessins gravés dans la pierre. Mosé se souvenait des gravures inscrites dans la roche.

Aaron quitta Madian le surlendemain, avec ses trois compagnons. Son absence pesa à Mosé. Depuis son plus jeune âge, son ami apirou ne l'avait jamais quitté. Mais il eut bientôt d'autres sujets de préoccupation. Tiyi et Séphora accouchèrent presque simultanément, la première d'une petite fille que l'on baptisa Isisnefert, et la seconde d'un petit garçon qui fut appelé Benjamin.

Aaron demeura absent pendant plus de quatre mois. Lorsqu'il revint, Mosé lui ouvrit les bras.

– Mon frère ! Les jours m'ont semblé bien longs sans toi. Mais parle ! As-tu obtenu des nouvelles de Mourhat ?

– Aucune. Certains disent qu'il a réussi à s'enfuir vers le pays de Koush avant l'arrivée de Menkherê.

– Ton visage me paraît bien triste. Le voyage t'a-t-il fatigué à ce point ?

– J'apporte de bien mauvaises nouvelles, Moïse. Là-bas, la situation a empiré. Pharaon a vidé les caisses royales dans des campagnes successives contre les Tjemehous et les peuples de la Mer. Cela ne l'empêche pas de poursuivre les travaux de Pi-Ramsès. Mais il ne paye plus les ouvriers. Nombre d'entre eux se sont révoltés, les Égyptiens comme les Apirous. Séthi a envoyé ses gardes contre eux. Il y a eu beaucoup de morts. Depuis, le sort de mon peuple n'est guère plus enviable que celui des esclaves de guerre. La plupart désirent quitter l'Égypte, mais Pharaon refuse. Moi-même et mes compagnons avons eu les plus grandes difficultés à nous enfuir de la capitale. Les soldats sont partout. Eux seuls reçoivent régulièrement leur salaire.

– Évidemment.

– Ce n'est pas tout. Depuis deux ans, les récoltes sont catastrophiques. Le peuple meurt de faim. Pharaon refuse pourtant de distribuer les grains engrangés les années précédentes. Les travaux ont cessé parce que les ouvriers refusent de travailler, malgré les menaces des soldats. Il y a eu des pluies importantes, comme on n'en avait jamais vues, et plusieurs temples et palais ont été endommagés. Certains affirment que les dieux se vengent de la méchanceté de Séthi. Mais c'est le peuple qui souffre. Les anciens de ma tribu parlent de retourner dans le pays de nos ancêtres, Canaan.

Aaron se mit soudain à genoux devant Mosé.

– Je t'en supplie, mon frère. Je veux sauver les miens de la folie de Pharaon. Ma mère et ma sœur sont en danger. Je voudrais retourner là-bas et les ramener avec moi. Il faut décider Pharaon à autoriser les Apirous à quitter l'Égypte. Malheureusement, j'ignore comment faire.

– Je voudrais t'aider, Aaron. Mais je ne dispose que d'une poignée d'archers. Une expédition serait un suicide.

– Notre dieu a fait alliance avec toi, Moïse. Je suis sûr qu'Il t'apportera son soutien.

Un peu plus tard, Mosé fit quelques pas à la lisière du désert, seul. C'était une habitude qu'il avait prise depuis son arrivée. Ses pensées devenaient plus claires. Parfois, il parlait à voix haute, s'adressant au dieu sans nom qui s'était révélé à lui sur le mont Horeb. Il fermait les yeux, ouvrait son cœur et son esprit. Alors, les réponses surgissaient en lui, limpides.

Les révélations d'Aaron l'avait bouleversé. La folie de son père semblait avoir empiré. Il était à craindre qu'il ne s'en prît aux Apirous, à seule fin de calmer sa colère. Mosé ne savait plus que penser. Une souffrance nouvelle le rongeait. La douleur d'Aaron était la sienne. Il n'oubliait pas Jokébed, qui l'avait nourri de son sein. Elle avait été pour lui une seconde mère. Et Myriam était la sœur que Takhât ne lui avait jamais donnée. Il ne pouvait accepter de les savoir en danger.

Ce soir-là, il resta longtemps dans le désert, bien après que la nuit fut tombée. Lorsque Aaron, inquiet, voulut le rejoindre, Tiyi lui posa la main sur le bras.

– Laisse-le. Il parle avec le dieu de la montagne. Il faut qu'il soit seul pour entendre sa voix.

Aaron n'insista pas. Le peuple apirou vénérait Jaho. Il ne pouvait se montrer insensible à sa détresse. Il parlerait à Moïse.

Mosé avait fait le vide en lui. Du plus profond de son cœur et de son âme, il répétait inlassablement les mêmes questions : « Que dois-je faire, Seigneur ? Je ne peux laisser ainsi ce peuple entre les griffes de Séthi. Mais comment faire pour l'amener hors d'Égypte ? Je suis seul. Je n'ai pas d'armée, hormis une poignée de compagnons fidèles. »

Lentement, il laissa le désert l'imprégner de sa présence. Il écouta la vie qui vibrait autour de lui, le souffle du vent, les appels des animaux. Peu à peu, il eut l'impression de se dédoubler. Son corps sembla se prolonger, comme si les pierres avaient fait partie de lui. Irrésistiblement, il laissa cette sensation extraordinaire le pénétrer. Il *était* le sol et la roche, et l'air environnant. Sa volonté avait effacé les barrières qui le maintenaient prisonnier de son écorce charnelle. Il respira profondément, ferma les yeux, puis posa de nouveau ses questions.

Soudain, il eut conscience d'être projeté très loin, dans un espace situé hors de la compréhension. Des images apparurent en lui, lointaines, issues d'un autre temps et d'un autre monde, une île noire et rousse dont une extrémité était occupée par un volcan. Il ressentit physiquement les forces qui s'amassaient sous la surface de l'île, dans les fonds marins. Soudain, le volcan se désintégra. D'autres visions suivirent, dans lesquelles il se trouvait face à son père, sans armes. Et pourtant, Pharaon le redoutait, car Mosé détenait désormais un pouvoir contre lequel il ne pouvait lutter.

Un pouvoir qu'il allait utiliser pour délivrer le peuple apirou.

Cinquième Partie

Le Prophète

–1202 à –1180

26

« Je t'envoie maintenant vers le Pharaon.
Va, et fais sortir mon peuple d'Égypte. »
EXODE 3-10

– Nous partirons dans deux jours, déclara Mosé lorsqu'il retrouva Aaron.

– Que veux-tu dire ?

– Le dieu de la montagne m'a montré comment délivrer ton peuple.

Aaron hésita, puis demanda :

– Jaho t'a de nouveau parlé…

– Oui, il m'a parlé.

– Alors, nous allons livrer combat contre Séthi ? s'étonna l'Apirou.

– Nous n'aurons pas besoin de nous battre, répondit Mosé. Dieu sera à nos côtés. Il me dictera ce que je devrai dire et faire.

Aaron contempla son ami avec circonspection. Mosé semblait parfaitement sûr de lui.

– Nos compagnons nous suivront-ils ?

– Ils risqueraient leur vie inutilement. Ils resteront ici. Nous les retrouverons à notre retour.

– À notre retour… Si nous revenons. Je ne vois pas comment nous allons triompher des Hordes de Seth à nous deux.

Mosé éclata de rire :

– Mais nous ne serons pas deux !

Le surlendemain, Mosé et Aaron quittaient Madian, suivis par le regard inquiet de leurs épouses. Les trois jeunes femmes étaient persuadées que jamais elles ne reverraient leurs maris vivants. Séphora et Elicheba avaient tenté de les dissuader de partir, mais Tiyi savait par expérience qu'il était inutile de s'opposer aux décisions de son époux. Et puis, il rayonnait d'une telle force depuis qu'il avait gravi cette montagne étrange, quatre années auparavant...

– Rassurez-vous mes douces compagnes, leur dit-il. La puissance de Séthi n'est rien comparée à celle que je vais déclencher contre lui.

La confiance qui vibrait dans sa voix finit par les persuader que tout se passerait comme il le souhaitait.

– Jethro et Hori veilleront sur vous et sur nos enfants. Dieu vous gardera en paix jusqu'à mon retour.

Il fallut presque un mois pour rejoindre l'Égypte. Ils s'étaient joints à une petite caravane qui faisait route vers le delta. Parfois, des moments de doute insidieux pénétraient Mosé. Et si ses visions n'étaient que des rêves ? Son entreprise reposait sur une part d'audace insensée. S'il se trompait, si tout ce qu'il avait pressenti ne se produisait pas, il marchait au-devant de la mort, car Séthi n'aurait aucune pitié pour lui. Mais s'il était tué par Séthi, cela signifierait qu'il s'était trompé depuis le début, que le dieu extraordinaire et infini en lequel il croyait désormais n'existait pas plus que tous les autres. Alors, la mort lui importerait peu.

Mais ces moments de doute ne duraient jamais. La sensation de plénitude reprenait toujours le dessus. Il était hors de question d'hésiter ou de reculer. La puissance infinie qu'il sentait bouillonner en lui l'assurait de triompher.

De temps à autre, il se demandait s'il ne désirait pas, inconsciemment, se venger de son père. Là encore, la réponse était limpide : il ne ressentait plus aucune haine contre Séthi. Au contraire, il éprouvait pour lui une sorte de compassion, car il savait que Pharaon risquait fort de périr dans l'aventure prodigieuse qui se préparait. Ses visions correspondaient à une réalité à venir. Tout allait se dérouler comme il l'avait entrevu.

Parfois aussi, il s'interrogeait sur le sens de son expédition. Pourquoi risquer sa vie pour libérer les Apirous ? Il n'appartenait pas à ce peuple. Que lui importait qu'ils fussent traités comme des esclaves par Pharaon ?

De plus, il allait devoir affronter une sérieuse difficulté : comment les convaincre de le suivre ? Il était égyptien, ils n'avaient aucune raison de croire à ses paroles. Jamais il ne pourrait leur faire partager ce qu'il avait vécu. Bien sûr, ils gardaient sans doute un souvenir ému de sa mère, Takhât, qui les avait protégés autrefois. Mais ce peuple était bien différent du sien. Les Apirous étaient frondeurs, indépendants, prompts à récriminer ou à se révolter. Leur vie d'errance et d'aventure avait forgé leur caractère. Ils étaient rusés, indisciplinés, bagarreurs, mentaient facilement, négociaient âprement ce qu'ils convoitaient. Ils n'acceptaient pas volontiers de se mêler aux autres. Cependant, ils savaient se montrer hospitaliers et serviables envers leurs amis. Ils avaient adopté sa mère. Mosé n'oubliait pas la douleur de Jokébed à la disparition de Takhât. En réalité, il éprouvait une affection sincère pour ce peuple, pour ses qualités, bien sûr, mais aussi pour ses travers.

Pour toutes ces raisons, il devait leur venir en aide. Nul peuple n'avait le droit d'en maltraiter un autre ou de le retenir contre son gré. Il détenait le moyen de les délivrer, il devait donc le mettre en œuvre.

Heureusement, son frère d'adoption, Aaron, qui ne l'avait jamais quitté depuis leur enfance, marchait à ses côtés. Il comptait sur son éloquence pour l'aider à les convaincre. Aaron était un Apirou. Il croyait en Mosé, et, à travers lui, au dieu de la montagne, qu'il appelait Jaho, parce qu'il était persuadé qu'il s'agissait du dieu de ses ancêtres. Mosé n'avait pas tenté de le détromper. Les hommes voulaient à toute force donner un nom aux divinités. Sans doute cela les rassurait-il. Pour la même raison, ils les enfermaient dans des temples et les représentaient sous des formes diverses. Mais la réalité était bien différente. Dieu n'avait nul besoin de temple, puisqu'il était partout. De nouveau, les paroles de Bakenkhonsou lui revinrent :

« Un jour viendra peut-être où les hommes apprendront à adorer les dieux en esprit. Alors, les temples deviendront inutiles, et inutiles

aussi les statues. Malheureusement, les hommes sont encore loin d'avoir atteint cette sagesse. »

Du plus profond de son cœur, il rendit hommage à son vieux maître. Bakenkhonsou avait compris la véritable nature des *neters*, qui en réalité se fondaient en un seul, un dieu infini dont l'homme ne pouvait que prendre conscience, sans véritablement le comprendre. Pendant encore très longtemps, les temples resteraient indispensables.

– Je suis ce qui vit, je suis ce qui est… murmurait Mosé.

Cette pensée lui apportait la plénitude. Dieu, il l'avait sous les yeux, chaque jour, à chaque instant. Dieu était le sable, la pierre. Il était l'oiseau, le ciel, le soleil. Mais Il vibrait aussi dans son âme et dans son cœur. Mosé ressentait au plus profond de lui une puissance invincible. Il n'avait nul besoin d'une armée. Il avait vu ce qui allait ce passer. Des événements extraordinaires, dont il allait se servir pour tirer les Apirous des griffes de Séthi.

– Tu parleras aux tiens pour moi ! dit-il à Aaron.

Peu avant d'arriver à Pi-Ramsès, ils firent une halte à Per-Amon, afin de se procurer des vivres et de l'eau. Cette nuit-là, Mosé eut une nouvelle vision, plus précise encore que les précédentes.

Comme chaque soir, il se retirait à l'écart pour méditer et entrer en communion avec la nature, avec Dieu. Une fois encore, il sentit sa perception s'amplifier, se déployer, comme s'il s'était fondu au monde qui l'entourait. Une image s'épanouit en lui, qu'il savait provenir d'un lieu éloigné, situé au-delà de la Grande Verte. L'île déjà entrevue était là, bien réelle, sous les yeux de son esprit. À l'ouest se dressait le volcan au trois quart détruit, sans doute par une terrible explosion, bien longtemps auparavant. Mais il s'élevait encore à près de deux mille coudées au-dessus des eaux. Un grondement sourd résonna dans les pensées de Mosé. Il vit la lave sourdre en différents points des flancs du colosse. D'épaisses fumées s'échappaient, montaient vers un ciel lumineux qu'elles avaient tôt fait de souiller, d'emplir de cendres brûlantes. D'autres visions lui succédèrent. Des navires fuyaient l'île. Les pensées même des habitants lui parvenaient. Les anciens conservaient le souvenir d'un cataclysme d'une ampleur sans précédent, qui avait déjà, dans un passé lointain, détruit toute vie sur Théra Kallistê, Théra la Belle. Dans leur esprit, la créature titanesque emprisonnée sous le volcan tentait une fois de plus de se libérer. La vision se modifia de nouveau. Sous les eaux de la Grande Verte, le sol tremblait. L'onde de choc formidable s'éloignait dans toutes les directions. Elle frappait l'Égypte, dont le sol vibrait avec une puissance exceptionnelle. Des demeures, des temples s'effondraient.

Lorsque les visions s'estompèrent, Mosé resta un long moment à écouter les bruits de la nuit. Des forces colossales s'amassaient sous la surface. Il les ressentait comme si elles avaient fait partie de lui. Bientôt, elles allaient toucher le Double-Pays. Il savait aussi que leurs effets seraient moins dévastateurs si Séthi acceptait de libérer les Apirous. Mais Pharaon était-il capable de pensées généreuses ? Les images des pals revinrent à la mémoire de Mosé, et il soupira avec tristesse. Un tel homme serait difficile à faire fléchir, et Kemit se préparait à traverser des moments terrifiants.

27

« Aaron sera ton porte-parole, et toi, tu seras comme le dieu qui l'inspire. »
EXODE 4-16

L'état de Pi-Ramsès s'était encore dégradé depuis qu'ils avaient fui la cité, quatre années auparavant. L'époque bénie du grand Ramsès était bien révolue, et avec elle la paix qu'il avait su établir pendant plusieurs décennies. Des gardes toujours nombreux erraient dans les rues. Les demeures autrefois si riches des grands négociants n'étaient plus entretenues et leurs murs menaçaient ruine. On ne se donnait même plus la peine d'entretenir les jardins dont les Égyptiens étaient si fiers. Arbres et fleurs retournaient à l'état sauvage. Tous les efforts de Séthi s'orientaient vers la guerre. Ils n'avaient pourtant pas empêcher la perte des états du Levant, dont la plupart avaient retrouvé leur indépendance. Le chaos avait repris ses droits dans ces contrées depuis toujours fertiles en conflits de toutes sortes. La puissante armée entretenue par Pharaon ne servait qu'à faire régner la terreur dans le Double-Pays. Les proches conseillers de Séthi, avides d'honneurs et de richesses, contribuaient largement à l'épuisement du trésor royal. Partout éclataient des révoltes sporadiques et spontanées, contre lesquelles Séthi envoyait ses soldats. On exterminait les rebelles avec la plus grande férocité, mais en il surgissait toujours d'autres, poussés par la famine.

– Ils écrasent les paysans d'impôts, expliqua Ouziel, le nouveau chef des Apirous, lorsque Mosé et Aaron furent arrivés dans leur village.

– Ils ne nous traitent pas mieux que des esclaves, renchérit un autre. Nous ne sommes pas payés, mais les soldats sont partout, et frappent ceux qui refusent de travailler. Jamais une telle chose ne se serait produite sous le règne des anciens pharaons.

Ouziel, un frère d'Amram, le père d'Aaron, était un homme dans la force de l'âge. Jouissant d'une grande autorité, il parvenait à maintenir le calme parmi les plus jeunes hommes, prompts à se rebeller contre les abus dont ils étaient les victimes.

Ainsi que l'avait décidé Mosé, ce fut Aaron qui parla pour lui.

– Écoutez-moi ! Vous connaissez tous le prince Moïse, petit-fils du grand roi Ramsès, sous le règne duquel nous ne souffrions pas de l'injustice. Vous savez le combat qui fut le sien contre son père, le tyran Séthi, qui vous opprime aujourd'hui. Depuis qu'il fut vaincu, il vit dans le pays de Madian, où je l'ai suivi pour partager son exil. Voici plusieurs mois, je suis revenu parmi vous, pour prendre des nouvelles de ma famille bien-aimée, et j'ai compris la détresse qui est la vôtre. Lorsque je lui ai rapporté ce que j'avais vu ici, le prince Moïse a aussitôt offert de vous aider à quitter l'Égypte. La plupart d'entre vous souhaitent retrouver le pays de vos ancêtres, Canaan. Il se propose de vous y conduire.

Ouziel hocha la tête et médita longuement sa réponse.

– Pourquoi ferait-il cela ? Il n'est pas de notre peuple. Même s'il est le fils de la reine Takhât, qui s'est montrée bonne envers nous, il est égyptien.

– Il est égyptien, mais il lui est arrivé une aventure extraordinaire. Il a rencontré notre dieu, Jaho, sur une montagne, à plusieurs jours de marche dans le désert de l'est. Jaho lui a parlé, et lui a demandé de venir vous sauver.

– Comment pourrait-il connaître notre dieu, s'il n'est pas apirou ?

– Souvenez-vous de la prédiction rapportée par la princesse Takhât. Elle disait vrai. J'ai vu, de mes yeux, Jaho se manifester au sommet de cette montagne, sous la forme d'une lumière intense. Moïse a gravi cette montagne, alors le Seigneur lui est apparu sous la forme d'un buisson ardent, mais qui continuait pourtant à vivre. Comme l'avait prédit la prophétie, le Seigneur a conclu une alliance avec Moïse.

Ouziel gratta sa barbe.

– J'ai entendu parler de cette prophétie. Tu l'as assez répétée lorsque tu étais enfant.

– Vous la connaissez tous. Elle disait que Moïse subirait une défaite, mais qu'un dieu ferait alliance avec lui. Ce dieu, c'est le nôtre, Ouziel. Jaho lui est apparu sur la montagne que les Madianites appellent Horeb.

– Mais pourquoi le Seigneur aurait-il fait alliance avec un étranger ? demanda un autre, un prêtre du nom d'Éléazar.

– Je l'ignore. Il est vain de tenter d'expliquer les raisons du Seigneur.

Un silence lourd suivit sa réponse. Puis Éléazar reprit :

– En admettant que vous disiez vrai, comment le prince Moïse se propose-t-il de nous faire quitter ce pays ? Les soldats nous interdisent même de nous rendre dans le désert pour pratiquer nos offrandes, de peur que nous en profitions pour nous enfuir.

Aaron se tourna vers Mosé, interrogatif. Le jeune homme prit la parole.

– Il se produira bientôt ici des choses stupéfiantes, qui feront plier la volonté de Pharaon. Il sera difficile à convaincre, mais il finira par vous autoriser à partir, car il ne pourra aller contre la volonté de Dieu.

– Comment sais-tu cela ? insista Éléazar.

– Je le sais, parce que Dieu me l'a montré.

– Et que va-t-il se passer ?

– D'ici un à deux jours, la terre tremblera. Alors, j'irai voir Pharaon.

– Tu es fou ! s'exclama Ouziel. Depuis quatre ans, il te fait rechercher pour te tuer. Des patrouilles parcourent encore tout le pays, jusque dans le lointain pays de Koush. Tu ne pourras franchir les portes du palais. Tu seras aussitôt mis à mort.

– Je franchirai ces portes, et je parlerai au roi. Je sais déjà que, malgré mes avertissements, il refusera de vous rendre votre liberté. Mais de nouveaux prodiges se produiront, qui feront fléchir sa volonté.

Devant la détermination de Mosé, ils ne surent que répondre. Il émanait de lui une force incompréhensible, qui les mettait mal à l'aise. Puis Ouziel s'adoucit. Mosé venait pour les arracher à leur triste condition, et pourtant, ils lui réservaient un accueil méfiant. Le chef apirou lui posa la main sur l'épaule.

– Pardonne-nous, mon ami. Ta démarche est généreuse, même si elle nous paraît insensée. Mais si tu dis vrai, si Jaho s'est allié à toi, alors nous devons te suivre. Pour le moment, accepte notre hospitalité.

Le soir même, Mosé retrouva la maison d'Amram et de Jokébed, qui pleurèrent de joie en le revoyant. Ils avaient eu de ses nouvelles avec le retour d'Aaron, quelques mois auparavant. Mais jamais ils n'auraient cru le revoir en chair et en os. Myriam avait épousé le fils d'un voisin, Palti, qui lui avait déjà donné trois enfants.

Cependant, parmi les Apirous, peu avaient cru Aaron et Mosé. On palabra longtemps sur les raisons qui poussaient ce prince égyptien en exil à revenir se jeter dans la gueule du loup. On ne croyait pas trop à son projet de voyage vers le pays de Canaan. Aucun homme n'était capable de prédire les tremblements de terre. Le lendemain de son arrivée, la plupart des Apirous n'accordaient plus guère de crédit à cette histoire ahurissante. Aussi, lorsque, deux jours plus tard, on vit soudain des rats affolés surgir dans les ruelles, lorsque l'on entendit les chiens hurler à la mort sans raison, on commença à s'interroger. Déconcerté, Ouziel finit par ordonner à chacun de se tenir prêt. Le visage blême, il dit à ses compagnons :

– Cet homme est peut-être bien envoyé par Jaho.

– C'est sans doute une tempête qui se prépare ! rétorqua un prêtre sceptique nommé Éliab.

L'instant d'après, il regretta ses paroles. Cela commença par une curieuse sensation d'étouffement. L'air semblait s'être chargé de sable. Puis le sol se mit à vibrer, tandis qu'un grondement sourd s'élevait de la terre elle-même. Pâle comme un linge, Éliab regarda autour de lui d'un air affolé, puis s'écroula, les jambes fauchées par un brusque mouvement du sol. Un vacarme épouvantable enfla au-dehors, fait d'une multitude de bruits inexplicables, tintements de métal, craquements des murs, fracas de poteries brisées, cris de terreur des femmes et des enfants, gémissements, hurlements des animaux qui fuyaient dans les rues.

Près de la demeure d'Amram, seul Mosé restait calme. Il avait senti les forces prodigieuses accumulées sous la terre se diriger inexorablement vers le delta, puis exploser à la surface. Jokébed et ses autres enfants, dont trois étaient encore jeunes, s'étaient serrés contre lui. Quand il avait senti que le tremblement de terre était imminent, il avait dit :

– À présent, vous allez sortir. La colère de Dieu est proche. J'ignore si cette maison résistera, et il vaudrait mieux qu'elle ne s'écroule pas sur nous.

Ils avaient obéi sans discuter. La secousse dura plusieurs minutes, et fut suivi de trois autres, de moindre intensité, à des délais très courts. Lorsqu'il fut certain que le danger était écarté, Mosé déclara :

– C'est fini.

Hagards, les Apirous erraient dans les rues. De nombreuses maisons n'avaient pas résisté et s'étaient effondrées. Par chance, on avait tenu compte de l'avertissement de Mosé. Dès les premiers instants, chacun s'était rué dehors. On ne déplorait que deux blessés. Ouziel, Éléazar et Éliab s'avancèrent vers Mosé.

– Tu n'avais pas menti, Moïse, déclara Éléazar. Puisses-tu nous pardonner d'avoir douté de toi. Mais comment pouvions-nous croire qu'un homme était capable de prévoir un tremblement de terre ?

– À partir de cet instant, vous devez chasser le doute de vos esprits. Vous savez désormais que c'est Dieu qui m'a envoyé vers vous. Vous agirez donc ainsi que je le dirai. Vous allez commencer à vous préparer à quitter l'Égypte. Mais tout d'abord, je dois me rendre au palais de Séthi.

– Il te tuera !

– Non ! Il acceptera de me recevoir.

La tranquille assurance avec laquelle Mosé avait parlé ébranla les Apirous. Un tel homme était bien capable d'imposer sa volonté à Pharaon.

28

« Je ferai sentir ma puissance à l'Égypte par des châtiments exemplaires et je conduirai mon peuple en bon ordre loin de ce pays. »
EXODE 7-4

Dans l'après-midi qui suivit le tremblement de terre, Mosé et Aaron se rendirent au palais. Un épais nuage de poussière flottait sur la cité dévastée. Dans les rues de la ville, les habitants erraient, en proie à un reste de panique. Par endroits, on organisait des secours pour soigner les blessés. Ailleurs avaient lieu des scènes de pillage, souvent perpétrées par les soldats eux-mêmes. Plusieurs demeures s'étaient effondrées. De nombreuses statues avaient été endommagées, concrétisant les prémices du chaos qui menaçait le Double-Pays.

Aaron était persuadé qu'il vivait ses derniers instants. S'il avait été raisonnable, il aurait supplié Mosé de renoncer à son projet insensé. Comment espérait-il amener Séthi à l'écouter, alors que ce tyran le recherchait depuis quatre ans pour le tuer ? Mais Mosé ne montrait aucune inquiétude. Son assurance et sa sérénité restaient inébranlables. Aussi, malgré ses craintes, Aaron n'aurait pas voulu être ailleurs. Plutôt que de fuir, il préférait mourir aux côtés de celui qu'il considérait comme son frère.

À l'entrée du palais, les gardes les arrêtèrent.

– Que veux-tu ? demanda le capitaine qui les commandait.

– Je suis le prince Masesaya. Je dois immédiatement rencontrer le roi.

Le capitaine des gardes faillit s'étrangler.

– Le prince Masesaya ? Veux-tu que je te fasse donner le bâton ? Si le prince Masesaya était encore vivant, il n'aurait pas l'idée stupide de venir ici. Sa Majesté a mis sa tête à prix.

Mosé éleva légèrement la voix.

– Regarde-moi bien ! JE SUIS le prince Masesaya, et tu vas immédiatement me conduire auprès de lui.

Le ton de Mosé ne souffrait aucune réplique. Stupéfait, le capitaine hésita, puis obéit. Quelques instants plus tard, Mosé pénétrait dans un vaste antichambre.

– Attends ici ! Je dois prévenir Pharaon de ta présence.

Dans la salle du trône, Séthi recevait ses conseillers. Tous étaient encore sous le choc du tremblement de terre. L'un d'eux avait été tué par la chute du toit de sa maison. Un autre était gravement blessé. Le capitaine se prosterna devant le roi et déclara :

– Ô Taureau puissant aimé d'Amon, un visiteur est là, qui demande à te rencontrer.

– Qui est-il ?

– Pardonne à ton serviteur, ô splendeur des Deux-Terres. C'est sûrement un fou. Il prétend être ton fils, le prince Masesaya.

– Te moquerais-tu de moi ?

– Que les dieux me préservent d'un tel crime, ô Provende de l'Égypte !

Séthi éclata de rire.

– Mon fils ? Dans ce cas, tu as raison, il est fou. Il vient se livrer lui-même alors qu'il avait réussi à échapper à mes soldats.

Il se tourna vers ses conseillers. L'un d'eux, un grand prêtre d'Amon, s'approcha :

– S'il s'agit bien du prince Masesaya, tu dois d'abord écouter ce qu'il a à te dire, Seigneur. Les oracles avaient prédit son retour. Ils affirment aussi qu'il est protégé par une puissance inconnue. Le faire mettre à mort risquerait de provoquer de terribles catastrophes.

Séthi hésita. Au fond de lui, il ne parvenait pas à réprimer une émotion étrange à l'idée de revoir ce fils qu'il avait tant haï. Près de lui se trouvaient sa seconde épouse, la reine Toueris, et leur fils, Siptah, âgé de quatre ans.

– C'est bien ! Fais-le entrer.

Le capitaine introduisit Mosé et Aaron. Séthi eut quelque peine à reconnaître son fils. Mosé n'avait plus rien d'un prince égyptien. Il était habillé du vêtement simple que portaient habituellement les Apirous. Serait-il devenu berger ? Un court instant, Séthi s'imagina être victime d'une imposture. Mais le regard profond que Mosé posait sur lui démentit immédiatement cette impression. Ses traits ressemblaient aux siens. Il émanait de ses yeux une force extraordinaire, qui désarçonna le roi. Déjà doté d'une stature imposante, Mosé s'était encore développé. Ses cheveux d'un blond roux tombaient maintenant sur ses épaules puissantes.

Négligeant ostensiblement la tradition, Mosé ne se prosterna pas devant Pharaon. Aaron, mal à l'aise, l'imita, persuadé que des gardes allaient aussitôt accourir pour les tailler en pièces. Mais il ne se passa rien.

Mosé observa son père. Il devait avoir cinquante-trois ans. Le roi, autrefois doté d'un corps svelte et musclé, souffrait à présent d'un embonpoint qui lui faisait un visage bouffi, sans doute à cause des abus de vin et de bière. Mosé avait entendu, dans les tavernes, des rumeurs laissant entendre que Séthi aimait à venir s'enivrer en compagnie de ses généraux dans les lieux les plus sordides de la cité, où fleurissaient prostituées et personnages douteux. N'avait-il donc conquis le pouvoir que pour en arriver là ? Le jeune prince avait un moment redouté que sa haine ne se ranimât en présence de ce père qui avait tué sa mère. Mais il n'éprouvait qu'un curieux mélange de pitié et de dégoût. Séthi se redressa afin de donner à son attitude un semblant de dignité.

– Ainsi, tu reviens vers moi, dit-il en examinant longuement son fils d'un air de défi. Tu devrais savoir que tu risques la mort.

– Je le sais, mon père, répondit Mosé d'un ton imperturbable. Tu peux me faire tuer, mais dans ce cas, tu ignoreras toujours pourquoi je suis venu te voir.

– Si c'est pour implorer ma clémence, sache que je n'aurai aucune pitié pour toi, ni pour les chiens qui t'ont soutenu.

– Je ne suis pas venu implorer ta clémence, mais pour t'avertir.

– M'avertir ?

– Il va se produire dans le Double-Royaume des événements d'une exceptionnelle gravité. Tu peux limiter leur importance en acceptant de laisser partir les Apirous. Ils désirent regagner le pays de leurs ancêtres, Canaan. Mais tu leur imposes de travailler pour toi sans recevoir un salaire régulier. Libère-les, et le dieu qui m'envoie fera preuve de mansuétude.

– Le dieu qui t'envoie ? Penses-tu que je vais croire une telle ineptie ?

– Souviens-toi de la prophétie, père ! Il était dit qu'un dieu ferait alliance avec moi. Cette alliance a été conclue. J'ai rencontré ce dieu inconnu. Tu peux me faire disparaître, mais tu n'auras aucun pouvoir contre Lui. Et je te laisse imaginer ce que sera sa vengeance si tu refuses d'écouter son messager.

Ébranlé par le calme souverain de Mosé, Séthi ne répondit pas immédiatement.

– Et que se passera-t-il si j'interdis aux Apirous de quitter l'Égypte ?

– D'ici demain, les eaux du Nil se chargeront de sang. Et ce ne sera que le début de sa colère !

– C'est toi qui provoquera ce prodige ? Te prendrais-tu pour un magicien ?

– Moi, je ne suis rien. Ce n'est pas moi qui enverrai les fléaux sur l'Égypte. Ils sont déjà en route, et rien ne peut plus désormais les arrêter. Tu ne peux qu'atténuer leurs effets en te soumettant à la volonté du dieu qui m'envoie.

– Certainement pas ! clama Séthi.

– Alors, tu porteras la responsabilité de ces événements ! Ils ne font que commencer !

Mosé n'avait pas élevé la voix. Il regarda longuement son père, puis lui tourna le dos et s'en fut sans hâte. Stupéfait, le roi le regarda s'éloigner. Un brusque accès de colère lui fit un instant envisager d'ordonner à ses guerriers de les massacrer, lui et son chien de garde d'Apirou. Mais une force incontrôlable l'empêcha de parler. L'assurance inexplicable de son fils le désorientait. Une obscure intuition lui souffla ensuite d'accepter la proposition de Mosé. Depuis deux jours, tout semblait sombrer dans la folie autour de lui. Il y avait eu ce tremblement de terre d'une exceptionnelle intensité. Comme la colère d'un dieu qui se serait abattue sur le delta. Peut-être serait-il plus sage d'écouter les exigences de son fils…

Un sursaut d'orgueil et de colère le retint. Les dieux égyptiens le protégeraient. Ce n'était pas le premier séisme que subissait le Double-Royaume. Quant à cette transformation des eaux en sang…

29

« Le fleuve devint si infect que les Égyptiens ne purent plus en boire l'eau. Partout dans le pays, il y avait du sang. »
EXODE 7-21

Le soir venu, Mosé s'isola. Toute crainte l'avait déserté. Il avait pénétré dans le palais de Séthi, qui avait mis sa tête à prix. Et il en était ressorti vivant. Il était sûr à présent que la puissance de l'Esprit infini s'exprimait à travers lui. Aaron s'en était étonné dès qu'ils étaient sortis de la Grande Maison.

– Pardonne-moi d'avoir douté de toi, mon frère ! J'étais sûr que nous allions périr. Et pourtant, nous sommes là. Pharaon n'a rien osé faire contre toi.

– Ce n'est pas de moi qu'il a eu peur, Aaron. Souviens-t'en.

Les habitants du village n'osaient fêter ce qu'ils considéraient comme une grande victoire, de peur de provoquer la vindicte des soldats installés à peu de distance. Lorsqu'ils avaient vu partir le jeune prince et Aaron, ils ne pensaient pas les revoir. Pourtant, ils s'étaient présentés devant eux juste avant le crépuscule. Aaron avait confirmé que Mosé avait porté son avertissement à Pharaon, et qu'ils devaient, eux aussi, se préparer à voir d'étranges prodiges s'accomplir. Mais le simple fait qu'ils fussent encore vivants tous les deux constituait déjà un miracle. Le prince égyptien leur expliqua que rien n'était encore fait, et qu'il leur fallait s'abstenir de toute initiative malencontreuse. S'ils voulaient avoir une chance de quitter un jour le Double-Royaume, ils devaient lui obéir en tous points.

Mosé s'était éloigné du village. Il avait besoin d'être seul pour entrer en communion avec la nature. C'était si simple en vérité. Dieu était autour de lui. Il l'avait toujours été. Il suffisait d'ouvrir son esprit, de se laisser pénétrer par les forces subtiles qui gouvernaient le monde. C'était là la manière dont l'Esprit éternel s'exprimait. Il faisait apparaître les idées, les émotions, il inspirait les actes et les décisions. Les hommes n'étaient pas limités à leur corps, mais faisaient partie d'un tout infini et omniprésent. Si l'on voulait obtenir quelque chose, il suffisait de le demander. À condition qu'elle fût en harmonie avec ce que l'on était profondément. Dans le cas contraire, elle pouvait aussi se produire, mais elle engendrait un déséquilibre qui se traduisait par une succession d'échecs et de catastrophes. C'est pourquoi il était primordial de savoir qui l'on était, pour découvrir la richesse unique que Dieu avait déposé au plus profond de soi. Cette connaissance essentielle ne pouvait être atteinte que par la méditation et la plus grande humilité. Ainsi, lui-même, Mosé, s'était trompé sur la signification de la prophétie. Il avait cru qu'il était destiné à monter sur le trône d'Égypte. Mais il avait échoué, parce qu'il n'avait pas su comprendre que Dieu s'exprimait à travers lui d'une manière différente. Son vieux maître Bakenkhonsou s'en était rendu compte et l'avait averti, mais il avait refusé de l'écouter.

« Nous comprenons mal les signes que les dieux nous adressent et nous nous leurrons sur leurs intentions. Souvent parce que ces signes ne correspondent pas aux désirs ancrés dans notre cœur. Alors, nous nous égarons sur des voies qui ne sont pas les nôtres. Je ressens en toi une zone d'ombre, une pulsion puissante qui risque de te rendre aveugle à la sagesse. »

Mosé sourit avec gratitude au souvenir du vieil homme. Puis il se concentra. Très vite, il sentit son être se métamorphoser ; son esprit pouvait percevoir ce qui l'entourait, de plus en plus loin, comme une onde qui s'étend. Une nouvelle fois il revécut l'expérience extraordinaire du mont Horeb. Il n'était plus un homme, il était la terre et le fleuve, il était l'arbre et l'oiseau, il était la plante et la pierre. Il était devenu une parcelle infime de Dieu, une étincelle au cœur de la lumière. De nouveau, des visions singulières l'envahirent. Il ressentit physiquement les effets du tremblement de terre.

Bien loin en amont, les vibrations telluriques avaient brisé l'harmonie du fleuve, des boues couleur de sang avaient été arrachées au lit du fleuve. Les flots impétueux du Nil les ramenaient inexorablement.

Le lendemain, elles auraient atteint Pi-Ramsès.

La perception insolite de Mosé s'était développée d'une manière si fine que, même sans concentration mentale, il savait parfaitement à quel moment les eaux rouges arriveraient dans la capitale. Vers le milieu de l'après-midi, il se rendit au palais, toujours accompagné d'Aaron. Comme la veille, Séthi accepta de le recevoir. Il n'osait s'avouer qu'il attendait cette visite avec une certaine impatience. Il haïssait Mosé, mais il ne pouvait se défendre d'éprouver pour lui une sorte d'admiration. Son fils était courageux. Et surtout, il avait réussi à l'intriguer. Il y avait en lui une force mystérieuse qui le subjuguait.

Mosé s'approcha de Séthi et déclara :

– Tu vas me suivre au bord du fleuve sacré. Là, tu verras s'accomplir le premier de tous les prodiges qui vont frapper l'Égypte.

Le jeune homme parlait d'une voix calme, dont toute nuance de défi ou d'agressivité était absente. Désarçonné, Séthi obéit. Il restait une chance pour que le phénomène prédit par Mosé ne se produisît pas. Alors, il prendrait plaisir à le tuer de ses propres mains. Mais, au fond de lui, il n'osait espérer un tel retournement de situation. Lui-même ressentait, sans pouvoir les expliquer, les puissances inconnues qui s'étaient mises en action.

Les jardins du palais menaient directement à un embarcadère le long duquel sommeillaient le grand navire royal, utilisé lors des cérémonies sacramentelles, et plusieurs vaisseaux de taille plus modeste, réservés aux nobles et aux prêtres. Marchant côte à côte, Séthi et Mosé parvinrent sur le quai. Le jeune prince regarda le bras du fleuve, assez large à cet endroit.

– Il ne se passe rien ! grommela le roi.

– Un peu de patience.

Soudain Mosé étendit son bâton vers l'amont. Déjà, le long des rives, des clameurs de stupéfaction s'élevaient.

– Regarde ! dit Mosé.

Lentement, majestueusement, les eaux du Nil coulaient devant l'embarcadère. Mais, peu à peu, leur couleur bleu-vert se changea en un rouge brunâtre, comme si elles avaient charrié du sang. Impressionné, Séthi recula.

– D'où vient ce sang ? s'exclama-t-il.

– De la terre.

Séthi se frotta nerveusement les mains.

– Je ne te crois pas. Ce phénomène n'a rien d'exceptionnel. Ce n'est pas la première fois qu'il se produit. Il a été provoqué par le tremblement de terre.

– C'est vrai. Mais demande-toi plutôt comment j'ai pu connaître l'instant exact où il atteindrait Pi-Ramsès.

– Comment le savais-tu ?

– Le dieu qui m'envoie me l'avait montré.

– Le dieu qui t'envoie ? Quel son nom ?

– Il n'a pas de nom. Mais tu le connais. Il est autour de toi. Il est partout. Toi-même en fais partie. Malheureusement, ton orgueil t'aveugle à sa présence.

– Comment oses-tu t'adresser à moi avec une telle insolence ?

– Ce n'est pas moi qui te parle. À travers moi, c'est Lui qui tente de te convaincre.

– Me convaincre…

– Ouvre les yeux ! Sur toi, sur la manière dont tu as dirigé le Double-Royaume ! Et laisse partir la tribu des Apirous !

Les mâchoires de Séthi se serrèrent. Il fit un pas en arrière, puis rétorqua d'un ton sec :

– Jamais ! Il faudra bien plus qu'un simple tremblement de terre pour m'impressionner.

– Alors, tu ne pourras pas éviter ce qui va suivre.

– Et que va-t-il se passer à présent ? ironisa Séthi, d'une voix cependant mal assurée.

– Les cités d'Égypte seront envahies par les bêtes : les grenouilles, les crapauds, les mouches, les moustiques… Demain !

Mosé regarda son père, puis, une nouvelle fois, lui tourna le dos sans attendre de réponse. Séthi songea qu'il serait tellement facile de saisir une épée et de la lui enfoncer entre les omoplates. Il crispa les poings pour contenir sa fureur. Sans doute cela ne résoudrait-il rien. Il valait mieux attendre que ce misérable bâtard se trompât. Alors…

Séthi cracha un juron entre ses dents. Il savait déjà que Mosé avait dit la vérité. Par défi, il lança :

– Ton dieu n'est qu'un fantoche.

Revenus au village, Mosé et Aaron furent accueillis par les cris de joie des Apirous. Leur courage frisait l'inconscience. Le jeune prince déclara :

– Écoutez-moi ! Demain, une nouvelle épreuve va frapper l'Égypte. Mais elle vous touchera également. Vous devrez vous protéger. Des crapauds et des grenouilles vont envahir la ville. Ils ne seront pas dangereux. Mais ensuite viendront des mouches et des moustiques. Leur piqûre peut provoquer toutes sortes de maladies. Vous n'êtes pas plus à l'abri que les Égyptiens eux-mêmes. Cependant, il existe un moyen de vous en prémunir.

Lorsqu'il eut terminé d'exposer son idée, les Apirous se regardèrent avec stupéfaction, certains avec des mines de dégoût. Mais Aaron ajouta :

– Moïse a raison. C'est la seule façon de se préserver. Aussi, nous allons faire ce qu'il dit, même si cela vous rebute. Car ceux qui refuseront connaîtront la maladie et la mort.

Le lendemain, peu après l'aube, alors qu'une chaleur lourde s'appesantissait déjà sur la capitale, des bruits insolites attirèrent les habitants hors de chez eux. Un vacarme assourdissant fait de coassements, de craquements, de claquements se rapprochait de la ville. Puis une vague verte et brune envahit les ruelles, bondissant, s'infiltrant partout. Des millions de batraciens avaient fui les marais, terrorisés par le tremblement de terre. Le flot se propagea rapidement à travers toute la cité, effrayant une population stupéfaite. Un peu plus tard, le ciel s'obscurcit vers l'orient. Dans les rues, les habitants en proie à la panique couraient pour échapper à l'énorme masse noire et mouvante qui progressait inexorablement vers eux. Puis un bruissement inquiétant se fit entendre, qui s'amplifia d'instant en instant, pour se transformer en un vrombissement assourdissant, à mesure que l'essaim monstrueux se rapprochait.

Épouvantés, les citadins cherchèrent un abri, en vain. Bientôt, le nuage fourmillant, bouillonnant, s'abattit sur la ville. Maladroits, les insectes heurtaient les visages, pénétraient les narines. Les moustiques piquaient, infligeant à leurs victimes des démangeaisons douloureuses. Partout, on tentait de chasser les envahisseurs à coups de linges trempés. Mais le plus efficace consistait à se réfugier sous des couvertures ou à s'abriter sous des vêtements hermétiquement fermés. Dans les champs, les paysans harcelés battaient l'air de leurs bras. Les mouches et moucherons s'infiltraient partout, jusque dans la bouche ou les oreilles. Les troupeaux tourmentés semblaient pris de folie. Plusieurs animaux se mirent à courir en tous sens, écrasant parfois un imprudent. D'autres tombèrent dans les eaux du fleuve et s'y noyèrent, ou s'enlisèrent dans les sables mouvants. Pendant trois jours, le nuage vivant s'acharna sur Pi-Ramsès, démoralisant les citadins et les habitants des alentours. Des voyageurs informèrent Pharaon que le même phénomène s'était produit en d'autres lieux.

Si les Apirous avaient accepté à contrecœur la proposition de Mosé, ils se félicitaient aujourd'hui de l'avoir écouté. Sachant que ses amis risquaient, tout comme les Égyptiens, d'être piqués par les insectes, il s'était souvenu d'un remède utilisé par une peuplade vivant au sud de la Nubie. Pour se protéger d'une mouche mystérieuse dont les piqûres provoquaient la mort après une longue période de sommeil, ces gens se couvraient le corps d'une mixture infecte, à base d'urine de vache et de cendre. Aussi Mosé avait-il recommandé à chacun de préparer le liquide malodorant et de s'en enduire. Ceux qui avaient obstinément refusé le regrettèrent amèrement. Leur peau se couvrit de cloques et de plaques rougeâtres.

Enfin, l'essaim se clairsema, se raréfia, puis finit par quitter la ville pour retourner vers les marais de l'Àabeth[1]. Lorsqu'un calme relatif fut revenu dans Pi-Ramsès, Séthi fit chercher Mosé au village apirou.

– Comment peux-tu vivre au milieu de ces gardiens de chèvres ? s'exclama-t-il. Ces gens sont sales et sentent mauvais.

1. L'Àabeth : l'orient. L'endroit où le soleil (Râ) apparaît.

Mosé dédaigna de répondre à l'insulte.
– Es-tu décidé à les laisser partir, cette fois ?
– Il n'en est pas question. Ce phénomène n'est pas nouveau. Les tremblements de terre frappent souvent le Double-Pays, et il s'ensuit des invasions de grenouilles et de mouches. Tu ne me feras pas croire que c'est ton dieu qui est responsable de ça.
– Je ne suis pas venu tenter de te convaincre, mais seulement te prévenir. Tu es libre de tes décisions, mais tu devras en assumer les conséquences. De nouveaux fléaux vont frapper le Double-Pays.
– Lesquels ?
– Tu sais déjà ce qui va se passer, puisque ce n'est pas la première fois que cela se produit.
– Je veux l'entendre de ta bouche ! explosa Séthi.
Mosé le regarda longuement, puis répondit sur un ton toujours modéré :
– Les maladies vont décimer les troupeaux du Double-Pays. Quant aux hommes, leur peau se couvrira de pustules. Beaucoup mourront, frappés par les fièvres.
– Tu mens !
– Les premières bêtes périront dans moins de trois jours.
Un gémissement de désespoir s'échappa de la bouche de Séthi lorsque, précisément trois jours plus tard, il apprit par ses conseillers que Mosé ne s'était pas trompé. En différents endroits, de nombreuses bêtes étaient tombées malades. Certaines semblaient prises de folie et s'écroulaient sans raison. D'autres refusaient de s'alimenter. Des paysans pleuraient sur les cadavres de leurs vaches.
Puis ce fut le tour des hommes. Un matin, l'un des ministres de Séthi se présenta avec une mine affolée. Une vilaine plaque rouge marquait son cou, à l'endroit où des moustiques l'avaient piqué. Il mourut quelques jours plus tard, comme des milliers d'hommes, de femmes, d'enfants. Personne ne s'étonna qu'il y eût beaucoup moins de morts chez les Apirous, et ceux-ci se gardèrent bien de révéler leur secret insolite. Aucun de ceux qui avaient utilisé la puante mixture n'avait été touché. Parmi ceux qui l'avaient refusée, heureusement peu nombreux, plusieurs périrent. Cet épisode renforça le respect que les Apirous, même les plus sceptiques comme Éliab, commençaient à éprouver pour cet étrange prince

égyptien qui savait prévoir les événements avant qu'ils ne se produisissent.

Hélas, malgré les nouvelles alarmantes en provenance des autres nomes, annonçant des milliers de morts et des troupeaux décimés, l'orgueil de Séthi ne fléchissait pas. Ce fut dans une atmosphère de chaos que Mosé rencontra de nouveau son père pour lui demander de libérer les Apirous.

– Je ne céderai pas à tes menaces, Mosé. Ces catastrophes ne sont que les conséquences du tremblement de terre. Les Apirous resteront en Égypte, parce que je le veux. Et personne, homme ou dieu, ne se dressera contre ma volonté. Je suis Pharaon ! Pharaon !

Cependant, Mosé décelait une faille dans la voix arrogante de son père. Il devina la peur derrière les fanfaronnades. Ses conseillers, dont les rangs s'étaient clairsemés, jetaient des regards inquiets à leur souverain. Leurs pensées étaient limpides. Qu'avait-on à faire d'un poignée de bergers nomades et éleveurs de chèvres ? Il eût mieux valu qu'ils s'en allassent. Certains commençaient à imaginer qu'ils apportaient le malheur et qu'ils étaient responsables des désastres qui s'abattaient sur l'Égypte. Les militaires, dirigés par Menkherê, avaient émis l'idée de les massacrer jusqu'au dernier. On avait freiné leurs ardeurs belliqueuses. Si le prince Masesaya disait vrai, et si un dieu inconnu était bien à l'origine des fléaux, il valait mieux s'abstenir de provoquer sa colère. Personne ne savait jusqu'où celle-ci pouvait aller. La plupart des ministres souhaitaient ardemment voir Pharaon changer d'avis. Mais celui-ci refusait de les écouter.

Près de Séthi, la reine, Toueris, une femme encore jeune, serrait contre elle son fils, Siptah. Mosé les contempla avec tristesse. Le petit garçon était son demi-frère. Un sentiment étrange l'envahissait. Il avait envie de prendre l'enfant dans ses bras. Séthi semblait aimer particulièrement ce fils, présent à chacune des visites de Mosé. Ce fut alors que le jeune prince remarqua des traces inquiétantes sur le visage du bambin.

– Tu regardes mon fils ! s'exclama le roi d'une voix narquoise. Eh bien regarde-le bien ! Car c'est lui qui me succédera un jour sur le trône du Double-Royaume. Il deviendra le nouveau pharaon. Ce que tu ne seras jamais, même si je te laisse la vie !

Par défi, Séthi avait élevé le ton sur les derniers mots. Mosé lui répondit doucement :

– Notre rivalité a vécu, père. Je ne veux plus devenir pharaon. Je ne désire qu'une chose, repartir vers le pays que je me suis choisi, et où je ne suis même pas roi. Tu ne peux pas comprendre ça. Mais je te conjure de laisser partir les Apirous.

– Jamais !

– Regarde ton fils, toi aussi ! Ne vois-tu pas qu'il porte les marques de la maladie qui ronge ton peuple ? Tu tiens son sort entre tes mains. Car les fléaux ne s'arrêteront pas là. La colère de mon dieu est telle qu'il prendra aussi la vie de Siptah.

– Tu mens !

– Non, je ne mens pas ! Ton fils est aussi mon frère, et je ne veux pas le voir mourir. Malheureusement, je n'ai aucun pouvoir sur les forces qui frappent le Double-Pays. Je ne suis pas responsable de ce qui arrive, mais je sais que cela cessera si tu libères les Apirous!

– Je ne céderai pas aux exigences d'un dieu qui n'a pas de nom. Il n'existe pas !

Mosé secoua la tête. Pour la première fois, il fut sur le point de perdre patience.

– Alors Siptah mourra. Et tu en porteras seul la responsabilité, à cause de ton stupide orgueil.

Hors de lui, Séthi se redressa. Il faillit ordonner à ses gardes de mettre Mosé à mort. Aaron, en retrait, sentit un étau lui broyer les entrailles. Moïse allait trop loin. Mais le roi regarda le jeune garçon, et constata que son fils aîné disait la vérité. Il se rassit, le visage marqué par l'angoisse. Il resta un long moment prostré. Puis son amour-propre reprit le dessus. Il pointa un doigt menaçant sur Mosé.

– Tu ne peux rien contre moi, car les dieux de l'Égypte nous protégerons. Ces dieux que tu as reniés.

– Je ne les ai pas reniés. Je ne les avais pas compris, et j'ai exigé d'eux des choses qu'ils ne pouvaient pas me donner. J'en suis seul responsable, mais je sais à présent ce qu'ils sont.

– Et que sont-ils ?

– La manière dont les Égyptiens perçoivent mon propre dieu. Chaque peuple a la sienne, sans doute.

– Les dieux de l'Égypte sont plus puissants que ton dieu.

Mosé soupira :

– Il ne s'agit pas d'un combat entre les dieux, père !

– C'est exact ! Toutes ces calamités ont été provoquées par un violent tremblement de terre. Mais bientôt, tout rentrera dans l'ordre.

– Je souhaiterais que tu dises la vérité. Car si nous n'avons jamais su nous comprendre et nous aimer comme père et fils, j'aime ce pays et je ne lui veux aucun mal.

– Tais-toi ! Il ne se passera plus rien.

Mosé ne répondit pas immédiatement. La nuit précédente, une nouvelle vision l'avait visité, confirmée par la chaleur suffocante qui s'était installée sur la ville depuis l'aube. Il s'approcha de la terrasse sur laquelle ouvrait la salle du trône, et déclara :

– Il se passe *déjà* quelque chose ! Regarde !

Vers le nord, le ciel se couvrait de lourds nuages sombres, tels une montagne formidable qui aurait voulu écraser la terre de sa masse monstrueuse. En quelques instants, la nuit s'installa, et un déluge s'abattit sur la cité. Mais, très vite, la pluie se transforma en une terrifiante averse de grêle. Des grêlons aussi gros que des œufs de cane explosèrent sur les dalles de la terrasse, et, plus loin, dans les rues. Les citadins, de nouveau en proie à la panique, coururent se réfugier dans les maisons, sous les porches. Mais les toits eux-mêmes ne pouvaient résister aux impacts et se désintégraient inexorablement. Au loin, dans les champs, les paysans s'enfuyaient, épouvantés, incapables de sauver les récoltes, que la pluie de glace hachait littéralement. Un vacarme assourdissant emplissait la grande salle du trône. Frappé de stupeur, Séthi contemplait le phénomène. Une odeur étrange emplissait les narines, un parfum de fin du monde. Une nouvelle fois, il aperçut le dos offert de Mosé, adossé à une fenêtre, et protégé par le linteau. À portée de sa main apparut la hache d'un garde. Pourtant, au dernier moment, une peur incoercible le pénétra, et il renonça. Rageur, il se mit à hurler :

– Va-t'en ! Quitte ce palais immédiatement !

Mosé lui adressa un regard chargé de tristesse, puis, d'un pas lent, il sortit de la salle en compagnie d'Aaron.

30

« Le Seigneur dit à Moïse :
– Lève ton bras vers le ciel. Que l'obscurité se répande sur l'Égypte, une obscurité si épaisse qu'on puisse la toucher. »
EXODE 10-21

Dans le village apirou, la situation n'était guère brillante. Si les habitants avaient su se protéger des moustiques grâce à la mixture nauséabonde de Mosé, ils avaient subi la grêle, et deux d'entre eux avaient péri. Les bêtes elles aussi avaient été touchées. De nombreuses personnes voulaient fuir le pays, quitte à affronter les soldats de Pharaon. Mais celui-ci, bien décidé à empêcher ses ouvriers de partir, avait ordonné à Menkherê de doubler le nombre de patrouilles. Les Apirous étaient bel et bien prisonniers.

– Quand tout cela finira-t-il ? s'inquiéta Ouziel. Le pays sombre chaque jour un peu plus dans le chaos. Nous allons tous mourir.

– Gardez confiance, répondit Aaron. Moïse avait prédit que Pharaon ne céderait pas immédiatement. Des catastrophes encore plus graves vont s'abattre sur l'Égypte. Alors seulement il acceptera de nous laisser partir. Ainsi parle Moïse.

Les Apirous avaient pu constater que toutes ses prédictions s'étaient réalisées. Mais le plus surprenant était que Pharaon ne l'ait pas encore fait mettre à mort, malgré les effroyables fléaux qui avaient frappé le Double-Pays. On commençait à y voir la protection d'un dieu. Et pourquoi ne pas croire Aaron lorsqu'il prétendait que cette divinité inconnue n'était autre que Jaho, le dieu de leurs ancêtres ? Les plus jeunes demandaient aux plus vieux de leur parler de lui. À vivre au contact des Égyptiens, on s'était désintéressé de ce dieu oublié quelque part au cœur d'un désert que la plupart ne connaissaient pas. Alors, parce qu'il n'y avait pas grand-chose d'autre à faire, les anciens se réunirent pour raconter des légendes étranges relatives à d'innombrables patriarches, et à l'un d'eux en particulier, auquel Jaho avait promis de donner le pays de Canaan. C'était vers cette contrée *de lait et de miel* que l'on allait retourner – si Moïse parvenait à fléchir la volonté de Pharaon.

Le jeune prince, toujours par la voix d'Aaron, s'adressa une nouvelle fois aux Apirous.

– Vous allez encore devoir faire preuve de patience. Séthi ne cédera pas maintenant. Or, le peuple est affamé et va se révolter. Un peu partout, des batailles vont éclater, et l'armée va combattre les rebelles. Vous devez rester en dehors de ces conflits. Car, dans moins de deux jours, des nuées de sauterelles vont dévaster le reste des récoltes.

Les anciens, impressionnés, hochèrent la tête.

Dès le lendemain, les prédictions de Mosé se réalisèrent une fois de plus. Des émeutes éclatèrent dans différentes villes du delta. Des messagers arrivaient de partout, envoyés par les nomarques réclamant des renforts. En divers endroits, des hordes de paysans s'étaient attaquées aux garnisons avant de s'emparer des silos à grains. Des demeures avaient été mises à sac. Dans certaines cités, les soldats s'étaient ralliés aux rebelles. Plusieurs villages avaient été pillés, les habitants massacrés. On rapporta aussi quelques cas de cannibalisme : n'ayant plus rien à manger après que les soldats se furent emparés de leurs quelques bêtes, des pauvres s'étaient entre-dévorés.

Partagé entre la fureur et la terreur, Séthi avait l'impression que son royaume, ce royaume qu'il avait si longtemps convoité, partait en lambeaux. Il ne savait plus comment rétablir son autorité sur un pays de plus en plus livré au chaos. Seule lui restait la fidélité de ses soldats. Mais les coffres royaux se vidaient, or il savait que leur fidélité ne lui était acquise que dans la mesure où il pouvait les payer.

Tout au fond de lui, la voix de la sagesse lui hurlait d'accepter la demande de Mosé. Mais, guidé par son orgueil, il refusait obstinément de l'écouter. Il voulait à toute force se convaincre que ces cataclysmes n'étaient que les conséquences du tremblement de terre. Ils finiraient bien par cesser. Alors, il reprendrait le pays en main, avec la plus extrême fermeté.

Mais, tandis qu'il ruminait ses sombres pensées, son regard se posait sans cesse sur le petit prince Siptah. Mosé n'avait pas menti : des plaques inquiétantes apparaissaient sur son cou.

Le lendemain, une autre catastrophe frappa le Double-Pays. Depuis l'horizon méridional, une nuée obscure s'enfla, puis s'abattit dans les champs, les villages, les villes. Les criquets envahissaient l'Égypte. Pendant plusieurs jours, ils ravagèrent les récoltes, dévorant les plants qui avaient résisté à la grêle, s'attaquant aux arbres. Par endroits, le sol en était couvert sur l'épaisseur d'une main. Les sauterelles semblaient prises de folie, pénétrant partout, dans les maisons, s'infiltrant sous les vêtements. Comme il ne restait plus rien pour se nourrir, on les ramassait et on les mangeait.

L'enfer dura plusieurs jours, qui enfoncèrent encore un peu plus le pays dans le désespoir, si cela était possible. Pourtant, lorsque Mosé retourna voir Séthi, celui-ci, hagard, refusa une nouvelle fois de libérer les Apirous.

– C'est le tremblement de terre qui a effrayé ces sauterelles, s'exclama-t-il. Il n'y a rien de magique là-dedans. Ce n'est pas l'œuvre de ton dieu.

– Peut-être as-tu raison. Le Nil charriant des boues couleur de sang, les invasions de grenouilles et d'insectes, la grêle, tout cela a pu être provoqué par ce tremblement de terre. Mais il ne peut pas être à l'origine de ce qui va se produire à présent.

– Et que va-t-il arriver ?

– Sors sur la terrasse, tu vas pouvoir t'en rendre compte par toi-même.

Mal à l'aise, Séthi obéit. Mosé lui montra le ciel, en direction du nord.

– Je ne vois rien ! rétorqua Séthi.

Mosé ne répondit pas. Tout à coup, Séthi eut l'impression qu'un voile noir dévorait l'horizon au loin, sur toute la largeur du ciel. C'était comme une vague sombre qui se déployait avec une lenteur effrayante et inexorable, envahissant tout sur son passage. À mesure qu'elle se rapprochait, Séthi se rendit compte que des éclairs rougeâtres sourdaient de ses profondeurs, tandis qu'un grondement sourd se faisait entendre. Autour du roi, la nature semblait s'être figée, dans l'attente d'un cataclysme sans précédent.

– Par les dieux ! Qu'est-ce que c'est, Mosé ?

– Une autre manifestation de la colère du dieu qui m'envoie, père.

La nuit précédente, une nouvelle vision lui avait révélé une éruption du volcan. Une colonne de feu et de cendre s'élevait vers le ciel pour former une nappe titanesque se répandant dans toutes les directions. Mosé poursuivit :

– Les ténèbres vont s'abattre sur l'Égypte. Des pierres de feu vont tomber de toutes parts et provoquer des incendies. Ce sera la nuit en plein jour, une nuit si épaisse que le soleil ne se montrera plus.

– Ce n'est pas possible ! Tu mens ! répliqua Séthi sans conviction.

Il ne pouvait détacher ses yeux du nuage létal qui progressait vers Pi-Ramsès. Rien ne semblait capable de l'arrêter. Bientôt, il fut au-dessus de la cité. Alors, des sifflements étranges retentirent. Incrédule, Séthi vit des braises tomber sur la ville. Dans les rues éclatèrent des hurlements de terreur. En différents lieux, des feux se déclarèrent. Sur la terrasse même, des pierres brûlantes chutèrent du ciel, explosant en geysers d'étincelles. Peu à peu, la luminosité décrut, jusqu'à ce que le nuage ait totalement occulté le jour. Alors, la nuit s'installa sur le delta. Une nuit seulement éclairée par les incendies. L'air s'était empli d'une poussière tiède qui s'infiltrait partout et pénétrait les poumons. Mosé avait recommandé aux Apirous de se munir de linges mouillés à appliquer sur le visage. Il faudrait aussi rester à l'abri des maisons et ne sortir qu'en cas d'absolue nécessité.

Les ténèbres durèrent ainsi trois jours. Mosé était retourné dans le village apirou pour informer les habitants de se tenir prêts. Au matin du troisième jour, rien ne laissait penser que le soleil allait revenir un jour. Une neige de cendre continuait de tomber sur Pi-Ramsès. La ville était totalement recouverte d'une couche noirâtre, qui transformait les demeures et les temples en sinistres fantômes de pierre. Les champs avaient eux aussi disparu sous le linceul pulvérulent. Par endroits, les incendies avaient détruit des quartiers entiers, chassant les habitants des ruines. Une lueur ténébreuse coulait du ciel menaçant. L'air que l'on respirait était épais et tiède, chargé d'une poudre impalpable. Il fallait en permanence se protéger. Dans les rues de la capitale, des spectres vêtus de gris erraient en rasant les murs, ou se regroupaient dans les temples pour implorer des explications et obtenir du réconfort.

Ce fut alors que Mosé retourna voir Pharaon. Séthi l'accueillit, le visage livide. De partout, on lui rapportait des récits d'animaux et d'hommes morts par étouffement. Lui-même souffrait de toux incoercibles. Lorsqu'il vit apparaître son fils aîné, il s'exclama :

– Tu peux être fier de ton œuvre, Mosé !

– Je n'ai jamais voulu cela, père. Tu es seul responsable de ce qui est arrivé. Tu t'es comporté en tyran. Tu as asservi ton peuple alors que tu aurais dû être à son service. Tu étais le représentant des dieux sur la terre de Kemit, mais tu n'as rien compris à ton rôle de roi. Aujourd'hui, tu vois où t'ont conduit ton orgueil et ton aveuglement !

Séthi tendit le poing vers lui.

– Je vais te tuer, Mosé !

– Ce n'est pas ainsi que tu apaiseras la fureur de mon dieu. Mais si tu me fais mettre à mort, c'est Lui que tu vas offenser. Tu as déjà sous les yeux une manifestation de Sa colère. Tu peux imaginer ce qu'elle pourra être si je meurs. Car la mission qu'Il m'a confiée n'est pas terminée.

– Quelle mission ?

– Je te l'ai déjà dit : je dois conduire les Apirous hors d'Égypte.

– Qu'as-tu donc à faire de ces gardiens de chèvres ? Tu n'es pas apirou toi-même.

– C'est une nourrice apirou qui m'a donné son lait. Beaucoup d'entre eux sont mes amis. Je dois les aider.

– Mais pourquoi veulent-ils partir ?

– Leurs ancêtres étaient venus chercher la paix dans le royaume de Kemit. Et ils l'ont connue sous le règne de nos ancêtres. Certains ont épousé des Égyptiennes et ont occupé des postes élevés dans l'administration. Nombreux sont ceux qui ont adopté nos dieux. Mais tu as refusé de voir tout cela. Tu as brisé les lois de l'hospitalité. Tu n'as pas payé leurs salaires depuis plusieurs mois. Tu les a traités comme des esclaves, bien qu'ils fussent des travailleurs libres. Alors, ils désirent repartir pour retrouver le pays de leurs ancêtres, Canaan.

Le calme imperturbable de Mosé agaçait Séthi. Mais cette fois, la peur l'emporta. Ce nuage de mort ne pouvait qu'être la manifestation de fureur d'une divinité inconnue. Le roi sentait que rien ne pourrait s'opposer à cette puissance terrifiante et incompréhensible. Il ravala son orgueil et répondit :

– C'est bien ! Puisque tu le désires, emmène ces chiens d'Apirous loin d'Égypte. Et qu'ils crèvent dans le désert !

Mosé hocha la tête, ignorant l'agressivité de Séthi.

– Je partirai avec eux, répondit-il, et tu n'entendras plus jamais parler de moi. Mais mon cœur est triste et amer, car je n'oublie pas que je suis ton fils, Nefersethrê. Je ne demandais qu'à t'aimer, comme un fils doit aimer son père. Ma mère, Takhât, t'aimait, elle aussi. Je sais que tu l'as tuée de tes propres mains. Je t'ai haï à cause de cela, et je t'ai combattu. Tu m'as vaincu et tu as fait tuer mes compagnons. Pourtant je n'ai pas de haine contre toi. Je ne connais plus la haine. Car le dieu que j'ai rencontré m'a appris à aimer. J'aurais aimé partager beaucoup de choses avec toi. Mais tu ne saurais pas les voir. Tu ignores ce qu'est l'amour.

– Ce n'est pas vrai ! s'insurgea Séthi d'une voix marquée par le désespoir.

– Si tu ne m'avais pas détesté ainsi, sans aucune raison, répliqua Mosé, rien de tout cela ne serait arrivé.

– Sans aucune raison ?

Séthi aurait voulu assener à Mosé les raisons qui avaient justifié sa haine. Mais, hormis l'anecdote de la couronne, bien insignifiante en elle-même, il devait s'avouer qu'il était le seul responsable de leur antagonisme. Depuis sa naissance, il avait repoussé ce fils dont il ne voulait pas. Mais pouvait-il tenir un enfant pour responsable de ce rejet ?

Bouleversé, Séthi sentit sa colère fondre. Tandis qu'au-dehors les ténèbres déployaient encore leur noirceur d'apocalypse, des images lui revenaient, des visions de batailles, de corps empalés par milliers, de bûchers, de courtisans qu'il avait pris plaisir à humilier et à manipuler au gré de sa fantaisie, des personnages dont il faisait et défaisait les fortunes, à seule fin de se prouver qu'il était le maître incontesté de Kemit. Il avait ainsi pensé devenir l'égal des dieux, s'enivrant de son pouvoir absolu. Il avait cru atteindre un état supérieur, qui l'élèverait au-dessus de la vie elle-même. Mais c'était un rêve improbable, la poursuite d'une chimère à jamais inaccessible aux humains, quel que fût leur rang. Roi ou humble paysan, tout homme était destiné à mourir un jour, perspective qui l'avait toujours terrorisé. Séthi comprenait aujourd'hui que cette angoisse de la mort avait provoqué en lui une soif inextinguible de puissance, une violence dont l'intensité même l'effrayait aujourd'hui.

Tout cela lui apparaissait dérisoire, car cette omnipotence n'empêchait pas son corps de vieillir. Il ressentait à présent la sécheresse de son âme, le vide de son cœur. Une nausée le saisit. Le rire de Takhât résonna au creux de sa mémoire. Il se souvint qu'elle était très jolie. Il aurait pu l'aimer. Il avait eu envie de l'aimer. Mais il n'avait jamais accepté le fait qu'on la lui imposât. Alors, il avait cédé à la haine. Stupidement. Et cette haine imbécile s'était reportée sur son fils. Séthi était pourtant capable d'aimer ! Il aimait Toueris, de vingt ans sa cadette, qui lui avait donné ce fils qu'il chérissait le plus sincèrement du monde.

Siptah...

Quant à Mosé...

Il aurait eu envie de le haïr encore. La haine était tellement plus simple que l'amour. Mais tout au fond de lui hurlait que cet homme était son fils, un fils issu de son sang, de sa chair. Un fils qu'il admirait pour son courage. Sa vie entière se résumait à une illusion chargée de sang et de souffrance. Il lui aurait pourtant suffi d'ouvrir les bras, bien des années plus tôt. Et rien ne serait arrivé, comme l'avait dit Mosé.

Séthi jeta un coup d'œil à l'enfant, craintivement serré contre sa mère, affolée par le déluge de cendre. Les plaques rouges s'étaient encore développées. Il s'agenouilla devant le petit garçon. Une bouffée d'angoisse l'envahit. Lorsqu'il se tourna vers Mosé, celui-ci vit des larmes couler dans les yeux de son père. D'une voix mal assurée, Séthi déclara :

– Je t'en supplie, Mosé ! Épargne mon fils !

– Je le voudrais de tout mon cœur, père. Et je vais intercéder auprès de Dieu pour qu'Il cesse sa vengeance. Mais ce n'est pas moi qui ai envoyé ces fléaux. Je ne peux aller contre Sa volonté, et j'ignore même s'il m'écoutera.

Séthi baissa la tête. Puis il prit son jeune fils dans ses bras. Le regard du petit garçon était fiévreux. Malgré la chaleur infernale, il grelottait. De toute son âme, Mosé se concentra pour demander que fût épargnée la vie de l'enfant.

Mais il savait déjà qu'il était trop tard, et que sa mort allait avoir des conséquences dramatiques.

31

« Le Seigneur les précédait, de jour dans une colonne de fumée pour les guider le long du chemin, et de nuit dans une colonne de feu pour les éclairer. »
EXODE 13-21

– La pâte n'a pas eu le temps de lever ! s'exclama Ouziel.

– Nous ne pouvons attendre ! rétorqua Mosé. Nous mangerons le pain ainsi. Je crains que Séthi ne change d'idée et ne lance ses soldats contre vous. Il faut partir au plus vite. As-tu prévenu tous les chefs ?

– Ils sont prêts.

– Alors, nous partirons demain à l'aube.

Mosé était très inquiet. Il connaissait la versatilité du caractère de Séthi, et surtout, il savait que celui-ci changerait d'avis si son fils Siptah mourait. Or, d'après ce qu'avait vu Mosé, le petit garçon était très gravement malade et ne survivrait pas plus de quelques jours. C'est pourquoi le jeune prince harcela les Apirous afin de hâter le départ. Nombre d'entre eux récriminèrent, mais Mosé était habitué à leur caractère contestataire.

– S'il y en a parmi vous qui préfèrent rester ici, ils sont libres de le faire, clama-t-il. Je ne serai plus là pour prendre leur défense. Ils s'expliqueront alors avec les hordes de Menkherê.

Le nom du général honni décida les plus récalcitrants. Dès le lendemain, tous les Apirous étaient prêts à partir. Séthi avait ordonné que les gardes se tinssent éloignés. En quelques heures, la totalité des villageois avait quitté Pi-Ramsès. Des Apirous venus de différents endroits de l'Égypte, prévenus par les autres, avaient rejoint les fuyards. Il en venait de Mennof-Rê, de Busiris et d'ailleurs. Avec ces nouveaux arrivants, leur nombre approchait les six mille personnes [1], hommes, femmes, enfants et vieillards, dont les plus âgés étaient nés dans le pays qu'ils allaient rejoindre. Ils n'auraient manqué ce voyage pour rien au monde. Suivaient aussi des dizaines de troupeaux de chèvres et de moutons, des hordes de volailles, canards et oies, attachés par les pattes sur les bâts des ânes et des dromadaires.

Les ténèbres provoquées par la nuée volcanique commençaient à peine à se dissiper. Par endroits, on s'enfonçait jusqu'aux chevilles dans un magma gris. Un épais nuage de cendre les accompagnait, soulevé par des milliers de pieds et de pattes. Jamais les Apirous n'avaient autant mérité le surnom péjoratif que leur donnaient les Égyptiens : les Poussiéreux. Mais ils s'en moquaient. Ils avaient retrouvé la liberté de leurs ancêtres.

La première nuit, Mosé ordonna que l'on continuât à marcher, à la lueur de torches. Il fallait mettre la plus grande distance possible entre les Apirous et Pharaon. On poursuivit la route à travers les marais, à la lueur de centaines de torches qui formaient une gigantesque colonne de feu.

Dès le deuxième jour, un soleil timide parvint à percer l'épaisse couverture de cendre, conférant au paysage un aspect apocalyptique. Plus loin, une pluie torrentielle se mit à tomber, détrempant le sol gorgé de poussière, et lavant l'uniforme de crasse couvrant les fuyards. Elle fut accueillie comme une bénédiction.

Il fallut quatre jours pour atteindre Per-Amon, sur les rives de la Grande Verte. Tandis que les Apirous, épuisés, prenaient quelque repos, Aaron prit Mosé à part :

– Qu'allons-nous faire, mon frère ? Nous sommes encore loin de Canaan, et nous allons être obligés de suivre la piste qui y mène.

---

1. Si l'on en croit la Bible, ce nombre était de 603 550, ce qui aurait alors constitué une troupe plus importante encore que la Grande Armée de Napoléon Ier. Avec une telle puissance, ils n'auraient eu aucune peine à conquérir l'Égypte... et le monde. Les rédacteurs de récits mythologiques avaient coutume d'exagérer les chiffres.

Si Pharaon décide de nous poursuivre, nous ne pourrons pas lui échapper.

– Nous n'allons pas suivre la piste. Le fils de Séthi va bientôt mourir. Les armées de Pharaon vont nous donner la chasse, car il voudra se venger sur nous. En terrain plat, nous ne pourrons pas nous défendre et nous serons tous massacrés jusqu'au dernier. Il n'existe qu'une seule solution : passer par la langue de terre qui contourne la mer des Roseaux.

– Tu n'y songes pas ! Cette route est bordée de marécages et de sables mouvants.

– Nous l'avons empruntée il y a quatre ans, souviens-toi.

– Nous étions beaucoup moins nombreux !

– À l'époque, Dieu m'a montré le chemin, parce qu'Il savait sans doute déjà que je devrais y repasser plus tard.

Il hésita, puis ajouta :

– Je sais que nous devons suivre cette route. J'ai eu une autre vision. Je ne souhaiterais pas qu'elle se réalise, car elle engendrera un drame épouvantable. Mais je ne peux aller contre la volonté de Dieu.

Aaron n'insista pas. Il se contenta de transmettre les directives de Mosé aux autres. Il n'était pas question de remettre ses décisions en cause, alors qu'il venait d'obtenir leur libération dans des conditions prodigieuses. Elles étaient au cœur de toutes les discussions le soir, lorsqu'enfin il autorisait une courte halte pour la nuit. Cela n'empêchait pas certains de se plaindre. Les enfants étaient recrus de fatigue, on avait perdu des animaux en chemin. Et surtout, quelques chefs de clans n'admettaient pas d'être dirigés par un homme n'appartenant pas au peuple apirou. À plusieurs reprises, Aaron avait laissé exploser sa colère.

– Allez-vous vous taire ? Moïse n'était pas obligé de revenir en Égypte pour vous sauver. Il a laissé sa famille au pays de Madian pour vous secourir, parce que je me sentais incapable de le faire seul. Il a réussi, car notre dieu, Jaho, marche à ses côtés. Malgré cela, vous continuez à lui reprocher de ne pas appartenir à notre peuple. Vous êtes des ingrats.

Mosé se félicitait d'avoir choisi Aaron comme porte-parole. La position de son frère d'adoption faisait de lui une sorte de chef. En vérité, il en assumait toutes les fonctions. Lui, Mosé, se contentait de lui confier ses indications. Par moments cependant, il éprouvait un découragement intense. Ce peuple était impossible à gouverner.

À Pi-Ramsès, Séthi n'avait pas quitté le chevet de son fils. Jour après jour, il avait vu la santé du petit garçon se dégrader. Son corps brûlait de fièvre, et, le lendemain du départ des Apirous, il avait sombré dans un sommeil agité, dont il ne s'éveillait que pour gémir de douleur. Malgré tout, Séthi ne voulait pas perdre espoir. Il avait accordé la liberté aux Poussiéreux, comme le lui avait demandé Mosé. Son dieu mystérieux allait donc prendre Siptah en pitié. Séthi avait fait venir les meilleurs médecins de Pi-Ramsès et d'ailleurs, tout au moins ceux qui avaient survécu aux fléaux. Chacun avait apporté ses remèdes et lancé des incantations magiques pour chasser le mal. Rien n'y faisait.

Au matin du quatrième jour, Séthi eut l'impression que la fièvre avait baissé. Puis il se rendit compte, sans vouloir l'admettre, que Siptah ne respirait plus.

Le palais retentit du long cri d'un animal blessé. Le roi prit désespérément le corps du petit garçon dans ses bras, le fit bouger pour le ramener du royaume des morts. Lui qui avait le sang de milliers de victimes sur les mains, se mit à pleurer comme un enfant, quêtant autour de lui un soutien, un miracle. Siptah était seulement en train de dormir. Il allait bientôt se réveiller. Le mal était loin à présent...

Enfin, il comprit qu'il n'y avait plus rien à faire. Il poussa alors un terrible rugissement de rage et de haine. Il leva le poing vers le ciel et hurla :

– Qu'ils soient tous maudits !

L'instant d'après, il convoquait Menkherê.

Au même moment, la longue colonne des Apirous atteignait la bande de terre de la mer des Roseaux[1].

1. En hébreu, *yam* signifie mer ou lac ; *suf* signifie marais envahi par des plantes aquatiques. Le terme biblique *Yam Suf*, signifie donc mer (ou lac) des Roseaux. La tradition situe cette Mer des Roseaux à l'extrême nord de la mer Rouge. En réalité, elle correspond plus vraisemblablement au lac Serbonis (Sabkhat el Bardawill actuel).

– Tu veux nous entraîner vers la mort ! s'écria un vieillard à l'adresse de Mosé. Jamais nous ne pourrons passer par là. Cette route est trop étroite.

– Il faudra bien, pourtant. Cette nuit, Dieu m'a envoyé une nouvelle vision : son fils vient de mourir, comme je le redoutais. Il nous tient pour responsables de sa mort et va tout faire pour nous exterminer. Dieu veut que nous empruntions cette route entre les deux mers. Il l'a ouverte pour nous. Grâce à elle, Il nous sauvera tous.

Il ne précisa pas ce qu'il avait réellement vu. Si, comme les autres visions, elle se vérifiait, alors la prophétie s'accomplirait, et Mosé serait cause de la mort de son père. Car Pharaon, fou de douleur devant le corps sans vie de Siptah, avait lui-même pris la tête de ses armées, lancées à marche forcée sur les traces des Apirous.

Il n'y avait pas un moment à perdre. S'ils traînaient trop en chemin, ils périraient, eux aussi. Alors, malgré les récriminations, commença une progression difficile le long de la bande de terre marécageuse. Mosé avait placé Aaron en tête, tandis que lui-même restait en queue du convoi, afin d'encourager les retardataires. Il avait exigé que les bêtes, d'ordinaire livrées à elles-mêmes, fussent attachées et fermement tenues, afin d'éviter de les perdre dans les sables mouvants. Le soir, au bivouac, on se contenta d'un peu d'eau, de fruits et de galettes de pain non levé emportés de Pi-Ramsès. La colonne s'étirait ainsi sur un demi mille, que Mosé parcourait à grands pas afin de rassurer tout le monde. Il ne dormait guère la nuit, guettant avec anxiété les accidents toujours possibles, et les signes annonçant l'arrivée prochaine de Pharaon.

Séthi avait sombré dans la démence. Malgré le geste de mansuétude qu'il avait eu en libérant les Apirous, leur dieu infernal n'avait pas épargné son fils. Ils allaient payer. Il avait ordonné à Menkherê de rassembler l'armée, et surtout les chars, qui permettraient de rattraper ces chiens au plus vite. Le général, ravi à la perspective d'un nouveau massacre, avait aussitôt obéi. Gardes et soldats furent réquisitionnés et lancés sur les traces des fuyards, derrière les chars, que la mégalomanie royale avait portés au nombre de six cents. Mais, dans les marécages, les chevaux n'avançaient guère plus vite que les fantassins. Il fallut quatre jours pour atteindre la bande littorale de la mer des Roseaux, où on les renseigna sur la route qu'ils avaient empruntée.

– Ils sont perdus ! s'exclama Séthi. Ils n'ont aucune chance de nous échapper.

Cependant, pour la première fois, Menkherê hésitait. Cette route marécageuse qui s'éloignait à perte de vue entre les deux étendues d'eau ne lui inspirait aucune confiance.

– Seigneur, dit-il, j'ai un mauvais pressentiment. Ce chien a déjà attiré nombre de malheurs. Ne crains-tu pas qu'il ne nous réserve encore un de ses tours ?

– Ces malheurs n'étaient que les conséquences du tremblement de terre ! Je veux le tuer de mes mains, tu entends ? Il a tué mon fils !

– Mais, Lumière de l'Égypte, si les fièvres étaient provoquées par le tremblement de terre, il n'est pas responsable.

Séthi se tourna vers Menkherê, interloqué. Le plus fidèle de ses généraux ne l'avait pas habitué à faire preuve de lâcheté.

– Aurais-tu peur de me suivre ?

– Je te suivrai partout, ô mon maître. Mais je veux te rappeler la prophétie, qui affirme que ton fils sera la cause de ta mort.

– Je me moque de mourir ! hurla Séthi. Il périra avant moi !

Il était inutile de tenter de lui faire entendre raison. Depuis la mort de Siptah, il ne vivait plus que pour la vengeance. Nombre de soldats ne pouvaient suivre le rythme qu'il avait imposé à l'armée pour gagner Per-Amon, puis l'extrémité occidentale de la mer des Roseaux. Beaucoup d'entre eux n'étaient pas encore arrivés. Menkherê avait compris que la plupart profitaient de l'occasion pour déserter. La mort dans l'âme, il suivit Séthi, qui s'était déjà engagé sur la bande de sable en vociférant d'une voix marquée par la folie et le chagrin.

Bien plus loin, la caravane des Apirous poursuivait sa difficile progression. Un vent violent soufflait en permanence depuis la Grande Verte, entravant la marche. Par endroits, la bande se resserrait tant que l'on ne pouvait y passer à plus de quelques hommes de front. L'esprit frondeur des Apirous n'avait pas tardé à se manifester de nouveau. Certains commençaient à grogner.

– Nous allons tous mourir ! gémissaient-ils. Pourquoi nous avoir arrachés à la terre d'Égypte pour nous amener ici ? Ce Moïse est fou.

Mais le jeune prince continuait de les harceler, ignorant leurs plaintes. Il fallait atteindre la haute dune au plus vite. La nuit précédente, au cours d'un repos trop court, il avait été le témoin d'un phénomène hallucinant, qui avait eu lieu au cours de la journée précédente. Une nouvelle fois le volcan lui était apparu. L'éruption semblait s'être arrêtée. Pourtant, des forces colossales continuaient de s'amasser sous la base même du cratère, trop importantes pour être canalisées par les cheminées volcaniques. Et soudain, ce qui restait du volcan s'était désintégré. Une formidable colonne de feu, de cendre et de lave s'était élevée vers le ciel, atteignant une hauteur prodigieuse. Mosé avait ressenti dans son corps même la puissance formidable libérée par l'explosion, le souffle infernal qui s'ensuivit. Celui-ci avait engendré une vague d'une hauteur monstrueuse, rayonnant dans toutes les directions. Elle se dirigeait en ce moment même vers la mer des Roseaux. Il espérait seulement que la hauteur de la dune serait suffisante pour les protéger du terrible raz de marée qui se préparait.

Bientôt, il poussa un soupir de soulagement, car la silhouette de la colline de sable se profila à l'horizon. Il exhorta alors ses troupes à accélérer encore le pas.

– Dépêchez-vous, hurla-t-il. Il nous faut atteindre cette dune. Là-bas, nous serons à l'abri.

– À l'abri de quoi ? grommelaient certains.

Mais Mosé n'admettait aucune contradiction. Si Aaron transmettait les ordres, la seule voix de Mosé suffisait pour faire taire les récalcitrants. Le jeune prince rejoignit à la hâte la queue du convoi.

– Hâtez-vous ! harangua-t-il les derniers. Nous sommes presque sauvés.

Soudain, loin vers l'ouest, il distingua une masse noire qui grossissait régulièrement. Les retardataires se mirent à hurler de terreur.

– C'est Pharaon ! Il nous a rattrapés. Nous allons tous mourir.

– Vous ne mourrez pas si vous atteignez la colline, là-bas. Pressez le pas ! Vite !

Lui-même attrapa deux enfants dans ses bras, libérant une femme essoufflée. Hors d'haleine, il ignora le sable qui lui brûlait la plante des pieds, les roseaux qui lui griffaient les mollets, les flaques d'eau salée qui ralentissaient son allure. Par moments, il avait l'impression que son souffle allait le trahir, qu'il ne parviendrait pas à rejoindre la dune. Ses poumons le brûlaient. Autour de lui, les gens marchaient ou couraient, aussi vite que le leur permettaient leurs jambes usées. Il aurait voulu avoir des centaines de bras pour pouvoir tous les porter, les soutenir. Près de lui, un vieillard s'écroula, les yeux exorbités. Mosé confia les enfants à deux hommes et chargea le vieil homme sur ses épaules.

Tout à coup, un phénomène insolite attira son attention. Sur sa gauche, il vit la mer se retirer, d'abord lentement, puis de plus en plus vite.

– Cela a commencé, songea-t-il. Dieu de la Vie, donne-moi la force de continuer.

Jetant un coup d'œil vers l'avant, il constata avec soulagement qu'une bonne partie des Apirous avait réussi à gagner la proéminence de sable. Il avait presque réussi. Mais près de la moitié de la colonne piétinait encore sur la bande littorale.

– Vite ! hurla-t-il.

Derrière eux, les chars de Pharaon se rapprochaient dangereusement. Un bref regard permit à Mosé d'estimer qu'ils avaient à peine le temps d'atteindre la dune. Là-bas, Aaron et les autres aidaient les nouveaux arrivants à se mettre à l'abri.

Près de Mosé, les fuyards remarquèrent le phénomène étrange. Les eaux s'étaient désormais retirées si loin qu'on ne les voyaient plus. Plusieurs personnes hors d'haleine s'étaient arrêtées pour contempler la Grande Verte. Des gémissements de terreur se firent entendre. Ils ne comprenaient plus ce qui se passait. Jaho voulait certainement les punir de leur manque de respect. Les chars de Séthi n'étaient plus qu'à un quart de mille. Mosé se rendit compte qu'ils ne progressaient pas très vite. Certains même s'enlisaient dans les marécages.

La peur donne des ailes. Elle fut suffisante pour galvaniser les Apirous à la traîne, qui retrouvèrent assez d'énergie pour se hisser sur la dune. Mosé surveillait attentivement la Grande Verte.

Soudain, ce qu'il redoutait et espérait à la fois se matérialisa dans toute son horreur : au loin, l'horizon se souleva pour former une vague monstrueuse, haute comme une dizaine d'hommes.

– Dépêchez-vous ! hurla-t-il.

Lui-même ne pouvait plus accélérer le pas. Le poids du vieillard lui pesait terriblement sur les épaules. La haute vague se rapprochait inexorablement. Mais, un par un, les Apirous atteignirent la dune, et grimpèrent vers le sommet, où les autres s'étaient déjà rassemblés. Mosé ne se souciait plus de Pharaon. Il lui fallait, lui aussi, atteindre la colline.

Enfin, une main amie le tira fermement vers les hauteurs. Aaron. Quelqu'un le soulagea de son fardeau. Des bras le soutinrent, l'amenèrent vers la crête. Il ne parvenait presque plus à respirer. Lorsqu'il put enfin reprendre son souffle, il découvrit un spectacle apocalyptique. Au pied de la dune, les premiers chars égyptiens les avaient presque rattrapés. Le premier d'entre eux portait un homme de haute stature, qui lui ressemblait trait pour trait. Séthi.

Le roi ne s'était pas rendu compte du phénomène insolite qui se déroulait sur sa gauche. Il n'entendait pas, derrière lui, les cris d'épouvante de ses soldats. Il n'avait qu'un but : atteindre la dune et tuer Mosé de ses propres mains. Il cravachait ses chevaux pour les forcer à aller plus vite. Tout à coup, il comprit qu'il se passait quelque chose d'extraordinaire. Lorsqu'il tourna les yeux vers la Grande Verte, il poussa un cri d'horreur. Une falaise liquide, haute d'une quarantaine de coudées, fondait sur lui et ses soldats. En une fraction de seconde, il comprit qu'il était perdu.

Pétrifiés par la vue de la monstrueuse muraille, les Apirous s'étaient resserrés les uns contre les autres. Bien sûr, la dune était plus haute que la vague, mais celle-ci n'allait-elle pas la submerger ?

Le temps sembla alors se ralentir. Séthi, ivre de fureur, se tourna vers Mosé et lui hurla des mots que le vacarme de la vague emporta. Des cris de terreur s'échappaient de l'armée égyptienne, en proie à une panique totale. La bande littorale interdisait toute tentative de fuite. Hommes et chevaux étaient irrémédiablement pris au piège.

D'un pas mécanique, Mosé se rapprocha de la limite de la dune. Son père baissa les bras. Au loin, la vague monstrueuse s'écroula sur elle-même, roula en un fracas infernal, puis se rua en direction de la bande de terre et des soldats. Ce fut comme une prodigieuse harde de chevaux blancs qui fondit sur les malheureux et les emporta à une vitesse inimaginable. En quelques instants, la puissante armée de Séthi fut engloutie. Jusqu'au dernier instant, Mosé s'accrocha au regard résigné de son père. Puis celui-ci fut recouvert par le formidable rouleau d'écume, qui poursuivit sa route vers l'intérieur de la Mer des Roseaux. Les hurlements de terreur qui vrillaient le formidable rugissement du raz de marée s'éteignirent. Çà et là surnageaient quelques corps, des chevaux se débattant, des débris de chars, mais tout fut balayé vers l'intérieur, roulé, bousculé, broyé, pulvérisé, noyé…

Des larmes ruisselaient sur les joues de Mosé. La prophétie n'avait pas menti. Son père avait trouvé la mort en le poursuivant. Mais il avait entraîné des milliers d'innocents dans sa folie…

Une main se posa sur son épaule. Aaron.

– Encore une fois, Jaho t'a parlé, Moïse. Tu nous as tous sauvés.

– Jamais je n'ai voulu cela, murmura Mosé.

La dune avait résisté. Du côté de la Grande Verte, quelques lames furieuses avaient presque atteint le sommet, mais personne n'avait été emporté. Les Apirous contemplaient Mosé avec un respect mêlé de crainte. Beaucoup étaient désormais persuadés qu'il avait lui-même déclenché tous ces phénomènes incroyables, depuis l'eau du Nil transformée en sang jusqu'à cette vague monstrueuse qui avait englouti l'armée de Pharaon. Un homme normal n'était pas capable de réaliser de tels prodiges. Il fallait qu'un dieu l'inspirât. Et ce dieu ne pouvait être que Jaho. Mais pourquoi le Seigneur n'avait-il pas choisi un homme de son peuple ? On se souvint alors que sa nourrice était une Apirou. Elle était là, parmi eux. Or, une nourrice est un peu une seconde mère. Déjà, certains commençaient à imaginer que Mosé lui était peut-être plus proche qu'on ne le disait. N'avait-elle pas en effet perdu un enfant le jour même où Mosé était né ? Était-on bien sûr que son bébé avait été tué par les soldats ? Moïse traitait Jokébed comme sa mère. Alors…

On n'avait pas eu la force de poursuivre la route le jour même. Tout le monde était épuisé, et la menace avait disparu avec l'ennemi. Malgré le vent incessant, on parvint à allumer quelques feux.

Mosé s'isola. Il avait entendu ce que l'on disait de lui. Les Apirous étaient désormais persuadés que leur dieu, Jaho, était intervenu pour lui parler et conduire ses actes. Il soupira. Il ne servirait à rien de les détromper. Et si cela pouvait aider à maintenir leur cohésion…

Il ne parvenait pas à chasser les images épouvantables des Égyptiens balayés par le rouleau puissant, ni le visage désespéré de son père. Comment un dieu de vie pouvait-il avoir permis une telle abomination ? Dieu n'aurait-Il pas dû agir pour tenter de réconcilier Égyptiens et Apirous ? Longtemps, il retourna la question dans tous les sens, essayant de trouver une explication. Et il finit par comprendre.

En vérité, Dieu était-il responsable de ce désastre ? S'il persistait à Le considérer comme un être supérieur, mais semblable à l'homme, et porté par les mêmes motivations, il continuerait à se fourvoyer. L'explication était autre. Dieu était le souffle de la Création, celui qui donnait la vie. Les cataclysmes naturels, tremblements de terre, inondations, chutes de grêle, invasion de sauterelles, tout cela existait depuis toujours. Ils faisaient partie du monde dans lequel vivaient les hommes. Ceux-ci auraient dû s'en protéger, ou tout au moins s'entraider pour en atténuer les effets dévastateurs. Pharaon était seul coupable de l'anéantissement de son armée et auteur de sa propre mort. Dieu ne lui avait pas inspiré de poursuivre les Apirous. Séthi avait pris seul cette décision.

Quant à lui, Mosé, aucune voix ne lui avait dicté ce qu'il devait faire. Seule cette étrange faculté de clairvoyance lui avait permis de prévoir l'avenir. Il avait pressenti l'éruption, puis l'explosion du volcan, comme s'il avait été sur place. Il en avait deviné toutes les conséquences. Il possédait sans doute un pouvoir exceptionnel, que les hommes appelaient la prophétie. Mais lui-même ne le ressentait pas ainsi. S'il était capable de mêler ainsi son esprit au monde et d'en pressentir certaines manifestations, c'était parce qu'il avait su abandonner ses anciennes croyances. Il avait su ouvrir son esprit, et se débarrasser d'une cuirasse de certitudes, d'idées reçues, pour explorer le territoire de ce dieu inconnu sans aucun *a priori.* Souvent il lui avait fallu lutter contre le doute. Puis la vérité avait surgi en lui, évidente. Ainsi avait-il pu développer cette faculté merveilleuse. Peut-être sommeillait-elle au cœur de tous les hommes. Mais ils l'ignoraient.

Ses compagnons étaient persuadés qu'un dieu lui avait parlé, mais c'était faux. Dieu ne s'exprimait pas de cette manière-là. Dans le cœur de tout homme sommeillait une richesse unique, qui cristallisait la présence divine. Il fallait beaucoup d'humilité et de sagesse pour connaître son existence et encore plus pour la comprendre. Mais saurait-il leur enseigner cela ? Les hommes demeuraient aveuglés par leur orgueil, par leurs certitudes, guidés par leurs intérêts. Lui-même avait commis cette faute lorsqu'il s'était imaginé destiné à coiffer la double couronne. Trop de ses compagnons avaient payé de leur vie cette erreur fatale. Dieu n'était pas à l'origine de ces morts. Lui, Mosé, était le seul coupable.

Les hommes portaient seuls toute la responsabilité de leurs actes. Et ils pouvaient faire de ce monde une terre de joies… ou de malheurs.

32

« Le Seigneur dit à Moïse :
– Du haut du ciel, je vais faire pleuvoir du pain sur vous. »
EXODE 16-4

Il fallut encore quelques jours pour atteindre l'autre extrémité de la mer des Roseaux. Enfin apparut la terre ferme. Le passage entre les eaux, fait de boue et de roche, bordé par les sables mouvants, avait prélevé son tribut de vies. Plusieurs imprudents avaient trouvé la mort, et l'on ne comptait plus les animaux disparus, affolés par le raz de marée ou par les nuées d'oiseaux migrateurs.

Quelques miles plus loin, on dressa le camp dans une palmeraie, en bordure d'une vaste étendue d'eau. Malheureusement, la proximité de la mer la rendait imbuvable. Il s'était écoulé plus de quinze jours depuis le départ, et les provisions commençaient à manquer. Les réserves restantes durent être rationnées, ce qui provoqua de nouveau quelques plaintes. Lesquelles se transformèrent en grogne lorsque Mosé annonça que l'on ne se rendrait pas directement dans le pays de Canaan. Il désirait tout d'abord retrouver sa famille. Alors, malgré tous les efforts qu'il avait accomplis pour eux et les risques qu'il avait pris, il fut conspué. Mais Aaron prit la parole.

– Est-ce ainsi que vous remerciez le prince Moïse ? C'est grâce à lui que vous avez retrouvé votre liberté. Sans lui, vous seriez encore esclaves des Égyptiens. Pire encore, Pharaon vous aurait massacrés parce qu'il vous aurait rendus responsables de la mort de son fils.

Il y eut un instant de flottement.

– En vérité, vous êtes des ingrats. Et vous êtes stupides. Regardez-vous ! Vous êtes épuisés, vous ne possédez pas d'armes. Des armes dont, de toute façon, vous ne sauriez pas vous servir. Que se passera-t-il si, une fois arrivés à Canaan, les habitants vous rejetaient ?

– C'est le pays de nos ancêtres ! riposta Éliab, le prêtre. Nous le reprendrons par la force.

– Et vous serez anéantis jusqu'au dernier.

– C'est faux ! Nous sommes un peuple, à présent. Et Jaho nous viendra en aide.

– Vous vous trompez ! C'est avec Moïse que le Seigneur a conclu une alliance. Il lui a confié la mission de vous sauver. Mais vous refusez de lui obéir parce qu'il est égyptien. Alors, tant pis pour vous. Vous êtes libres de partir immédiatement pour Canaan. Il vous suffit de suivre la côte en longeant la Grande Verte. Si vous rencontrez une tribu hostile, voire un roi susceptible et doté d'une armée puissante, vous vous débrouillerez seuls. Quant à moi, je suivrai Moïse, parce que je ne suis pas sûr, lorsqu'il ne sera plus avec vous, que le Seigneur marchera encore à vos côtés.

Un grand silence s'installa. Éliab tenta bien d'obtenir quelque soutien, mais les mots d'Aaron avaient touché les Apirous. L'un après l'autre, ils se rapprochèrent de Mosé. Ouziel s'inclina devant lui et dit :

– Pardonne-nous, prince Moïse. Aaron a raison : nous sommes des ingrats. Nous ferons ce que tu décideras.

Mosé entraîna donc les Apirous en direction du désert. Il lui tardait de retrouver ses deux femmes et ses enfants, de goûter la paix en leur compagnie. Pendant quelques jours, les Apirous se tinrent tranquilles, et aucune plainte ne fut formulée. Mais, la soif et la faim aidant, elles réapparurent très vite. Les plus imprévoyants manquaient cruellement d'eau et en faisaient reproche à Mosé.

– Pourquoi nous avoir obligés à quitter l'Égypte ? Là-bas au moins, nous mangions à notre faim, et nous avions de l'eau en abondance.

La patience de Mosé était mise à rude épreuve, car lorsque l'un avait fini de récriminer, un autre prenait le relais. Parfois, Aaron explosait de colère.

– Mais comment osent-ils se plaindre ! N'ont-ils donc aucune reconnaissance ?

Mosé souriait avec indulgence.

– Ils ont faim et soif. Il faut leur pardonner.

La nuit venue, au bivouac, il s'isolait. Il retrouvait alors un peu du calme nécessaire pour entrer en communion avec le monde. Il fallait très rapidement trouver une solution, car les réserves d'eau étaient presque épuisées, et les enfants en pâtiraient les premiers. Ensuite, il faudrait chercher de la nourriture. Heureusement, il connaissait bien le désert, qu'il avait traversé quatre années auparavant, et où il était revenu plusieurs fois ensuite. À différentes reprises, il avait éprouvé le besoin de quitter Madian pour retourner sur la montagne de Dieu. Il aimait la paix qui se dégageait de cet endroit sauvage et mystérieux. C'est là qu'il avait appris à ouvrir totalement son cœur et son esprit, à établir une communion qui lui permettait de ressentir la vie intense du monde. C'était de cette manière que Dieu lui « parlait ». Il savait l'emplacement des rivières éphémères, les époques où elles coulaient, connaissait les oasis et les puits. Ils atteindraient bientôt l'un d'eux. Mais il lui faudrait imposer une discipline sévère s'il voulait éviter que l'eau ne soit souillée en raison du nombre des voyageurs.

Le lendemain, se guidant au soleil et à certains accidents du terrain, Mosé retrouva sans difficulté un petit étang où venaient boire les animaux, et que les nomades appelaient Mara. Dès qu'ils aperçurent le puits, les Apirous voulurent se précipiter pour remplir leurs outres. Mais Mosé se plaça devant eux en écartant les bras.

– En arrière ! hurla-t-il. Si tout le monde se sert en même temps, l'eau deviendra vite imbuvable.

Ce disant, il frappa le sol de son bâton. Un silence impressionnant s'étendit sur la foule, uniquement perturbé par les mugissements du vent du désert, qui sifflait sur les pierres acérées. Aaron s'était placé près de Mosé.

– Je ne veux pas voir plus de dix personnes en même temps au bord de l'eau. Remplissez vos outres, puis cédez votre place.

Un géant s'avança.

– Et que se passera-t-il si nous n'obéissons pas ?

– Je partirai, et vous laisserai seuls rejoindre le pays de vos ancêtres.

Éléazar intervint :

– Vas-tu te taire, Ruben ? Nous ne connaissons rien du désert de Chour. Moïse est le seul capable de nous guider.

– Aaron le peut, lui aussi. Je n'ai pas envie d'obéir aux ordres d'un Égyptien.

Aaron explosa une nouvelle fois.

– Cet Égyptien vous a tous sauvés du massacre, Ruben. Alors, je ne veux plus rien entendre. Que chaque famille prépare ses outres et que l'on forme des rangs.

Ruben se retira en maugréant. Bon gré, mal gré, les familles s'organisèrent.

Le soir, comme à son habitude, Mosé s'écarta du campement. Les conflits des jours précédents l'avaient contrarié. Par moments, il était tenté d'abandonner. Ces gens étaient vraiment trop difficiles à guider. Après tout, rien ne l'obligeait à atteindre lui-même ce mystérieux pays de Canaan.

Peu à peu cependant, la sérénité du désert le pénétra et il éprouva un immense bien-être. Les réactions de Ruben et d'Éliab, le prêtre, méritaient-elles qu'il y attachât de l'importance ? La grande majorité des Apirous ne tenait aucun compte de son origine égyptienne. Ce qu'ils avaient vu et vécu leur suffisait. Pour eux, Mosé était bien l'envoyé de leur dieu, Jaho, et le fait qu'il eût choisi un étranger pour les guider ne les étonnait pas outre mesure. Il avait surpris quelques rumeurs qui l'avaient amusé. Certains pensaient qu'il appartenait peut-être à leur peuple, parce qu'il traitait Jokébed et Amram comme ses parents. Ils avaient même inventé une histoire invraisemblable d'enfant confié au Nil sur un couffin et recueilli par la princesse égyptienne qui l'avait adopté. Mosé y vit la preuve de leur affection.

Leur soif étanchée, les Apirous se montrèrent un peu plus conciliants. Pour un temps, car leur ventre criait famine. Dès le lendemain, Ruben et quelques autres revinrent se plaindre.

– Pourquoi nous as-tu entraînés dans ce désert ? Nous allons tous y périr de faim s'exclama le colosse, approuvé par les autres.

Bien entendu, Éliab était près de lui, en compagnie d'une dizaine d'autres prêtres. Ceux-ci ne parlaient pas souvent, mais étudiaient attentivement Mosé, qui pouvait presque deviner leurs pensées. Les phénomènes prodigieux dont ils avaient été les témoins les avaient convaincus que leur dieu était venu à leur secours. Ils ne parvenaient pourtant pas à admettre qu'il ait choisi un Égyptien ignorant les rites et l'histoire des ancêtres. Profitant de la liberté retrouvée, ils avaient voulu ranimer la foi vacillante des Apirous, mais s'étaient heurtés chez la plupart à une totale indifférence. Peu importait le dieu qui les avait sauvés. Ils étaient libres, et cela seul comptait. À condition qu'ils ne meurent pas de faim en route. La nourriture terrestre passait bien avant celle de l'esprit.

Heureusement, Mosé savait comment il allait les approvisionner. Il avait remarqué que les tamaris se couvraient de perles de résine sucrée et comestible, que les vents séchaient et emportaient. Par endroits, elles s'accumulaient en amas dont il suffisait de se servir. Les Bédouins appelaient cette résine : la « manne ». Il connaissait une vallée, un peu plus loin, où cette manne existait en grande quantité.

– Nous allons marcher encore une journée, dit-il. Demain, vous aurez de quoi manger.

Le lendemain, les Apirous découvrirent avec stupéfaction une vallée au milieu de laquelle coulait un filet d'eau. Là, sur une grande surface, le sol se couvrait d'une substance blanchâtre, qu'il fit goûter aux anciens. Ceux-ci trouvèrent l'étrange nourriture à leur goût.

– Il y a ici de quoi nous restaurer tous, déclara-t-il. Vous allez ramasser quatre mesures de cette manne par personne.

Avec un étonnement grandissant, les Apirous constatèrent que la résine sèche tombait du ciel, apportée par le vent du désert. Ouziel s'exclama :

– C'est Jaho qui nous envoie cette manne, afin que nous ne mourrions pas de faim.

Mosé se garda bien de lui dire qu'il s'agissait là d'un phénomène naturel, qu'il avait déjà observé lors de ses précédents voyages. Il ordonna que l'on établisse le campement pour plusieurs jours. Devant l'étonnement d'Aaron, il répondit :

– Nous sommes au début du mois de pharmouti. Il va bientôt se produire ici un nouveau phénomène, que nos amis vont tenir pour prodige.

– Lequel ?

– Je ne veux pas en dire plus. J'espère ne pas me tromper. Si j'ai raison, nous aurons bientôt de la viande en quantité.

Aaron renonça à l'interroger plus avant. Le lendemain, Mosé lui confia :

– J'ai eu une nouvelle vision cette nuit. Dis à nos compagnons de se préparer à une chasse miraculeuse.

Aaron regarda autour de lui, intrigué. À part une harde de dromadaires sauvages qui s'était enfuie à l'aube, il n'y avait dans les environs que quelques gerboises et des renards des sables furtifs, quasi impossibles à attraper, et peu comestibles. Mais Mosé lui montra le ciel en direction du sud. Sous les yeux éberlués de l'Apirou, une nuée inquiétante apparut au-dessus de l'horizon, telle une immense masse noire en mouvement. Elle progressa lentement vers eux, semant çà et là un début de panique. Mais ils comprirent très vite qu'il s'agissait d'oiseaux.

– Des cailles ! expliqua Mosé. À cette époque, elles remontent vers le nord. Elles sont épuisées et vont se poser. Il ne vous restera plus qu'à en capturer autant que vous pourrez.

Stupéfaits, les Apirous constatèrent qu'une fois de plus, il disait vrai. Par dizaines, par centaines de milliers, les cailles recrues de fatigue s'abattirent sur la vallée, peut-être pour profiter elles aussi de la nourriture providentielle offerte par la manne et reprendre des forces. Incapables de réagir, les malheureux oiseaux furent tués par milliers [1].

Le soir, autour des feux, la bonne humeur s'était installée. Même Ruben avait fini par se taire. Il avait reconnu publiquement qu'une fois de plus, l'Égyptien les avait sauvés de la famine.

---

1. Le mois de pharmouti correspond à la période du 14 février au 15 mars, au cours de laquelle migrent les cailles. Elles remontent alors de l'Afrique vers la Turquie et l'Europe, en passant par le Sinaï.

– Souvenez-vous ! clama Aaron, ravi de lui clouer le bec, la prophétie disait qu'un dieu conclurait une alliance avec le prince Masesaya. Ce dieu est le nôtre. C'est lui qui inspire Moïse. Car Moïse parle avec Dieu. C'est pourquoi nous devons le suivre. Il nous mènera jusqu'à la terre que Jaho promit à Abraham.

Mais il était dit que la route serait encore longue et périlleuse. À cause des enfants et des vieillards, Mosé avait décidé de rester plusieurs jours sur place. Afin de trouver de nouveaux lieux où s'entassait la manne, il avait envoyé plusieurs groupes d'éclaireurs. De même, il fallait profiter au maximum de la migration des cailles.

Un matin, des sentinelles se présentèrent devant Mosé, portant un homme exténué et couvert de sang. Un rassemblement se forma aussitôt. On constata alors avec horreur qu'on lui avait tranché les oreilles, le nez, et plusieurs doigts.

33

« Les Amalécites vinrent attaquer les Israélites à Refidim. »
EXODE 17-8

– C'est Yemouel, s'écria Ouziel. Il est parti il y a trois jours.

– Où sont les autres ? Ils étaient six, s'inquiéta Aaron.

Le blessé était à bout de force. Il avait perdu beaucoup de sang, mais, grâce à une volonté surhumaine, il avait trouvé la force de revenir.

– Des Bédouins nous ont attaqués, Seigneur, expliqua-t-il d'une voix marquée par la souffrance. Nous avions trouvé une nouvelle vallée par là-bas, vers l'est. Les cailles y sont encore plus nombreuses qu'ici et la manne abondante. Nous allions repartir lorsqu'une troupe nous a capturés. Pendant un jour entier, ils ont pris plaisir à nous torturer, mes compagnons et moi. Tous ont péri les uns après les autres. Quant à moi, j'ai profité de la nuit pour user mes liens sur la roche et je me suis enfui. Je ne pense pas qu'ils aient essayé de me poursuivre tant ils étaient saouls. Ils venaient de piller une caravane transportant du vin des oasis égyptiennes et ils s'en étaient enivrés.

– Combien étaient-ils ?

– Une cinquantaine, Seigneur. Mais il doit y en avoir d'autres. Ils disaient venir d'une cité appelée Refidim, située encore plus loin à l'est. Ils disaient aussi que ce pays leur appartenait et qu'ils tueraient tous ceux qui tenteraient de s'y installer ou même d'y passer.

Mosé soupira. Il connaissait déjà leurs ennemis.

– Ce sont les Amalécites, dit-il. Aaron et moi les avons déjà combattus en pays de Madian. Refidim est leur cité.

Un sentiment de colère s'empara de la foule.

– Il faut la détruire et les massacrer jusqu'au dernier.

– Oui ! Tuons-les tous !

Ruben se mit à hurler :

– Le Seigneur a dit : « Tu prendras vie pour vie, œil pour œil, dent pour dent, main pour main… »

– Attendez ! clama Mosé.

Il se hissa sur un rocher et écarta les bras. En quelques instants, le silence s'établit.

– Écoutez-moi ! Nous vengerons nos amis. Mais nous ne devons pas nous précipiter. À présent, vous constituez un peuple, et tout peuple a besoin d'une armée pour se défendre. Une armée et un chef capable de la commander.

Il pointa le doigt en direction d'un jeune homme à la crinière noire, qui attendait calmement. Mosé avait déjà remarqué son sang-froid lors de la traversée de la mer des Roseaux. Le plus souvent, sans que Mosé lui demandât rien, il restait à l'arrière pour le seconder, bousculait les récalcitrants et les traînards, et soutenait les plus faibles. Il présentait toutes les qualités d'un chef.

– Josué, approche ! dit-il.

Il fit monter le jeune homme près de lui sur le rocher.

– Voilà celui qui sera le chef de votre armée. Je le charge de recruter parmi vous les hommes courageux, capables de livrer un combat. Lui et moi les formerons à l'art des armes. Lorsque l'armée sera prête, Josué mènera l'attaque contre Refidim. Mais pas avant. Car, sans préparation, une attaque spontanée et désorganisée se traduirait par une défaite.

Il se tourna ensuite vers Myriam.

– Ma sœur, veux-tu m'apporter une pièce de toile blanche ?

Lorsqu'il eut la toile, il l'enfila sur une lance qu'il brandit devant la foule intriguée.

– Votre armée n'a pas d'étendard. En voici un. Mais il lui faut un nom. Ce nom, vous ne le connaissez pas encore, car cet étendard n'a pas encore livré de bataille. C'est à Refidim que Dieu lui donnera un nom. Que ce soit un nom de victoire !

Une clameur enthousiaste répondit aux paroles de Mosé. Aaron, ravi, se croyait revenu quelques années en arrière, lorsque Mosé avait ainsi motivé les troupes de jeunes paysans inexpérimentés. Aussitôt après, des centaines d'hommes se présentèrent pour offrir leurs bras dans la bataille qui allait avoir lieu. Quelques-uns avaient été mercenaires dans les armées royales. Ils se présentèrent devant Mosé pour enseigner ce qu'ils savaient aux futurs combattants. Le jeune prince les confia à Josué et prit Aaron à part.

– Je regrette que nous ne puissions fabriquer des arcs solides, grommela-t-il. Nous allons devoir combattre au corps à corps. Et ces Amalécites sont de terribles guerriers. Il faut absolument que nos Apirous ne perdent pas pied et se battent avec férocité.

Les craintes du jeune prince n'étaient pas vaines. La plupart des Apirous étaient des bergers. En Égypte, ils louaient leurs services comme carriers ou vignerons.

Travaillant d'arrache-pied, Mosé, Aaron et Josué, secondés par les mercenaires, formèrent à la hâte une armée de plusieurs centaines d'hommes. On tailla des casse-tête dans les bois durs des arbres du désert ; à défaut d'arcs, on fabriqua des frondes. Les pierres acérées ne manquaient pas. Mais l'arme la plus redoutable restait le long bâton dont les Apirous se servaient pour marcher sur la rocaille. Depuis longtemps, leurs ancêtres avaient mis au point une technique de combat grossière, mais efficace pour se défendre contre les pillards.

Un mois plus tard, l'armée était formée. Les femmes et les enfants avaient continué de ramasser la manne et de capturer les cailles, qui arrivaient encore par dizaines de milliers chaque jour. Mais elles se raréfiaient lorsque les guerriers furent prêts. Alors, Mosé prit la parole :

– Les femmes, les enfants et les vieillards vont poursuivre la route en direction du sud. Aaron les guidera jusqu'à la montagne de Dieu. Là-bas, ils seront en sécurité. Quant à moi, je combattrai à vos côtés et porterai votre étendard.

L'enthousiasme des combattants n'avait pas faibli depuis un mois. Malgré les soins qu'on lui avait prodigués, le malheureux Yemouel avait succombé à ses terribles blessures, et plus que jamais on désirait le venger. Une véritable ovation salua Mosé et Josué.

Tandis que la colonne des femmes se dirigeait vers le sud, l'armée marcha en direction de l'orient. D'après les estimations de Mosé, quatre ou cinq jours suffiraient pour l'atteindre.

En chemin, ils firent une découverte macabre. Au détour d'un promontoire rocheux s'étendait une vallée encore couverte de manne. Cinq cadavres aux chairs décomposées gisaient au milieu de la résine blanche séchée. D'après le récit de Yemouel, les malheureux avaient été dépecés vivants, et s'étaient lentement vidés de leur sang. Mais il était difficile de s'en rendre compte, car les charognards n'avaient laissé d'eux que des squelettes sur lesquels s'accrochaient encore quelques lambeaux de chair noircie.

Deux jours plus tard, après avoir donné une sépulture aux défunts, les Apirous arrivèrent en vue d'une cité qui n'était en réalité qu'un vaste campement au milieu duquel s'élevaient quelques bâtiments de pierre, sans doute les demeures des chefs.

– Il n'y a pas de muraille ! s'exclama Josué. La tâche sera plus facile.

Cependant, il n'envisageait pas d'attaquer immédiatement de front. D'après son estimation, les Amalécites étaient un peu moins nombreux que ses troupes. Mais ils avaient l'avantage de connaître le terrain. Sur le sol, il traça un plan qu'il exposa à Mosé.

– Nous allons lancer une attaque sur le village avec le tiers de nos guerriers, dit-il. Se croyant supérieurs en nombre, les Amalécites sortiront pour riposter. Mais j'aurai pris soin de dissimuler deux autres divisions, l'une au sud, l'autre au nord. Lorsque les Amalécites sortiront de leur cité, nous les prendrons en tenaille. Qu'en penses-tu ?

– Je n'ai rien à ajouter. Sinon qu'il serait judicieux de placer les hommes les plus adroits à la fronde au centre, afin qu'ils accueillent l'ennemi à coups de pierre.

Ainsi firent-ils. Dès qu'ils aperçurent les assaillants, les Amalécites se ruèrent hors de leur cité en vociférant. Les hommes de Josué armèrent leurs frondes et tirèrent. Les pierres, précises et rapides, touchèrent plusieurs ennemis en pleine course. Mais il en fallait plus pour arrêter les Bédouins, persuadés de l'avantage numérique. Soudain, lorsqu'ils furent à mi-chemin des Apirous, deux troupes nouvelles surgirent des replis du terrain où elles s'étaient cachées. Les Amalécites comprirent trop tard leur erreur. La débandade s'installa dans leurs rangs ; les Apirous en profitèrent pour engager un terrible corps à corps. Comme l'avait annoncé Mosé, les Amalécites étaient de rudes combattants. De plus, ils défendaient leur cité, où s'abritaient leurs femmes et leurs enfants. La rage de vaincre habitait les Apirous. Courant d'un bout à l'autre du champ de bataille, Mosé galvanisait ses guerriers, soutenait ceux qui faiblissaient, tout en brandissant l'étendard sans nom. Josué avait su encourager ses hommes en invoquant le dieu qui s'était tenu à leurs côtés depuis leur départ d'Égypte. Cette fois encore, il leur donnerait la victoire, car ils combattaient pour lui. Ce discours avait porté ses fruits. Les Apirous, moins expérimentés que les Amalécites, se battirent avec une fougue hors du commun. À la vue de l'étendard brandi par Mosé, ils reprenaient courage lorsqu'ils faiblissaient.

Peu à peu, les Amalécites furent repoussés jusqu'à l'intérieur de leur village. Refluant en désordre, les femmes et les enfants s'enfuirent dans le désert, à l'opposé. Comprenant que tout était perdu, les survivants rompirent le combat et détalèrent. Alors, les Apirous pénétrèrent dans la petite cité et s'emparèrent de tout ce qu'ils purent trouver, pièces de tissus, coffres contenant de l'or et des pierres, réserves de nourriture, meubles. Ils capturèrent aussi des troupeaux de chèvres et de moutons, ainsi que quelques-uns de ces animaux étranges que seuls les Bédouins savaient monter : les dromadaires. Une centaine de prisonniers furent immédiatement transformés en esclaves, dont la première tâche fut de porter les trophées des vainqueurs.

Ce fut dans une atmosphère triomphante que les Apirous reprirent la direction de l'ouest pour retrouver les leurs. Quatre jours plus tard, ils parvenaient en vue du mont Horeb.

Où de nouvelles difficultés attendaient Mosé.

34

« Tu frapperas ce rocher, il en sortira de l'eau,
et le peuple pourra boire ! »
EXODE 17-6

Les Apirous avaient établi leur campement au pied du mont Horeb. Lorsque l'on reconnut les guerriers, les femmes et les enfants se précipitèrent à leur rencontre, en compagnie d'Aaron. Celui-ci serra Mosé dans ses bras.

– Tu as vaincu, mon frère ! Jaho était avec toi, j'en étais sûr.

Il poussa ensuite un énorme soupir.

– Il était avec toi, mais j'ai l'impression qu'Il m'a un peu oublié. Depuis ton départ, les anciens ne cessent de se plaindre.

– Que leur arrive-t-il encore ?

– Oh ! ils ne vont pas tarder à te le faire savoir.

La foule exubérante des femmes et des enfants s'agglutina autour de Josué et des guerriers qui exhibaient fièrement les prisonniers et le butin. Le jeune capitaine brandit l'étendard de toile blanche et déclara :

– C'est le Seigneur qui nous a offert cette victoire. C'est pourquoi nous donnerons son nom à cet étendard.

Une clameur enthousiaste lui répondit. Mais, après la joie des retrouvailles avec les vainqueurs, un groupe de vieillards, dirigé par Éliab, prit Mosé à partie.

– Veux-tu donc nous faire périr de soif ? gémirent-ils. Nous n'avons plus d'eau depuis deux jours.

– N'avez-vous pas eu l'idée de chercher un puits ?

– Comment pourrait-il y avoir un puits dans ce désert de pierre et de roche ? Tu te moques de nous !

Mosé regarda Éliab dans les yeux.

– Et toi, comment oses-tu douter de Dieu ? Il veille constamment sur vous. Mais si vous attendez qu'Il fasse tout à votre place, Il finira pas se lasser. Vous auriez pu faire un effort pour chercher une source.

– Parce que tu soutiens qu'il y a de l'eau ici ?

– Parfaitement !

Décontenancé par l'assurance du jeune prince, le vieil homme recula. Mosé saisit son bâton et se dirigea vers la montagne. Les anciens le suivirent en bougonnant, accompagné d'Aaron qui riait sous cape. Moïse allait encore leur réserver un tour à sa façon. Mais quand donc ces vieillards intransigeants s'arrêteraient-ils de geindre ? Ils n'acceptaient toujours pas d'obéir à un Égyptien. Aaron admirait la patience dont Moïse faisait preuve à leur égard. À sa place, il les aurait déjà abandonnés dans le désert afin qu'ils se débrouillassent seuls. Mais son ami n'était pas comme lui. Il vivait en contact permanent avec Dieu. Malgré son jeune âge, il faisait preuve de plus de sagesse que les anciens. Ceux-ci se conduisaient comme des enfants capricieux et indisciplinés, devant lesquels Moïse témoignait d'une grande indulgence.

Amusé, Aaron suivit les vieillards que Mosé entraînait sur les flancs de la montagne. Soudain, le jeune prince s'arrêta et ferma les yeux. Le jeune Apirou prit Éliab par le bras et le contraignit à reculer.

– Moïse parle avec Dieu ! Ne l'interromps surtout pas avec tes jérémiades !

Le vieil homme le regarda d'un air scandalisé, mais obtempéra.

Mosé respira profondément. En quelques instants, il entra en communion totale avec la nature et pénétra les forces cachées de la montagne environnante. Très vite, il perçut, sous la roche, les chemins secrets suivis par l'eau, et les endroits où elle affleurait. Lorsqu'il ouvrit les yeux, il fit encore quelques pas en direction d'un rocher au pied duquel on devinait le lit d'un torrent à sec. Mais Mosé savait que l'eau était là, juste au-dessous. Il frappa le sol de son bâton. Aussitôt, un mince filet se mit à ruisseler. Quelques vieillards tombèrent à genoux. Éliab bredouilla :

– Dieu t'a parlé, Moïse. C'est lui qui t'a montré cette source.

– Dans ce cas, pourquoi doutez-vous de Lui ? Allez donc chercher de jeunes hommes, qu'ils viennent agrandir cette source et remplir les outres.

Le lendemain, après avoir fait provision d'eau, les Apirous contournèrent le mont Horeb et se dirigèrent vers le pays de Madian. Quelques jours plus tard, ils arrivèrent en vue du village de Jethro. Malgré son épuisement, dû aux fatigues de la route, mais surtout aux querelles incessantes des anciens, Mosé trouva la force de courir lorsqu'il aperçut ses deux épouses et ses enfants. Il n'avait pas assez de bras pour toute sa famille. Puis Jethro le serra contre lui avec affection.

– Ah ! mon ami, j'ai bien cru que tu ne reviendrais jamais. Chaque jour je devais consoler tes épouses et tes enfants. Et je m'ennuyais, car je n'avais personne avec qui partager cet excellent vin de Dakhla. Que le Seigneur soit loué, qui t'a permis de revenir.

– Et tu ne sais pas tout ! intervint Aaron. Avec l'aide de Dieu, Moïse a vaincu Pharaon à lui seul. L'armée d'Égypte n'existe plus.

Tout le monde parlait en même temps, chacun voulait raconter sa version des faits, et il s'ensuivit un joyeux chahut. Enfin on prit le temps de s'organiser. Il fallait trouver un endroit où installer le campement des Apirous, dresser les tentes. Un mouton fut sacrifié à la gloire de Dieu et Jethro organisa une grande fête pour célébrer le retour de Moïse.

Mosé avait retrouvé ses deux épouses et ses enfants. Pendant quelques jours, il refusa de s'intéresser aux problèmes que les Apirous ne cessaient de vouloir lui soumettre. Il avait tant de choses à raconter à ses compagnes, et tant de tendresse à prodiguer à ses enfants. Il retrouva également les amis qui l'avaient suivi dans son exil. Ceux-là constituaient sa véritable famille, son clan d'inconditionnels. Il prit plaisir à partager avec eux quelques repas où l'on parla des animaux, des caravanes, des cultures que certains s'étaient décidés à entreprendre autour de l'oasis. On évoqua les incursions des pillards, que Hori et ses archers avaient réussi à repousser. Aaron narra par le menu les exploits de Mosé, et les événements prodigieux qui avaient vu l'anéantissement de l'armée égyptienne.

Mosé n'avait pas été aussi heureux depuis bien longtemps. Le jour, il se consacrait à ses enfants. La nuit, après la veillée avec ses amis, il partageait d'incomparables instants de plaisir et de tendresse avec Tiyi et Séphora. Il se levait ensuite peu avant l'aube et se rendait à la lisière du désert, afin d'adresser des pensées reconnaissantes à ce dieu infini qui permettait à l'homme de vivre des moments aussi merveilleux et aussi exaltants.

Il aurait volontiers envisagé de demeurer à Madian. Avec l'aide de Dieu, il avait sauvé les Apirous des griffes de Séthi. Ils pouvaient désormais préparer leur retour dans le pays de leurs ancêtres. Sans lui.

Les Apirous voyaient les choses autrement. Dans leur esprit, il devait continuer de les guider. Conscients qu'il méritait de prendre un peu de repos, ils avaient évité de l'embarrasser. Mais il était évident qu'ils n'atteindraient jamais la Terre promise sans l'aide de Moïse, l'élu de Dieu.

Cependant, tout n'était pas simple, car Mosé n'appartenait pas au peuple apirou. Éliab et ses fidèles refusaient de le considérer comme chef. Le jeune prince l'avait parfaitement compris. Pour cette raison, depuis son retour à Pi-Ramsès, il avait fait d'Aaron son porte-parole. Celui-ci était devenu tacitement le chef officiel de la tribu. Personne n'était dupe, car on savait que les décisions étaient prises par Mosé, l'homme qui parlait directement avec Dieu. C'était là une manière d'amadouer les plus intransigeants. Cela ne les empêchait pas de continuer à critiquer toutes les initiatives de Moïse, même si elles se révélaient bénéfiques. Ces grincheux, rassemblés autour d'une dizaine de prêtres dirigés par Éliab, ne représentaient qu'une petite fraction de la population, malheureusement très active.

Au début, ces détracteurs furent obligés de garder leurs revendications pour eux, car le chef des prêtres de Madian n'était autre que Jethro, qui considérait Mosé comme son fils et n'admettait pas qu'on lui cause le moindre tort.

Éliab et ses compagnons observèrent donc un silence contraint. Mais leur hargne fut très vite alimentée par un phénomène inattendu. Considérant Mosé comme un sage, un grand nombre d'Apirous le sollicitaient pour juger les différends qui les opposaient fréquemment. À l'époque où il avait régné sur la Nubie et la Haute-Égypte, il avait plusieurs fois rendu des jugements. Cela entrait dans ses attributions royales. Il avait donc accepté. Le bon sens avec lequel il résolvait des affaires difficiles provoqua une demande de plus en plus importante. On préférait s'adresser à lui plutôt qu'aux prêtres d'Éliab, qui s'occupaient habituellement de ces choses. Mais, à leur grand désarroi, les Apirous ne leur accordaient pas une grande confiance. Peu à peu, Mosé devint le juge de la tribu, rôle privilégié d'ordinaire réservé aux rois, dans les temps très anciens. S'il commença par ne traiter qu'une ou deux affaires par jour, leur nombre augmenta rapidement. On finit par lui confier tous les problèmes. Souvent, Mosé consacrait sa matinée à recevoir les plaignants.

Un jour, Jethro vint le trouver :

– Mon ami, si tu continues ainsi, tu vas passer ta vie à rendre la justice.

– Ils m'ont vu accomplir tellement de prodiges qu'ils estiment que c'est Dieu qui m'inspire les sentences. C'est pourquoi ils veulent tous être jugés par moi, même pour des sujets insignifiants.

– Et ils restent toute la journée à attendre leur tour. Pendant ce temps-là, ils ne font rien, sinon créer l'occasion de nouvelles disputes. Je connais bien les Apirous. Nous sommes cousins, et nous avons le même dieu. Ils adorent la chicane. Si tu les laisses faire, tu n'auras plus un moment de libre.

– Mais que puis-je faire ? Ils ont confiance en moi.

– Choisis parmi eux des hommes de bon sens et insensibles à la corruption. Tu leur diras que c'est Dieu Lui-même qui t'a ordonné d'agir ainsi. De cette manière, ils se sentiront responsables devant Lui. Tu les chargeras de juger les affaires sans gravité et ils devront te consulter uniquement pour les cas importants. Crois-moi, tout le monde y gagnera.

– Comment n'y ai-je pas pensé moi-même ? Tu es un homme précieux, Jethro.

Dès le lendemain, Mosé suivit le conseil de son beau-père et nomma les premiers juges apirous. Mais cette décision fit surgir de nouvelles difficultés, car ces juges ne savaient sur quelles lois fonder leurs jugements. Mosé comprit que le véritable problème était plus profond.

Au moment où ils avaient quitté l'Égypte, les Apirous constituaient encore un ensemble de tribus diverses, promptes à s'opposer les unes aux autres pour les motifs les plus futiles. Après les aventures fantastiques qu'ils avaient partagées, un lien fait de complicité et de respect s'était tissé entre les différents groupes. Des mariages entre clans avaient contribué à forger cette unité nouvelle. Cependant, ce peuple ne possédait ni structure ni loi. Parmi eux se profilaient quelques chefs, tels Aaron ou Josué, mais aucun d'eux ne possédait suffisamment d'autorité pour les prendre en charge. C'est pourquoi, bien qu'il fût égyptien, les Apirous souhaitaient que Mosé demeurât à leur tête. Lui seul était capable de les diriger, et ils le savaient. Cependant, il appartenait à un peuple qui, à une époque récente, les avait considérés comme des esclaves. Et cela expliquait la méfiance des prêtres. Leur principale préoccupation était de savoir si c'était vraiment leur dieu, Jaho, qui l'inspirait. Ils redoutaient qu'en réalité ce fût un démon qui agît derrière lui et les entraînât à leur perte. Aussi le soumettait-il à de multiples épreuves, traquant la faiblesse qui le trahirait.

Malgré sa grande patience, Mosé était parfois fatigué de cette lutte incessante. Ces prêtres n'étaient que des orgueilleux bourrés d'ingratitude. Il songeait alors à abandonner les Apirous à leur sort pour se consacrer exclusivement à sa famille. Mais il avait créé avec nombre d'entre eux des liens d'amitié tellement solides qu'il ne pouvait se résoudre à se désintéresser de leur avenir. Les Apirous attendaient tout de lui, les prêtres y compris. Alors, pouvait-il les délaisser à présent ? Son intuition lui soufflait qu'il n'en avait pas le droit. Il avait pris leur destin en charge et devrait aller jusqu'au bout de la mission qu'il s'était fixé sans vraiment le vouloir : les conduire à Canaan.

Un autre problème ne tarderait pas à surgir : la vallée de Jethro n'était pas assez riche pour nourrir six mille personnes de plus, et des conflits naissaient déjà entre les Madianites et les Apirous.

Un jour ou l'autre, il lui faudrait mener ce peuple turbulent ailleurs, vers cette terre « de lait et de miel » promise à leurs ancêtres.

35

« Moïse avait épousé une femme koushite.
Myriam et Aaron le critiquèrent à propos de ce mariage. »
NOMBRES 12-1

Cela faisait à présent presque une année que les Apirous avaient été accueillis par les Madianites. Ce que redoutait Mosé commençait à se préciser. Dans leur grande majorité, les Apirous entretenaient de bonnes relations avec leurs hôtes. Conscients d'avoir envahi le territoire d'un peuple allié et ami, qui vénérait le même dieu, ils s'étaient adaptés aux coutumes locales. Toujours soutenu par Aaron, Josué, Éléazar, et les juges qu'il avait nommés, Mosé était parvenu à maintenir la paix entre les deux tribus. Avec le temps, son rôle de guide s'était affirmé, au grand dam des opposants, menés par Éliab et un autre prêtre beaucoup plus intransigeant, nommé Ézéchiel. Au début, ces extrémistes avaient tenté de se rapprocher de Jethro. Mais ils s'étaient vite rendu compte qu'il n'accordait pas à Jaho, qu'il appelait Yahveh, la rigueur qu'eux-mêmes lui prêtaient. La peine de mort, qui revenait souvent dans leurs propos, était quasiment absente des jugements rendus par Jethro. Il fallait que le crime fût très grand. La vie était douce au pays de Madian, les oasis fertiles suffisaient à nourrir tout le monde, les troupeaux étaient nombreux et les animaux gras. L'agriculture naissante fournissait un complément agréable à la cueillette des fruits et des agrumes abondants. Les Amalécites n'osaient plus s'attaquer à la région. Jethro considérait donc que Yahveh était un dieu animé de bonnes intentions, qui aimait et chérissait son peuple. Tout allait donc pour le mieux, et Jethro fut bien étonné lorsqu'il se fit rappeler avec acrimonie les grandes lois des ancêtres. Il répondit ne voir aucun inconvénient à ce qu'Éliab et ses amis appliquassent leurs lois à ceux des Apirous qui les accepteraient, mais il était hors de question de perturber en quoi que ce fût ses excellentes relations avec Dieu.

Si Éliab se découragea très vite, tel ne fut pas le cas d'Ézéchiel, qui revint plusieurs fois à la charge, en tentant de lui démontrer que son laxisme faisait de son peuple la proie des démons, et qu'il aurait un jour à en rendre compte devant Dieu. Ces discussions stériles finirent par agacer Jethro, qui recommanda à Mosé de se méfier du groupe des prêtres fanatiques.

– Ces gens-là peuvent devenir dangereux, mon ami, dit-il. Aujourd'hui, tes Apirous ont trouvé une terre d'accueil, certes provisoire, mais elle leur a apporté la paix et la sécurité. Ils mangent à leur faim. Mais qu'une mauvaise récolte survienne, ou qu'une épidémie décime les troupeaux, et ils deviendront sensibles aux arguments de ces prêtres. Ils t'accuseront alors de les avoir conduits à leur perte.

– Je m'en suis déjà rendu compte.

– Et il y a plus grave. Bien que tu les aies sauvés, ils te reprocheront toujours d'être égyptien.

– J'ai déjà été attaqué sur ce point. J'ai un moment espéré qu'Éliab et ses amis quitteraient Madian pour gagner Canaan, en entraînant leurs fidèles avec eux. Mais ils s'obstinent à rester, et attendent que je donne moi-même le signal du départ.

– Ils n'ont toujours pas renoncé à reconquérir la terre de leurs ancêtres.

– La Terre promise a pris les dimensions d'une légende à leurs yeux. Malgré la méfiance de certains à mon encontre, ils n'envisagent pas de s'y rendre sans moi. Dans leur esprit, même si je n'appartiens pas au peuple apirou, je dois les guider, parce que je parle avec Dieu.

– Nul ne peut échapper à son destin. Tu t'es placé à leur tête pour les sauver. À présent, ils attendent tout de toi, même s'ils te critiquent. Mais garde-toi de ces prêtres, surtout de cet Ézéchiel. Cet homme a l'esprit aussi tordu qu'un sarment de vigne.

L'avertissement de Jethro était loin d'être inutile. Jusqu'à présent, Mosé n'avait pas accordé une grande importance aux vitupérations d'Ézéchiel. Mais l'attaque qu'il subit quelques jours plus tard le toucha profondément, car elle émana d'une personne pour laquelle il éprouvait depuis toujours une très grande affection.

Un matin, il vit venir Myriam, qu'il considérait comme sa sœur. Ses trois garçons partageaient chaque jour les jeux de ses enfants. Mosé l'accueillit avec un large sourire. Mais le visage de Myriam demeura fermé. Avant même qu'il lui ait souhaité la bienvenue, elle s'adressa à lui avec une agressivité qu'il ne lui connaissait pas.

– Moïse ! Je dois te parler.

– Je t'écoute, ma sœur, répondit-il, étonné et vaguement inquiet.

Elle hésita, puis attaqua :

– Bien que tu ne sois pas apirou, les nôtres t'ont désigné comme notre chef.

– Ils ont confiance en moi depuis que je les ai tirés des griffes de Pharaon.

– Justement ! C'est la première fois que notre peuple admet à sa tête un homme d'origine étrangère, issu d'un peuple qui nous a opprimés.

Mosé voulut rétorquer qu'il trouvait sa réaction quelque peu ingrate, mais il s'abstint. Il la sentait nerveuse et mal à l'aise, comme si elle exprimait les paroles d'un autre. Il soupçonna immédiatement une manœuvre sournoise des prêtres. Myriam poursuivit :

– Nous t'avons choisi parce que Dieu te parle. C'est Lui qui t'a permis de nous délivrer du joug égyptien. Mais si tu veux rester notre chef, tu dois savoir que la loi de Jaho est stricte : chez les Apirous, le sang se transmet par les femmes.

– Je connais votre loi. Mais je ne vois pas où tu veux en venir.

– Tu possèdes deux épouses. L'un d'elles, Séphora, est issue d'une tribu madianite, apparentée à la nôtre. Mais l'autre est une Koushite. Elle n'est pas de notre race.

Une vague de colère et de chagrin submergea Mosé, désarçonné par la stupidité de l'attaque. Myriam poursuivit :

– Nous pouvons accepter que tu ne sois pas apirou, puisque tu es un homme. Mais tes épouses doivent appartenir à notre peuple. Or, ce n'est pas le cas de Tiyi.

– L'origine de mes femmes ne concerne que moi ! s'insurgea Mosé.

– Sauf si tu prétends rester à notre tête. En agissant ainsi, tu bafoues nos lois.

– Et que devrais-je donc faire, selon toi ?

– Tu dois la répudier ! Il faut qu'elle retourne dans le pays de Koush.

Mosé eut l'impression d'avoir pris un coup de poignard dans le dos. Il eut peine à contenir la fureur qui l'envahissait. Si Éliab et ses comparses lui avaient tenu de tels propos, il aurait su répliquer. Mais il ne parvenait pas à comprendre comment sa sœur Myriam pût exiger de lui un sacrifice aussi stupide, et inspiré par la méchanceté.

Il la contempla comme s'il la voyait pour la première fois. Son regard farouche le décontenança. Jamais auparavant elle ne s'était montrée agressive envers Tiyi. La manipulation apparaissait évidente. Il aperçut, à quelques pas, un groupe composé d'Éliab et de quelques autres. Visiblement, ils guettaient sa réaction. Ce comportement, marqué par la fourberie et la lâcheté, l'écœura. Jethro avait raison : ces gens constituaient un danger.

Tournant ostensiblement le dos à Myriam, il les observa. Près d'Éliab se tenait Ézéchiel. C'était un petit homme maigre et voûté, au visage taillé à la serpe, au nez fin et pointu, aux yeux brûlant de passion. Mosé connaissait la puissance de ce regard incisif et pénétrant, qui semblait percer les âmes. Personne ne l'aimait, même parmi ses compagnons, mais tout le monde le craignait. Mosé comprit que l'idée de cette attaque perfide venait de lui. Il savait qu'il exerçait une grande influence sur les autres. Tout dans son comportement trahissait le fanatisme. Selon lui, Jaho, seul dieu existant, avait élu le peuple apirou pour en faire le sien, et un modèle de pureté, fondé sur les lois impitoyables de leurs ancêtres. Il prônait une éducation très stricte de tous les membres de la tribu, et une justice sanguinaire, où les cas de mise à mort étaient aussi nombreux qu'injustifiés. Lapidations et bûchers revenaient sans cesse dans sa bouche. Seule l'application rigoureuse de ces lois prétendues divines permettrait au peuple apirou d'accéder à la pureté exigée par Jaho. Jusqu'à présent, il ne rencontrait qu'une audience limitée, auprès des plus crédules, mais son influence croissait régulièrement.

L'attitude incompréhensible de Myriam en était la preuve. Dans sa voix même, Mosé reconnaissait l'empreinte d'Ézéchiel. Se pouvait-il qu'elle fût si fragile ? Il était pourtant hors de question de céder. Il revint vers Myriam et riposta sèchement :

– Tu diras à tes amis les prêtres que je me moque de leurs exigences imbéciles. Tiyi est ma première épouse et le restera, Myriam. Jamais je ne me séparerai d'elle.

– Le chef de notre peuple ne peut avoir une femme étrangère, s'obstina-t-elle.

– Silence ! hurla soudain Mosé, hors de lui. Vous condamnez Tiyi parce qu'elle n'appartient pas à votre tribu ! Est-ce ainsi que vous concevez Dieu ? Croyez-vous qu'Il n'existe que pour vous, les Apirous ? Imaginez-vous que les autres peuples n'ont aucun droit à la vie ?

Il apostropha les prêtres, qui s'étaient approchés dès qu'il avait élevé la voix.

– Enfin, vous vous décidez à jeter bas vos masques ! explosa-t-il. Votre stupidité n'a d'égale que votre lâcheté. Que signifie cette attaque grotesque ?

– Dieu nous a choisis, riposta Éliab. Nous sommes Son peuple !

– Son peuple ? Vous croyez être Son peuple ? Mais vous n'avez rien compris ! Tous les peuples du monde font partie de Dieu. C'est vrai, il a décidé de vous sauver des Égyptiens afin que vous recouvriez la liberté et que vous retourniez vivre dans le pays de vos ancêtres. Il a fait de moi Son instrument pour que je vous guide dans cette expédition difficile. Mais cela ne fait pas de vous le peuple exclusif de Dieu. Le croire relèverait de l'orgueil le plus éhonté !

– Tu raisonnes ainsi parce que tu es égyptien ! rétorqua Éliab. Mais si tu veux rester notre chef, tu dois te soumettre à nos coutumes !

– Vos coutumes ne s'appliquent pas à moi. Je ne suis votre chef que pour obéir à Dieu. Si vous refusez la présence de Tiyi à mes côtés, je resterai à Madian. Vous vous débrouillerez seuls pour gagner Canaan. Je doute alors que Dieu continuera à vous accorder Son aide. D'ailleurs, je ne suis pas sûr qu'Il ne vous tiendra pas rigueur de la manière dont vous avez traité mon épouse aujourd'hui.

Il marcha sur eux d'un pas décidé. Pointant le doigt sur Éliab, il déclara :

– Sachez une chose : c'est Lui qui a guidé mes pas vers elle, et c'est Lui qui a permis que je l'épouse. En vous attaquant à elle, c'est la volonté de Dieu Lui-même que vous attaquez.

Décontenancé, Éliab recula. Myriam était devenue pâle comme le lin. Soudain, elle se retourna, tituba quelques pas et se mit à vomir. Mosé fut un instant tenté de la secourir. Mais il ne pouvait oublier les paroles blessantes qu'elle avait prononcées. Il chercha Ézéchiel des yeux. Le prêtre se dissimulait derrière les opposants, qui continuaient de faire bloc derrière Éliab et Ruben, toujours prêt à affronter Mosé.

À l'écart, Tiyi attendait avec dignité, la tête haute. Ses yeux brillants exprimaient sa souffrance devant la trahison de Myriam, qu'elle considérait, elle aussi, comme une sœur. Séphora, atterrée par ce qu'elle venait d'entendre, s'était approchée de sa compagne koushite et lui avait pris la main, signifiant par ce geste qu'elle lui était solidaire. Son attitude réchauffa le cœur de Mosé. Sa famille restait unie devant l'adversité. Au fond, cela seul comptait.

Attirée par l'altercation, une foule intriguée commençait à se rassembler autour des deux jeunes femmes. Aaron, qui venait d'arriver, s'approcha de Mosé.

– Pardonne à notre sœur, Moïse, plaida-t-il. Elle n'a fait que te rappeler les lois de notre peuple. Nous aimons tous beaucoup Tiyi.

– C'est vrai ! Vous l'aimez tous beaucoup. Mais vous êtes prêts à la rejeter simplement parce qu'elle n'appartient pas à une tribu apirou. Oserez-vous pousser l'infamie jusqu'à lui reprocher la couleur de sa peau ?

Aaron secoua la tête.

– Il ne s'agit pas de ça, Moïse. La plupart d'entre nous ne partagent pas l'opinion d'Éliab et des prêtres. Mais ils sont aussi nos guides. Ils connaissent les lois de nos ancêtres. Ce sont les seules que nous connaissons, hormis les lois égyptiennes. Mais de celles-là, nous ne voulons plus. Que nous reste-t-il ?

– Le bon sens ! Et la reconnaissance envers ceux qui ont sacrifié la paix dans laquelle ils vivaient pour vous accompagner dans votre exode, et qui vous ont offert l'hospitalité.

– Pardonne-nous, Moïse !

– J'ai beaucoup de peine à pardonner la bêtise. Surtout de la part d'une femme que je considérais jusqu'à présent comme ma sœur !

Il fixa l'intéressée dans les yeux. Elle baissa la tête.

– Myriam, gronda-t-il, après les mots que tu as prononcés, je ne désire plus te voir.

Le visage de la jeune femme était devenu livide, à tel point qu'on aurait pu la croire frappée par une maladie soudaine. Une brusque bouffée de pitié envahit Mosé. Il précisa :

– Je veux que tu te tiennes éloignée de nous pendant huit jours. Il me faudra bien ce temps pour te pardonner ce que je considère comme une trahison envers moi et envers ma famille, mais surtout envers Dieu, qui t'a permis de vivre librement.

Puis il se tourna vers Éliab et ses compagnons.

– Cet ordre est aussi valable pour vous ! Car je sais que c'est vous qui avez poussé Myriam à agir ainsi. Vous n'avez même pas eu le courage de m'affronter face à face. Alors, partez ! Et n'oubliez jamais que c'est Dieu Lui-même qui m'a placé à votre tête. Vous devez donc m'accepter, et ma famille avec moi, fût-elle étrangère. Car aux yeux de Dieu, il n'existe ni étranger, ni peuple élu !

Éliab eut un mouvement pour répliquer, mais il renonça et baissa la tête, subjugué par l'autorité émanant de Mosé. Une foule de plus en plus nombreuse s'était rassemblée derrière l'Égyptien et prenait nettement partie pour lui et son épouse. Mosé constata avec satisfaction que seule une petite minorité approuvait les paroles de Myriam. Éléazar, le prêtre ami de Mosé, s'avança et s'en prit à ses compagnons.

– Moïse a raison ! déclara-t-il. Les lois apirous ne peuvent s'appliquer à lui. Il parle directement avec Dieu. En vous dressant contre lui, c'est contre Dieu que vous agissez !

Les opposants renoncèrent à répondre. Ils tournèrent les talons et s'en furent.

Le soir, l'incident était clos. Myriam et les prêtres récalcitrants avaient établi un campement à l'écart, en compagnie d'une poignée de fidèles dirigés par Ruben. Pour les autres, l'histoire était déjà oubliée.

Cependant, lorsqu'il s'isola dans le désert au crépuscule, Mosé comprit que le problème était bien plus grave qu'il n'y paraissait. Aaron l'avait soulevé sans vraiment le vouloir. Les Apirous ne possédaient plus aucune loi, sinon un vague souvenir de celles de leurs ancêtres. Des lois sévères, impitoyables, appliquées autrefois dans les pays du Levant, mais oubliées au contact des Égyptiens. Aaron avait raison en prétendant que les Apirous n'accepteraient pas de conserver les quelques principes empruntés aux Égyptiens. À la vérité, ce peuple déraciné se trouvait plongé dans la confusion la plus totale. Bien souvent, les juges venaient le trouver pour quémander ses conseils, parce qu'ils ne savaient pas sur quelles bases s'appuyer. S'il n'y prenait pas garde, l'influence des prêtres n'allait cesser de croître.

À cette absence de lois s'ajoutait un autre phénomène, qui engendrait toutes sortes de conflits au sein de la tribu elle-même. Parmi les fidèles de Mosé, beaucoup n'acceptaient pas le dieu ancestral que les prêtres voulaient leur imposer. Même si les dernières années de leur long séjour en terre de Kemit avaient été pénibles, ils gardaient le souvenir du règne de son grand-père, le grand Ramsès II, sous lequel ils avaient connu la paix et la prospérité. Ils conservaient en mémoire les dieux égyptiens, qui leur semblaient beaucoup plus attrayants que le dieu de colère invoqué par Éliab et les siens. À plusieurs reprises, des bagarres avaient éclaté entre les défenseurs des différentes divinités, et Mosé avait dû intervenir pour rétablir un calme relatif.

Il regarda en direction du nord-ouest. La lumière bleu-argent de la lune illuminait le désert. Une rumeur confuse provenait du campement, mais là, près de lui, tout n'était que silence, à peine brisé par l'appel d'un prédateur, fennec ou rapace. Des odeurs indéfinissables remontaient du sable encore chaud. Mosé les respira longuement, les yeux fixés sur la ligne sombre de l'horizon. Il devinait, à plusieurs jours de marche, la masse allongée du mont Horeb.

Peu à peu, une onde de paix le pénétra et il entra en communion avec l'Esprit infini. En lui se dessina le désir de se rendre une nouvelle fois au sommet de cette montagne mystérieuse. Là-bas se trouvait la réponse à toutes ses questions.

L'une d'elles avait déjà reçu sa réponse. Les Apirous n'étaient pas destinés à s'installer à Madian. Aucun pays jamais ne leur semblerait plus beau que la terre promise à Abraham par leur dieu. Il fallait donc qu'il accepte d'assumer son rôle jusqu'au bout et qu'il les mène vers Canaan. Le plus tôt serait le mieux.

36

Les Dix Commandements
EXODE 20-3 à 20-17

Quelques jours plus tard, les Madianites organisèrent de grandes festivités pour saluer le départ de leurs encombrants visiteurs. Quelques dizaines d'agneaux et de chevreaux furent sacrifiés à cette occasion, et l'on festoya tard dans la nuit, sous la lumière bleue de la lune.

Le surlendemain, les animaux de bât étaient chargés, et chacun prêt à partir. Une longue colonne se forma dans le désert, en direction du nord-ouest. Mosé resta à l'arrière, en compagnie des retardataires et de son beau-père, qui affichait un visage malheureux. S'il se réjouissait de voir partir les Apirous, Jethro éprouva une grande tristesse à l'idée de se séparer de sa fille, Séphora, et de celui qu'il considérait comme son fils.

– Ainsi est la volonté de Yahveh, sans doute, dit-il avec une voix rauque de chagrin.

Les deux hommes s'étreignirent longuement avec émotion.

– Jamais je ne remercierai assez Dieu qui m'a permis de te connaître, Moïse. Qu'Il éclaire ta route à jamais. Mais la mienne va me sembler aujourd'hui bien monotone.

Les Apirous, menés par Josué, marchaient d'un pas décidé. Ils avaient rempli les gourdes de l'eau fraîche et pure de l'oasis, emporté une quantité de nourriture suffisante pour tenir plusieurs jours, et effectué un troc fructueux avec les Madianites.

Les fidèles compagnons d'exil de Mosé n'avaient pas voulu abandonner celui qu'ils considéraient toujours comme leur chef. Le jeune prince avait donc retrouvé son escorte d'archers, dirigée par le capitaine Hori et grossie d'une ribambelle de femmes et d'enfants. Tiyi avait fort à faire pour rassurer Séphora, qui, n'ayant jamais quitté Madian, s'inquiétait pour ses petits.

Mosé avait décidé de gagner la petite cité de Qadesh Barnea, qui les avait accueillis cinq ans auparavant. Il envisageait d'y établir une base à partir de laquelle il enverrait des missions diplomatiques en direction de Canaan. Pour cela, il lui faudrait d'abord freiner les ardeurs belliqueuses des Apirous. En raison de la légende relative à leur ancêtre Abraham, il ne faisait aucun doute dans leur esprit que Canaan leur appartenait, et ils étaient bien décidés à s'en emparer. Par la force s'il le fallait.

Seule une poignée d'entre eux restait lucide. Il était peu probable que Canaan fût désert, et ses occupants actuels ne verraient pas d'un bon œil une tribu de six mille personnes en prendre possession d'autorité. Leur victoire sur les Amalécites avait rendu les Apirous très sûrs de leur force. Cependant, Mosé les avait avertis que les peuples auxquels ils se heurteraient là-bas seraient certainement bien plus puissants que les pillards. Josué l'écoutait, mais des individus comme Ruben ne rêvaient que d'en découdre, sans se soucier des conséquences possibles.

Néanmoins, Mosé réussit à faire admettre sa décision de nouer des relations diplomatiques avec les rois actuels de Canaan afin de négocier leur installation. D'après ce qu'il savait, cette région du Levant, encore récemment vassale de l'Égypte, s'en était séparée depuis l'accession de Séthi au trône. Sa mort n'avait rien dû arranger. Des rumeurs entendues auprès de caravaniers revenant d'Égypte prétendaient que son épouse, la reine Toueris, s'était proclamée pharaon, soutenue par un général du nom de Biya. Peut-être voulait-elle prendre modèle sur la grande reine Hatchepsout, qui régnait trois siècles auparavant. Certains disaient qu'un autre prince, Sethnakht, refusait sa souveraineté et levait une armée pour la renverser. Le chaos le plus total régnait à Pi-Ramsès. Quant au Levant, délivré de la tutelle égyptienne, il était retombé dans l'état de guerre permanente qui lui était propre depuis l'aube des temps.

Le pays « de lait et de miel » évoqué par la légende ne ressemblait sans doute pas à l'idée que s'en faisaient les Apirous. Mais c'était la patrie de leurs ancêtres, le seul endroit où ils pouvaient espérer trouver une terre d'accueil.

À mi-chemin du mont Horeb, alors que la tribu avait fait halte dans une oasis remplie de cailles migratrices, un nouveau conflit éclata. Il opposa une nouvelle fois les partisans d'Éliab aux Apirous qui continuaient à vénérer les dieux égyptiens. Pour la plupart, ils étaient originaires de la cité des Murs Blancs, Mennof-Rê. Un homme nommé Okran les dirigeait. Arrivés tardivement à Pi-Ramsès lorsqu'ils avaient appris que leurs compatriotes se préparaient à regagner Canaan, ils s'étaient intégrés avec difficulté aux bergers de la capitale, avec lesquels les relations demeuraient tendues depuis le début. Il fallut toute la diplomatie et la fermeté de Mosé pour ramener l'ordre. Lorsque le calme fut revenu, il prit Aaron à part et lui dit :

– Cela ne peut pas durer comme ça. Ces idiots vont s'entre-tuer avant même d'être arrivés au Levant. Il y a dans cette oasis de l'eau et de la nourriture en abondance. Vous allez rester ici. Quant à moi, je vais me rendre sur le mont Horeb.

– Bien, mon frère.

– Tiens-toi sur tes gardes. Je crains qu'Éliab et ses complices ne profitent de mon absence pour reprendre les hostilités. Tu installeras ma famille et les nôtres à l'écart de ces furieux.

– Je vais aussi demander à ceux de Mennof-Rê d'établir leur campement à part, loin des prêtres et de leurs partisans. Il est inutile de favoriser les provocations.

– Assure-toi l'aide de Josué et d'Éléazar. Tu veilleras également à ce que personne ne me suive. Le mont Horeb est situé à plusieurs jours de marche, et je désire y aller seul.

– Sans escorte ?

– Je n'ai nul besoin d'une escorte.

– C'est vrai ! Dieu marche à tes côtés.

– Oui, mon frère, répondit Mosé avec un sourire. Et je dois rester seul avec Lui. J'ignore combien de temps je serai absent. Aussi, veille sur les miens. Je te confie la direction du campement.

– Je ferai ainsi que tu le désires, Moïse.

Mosé n'emporta qu'une gourde d'eau et quelques provisions. Puis il se mit en marche, retrouvant avec plaisir la beauté singulière du désert, un spectacle grandiose dont il ne se lassait jamais. Il lui fallut dix jours pour atteindre le mont Horeb. Empruntant les éboulis de rocaille qu'il connaissait parfaitement, il escalada ses flancs escarpés. Quelques heures plus tard, il parvenait sur le plateau étiré et pierreux qui couronnait le sommet. Un soleil éblouissant inondait la roche rousse. Dans d'innombrables anfractuosités s'accrochaient des buissons et des plantes rampantes, aux feuilles desséchées par le vent et la chaleur. Un couple de fennecs s'enfuit à son approche. Épuisé, Mosé s'assit sur un rocher et but un peu d'eau. Puis il regarda longuement le panorama désertique qui s'étirait jusqu'à l'horizon. En raison de l'altitude, la température restait relativement agréable.

Lentement, il laissa la paix du lieu le gagner. La première journée, il eut fort à faire pour calmer son esprit perturbé par les conflits incessants qui opposaient les différents clans. La belle entente née des épreuves communes n'était plus qu'un souvenir. Mais s'il voulait entrer en contact avec l'Esprit infini, il devait chasser toute rancune de son cœur. Aussi s'employa-t-il à évacuer les ondes de colère qui l'agitaient encore. Vers le milieu de la nuit, il retrouva enfin la sérénité. Il put alors s'abandonner à la méditation, laissant son esprit vagabonder à la recherche de la réponse inconnue.

Lorsque vint le matin, il avait fini par succomber au sommeil. Il fit quelques pas pour détendre ses muscles engourdis. Sans y penser, il chemina jusqu'au creux de l'esplanade où, quatre années auparavant, il avait découvert le buisson brûlé. Il était revenu plusieurs fois depuis. C'était à présent un petit arbre magnifique, qu'une anse rocheuse protégeait des vents. Une frondaison épaisse l'embellissait. Il passa doucement sa main sur les feuilles. Seules quelques branches encore noircies témoignaient du drame. Mais la vie avait triomphé.

Mosé s'assit près de l'arbre et ferma les yeux. La méditation de la nuit avait-elle porté ses fruits ? Ou bien la proximité de l'arbre sacré accroissait-elle sa sensibilité ? Il ne tenta pas de le comprendre. Mais peu à peu, de nouvelles idées se firent jour.

La réponse lui apparaissait désormais clairement : il devait redonner aux Apirous des règles de vie essentielles qui les amèneraient à connaître Dieu et à se respecter mutuellement. Leur nombre resterait limité, pour que chacun puisse s'en souvenir, et s'en inspirer dans sa vie quotidienne. Afin qu'elles soient respectées, Mosé les appela « Commandements de Dieu ». Ils hésiteraient ainsi à les remettre en question, comme ils avaient coutume de le faire pour les lois imprécises ramenées d'Égypte. Ces commandements devaient aussi apporter une réponse à ceux qui refusaient de se soumettre aux lois sévères prônées par Ézéchiel.

Des phrases commençaient à se former en lui, naturelles, évidentes, comme surgies d'ailleurs, à l'intérieur même de son esprit. Il voulut les écrire, mais il n'avait pas emporté sa tablette et son calame. Fébrilement, il se leva et se mit à la recherche d'une solution. Autour de lui, le sol était jonché de pierres calcaires de toutes formes. Il en sélectionna d'assez plates pour servir de tablettes et, à l'aide d'une roche plus dure, il entreprit de les bouchonner afin d'obtenir une surface plane. À la fin de la journée, il avait fabriqué deux palettes parfaitement lisses.

Il hésita encore sur le choix de l'écriture. Les *medou-neters* prendraient beaucoup de place. De plus, ils resteraient inaccessibles à la quasi-totalité des Apirous. En revanche, quelques-uns avaient suivi l'enseignement des Maisons de vie et connaissaient l'écriture cursive employée par les prêtres et les scribes, pour la rédaction des rapports, des plaidoiries, des inventaires, des décrets destinés au peuple [1].

Revenant près de l'arbre sacré, il s'installa confortablement contre la roche. Le premier commandement devait expliquer aux hommes quelle était la nature réelle de Dieu : un univers infini animé par un Esprit créateur éternel. Utilisant la pointe de son

1. Il s'agit de l'écriture hiératique, qui remplaçait les hiéroglyphes dans tous les cas où l'on devait écrire rapidement. Elle perdura pendant deux mille ans, avec une évolution et une simplification permanente. Elle fut cependant abandonnée vers le VIIe siècle avant J.-C. pour laisser la place à une écriture encore plus simple, le démotique.

poignard, il commença à graver. Les mots coulaient hors de lui en une source claire, limpide, comme s'ils avaient toujours existé.

Premier commandement :

« Dieu est tout ce qui existe, tout ce qui a existé et tout ce qui existera. Il n'a jamais eu de commencement et ne connaîtra jamais de fin, car il est éternel. Il n'a aucune limite, car il est infini. Il réside au cœur de chaque homme et de chaque femme, et chacun fait partie de Lui. Il est aussi tout autour de chaque homme et de chaque femme, car il est le monde, l'univers visible et invisible. Il est la montagne et le fleuve, la plaine et le désert. Il est l'eau et la roche. Il est le feu qui réchauffe les hommes, l'air qu'ils respirent. Il est le vent et la pluie. Il est la plante et l'animal. Il est le soleil et les étoiles. Il est la Vie, et tous les êtres vivants font partie de Lui, depuis le plus petit insecte jusqu'à l'homme lui-même. Dieu est l'Esprit créateur qui a créé le monde et l'univers à partir du néant. »

Le second jour, il inscrivit :

Deuxième commandement :

« Il est impossible de représenter Dieu sous la forme d'une idole, car ses visages sont multiples et leur nombre est infini. De même, il est impossible de l'enfermer dans un temple, car Il est partout, et les pierres taillées utilisées pour la construction des temples portent la trace du travail humain. Elles ont perdu la pureté de l'œuvre divine. L'homme ne construira donc aucune statue à l'image de Dieu et ne bâtira Ses autels qu'avec des pierres brutes, vierges de la marque de l'outil. »

Le troisième jour, il réfléchit sur la manière irrespectueuse dont les hommes se conduisaient vis-à-vis de la nature. Par exemple, nombre d'entre eux ne prenaient aucun soin de l'eau des puits et des oasis, pourtant si précieuse. Ils y soulageaient leurs besoins, y abandonnaient des objets usés, de vieux vêtements, des carcasses d'animaux qui, en se décomposant, la rendaient imbuvable. Après le passage d'une telle foule dans une oasis, les points d'eau étaient bien souvent complètement dévastés. De même, les hommes avaient une fâcheuse tendance à gaspiller les fruits et à abuser de la chasse. Mosé avait assisté, encore dernièrement, au massacre des cailles migratrices. Certains en abattaient beaucoup plus qu'ils ne pourraient jamais en manger, pour le simple plaisir de tuer. Il se mit à graver :

Troisième commandement :

« Dieu est la Vie. L'homme devra respecter Dieu, c'est-à-dire respecter la vie, l'aimer et la protéger. Il ne prélèvera sur elle que le strict nécessaire à ses besoins. Il ne gaspillera pas l'eau inutilement, ne la souillera pas de manière irresponsable et veillera à la pureté des sources et des points d'eau. L'homme ne saccagera pas la végétation. Pour chaque arbre abattu, il plantera une jeune pousse. Il laissera la terre des champs se reposer afin de lui redonner de la force. L'homme ne se livrera pas sur les animaux à des massacres inutiles. Il veillera à préserver les femelles porteuses de vie. Agir contre la Nature et contre la Vie, c'est agir contre Dieu. »

Mosé reposa son poignard. Il relut ce qu'il avait déjà gravé. Ces trois commandements expliquaient clairement ce qu'était Dieu et la manière dont il fallait se conduire envers Lui. Mais ils étaient insuffisants pour régir la vie quotidienne des Apirous. D'autres devaient les compléter. Après un repas frugal, Mosé s'allongea près de l'arbre sacré et se remit à méditer.

Lorsqu'il s'éveilla, le quatrième jour, il reprit ses tablettes et poursuivit son travail. Durant la nuit, d'autres idées s'étaient formées. L'humeur difficile des Apirous venait probablement de ce qu'ils ne s'accordaient aucun repos. Jamais ils ne prenaient le temps de se détendre, à l'inverse des Égyptiens, pour lesquels le travail lui-même était souvent prétexte à faire la fête. À l'époque bénie du grand Ramsès II, des musiciens ne venaient-ils pas dans les champs afin d'accompagner les semeurs ou les moissonneurs ? Les Apirous ne tenaient pas ces pratiques en haute estime. Dès que l'un d'eux cessait de travailler, parce qu'il était trop fatigué ou malade, les autres lui en tenaient rigueur. Au fil du temps, Mosé avait fini par comprendre les origines de cette attitude. Dans leur esprit, ils avaient été créés pour servir leur dieu, Jaho, qui, s'il fallait en croire Ézéchiel et les anciens, exigeait d'eux une soumission totale. D'après l'enseignement de Bakenkhonsou, il avait existé, bien longtemps auparavant, dans les pays du Levant, un peuple mystérieux, les Sumériens, qui raisonnait de la même manière. Les peuples qui lui avaient succédé avaient hérité de cette vision inquiétante du monde.

Mosé eut un léger sourire. Il saurait bien contraindre les Apirous à cesser régulièrement le travail, dans leur intérêt, d'une façon que même Ézéchiel ne pourrait contester. Le jeune prince se souvint d'une légende apirou, qui affirmait que Jaho avait créé le monde en six jours, et qu'il s'était reposé le septième. Il grava :

Quatrième commandement :

« L'homme ne travaillera jamais plus de six jours consécutifs. Le septième, il prendra du repos, tout comme Dieu, qui créa le monde en six jours, et se reposa le septième. »

Le cinquième jour, Mosé médita sur les jugements qu'il avait rendus. En ces occasions, il avait souvent dû régler des conflits opposant le père et le fils. Il avait constaté de la part de certains enfants un manque de respect total envers leurs parents. Il reprit son poignard et inscrivit :

Cinquième commandement :

« L'homme reçoit la vie par l'intermédiaire de son père et de sa mère. Il les respectera et les aimera de façon privilégiée, car il leur doit de connaître la joie de la vie. »

Pendant la nuit qui suivit, il médita sur les lois impitoyables dont Ézéchiel exigeait l'application. Elles étaient contraires au respect de la vie, et donc de Dieu. Si les Apirous acceptaient d'écouter ce prêtre fanatique, ils reviendraient aux terrifiants sacrifices humains qui avaient marqué les premiers temps de l'Égypte, bien des siècles avant l'avènement des anciens rois. Cette perspective n'était pas invraisemblable. D'après les voyageurs revenant du Levant ou d'Anatolie, des peuplades barbares venues d'Asie les pratiquaient encore. Ézéchiel s'appuyait sur l'histoire même d'Abraham, à qui son dieu avait demandé le sacrifice de son propre fils, Isaac, afin d'éprouver sa soumission. Jaho avait arrêté son bras au dernier moment, mais Abraham était sur le point d'obéir. Il fallait à tout prix empêcher que les hommes pussent imaginer un dieu capable d'un comportement aussi cruel qu'absurde. Il ne pouvait exiger la mort, puisqu'Il était la Vie.

Mais cette soumission aveugle à un dieu sanguinaire, sorti tout droit d'un esprit torturé, ne représentait qu'un aspect du problème.

Depuis qu'il vivait en leur compagnie, Mosé avait constaté que les Apirous étaient prompts à se battre pour des peccadilles, des défis stupides ou de ridicules points d'honneur. Les hommes s'affrontaient souvent, parfois jusqu'à ce que l'un d'eux fût tué. Le clan du vaincu n'avait alors de cesse de l'avoir vengé, et de véritables batailles rangées éclataient alors dans l'enceinte du campement. Mosé avait dû intervenir à maintes reprises pour empêcher ces combats stériles.

Le sixième jour, il reprit ses tablettes et grava :

Sixième commandement :

« L'homme ne doit pas tuer son semblable. Dieu vit dans le cœur et dans l'esprit de chaque homme, et chaque homme fait partie de Dieu. Celui qui tue un homme tue une partie de Dieu. Le mal que l'on fait à un homme, c'est à Dieu qu'on le fait. L'homme doit apprendre à lutter contre sa colère et à vaincre son désir de vengeance. Il doit pardonner à celui qui lui a fait du mal, car le pardon est noble et l'offense est vile. »

Bien souvent, ces conflits faisaient suite à des histoires entre hommes et femmes. Les Apirous ne se contentaient pas de leurs épouses. Ils séduisaient sans vergogne celles de leurs compagnons, ce qui n'était pas du goût des compagnons concernés. Parfois, il se révélait difficile de savoir si le mari était bien le père des enfants de ses femmes. Pire encore, certains hommes n'hésitaient pas à prendre par la force les épouses non consentantes, puis exigeaient d'elles un silence absolu sous peine de représailles sur elles ou sur leurs enfants. Il avait eu à juger quelques cas où les femmes avaient eu le courage de porter plainte contre leurs bourreaux. De telles révélations avaient failli provoquer des batailles vengeresses, et Mosé avait dû user de toute son influence pour empêcher de nouvelles violences.

Ézéchiel, lui, affirmait que toute femme qui avait eu des relations avec un autre homme que son mari méritait de périr par lapidation. Il prétendait qu'une femme, même violée, demeurait responsable, car il ne faisait aucun doute dans l'esprit du prêtre qu'elle avait commencé par séduire l'homme. Il ne pouvait en être autrement, puisque les femmes portaient en elles ce qu'il appelait le péché originel. C'était par leur faute que l'homme avait été chassé de l'Éden, le paradis terrestre offert par Dieu au premier couple. Il convenait donc de les punir de la manière la plus rigoureuse, afin de purifier le peuple élu. Ce raisonnement imbécile avait le don de faire perdre son calme à Mosé. À trois reprises, il avait dû intervenir pour éviter à de jeunes femmes d'être tuées à coups de pierres par les fidèles des prêtres fanatiques.

Le septième jour, il écrivit :

Septième commandement :

« L'homme ne doit pas convoiter la femme de son voisin. Les enfants sont les fruits de l'amour qui lie un homme et une femme. Si l'acte charnel est libre entre deux êtres adultes libres et consentants, les enfants ne doivent être conçus que dans le cas où cet acte s'enrichit d'un sentiment sincère et profond. Car les parents ont la responsabilité de ces enfants, qu'ils doivent élever et nourrir jusqu'à ce qu'ils parviennent à l'âge adulte. »

Du fait des nombreux conflits qu'il avait eu à juger, Mosé ne manquait pas d'éléments pour étayer ses règles de vie. Ainsi, vols et chapardages étaient monnaie courante entre Apirous, de même que fausses rumeurs, témoignages suspects et autres calomnies.

Le huitième jour, il grava :

Huitième commandement :

« L'homme ne s'emparera pas indûment du bien d'autrui. Il ne convoitera rien de ce qui appartient à son prochain et ne tentera aucune manœuvre frauduleuse dans le but de déposséder un autre homme. Seul le travail peut l'enrichir. Il contribue à sa dignité et doit être rémunéré à sa juste valeur, et sans aucun retard. Nul ne tentera de priver un homme de son travail dans le but de servir ses intérêts personnels. Agir ainsi reviendrait à le priver de sa dignité, et constituerait une offense envers Dieu, car Il est présent dans le cœur de chaque être humain. »

Le neuvième jour, tenant compte encore de l'expérience de ses jugements passés, il grava :

Neuvième commandement :

« L'homme ne prononcera jamais de fausses paroles afin de nuire à autrui, pour complaire à un puissant ou pour faire condamner l'inno-

cent à la place du coupable. En agissant ainsi, il porterait préjudice à Dieu lui-même, qui vit dans le cœur et dans l'esprit de chaque homme.

Dans la nuit du neuvième au dixième jour, il ne put fermer l'œil. Les premiers commandements enseignaient aux hommes à respecter Dieu et à se respecter mutuellement. Mais il manquait encore quelque chose. Si les hommes ne parvenaient pas à dominer leur orgueil, et s'ils ne réussissaient pas à partager et à se comprendre, ces commandements ne leur seraient d'aucune utilité. Ils devaient apprendre à vivre ensemble, à s'entraider, à se porter mutuellement secours lorsqu'un danger les menaçait, ou plus simplement, dans la vie quotidienne, lorsque l'un d'eux tombait malade ou était frappé par le malheur.

Le dixième jour, il grava :

Dixième commandement :

« L'homme doit aimer son prochain comme lui-même. Nul être humain ne profitera de sa force physique ou morale pour contraindre un être plus faible que lui, ou pour abuser d'une femme, d'un vieillard, et encore moins d'un enfant. Les êtres humains, hommes et femmes, se doivent entre eux une assistance mutuelle, qui est la base de la plus grande force de l'Esprit infini, l'Amour. Tout être humain doit porter secours au malade et à celui qui est dans le besoin. Le devoir du plus fort, du plus intelligent, du plus riche, est d'aider et de soutenir le faible, le simple et le pauvre. »

Le onzième jour, Mosé relut l'ensemble de ses commandements. Ils étaient clairs, précis, et suffisants pour servir de base aux principes qui devaient régir la vie quotidienne de chaque Apirou. Mais leur portée s'étendait bien au-delà de la tribu. Ils s'adressaient également à tous les peuples du monde. Ils définissaient des règles fondamentales, applicables en toutes circonstances. Ils valaient dans le passé, mais aussi pour l'avenir. Ces commandements n'étaient pas destinés à l'usage exclusif des juges, mais à chaque homme, à chaque femme.

Une grande paix le pénétra. Il avait pardonné sa trahison à Myriam. Et il s'amusait intérieurement du bon tour qu'il allait jouer à Ézéchiel et à ses compagnons, en particulier avec le quatrième commandement.

Le douzième jour, il entreprit de regagner le campement. Il sentait à peine le poids des deux tablettes de calcaire qui allaient contribuer à forger l'unité de ce peuple qu'il considérait désormais comme sien. Tandis qu'il marchait sur la rocaille, le souvenir de la prédiction de Baal-Patjar lui revint. Il eut alors la certitude que ces dix commandements étaient liés à la prophétie. Parce qu'ils pouvaient s'appliquer à tous les peuples du monde, ils feraient connaître son nom et lui permettraient de traverser les siècles, bien après l'effondrement de l'Égypte elle-même. Une vive émotion s'empara de lui. Dès le début, son vieux maître, Bakenkhonsou, avait vu juste. Mais Mosé s'était trompé sur le sens de la prophétie en s'imaginant qu'il était destiné à succéder à son grand-père Ramsès II.

Avec émotion, il murmura :

– Pardonne-moi de n'avoir pas compris le sens de tes paroles, ô mon vieux maître. Tu avais raison : je n'ai pas su interpréter les signes qui m'étaient adressés, et je me suis égaré sur un chemin qui n'était pas le mien. Peut-être devais-je le suivre et connaître la douleur de la défaite et de la perte de mes compagnons pour comprendre. Mais je les aimais et je les ai menés à la mort. Puissent-ils me pardonner mon aveuglement et mon orgueil…

En chemin, une violente tempête de sable le contraignit à demeurer abrité plusieurs jours au creux d'une petite éminence rocheuse. Un ouragan d'une rare puissance balayait le désert, noyant la vue à quelques pas. Il ne lui restait plus que quelques dattes séchées, dont il se contenta.

Lorsqu'il arriva enfin en vue du campement, il s'était écoulé quarante jours depuis son départ. Tandis qu'il approchait de l'endroit où sa famille avait établi son bivouac, l'écho d'une rumeur lui parvint. De la fumée s'élevait du campement. Il comprit aussitôt que le village était attaqué. Saisi par l'angoisse, il parvint, malgré sa fatigue, à accélérer l'allure.

37

« Tous les Israélites ôtèrent leurs boucles d'oreilles en or et les remirent à Aaron. Celui-ci les fit fondre, versa l'or dans un moule et fabriqua une statue de veau. »
EXODE 32-3

Hors d'haleine, Mosé atteignit le campement. Plusieurs tentes étaient la proie des flammes. Il avait craint une attaque de pillards, mais l'affrontement opposait deux factions rivales. La querelle entre les prêtres et les partisans des dieux égyptiens s'était ranimée. Inquiet, il chercha ses femmes et ses enfants. Il constata, rassuré, que leurs tentes étaient dressées à l'écart, protégées par Hori, ses archers, et les gardes du corps nubiens qui suivaient Tiyi depuis leur mariage. Il courut vers eux. Tiyi et Séphora se jetèrent dans ses bras, riant et pleurant à la fois. Ses enfants s'agrippèrent à lui. Mais il n'eut pas le temps de se livrer à leurs effusions.

Aaron les rejoignit, affolé.

– Ah, mon frère ! Comme je suis heureux de te revoir. Nous pensions tous que tu étais mort.

– Mort ? Mais je suis là ! Je t'avais dit que je devais me rendre sur la montagne sacrée. Il me fallait plusieurs jours pour y arriver.

– Certains n'ont pas eu la patience de t'attendre.

– Que se passe-t-il ?

– Viens ! Toi seul est capable d'arrêter ces fous furieux !

Il rejoignit le village. Josué, soutenu par quelques dizaines d'hommes tentait d'y ramener le calme. Plusieurs corps jonchaient déjà le sol. Pris d'une fureur soudaine, Mosé se mit en travers des belligérants.

– Arrêtez immédiatement ! hurla-t-il.

Lorsqu'ils l'aperçurent, les Apirous des deux camps cessèrent les hostilités. On le contempla comme s'il revenait d'entre les morts. Le jeune prince s'avança, écartant sans ménagement les combattants.

– Êtes-vous donc tous devenus fous ? Que signifie cette bataille ?

Éliab s'avança.

– Elle signifie que certains ont profité de ton absence pour bafouer notre dieu.

Derrière lui se tenaient les plus intransigeants des Apirous, parmi lesquels Palti, le mari de Myriam. Une brusque bouffée de colère envahit Mosé. Les prêtres avaient visiblement poussé une partie de la tribu à se dresser contre une autre. Éliab désigna le camp adverse, qui avait subi de lourdes pertes. Déjà, on commençait à relever les blessés. Mais plus d'une vingtaine d'hommes avaient péri.

Aaron expliqua :

– Depuis plusieurs jours, nous étions très inquiets à ton sujet. Beaucoup pensaient que tu ne reviendrais jamais. Éliab et Ézéchiel voulaient prendre le commandement et ordonner de marcher sur Canaan sans attendre ton retour. Mais une partie de nos compagnons refusaient d'obéir aux prêtres. Ils n'acceptaient plus notre dieu, Jaho. Ils désiraient retourner en Égypte, et adopter un dieu égyptien, qui les protégerait au cours de leur retour.

Okran s'avança.

– Pardonne à tes serviteurs, Seigneur, dit-il. Nous n'avons pas déclenché cette bataille.

Mosé remarqua, à peu de distance du champ de bataille, un bûcher sur lequel une forme étrange achevait de se consumer. Elle représentait encore vaguement la forme d'une vache. Des filets de métal doré coulaient dans le feu, se mêlant aux braises. Déjà, quelques hommes tentaient de sauver ce qui pouvait l'être.

– Qu'est-ce que c'est ? demanda-t-il.

– Ce qui reste de notre dieu, expliqua Okran. À Mennof-Rê, les Égyptiens adorent un dieu ayant l'aspect d'un taureau, dont l'influence est bénéfique. Voyant que tu ne revenais pas, nous avons décidé de demander sa protection et de retourner en Égypte, où nous ne souffrions pas de la famine.

Aaron ajouta :

– Ils sont venus me demander l'autorisation de fabriquer une image de ce dieu. Je la leur ai accordée. Ils ont alors rassemblé leurs bijoux en or et ils ont sculpté une statue à l'effigie d'un petit taureau. Puis ils l'ont recouverte de l'or fondu. Ils avaient établi leur campement à l'écart, afin d'éviter de provoquer les autres.

– Et cette initiative n'a pas été acceptée par les prêtres, acheva Mosé.

– Hélas ! Éliab et ses amis ont rassemblé un grand nombre de partisans et ont ordonné le massacre des adorateurs du Veau d'or, ajouta Aaron.

– Nous n'avons rien pu faire ! précisa Josué. Ils ne nous obéissaient plus. Ils se sont emparés de la statue et l'ont jetée dans un brasier. Les autres se sont fâchés et ont pris les armes. Ils se sont battus toute la journée. Jusqu'à ce que tu arrives.

Mosé examina la situation. Plus de vingt personnes avaient payé cette absurdité de leur vie, la plupart du côté des adorateurs du taureau. Ruben, qui menait la troupe des prêtres, ne cachait pas son hostilité envers Mosé. Il n'attendait qu'un signe d'Ézéchiel pour reprendre le combat.

Mais la grande majorité des Apirous n'avait pas pris part à la bataille. L'annonce du retour de Mosé s'était répandue à la vitesse du vent, et une foule considérable commençait à se rassembler derrière lui.

Éliab et Ézéchiel toisèrent la foule, le regard chargé de défi.

– Ces chiens insultent la face de Dieu ! s'exclama Ézéchiel d'une voix stridente. Ils doivent tous périr, ainsi que l'ordonne Jaho pour les impies.

– Silence ! tonna Mosé. Je ne veux plus entendre une seule parole de haine. Quelle mouche vous a donc piqués ? De quel droit vous estimez-vous dignes de juger les autres ?

– Ce sont des idolâtres ! s'égosilla Ézéchiel en brandissant le poing.

– Ce sont des hommes libres ! rétorqua Mosé d'une voix forte. Libres de vénérer le dieu qu'ils se sont choisi. S'ils ont décidé de retourner en Égypte, personne ne les en empêchera.

Il marcha sur Ézéchiel d'un pas vif.

– De qui pensez-vous détenir le droit de massacrer vos frères sous le prétexte stupide qu'ils ne partagent pas votre religion ? De Dieu, peut-être ? Croyez-vous être seuls à détenir la vérité ?

– Ce Veau d'or était une injure à la face de Jaho, répliqua Ézéchiel.

Furieux, Mosé sortit de son sac de cuir les tablettes sur lesquelles il avait écrit les dix commandements et les brandit au-dessus de lui.

– Silence ! explosa-t-il. Vous ne savez rien de Dieu. Vous n'êtes guidés que par votre vanité et votre bêtise. La violence est l'intelligence des imbéciles ! Elle n'a jamais rien résolu. Mais prenez garde ! Dieu vous voit, Dieu vous juge, en ce moment même ! Ce sont les mots qu'Il m'a dictés que je vous rapporte, gravés sur ces tables. Dix commandements destinés à forger l'unité du peuple apirou, et lui apporter la lumière divine.

Il se tut et s'avança au milieu des fanatiques, défiant chacun du regard. Le géant Ruben lui-même baissa les yeux. Mosé reprit, d'une voix rendue rauque par l'indignation :

– Mais vous n'êtes pas dignes de les écouter ! Vous n'êtes rien qu'un ramassis d'individus gonflés d'arrogance et d'intolérance !

Ce disant, il leva les tables de calcaire au-dessus de sa tête, puis les projeta violemment sur un rocher, où elles se pulvérisèrent. Une clameur mêlée de peur et de stupéfaction monta de la foule.

– Moïse ! s'exclama Aaron. Qu'as-tu fait ?

– J'ai brisé les tables des commandements de Dieu. Vous ne les méritez pas !

Il revint vers les cadavres, que des femmes en larmes alignaient les uns à côté des autres, sans se soucier du camp auxquels ils appartenaient.

– Écoutez-moi bien ! L'un de ces commandements interdit à l'homme de tuer son semblable. Aujourd'hui, vous avez bafoué ce commandement, et vous avez commis une faute très grave au regard de Dieu.

Il pointa le doigt sur les deux prêtres.

– Toi, Éliab, et toi Ézéchiel, vous aurez à répondre de vos décisions devant Lui. Quant à moi, je renonce à vous guider. Je repars dès demain pour Madian. Que chacun regagne sa tente et médite sur la barbarie dont vous avez été les responsables !

Il y eut un long moment de flottement. Mosé tourna les talons et rejoignit ses compagnes et ses fidèles. Parvenu sous sa tente, il put enfin serrer ses enfants dans ses bras. Mais il ne parvenait pas à chasser la vive émotion qui l'avait saisi depuis son retour. Il avait tremblé pour les siens, pour ses épouses, ses enfants et ses amis. Par chance, ils avaient été épargnés. Mais plusieurs hommes avaient péri à cause de l'orgueil stupide de quelques-uns. Une telle absurdité l'écœurait.

Le soir, lorsque vint le crépuscule, il éprouva le besoin de retrouver le calme du désert et s'isola à l'écart du village. Il repensa à ce geste étrange qui lui avait fait briser les tablettes des dix commandements. Il avait été pris d'une colère extraordinaire, qui le dépassait lui-même, comme si toute la nature elle-même s'était révoltée contre le comportement stupide des fanatiques. Dieu avait exprimé sa fureur à travers lui.

Il se rendit à peine compte des larmes lourdes qui roulaient sur ses joues mangées de barbe. Plus rien ne pourrait ramener à la vie ceux qui avaient péri. Il connaissait bien plusieurs d'entre eux. Il les avait aidés à traverser la mer des Roseaux, leur avait rendu confiance à maintes reprises. Il y avait parmi eux des adolescents qui ne méritaient pas de mourir dans un affrontement aussi ridicule. Le visage enfoui dans les mains, il murmura :

– Que puis-je faire, Seigneur ! Ces idiots sont plus têtus qu'un régiment de bourriques.

Une main se posa sur son épaule. Aaron s'assit près de lui.

– Tout est de ma faute, Moïse, dit-il. Jamais je n'aurais dû autoriser la fabrication de ce Veau d'or. Il a déchaîné la colère des fanatiques.

– Tu n'a rien à te reprocher, mon frère, répondit Mosé. L'homme doit rester libre de ses choix. Une religion imposée par la force n'a aucune valeur. La vraie foi est celle qui est librement consentie, parce qu'elle répond au besoin du cœur et de l'âme. Peut-être les adorateurs du Veau d'or se trompent-ils, mais personne n'a le droit de les juger, et encore moins de les massacrer.

Les deux hommes restèrent un long moment silencieux. Puis Aaron demanda :

– Qu'y avait-il sur ces tablettes ?

Mosé hésita, puis répondit :

– Elles comportaient dix commandements destinés à régir la vie des Apirous. Dix lois nouvelles afin de les guider et de les aider à mener leur vie selon l'esprit de Dieu.

– Pourquoi les avoir détruites ?

– Ces fanatiques imbéciles n'en sont pas dignes.

– Ces fanatiques, comme tu dis, ne sont que quelques dizaines. La grande majorité de la tribu n'a pas pris part à cette bataille. Au contraire, nous avons essayé de l'empêcher, mais les partisans des prêtres étaient menés par Ruben, et personne ne possédait suffisamment d'autorité pour s'opposer à lui. D'autant plus que nous étions désemparés ; beaucoup te croyaient mort.

Aaron se tut un court instant, puis poursuivit :

– Ne crois-tu pas que les autres, tous ceux qui croient en toi, méritent de recevoir ces commandements ?

Mosé eut un sourire désabusé.

– Quels commandements ? C'est moi qui les ai écrits, Aaron. Dieu ne m'est pas apparu dans un nuage de lumière. J'ai gravé ces textes avec la pointe de mon poignard, sur deux tablettes de calcaire prélevées là-haut.

– Sur la montagne sacrée ! Ne laisse pas le doute envahir ton cœur, mon frère. C'est toi qui as écrit ces textes. Mais à toi, qui les a inspirés ?

Aaron se redressa et insista :

– Dieu t'a donné la réponse que tu étais allé chercher. Si tu renonces à nous la transmettre, nous resterons à jamais un peuple sans loi, et nous finirons par disparaître, parce que nous continuerons à nous entre-tuer, ou parce que nous succomberons sous les coups de tribus hostiles. Avec ces commandements, nous deviendrons plus forts, et peut-être plus sages.

Moïse médita un long moment. Aaron insista :

– Saurais-tu les retrouver ?

– Ils sont inscrits à jamais dans mon esprit.

– Alors, refais d'autres tablettes. Ces commandements ne t'étaient pas destinés, puisque tu les connaissais déjà. Mais notre tribu en a besoin pour devenir un peuple digne de ce nom. Pour quelle autre raison Dieu t'aurait-il appelé sur la montagne sacrée ?

L'enthousiasme et l'affection de son compagnon réconfortèrent Mosé. Aaron avait raison. La bataille avait été le fait d'une poignée d'excités. Peut-être les commandements de Dieu sauraient-ils leur ouvrir les yeux. Mosé se leva à son tour, serra longuement Aaron dans ses bras et déclara :

– La sagesse parle par ta bouche, mon frère. Je vais refaire ces tablettes.

Le lendemain, Aaron réunit les Apirous. Il monta sur un rocher et déclara :

– Écoutez-moi tous ! Moïse a rapporté de la montagne sacrée une série de lois qui lui ont été inspirées directement par Dieu. Mais il ne les délivrera qu'à ceux qui sont prêts à les écouter. Aussi, que ceux qui souhaitent demeurer se placent à ma gauche. Ceux qui désirent retourner en Égypte se rangeront sur ma droite. Ils sont libres de partir, et d'emporter l'or de la statue détruite. Ils pourront ainsi la reconstituer s'ils le désirent. Personne ne les en empêchera. Ainsi le veut Moïse ! Car il dit : Dieu veut que chaque homme reste libre de ses choix religieux !

– C'est faux ! riposta Ézéchiel. Dieu exige une obéissance absolue.

– Tais-toi, Ézéchiel ! Tu es le principal responsable des morts d'hier. Attends-toi à devoir en rendre des comptes à Dieu lui-même. Moïse m'a révélé les commandements du Seigneur ! Et tu devrais trembler, car tu as commis une faute inqualifiable en semant la mort parmi tes semblables.

Mal à l'aise, Ézéchiel n'osa insister, d'autant plus que sa réaction avait provoqué un concert de protestation de la part de la majorité.

Lentement, les partisans du Veau d'or se placèrent sur la droite d'Aaron, tandis que les autres se dirigeaient vers sa gauche. Au milieu, les prêtres et leurs partisans hésitaient. Ils refusaient de céder aussi facilement aux exigences de l'Égyptien. Mais ils étaient curieux de connaître la teneur des lois révélées sur la montagne sacrée. En maugréant, ils se décidèrent à rejoindre la majorité.

Dans la journée, Okran vint trouver Mosé pour lui faire ses adieux.

– Pardonne-nous de ne pas te suivre, Seigneur, dit-il. Mais nous ne pouvons plus rester en compagnie de ceux qui ont tués nos frères. Nous ne supportons plus l'intolérance d'Ézéchiel et d'Éliab. Des caravaniers nous ont dit que les choses avaient bien changé en Égypte. À l'époque du grand roi Ramsès, nous y avons été heureux. Nous préférons retourner là-bas.

– Je respecte ta décision, Okran, et je la comprends. Votre présence me manquera, comme elle manquera à la plupart d'entre nous. Mais les hommes doivent pouvoir mener leur vie comme ils le souhaitent. Que Dieu vous protège pendant votre voyage, et puisse-t-Il vous accorder la prospérité en terre de Kemit.

Le lendemain, après avoir enterré leurs morts, Okran et ses compagnons quittèrent le campement.

Il fallut deux jours à Mosé pour reconstituer les tables. Enfin, à l'aube du troisième jour, il réunit le peuple devant lui et, monté sur le rocher, il lut les dix commandements. L'intérêt des Apirous s'éveilla aussitôt. Les textes étaient clairs, précis, évidents. Peu à peu, l'enthousiasme s'empara de la tribu. Seuls les prêtres demeurèrent sceptiques. Mais la réaction des Apirous ne laissait place à aucune discussion. Les dix commandements furent acceptés.

Plus tard, Mosé se rendit compte que le fait d'avoir rapporté ces lois de la montagne sacrée confortait les Apirous dans l'idée que leur dieu veillait particulièrement sur eux. En eux dominait à présent un sentiment de sécurité et d'unité. Désormais, ils constituaient un peuple à part entière, avec ses lois et un avenir. Car il ne faisait désormais plus de doute que l'on atteindrait bientôt le pays « de lait et de miel » promis par Dieu à leur ancêtre Abraham.

38

« Chacun de vous doit aimer son prochain comme lui-même. »
LÉVITIQUE 19-18

Les tablettes de calcaire sur lesquelles Mosé avait gravé les dix commandements étant très fragiles, des menuisiers se proposèrent de fabriquer un coffre afin de les abriter. On abattit des acacias, que l'on tailla en planches. Celles-ci furent assemblées en une caisse longue de deux coudées et demi, haute et large d'une coudée et demi. Puis, à l'intérieur et à l'extérieur, les métallurgistes le recouvrirent d'une couche d'or obtenu à partir des bijoux fondus offerts par les Apirous. Quatre anneaux destinés à faciliter le transport furent fixés aux quatre angles supérieurs du coffre, dans lesquels on passa deux barres de bois d'acacia, également recouvertes d'or. Le couvercle fut fondu dans de l'or fin, et orné de deux personnages pourvus d'ailes, qui se faisaient face, et dont le rôle consistait à protéger le texte sacré. Le coffre fut aussitôt appelé « l'Arche d'alliance » par les Apirous, car, à leurs yeux, il symbolisait l'alliance que leur dieu, Jaho, avait conclu avec eux.

La fabrication de l'arche prit encore presque un mois, pendant lesquels la tribu consolida son unité nouvelle. Éliab, Ézéchiel et Ruben se faisaient discrets. Mosé avait apporté aux Apirous ce qui leur manquait : des lois nouvelles qu'ils approuvaient pleinement. Les anciennes traditions que les prêtres avaient voulu remettre en vigueur ne rencontraient plus aucun succès. Les dix commandements portaient en eux-mêmes l'espoir de la vie, et la protection d'un dieu d'une puissance infinie.

Les Apirous ne se contentèrent pas de l'arche d'alliance. Malgré ce qu'avait espéré Mosé, qui aurait souhaité que le temple de Dieu fût le monde lui-même, puisqu'Il était partout, ses compagnons émirent le désir de disposer d'une demeure sainte, où ils pourraient venir s'adresser à Jaho. Celle-ci fut donc fabriquée avec des piquets d'acacia recouverts d'or et de larges bandes de laine de couleur violette et rouge. Elle serait ainsi aisément transportable au gré des voyages de la tribu. On construisit également une table destinée à accueillir les pains offerts à Dieu, ainsi qu'un autel de bronze pour les sacrifices. Enfin, les forgerons façonnèrent un chandelier à sept branches commémorant la victoire remportée sur les Amalécites.

Parce qu'ils n'auraient désormais rien à gagner à s'opposer directement à Mosé, Éliab, Ézéchiel et leurs partisans se proposèrent pour devenir les prêtres de la nouvelle religion. Le jeune prince, perplexe, finit par accepter. Plus tard, Tiyi le mit en garde.

– Tu devrais te méfier de ces hommes, dit-elle. Surtout de cet Ézéchiel. Éliab est guidé par la crainte de voir son peuple devenir la proie de démons malintentionnés. Si tu parviens à le convaincre que les dix commandements sont bénéfiques aux Apirous, il ne te montrera plus autant d'hostilité. En revanche, Ézéchiel est un serpent. Il est dévoré d'ambition et il rêve de prendre la tête de la tribu pour en devenir le guide qui les mènera vers la sainteté, tout au moins selon ses vues. C'est un fanatique pour qui seul compte sa manière de concevoir son dieu. Rien d'autre ne saurait prévaloir à ses yeux, car il est trop orgueilleux pour admettre qu'il puisse se tromper. Cet homme te hait et fera tout pour te détruire.

Séphora, qui assistait à la conversation, renchérit :

– Tiyi a raison, Moïse. À Madian, nous avons eu à souffrir, voici quelques années, d'un groupe de prêtres prônant le retour aux coutumes ancestrales, qui exigeaient des sacrifices humains. Mon père s'est opposé à eux, mais plusieurs enfants ont perdu la vie avant que notre peuple ne réagît. Le fait qu'Ézéchiel accepte de suivre les commandements n'implique pas qu'il les accepte. Sans doute cherche-t-il à endormir tes soupçons.

– Je l'ai observé, ajouta Tiyi. Il est capable de toutes les bassesses pour parvenir à ses fins. Il sait aussi séduire lorsque cela est nécessaire. Il fera semblant d'adhérer à tes idées, non seulement pour t'amadouer, mais pour regagner le crédit qu'il a perdu auprès de certains de ses fidèles. Ne t'y trompe pas : lorsqu'il estimera que tu ne te méfies plus, il fera tout pour diminuer ton influence.

– Vos propos confirment ce que je pense, mes bien-aimées. N'ayez crainte, je resterai sur mes gardes.

Dès que l'arche d'alliance fut terminée, la tribu prit la direction de Qadesh Barnea. On suivit le chemin déjà emprunté par les adorateurs du Veau d'or. Ceux-ci avaient projeté de rejoindre la piste qui longeait la Grande Verte à hauteur de Rhinocorura, puis de remonter jusqu'à Per-Amon, d'où ils devaient se rendre à Pi-Ramsès, puis à Mennof-Rê.

Mais ils n'avaient jamais atteint le Double-Royaume.

39

« – Voici ce qu'ordonne le Seigneur, Dieu d'Israël : "Que chacun de vous prenne son épée, passez et repassez d'un bout à l'autre du camp et tuez vos frères, vos amis, vos voisins." »
EXODE 32-27

Les Apirous avaient marché pendant quatre jours en direction du mont Horeb. À l'aube du cinquième, on se remit en route. Vers le milieu de la matinée, Josué, qui précédait la longue colonne, remarqua, au loin, une étrange nuée sombre planant au-dessus du désert.

– Ce sont des oiseaux ! déclara l'un de ses lieutenants. Des charognards. Il a dû y avoir une bataille.

Aussitôt, Josué songea aux Apirous partis un mois plus tôt. Mais ceux-ci devaient déjà avoir atteint l'Égypte. Inquiet malgré tout, il accéléra le pas, en recommandant à ses guerriers de se tenir prêts. Quelques instants plus tard, le jeune homme parvenait au creux d'une vaste dépression de rocaille abritant une petite oasis, où l'attendait un spectacle épouvantable. Des centaines de cadavres jonchaient le sol, sur lesquels s'acharnaient des oiseaux charognards et des nécrophages. Une horde de hyènes et quelques lions se disputaient des lambeaux de corps humains. Par endroits, de longues rigoles de sang séché maculaient la rocaille. Une odeur pestilentielle régnait sur les lieux.

Alertés, Mosé et Aaron rejoignirent Josué, le visage blême.

– Ce sont nos compagnons, murmura le jeune homme. Les adorateurs du Veau d'or.

Tous, hommes, femmes, enfants, vieillards, avaient été massacrés sans la moindre pitié.

– Qui s'est rendu coupable d'une telle abomination ? gronda Aaron, envahi par une colère soudaine.

Ils ne furent pas long à repérer, parmi les corps, quelques cadavres de pillards.

– Les Amalécites ! cracha Josué. Les porcs immondes. Qu'ils soient tous maudits !

– Cette bataille a eu lieu il y a moins de cinq jours, remarqua Mosé. Pourquoi sont-ils restés si longtemps dans le désert ?

L'explication leur fut fournie un peu plus tard, lorsqu'ils découvrirent, à peu de distance de la dépression, un petit groupe d'enfants terrorisés, qui avaient réussi à échapper au massacre. La plus âgée, une fillette d'une dizaine d'années, raconta :

– Quelques jours après notre départ, nous nous sommes arrêtés dans cette oasis. Nous avons bu de son eau. Aussitôt après, plusieurs personnes sont tombées malades. Nous avons été obligés de rester sur place. Nous nous apprêtions à repartir quand les pillards nous ont attaqués. Notre mère nous a crié de fuir. Avec mes frères, nous sommes allés nous cacher dans le désert. Lorsque nous sommes revenus, tout le monde était mort. Il y avait plein de bêtes fauves et de grands oiseaux qui dévoraient nos amis. Nous nous sommes enfuis.

Elle éclata en sanglots.

– Je ne savais pas quoi faire pour mes frères. Nous n'avions presque pas d'eau. Alors, je leur ai demandé de ne pas trop boire. Nous avions encore quelques fruits secs. Mais depuis deux jours, nous n'avons plus rien.

– N'ayez plus peur, la rassura Mosé. Nous allons prendre soin de vous.

Après avoir confié les enfants à ses épouses, il revint vers l'oasis.

– Nous ne pouvons laisser ces corps comme ça. Nous allons chasser les fauves et donner une sépulture à ces malheureux.

– Ils ne la méritent pas ! clama une voix derrière lui.

Mosé se retourna, furieux.

– Ézéchiel ! Encore toi !

– Ces gens ont renié le Seigneur ! poursuivit le prêtre. Il m'avait ordonné de les tuer tous, mais tu m'en as empêché. Aujourd'hui, justice est rendue à Dieu.

– Tu oses prétendre que c'est le Seigneur qui t'avait ordonné de les tuer ? s'insurgea Mosé.

– Crois-tu être le seul à qui Il parle ? riposta Ézéchiel. Ils devaient périr, parce que leur crime était encore plus grand que celui des Égyptiens. Ils se sont détournés de la face de Jaho, et ils ont adoré une fausse idole.

Le prêtre pointa un doigt accusateur sur Mosé.

– Mais tu t'es dressé contre la volonté de Dieu ! Tu nous as empêché d'accomplir Sa justice. Tu les as laissé partir libres.

Il montra les cadavres.

– Mais en ce jour béni, nous voyons que rien ne peut s'opposer à Sa colère. Tous ces idolâtres ont péri. Le désert sera leur tombeau.

– Ils ont été attaqués par les Amalécites ! rectifia Mosé. Jamais le dieu que je sers n'aurait permis une telle ignominie.

– Vas-tu prétendre qu'il s'agit d'une coïncidence ? éructa Ézéchiel.

Soudain, un vertige saisit Mosé. Il lui sembla que sa vue se dédoublait. Aussitôt, Josué le soutint, aidé par Aaron et Hori.

– Dieu ! Dieu te punit de ton arrogance ! triompha Ézéchiel.

– Vas-tu te taire, oiseau de malheur ? l'interrompit Josué.

Mosé ferma les yeux. Son vertige se dissipa. Une nouvelle vision s'imposait à lui. Sa respiration s'accéléra. Il sut que la scène qui se déroulait sous ses yeux avait eu lieu un mois plus tôt. Il vit les adorateurs du Veau d'or quitter le village. L'instant d'après, il fut aux côtés d'Ézéchiel. Celui-ci parlait à deux esclaves amalécites capturés quelques années plus tôt, lorsque les Apirous avaient vaincu les pillards. Bien qu'il n'entendît pas les paroles, Mosé en perçut le sens, comme s'il avait été plongé dans l'esprit du prêtre. Celui-ci n'admettait pas que l'Égyptien maudit ait pu libérer les idolâtres. En agissant ainsi, il s'était dressé contre la volonté divine. Celle-ci était limpide : les adorateurs de l'idole monstrueuse devaient tous périr. Alors, Ézéchiel promettait la liberté aux deux esclaves. En échange, ils devaient prévenir les leurs que la caravane qui venait de quitter le village transportait une grande quantité d'or. Et qu'il ne devait pas y avoir de survivants.

Pris d'une nausée soudaine, Mosé s'éveilla de sa transe. Il fixa le prêtre avec un profond dégoût. Ézéchiel le défia du regard. Ruben eut un sourire mauvais. Mosé serra les dents, mais ne dit mot. Jamais il ne pourrait prouver leur culpabilité. Même si ses compagnons les plus fidèles croyaient à sa vision, les autres resteraient sceptiques. On connaissait la haine qui les opposait. Ézéchiel aurait beau jeu de faire croire que Mosé avait inventé cette vision pour le discréditer aux yeux de la tribu. Personne ne prêtait attention aux esclaves amalécites, et il y avait peu de chance pour que l'on se fût aperçu de la disparition de deux d'entre eux dans l'effervescence du départ.

Mosé tourna le dos à Ézéchiel et déclara d'une voix sourde :

– Faisons ce que j'ai dit : enterrons ces pauvres gens.

Le lendemain, plus de trois cents monticules de pierre abritaient les dépouilles des adorateurs du Veau d'or. Les enfants rescapés avaient été recueillis par Tiyi et Séphora, ainsi que par Amram et Jokébed.

Malheureusement, le discours d'Ézéchiel avait porté ses fruits. Le drame avait impressionné la tribu. Bien sûr, on continuait à faire confiance à Moïse. Mais beaucoup s'interrogeaient sur la signification de cette tragédie. Se pouvait-il que Dieu ait décidé la mort des hérétiques ? Moïse avait tenté de s'y opposer. Mais il n'avait pu empêcher la volonté de Dieu de se réaliser. Et la terre s'était ouverte pour engloutir les corps des idolâtres, qui avaient péri dans d'atroces souffrances.

Pragmatique, Josué demanda à Mosé s'il envisageait une expédition punitive.

– Elle ne servirait à rien. Les Amalécites sont déjà loin, sans doute. Même si nous les retrouvions et que nous les massacrions à leur tour, nous ne ramènerions pas nos compagnons à la vie. Nous allons repartir.

Quelques jours plus tard, après avoir contourné le mont Horeb, la tribu arriva enfin à Qadesh Barnea. Les habitants accueillirent les Apirous avec leur hospitalité coutumière. Cette petite cité, située au carrefour des pistes menant vers Madian, la Palestine et l'Égypte, s'établissait autour d'une petite oasis plantée de palmiers, de sycomores et d'acacias. On y récoltait des fruits variés, dattes, figues de barbarie, kaki ou encore grenades. On y rencontrait aussi des champs semés d'orge avec lequel on fabriquait de la bière à la manière égyptienne. Mais la véritable richesse provenait des taxes prélevées par le roi, Hassara, sur le passage des caravanes. Les indigènes ne vivaient pas sous des tentes, mais bâtissaient des demeures. Un camp fortifié logeait une cinquantaine de soldats destinés à protéger la petite cité contre les incursions des pillards.

Le souverain convia Mosé à une fête qu'il donna en son honneur. Il avait déjà offert asile au jeune prince quelques années auparavant, lorsqu'il avait fui l'Égypte pour la première fois. Depuis, il avait entendu parler de ses exploits par les caravaniers, et brûlait de les connaître de la bouche même de Mosé. Celui-ci, après avoir satisfait à la requête de son hôte, lui demanda pour les Apirous l'autorisation de s'établir à Qadesh Barnea. Hassara accepta d'autant plus facilement que les Amalécites avaient lancé deux attaques durant la dernière année. Une alliance avec une tribu aussi importante, et précédée d'une telle légende, l'intéressait grandement. Ainsi les Apirous s'installèrent-ils à Qadesh Barnea, dans l'attente du départ vers Canaan.

S'il n'avait tenu qu'à Ézéchiel et à ses amis, la cité n'aurait constitué qu'une étape sur la route menant vers la Terre promise. Mais Mosé désirait, dans un premier temps, envoyer des éclaireurs, afin de savoir dans quel état se trouvait le pays, débarrassé de la tutelle égyptienne. En maugréant, Ézéchiel fut bien obligé d'accepter. Mosé fit appel à Josué, qui était aussi fin diplomate que soldat courageux, et lui demanda de réunir une douzaine d'hommes.

– Tu vas te rendre à Canaan. Ouvre les yeux et écoute ce qui se dit. Vois si le pays est riche, si le sol est fertile, si les habitants sont faibles ou puissants, s'ils vivent dans des villes ou dans des camps de nomades. Ramène-moi toutes les informations que tu jugeras utiles.

Et tandis que les Apirous plantaient leurs tentes non loin de la cité, Josué partit pour le nord, en compagnie des douze guerriers commandés par un jeune lieutenant nommé Kaleb.

Quelques jours plus tard, la tribu s'était installée. Mosé veillait particulièrement à ce que les jeunes hommes de la tribu évitassent de s'intéresser de trop près aux femmes des autochtones. Mais

Éléazar, le prêtre ami de Mosé, lui apporta un secours non négligeable en exigeant l'application très strictes des dix commandements divins. Ainsi, malgré l'envie qu'ils avaient d'aller rendre visite aux belles indigènes, les Apirous se tinrent tranquilles.

La plupart avaient oublié l'incident au cours duquel Myriam avait exigé, poussée par les prêtres, la répudiation de Tiyi. Celle-ci, en tant que première épouse de Mosé, était l'objet d'un respect particulier de la part des Apirous. Mais ce respect avait aussi une autre raison. Tiyi connaissait le secret des plantes qui soignent. Et les malades étaient nombreux à demander ses soins.

Un jour, Guerchom, le fils aîné de Séphora, fut atteint d'une infection qui lui enflammait la verge. Le petit garçon ne cessait de se plaindre. Cette maladie provoquait de fortes fièvres pouvant entraîner la mort, et Séphora, affolée, commençait déjà à pleurer son fils. Lorsque Tiyi examina l'enfant, elle rassura sa compagne.

– Ce ne sera rien, dit-elle. Dans mon pays, nous savons soigner cette infection. Il faut simplement exposer le mal à l'air.

Mosé expliqua que, comme beaucoup d'Égyptiens, il avait lui-même subi cette opération étant jeune, afin de le mettre à l'abri des maladies. Elle se pratiquait depuis les premiers temps du Double-Royaume, souvent lorsque les garçons atteignaient l'âge adulte.

Après avoir appliqué un bain d'eau bouillie enrichie de plantes désinfectantes, Tiyi saisit un couteau aiguisé et effectua une incision, sous le regard inquiet de Séphora. Deux jours plus tard, l'infection avait disparu.

La nouvelle de cette guérison miraculeuse fit très vite le tour du camp. Séphora l'avait commentée avec enthousiasme. Bientôt, des femmes vinrent présenter leurs fils à Tiyi, qui pratiqua de nouvelles circoncisions. Puis certains hommes vinrent trouver Mosé pour lui demander si son épouse accepterait de les soigner, eux aussi. Devant le nombre de malades, Tiyi décida de former quelques femmes, qui l'assistèrent dans sa tâche. Très vite, cette opération fut adoptée par tous afin d'éviter les infections douloureuses.

Josué et ses compagnons étaient partis depuis bientôt quarante jours. Mosé commençait à s'inquiéter lorsqu'une nuée d'enfants courut vers lui en annonçant leur retour.

40

« Vous mourrez donc dans ce désert, tandis que vos enfants y gardéront leurs troupeaux pendant quarante ans. »
NOMBRES 14-32 ET 14-33

Une foule curieuse s'agglutina aussitôt autour des explorateurs. Ceux-ci avaient fort à faire pour répondre aux questions. Enfin, Mosé les réunit sous la tente commune, où l'on discutait de tous les points importants de la vie de la tribu. Josué prit la parole.

– Le pays de Canaan est un pays riche, dit-il. Nous sommes allés dans une ville nommée Hébron, puis dans une vallée que les habitants appellent Echekol, où poussent des vignes superbes. Nous avons ramené quelques grappes de ce raisin, car c'était la saison des vendanges.

Il montra alors une grappe magnifique et dorée par le soleil, ainsi que d'autres fruits de belle taille.

– Cette contrée est bien la terre de lait et de miel que Dieu promit à Abraham, ajouta Josué.

Un cri d'enthousiasme lui répondit. Pourtant, le jeune homme gardait un visage grave. Ézéchiel demanda :

– Comment se fait-il que tu ne partages pas notre joie, Josué ?

– Le pays est riche, mais les habitants sont puissants. À Hébron nous avons rencontré des hommes si grands que nous avions l'air de fourmis à leur côté. Ils disaient descendre d'un géant nommé Anac. Nous avons observé leurs cités, elles sont bien défendues. Ils ont également des chevaux et des chars.

La déconvenue se peignit immédiatement sur les visages.

– Alors, sommes-nous condamnés à vivre indéfiniment dans ce désert ? s'exclama Ruben.

– Non, répondit Mosé. Canaan est vaste. Nous allons envoyer des émissaires auprès des rois de ce pays. Nous leur demanderons l'autorisation de nous installer, en leur offrant notre alliance.

– Demander l'autorisation ? s'insurgea Ruben. Alors que Canaan nous a été donné par le Seigneur ? Il n'est pas question de nous abaisser devant ces souverains.

Ézéchiel renchérit :

– Ce pays nous appartient ! Nous allons nous en emparer de force. Dieu marchera à nos côtés. Il est bien plus puissant que les rois de ce pays. Nous les exterminerons.

L'exaltation s'empara de l'assistance, se répandit à l'extérieur de la tente. Mosé tenta de rétablir le calme, mais on ne l'écoutait plus. Cela faisait plus d'une année déjà que la tribu errait dans le désert, sur une terre qui ne lui appartenait pas. Les jeunes hommes, galvanisés par Ézéchiel, manifestèrent aussitôt leur intention de partir combattre.

– Ils sont fous, dit Mosé à Aaron et Josué. Ils ne savent pas ce qui les attend. Ils n'ont aucune chance de vaincre dans les plaines de Canaan. Les chars vont les tailler en pièces.

Mais il était trop tard. Le lendemain, une bonne partie des hommes de la tribu étaient prêts à partir au combat, armés de lances, d'épées, de casse-tête, de frondes et de quelques arcs glanés au cours d'affrontements avec les pillards. On sollicita Josué afin qu'il prît le commandement, mais il refusa.

– Vous êtes tous inconscients, déclara-t-il. Nous avons vu les guerriers de ce pays. Ils sont nombreux et bien armés. Je refuse de vous conduire à la mort.

Ruben lui coupa la parole.

– Nous n'avons que faire de tes conseils, Josué. Dieu nous donnera la victoire. Aucun ennemi ne peut tenir devant Lui.

Mosé intervint :

– Vous êtes-vous demandé si telle était Sa volonté ?

Ézéchiel rétorqua :

– Il nous a donné ce pays. Nous en chasserons les habitants, parce qu'Il en a décidé ainsi.

Devant l'ardeur des guerriers, Mosé ne put répondre. Découragé, il se retira sous sa tente en compagnie de ses amis, parmi lesquels Éléazar.

– Ces fous vont se faire massacrer, grommela le prêtre.

– Une vision me l'a confirmé cette nuit, répondit Mosé. Je ne peux tout de même pas les assommer l'un après l'autre pour les empêcher de partir !

– Tu y perdrais la vie, mon ami, observa le prêtre. Cette fois, Ézéchiel a réuni la majorité des hommes.

– Cette attaque est une absurdité. Ils vont déclencher les hostilités avec les habitants de Canaan, et ruiner par avance tous les efforts diplomatiques. Après une telle incursion, les Cananéens nous refuseront l'hospitalité.

Il se prit la tête dans les mains.

– Mais comment peuvent-ils être aussi obtus ?

Ézéchiel avait réuni les trois quarts des hommes en état de se battre. Les autres, plus sages, avaient écouté Mosé. Devant le refus de Josué, ce fut Ruben qui prit le commandement de l'armée. Quelques femmes, averties par Tiyi et Séphora, avaient bien tenté de faire entendre raison à leurs maris, mais ceux-ci leur avaient signifié qu'elles étaient incapables de savoir ce qu'il fallait faire et les avaient renvoyées à leurs enfants et à leurs troupeaux.

Le surlendemain du retour des éclaireurs, les Apirous se mirent en marche.

L'expédition dura moins d'un mois. Sur les deux mille guerriers partis de Qadesh Barnea, moins de six cents revinrent, dont la moitié de blessés. Ruben, la crête basse, dut avouer son échec. Devant Hébron, ils s'étaient heurtés à des Cananéens puissamment armés, équipés de chars, comme l'avait indiqué Josué.

– Leurs fantassins étaient des géants ! expliqua un survivant. Ils faisaient au moins trois têtes de plus que nous. Nous avons combattu avec courage, mais ils étaient trop nombreux. Nous avons dû battre en retraite. Ils nous ont poursuivis pendant plusieurs jours, jusqu'à la limite du désert. Plusieurs centaines des nôtres ont été capturés.

– Dieu nous a abandonnés ! se lamenta un autre.

Plus tard, un guerrier confia à Mosé que Ruben était un bien piètre stratège.

– Il était persuadé que le Seigneur nous mènerait à la victoire, quel que soit le nombre de nos ennemis. Il nous a lancés à l'assaut de la première ville que nous avons croisée. Mais les Cananéens avaient depuis longtemps repéré notre armée. Ils étaient prêts à nous recevoir.

– L'imbécile ! grogna Aaron.

Mosé ne dit rien. Il connaissait le goût amer de la défaite. Lui aussi avait mené ses hommes à la mort. Il n'adressa aucun reproche à Ruben.

– Il n'existe pas de juge plus sévère que soi-même, répondit-il à Aaron qui voulait le condamner.

Mais Mosé se trompait. Ruben trouva réconfort auprès d'Ézéchiel. Le prêtre accusait Mosé d'avoir usé de ses pouvoirs pour jeter une malédiction sur l'armée apirou et provoquer la défaite. Cette idée rassura Ruben et lui ôta très vite tout remords.

Quelques jours plus tard, la mort dans l'âme, Mosé réunit les chefs de clan et les prêtres. Ézéchiel refusa de participer à la réunion. Sans doute redoutait-il d'affronter ses responsabilités.

Mosé regarda longuement l'assistance. Nombre d'hommes présents s'étaient dressés contre lui pour approuver l'expédition désastreuse. Beaucoup gardaient le regard baissé. Seul Ruben le fixait avec hargne. Ce fut lui qui parla le premier, avec son arrogance habituelle.

– Tout cela ne serait pas arrivé si Moïse nous avait accompagné ! Ce désastre est sa faute.

Mosé l'arrêta d'un geste vif. L'autre, surpris par le regard sombre de l'Égyptien, suspendit aussitôt sa diatribe.

– Je crois, dit Mosé sans élever la voix, que tu aurais tout intérêt à te taire et à faire oublier ton erreur, qui a coûté la vie à plusieurs centaines des nôtres, et réduit les survivants à l'esclavage. Il est facile de rejeter le poids de ses fautes sur les autres. En revanche, il faut beaucoup de courage pour les assumer et en affronter les conséquences. À cause de cette initiative catastrophique, près du quart de notre tribu a disparu. Le nombre de nos guerriers a diminué de moitié et cela nous rend vulnérables. Enfin, nous ne pouvons plus envoyer d'émissaires auprès des rois de Canaan après la tentative d'invasion qu'ils viennent de subir. La victoire qu'ils viennent de remporter ne les rendra pas plus conciliants.

– Nous aurions vaincu si tu avais accepté de guider notre armée ! intervint soudain la voix d'Ézéchiel. Dieu marche à tes côtés. Tu es la cause de cette défaite !

Mosé se tourna vers le prêtre. Mais il n'eut pas le temps de répliquer. Éléazar prit la parole.

– Ézéchiel, tu n'es pas le bienvenu. Mosé nous avait avertis de ne pas attaquer les Cananéens. Mais tu n'as pas voulu l'écouter. Ce malheur est ton œuvre.

– Si nous avions été plus nombreux, et si Josué avait accepté de commander l'armée, nous aurions vaincu, riposta le prêtre. Parce que Dieu nous aurait soutenus. Nous combattions pour sa gloire !

– Silence ! explosa Mosé. Dieu ne voulait pas que nous portions la guerre à Canaan. Mais vous lui avez désobéi ! Vous avez cru qu'il suffirait de pénétrer dans ce pays pour que ses occupants s'enfuient devant vous. Dieu a puni votre orgueil. Mais ce n'est pas le seul châtiment que vous devrez subir. Il nous est impossible désormais de négocier avec les rois cananéens. Nous sommes donc condamnés à demeurer ici, à Qadesh Barnea. Nombre de femmes ont perdu leur époux. Les hommes encore vaillants prendront donc des épouses parmi elles, afin que des enfants naissent pour renforcer la tribu. Mais nous devrons patienter une génération avant de pouvoir de nouveau tenter de nous installer à Canaan. Beaucoup de ceux qui ont fui l'Égypte ne verront jamais la Terre promise à Abraham. Seuls leurs héritiers y parviendront.

Ainsi les Apirous furent-ils contraints de rester à Qadesh Barnea pendant plusieurs années. Si quelques-uns reprirent leurs habitudes nomades et sillonnèrent les pistes de Madian, d'Édom et du Sinaï, d'autres demeurèrent dans la petite oasis, où les indigènes leur enseignèrent les rudiments de l'agriculture.

La confiance que les Apirous plaçaient en Mosé avait été ébranlée par la découverte des cadavres des adorateurs du Veau d'or. Ézéchiel avait su tirer profit de la situation en expliquant à l'envi que c'était Dieu Lui-même qui avait condamné les hérétiques à mort. Il avait ainsi semé le doute dans les esprits impressionnés par la sauvagerie avec laquelle on avait traité les malheureux. Depuis, la confiance était revenue. Mosé avait averti les guerriers qu'ils couraient au-devant d'une défaite. Dieu l'en avait prévenu. On ne l'avait pas écouté, mais les faits avaient confirmé ses paroles. On s'était donc regroupé autour de lui.

Cette attitude n'avait fait que renforcer la haine d'Ézéchiel. Conscient que nombre de ses fidèles s'étaient détournés de lui, il rassembla ses inconditionnels, toujours dirigés par Ruben, et quitta le village moins d'un mois après la défaite. Mosé le vit partir avec soulagement. Avec l'aide d'Éléazar, il put enfin étudier des lois destinées à faciliter le travail des juges, et à compléter les règles de base que constituaient les dix commandements.

Tout d'abord, il mit un frein aux relations sexuelles débridées des Apirous. Chez certains, par exemple, l'inceste était pratique courante. Il fut interdit, essentiellement afin de préserver les enfants, trop souvent victimes des adultes. Les sanctions se fondaient essentiellement sur l'exclusion. Le coupable était alors condamné à quitter la tribu et à errer dans le désert pendant le temps de sa peine. La sentence de mort ne tombait que dans le cas de crimes particulièrement horribles.

Les lois s'appliquaient à la vie courante. Ainsi, on devait se lever en présence d'un vieillard et lui témoigner de la considération. Les étrangers devaient être traités à l'égal des Apirous, et recevoir un salaire identique.

Mosé s'intéressa aussi à la manière dont les Apirous se nourrissaient. Nombre d'entre eux périssaient parce qu'ils ne prenaient aucune précaution, se nourrissant de viande avariée, ou buvant de l'eau malsaine. Mosé grava des règles concernant la manière d'abattre les animaux et de les consommer. Il savait, par exemple, que l'absorption du sang pouvait se révéler dangereuse pour la santé. Il interdit sa consommation, tout comme celle des bêtes tuées par un prédateur. De même, la viande d'un animal devait être mangée au plus tard deux jours après l'abattage. Au-delà, elle devenait dangereuse.

Avec l'aide des habitants de Qadesh Barnea, les Apirous s'initièrent à l'agriculture. Mosé édicta également des lois à ce sujet. Ainsi, au cours des récoltes, on ne devait pas ramasser les épis ou les raisins tombés à terre, afin que les pauvres pussent les prendre. Les ouvriers devaient être payés à la fin de chaque journée de travail.

Mosé avait remarqué combien certains Apirous pouvaient parfois se montrer cruels et injustes envers les plus faibles. Ils se moquaient volontiers des aveugles, des sourds, des estropiés ou des simples d'esprit. À plusieurs reprises, il était intervenu pour empêcher des hommes ou des adolescents de les tourmenter par jeu. S'inspirant du dixième commandement, il grava de nouvelles lois qui prenaient la défense des handicapés, et incitaient les bien portants à leur venir en aide.

Il dut aussi s'appuyer sur le neuvième commandement pour lutter contre leur fâcheuse tendance à répandre des calomnies. Il leur enseigna à chasser la haine de leur cœur, ce qui ne fut pas une entreprise facile. La loi du talion, qui prônait la vengeance et exigeait que l'on rendît œil pour œil, dent pour dent, vie pour vie, était profondément ancrée dans l'esprit de la tribu. Il eut fort à faire pour convaincre les familles des victimes de ne plus la pratiquer. De nouvelles lois furent inscrites, qui interdirent toutes représailles envers les membres de la tribu. En cas de préjudice, les juges faisaient respecter les lois et prononçaient les sentences, et eux seuls avaient le droit d'appliquer la justice.

– Le dixième commandement vous demande d'aimer votre prochain comme vous-même, disait Mosé. Si vous voulez le respecter, vous devez apprendre à pardonner à ceux qui vous ont fait du mal.

Mosé n'exigeait pas des Apirous qu'ils obéissent aux dix commandements sous le seul prétexte qu'ils avaient été dictés par Dieu.

– Si vous choisissez de les suivre, disait-il, c'est parce que vous estimez, dans votre âme et dans votre cœur, qu'ils sont source de sagesse. Si vous vous y conformez aveuglément, simplement parce que vous redoutez la colère de Dieu, ils ne représenteront pour vous qu'une contrainte de plus. Au contraire, vous devez les étudier, comprendre qu'ils sont inspirés par le bon sens, et les faire vôtres, parce que vous les croirez sincèrement capables d'améliorer votre vie.

Mais chaque homme doit rester libre de ses choix, aussi, nul n'aura le droit de porter de jugement sur ceux qui ne s'y conformeront pas.

Ce discours fut très apprécié des Apirous, fortement attachés à leur liberté. Ces commandements devinrent pour eux des règles de vie auxquelles il était facile de se conformer, et dont ils perçurent très vite les effets bénéfiques. Jour après jour, une véritable unité se forgeait entre les Apirous. Ils découvraient qu'il était plus gratifiant de s'entraider que tirer profit de la détresse des autres.

Chaque loi écrite allait rejoindre les tablettes des dix commandements dans l'arche. Au fil des années, elles furent acceptées et respectées par les Apirous. Peu à peu, ils commencèrent à former un peuple solidaire.

Parallèlement à l'établissement de ces lois, Mosé et Josué formèrent une nouvelle armée avec les jeunes qui parvenaient à l'âge adulte. Chacun recevait un enseignement au maniement de l'épée, à la lance et surtout à l'arc. Malgré le temps, Mosé n'avait rien perdu de sa maîtrise et suscitait toujours l'admiration de ses compagnons. Petit à petit, une importante troupe de guerriers se constitua, dont la fonction consistait surtout à défendre la tribu contre les incursions des pillards.

Les clans qui avaient conservé le nomadisme repassaient au moins une fois par an par Qadesh Barnea. Ainsi revoyait-on régulièrement le clan d'Ézéchiel et de Ruben. Mosé comprit que le prêtre fanatique voulait ainsi contrôler la popularité de Mosé. Ses épouses avaient vu juste. Éliab, qui avait accompagné Ézéchiel la première année, décida de rester l'année suivante. Il confia à Mosé, après que le prêtre fut reparti, qu'il trouvait son compagnon trop intolérant.

– Il ne pardonne aucune faute. Je souhaite moi aussi œuvrer pour que les descendants d'Israël se débarrassent de leurs défauts pour devenir un peuple saint et pur, mais je ne suis pas sûr que la méthode utilisée par Ézéchiel soit la bonne. Pendant cette année d'errance, sept personnes, cinq femmes et deux hommes, ont été tués par lapidation. L'un des hommes avait commis pour seul crime d'avoir ramassé du bois le jour du sabbat [1].

---

1. Voir NOMBRES, 15-32 à 15-36

Constatant les bienfaits apportés aux Apirous par les dix commandements et les lois, Éliab revint sur le jugement qu'il avait porté sur Mosé. Finalement, cet Égyptien avait peut-être raison : Dieu lui était apparu et lui avait confié la mission de faire sortir son peuple d'Égypte pour les mener vers Canaan, en leur donnant des lois nouvelles. Même s'il lui en coûtait d'abandonner les anciennes traditions, si telle était la volonté du Seigneur, il devait se soumettre.

Devant la défection de son plus fidèle ami, Ézéchiel n'avait fait aucune remarque. De retour de son année d'errance, il avait constaté l'engouement suscité par les dix commandements et les lois qui les complétaient. Il en avait conçu un profond dépit. Aveuglé par sa passion et son ambition, il ne pouvait pas envisager qu'il pût se tromper. Les anciennes coutumes venues du fond des âges et transmises par les ancêtres ne devaient pas être remises en question. Il était impossible d'imaginer qu'un homme plus jeune que lui pût parler directement avec Jaho. Celui-ci ne pouvait avoir choisi un Égyptien pour guider le peuple apirou. C'était une hérésie pure et simple. Il lui fallait donc patienter et attendre le moment où il pourrait reprendre les rênes de ce peuple qui lui échappait pour se perdre à la suite du démon aux cheveux roux. D'ailleurs, cette couleur étrange n'était-elle pas un signe inquiétant ?

Il ne resta que très peu de temps à Qadesh Barnea. Une semaine après son arrivée, il donna l'ordre du départ à son petit groupe. Mosé avait eu le temps de constater que ses compagnons demeuraient complètement soumis à son influence. Son principal atout restait le colosse Ruben, géant docile et entièrement gagné à ses idées. Tous les soirs, au cœur du désert, il poursuivait l'enseignement des anciennes lois, s'appuyant sur la colère du dieu Jaho envers le peuple apirou.

– Ils sont aveugles, affirmait-il. Ils ne voient pas que ce Moïse les entraîne vers leur perte. Les enseignements de Dieu sont bien plus anciens que ces commandements qu'il prétend avoir reçu sur la montagne sacrée. Prenez garde de ne jamais tomber dans son piège insidieux. Car Jaho prépare sa vengeance en secret. Elle sera terrifiante, et frappera tous ceux qui se seront détournés de sa face glorieuse. Leur âme sera détruite à jamais, et brûlera dans les profondeurs de la terre pour l'éternité.

Cette perspective n'enchantait pas les fidèles. Cependant, ils conservaient une confiance aveugle dans les préceptes d'Ézéchiel. Celui-ci détenait le savoir des anciens patriarches, qui ne pouvait être remis en question.

À la vérité, certaines coutumes rappelaient les nouvelles lois édictées par Moïse. Mais, en raison du sixième commandement, l'Égyptien refusait d'appliquer la peine de mort. Or, Ézéchiel était convaincu que seule cette manière radicale serait assez puissante pour éradiquer le mal du cœur des Apirous, et le transformer en un peuple saint, élu de Dieu. Ainsi, tout autre culte que celui de Jaho était proscrit, et ceux qui, Apirous ou étrangers, adoraient une autre divinité, devaient être lapidés. Il en était de même pour un homme et une femme se rendant coupables d'adultère, pour les homosexuels, pour les incestueux, pour ceux qui interrogeaient les esprits des morts. Si un homme prenait pour épouses une fille et sa mère, tous trois devaient périr brûlés vifs sur un bûcher. Telles étaient les lois des anciens, et telles elles devaient être respectées et appliquées avec la plus extrême rigueur.

Le ton exalté d'Ézéchiel subjuguait ses fidèles, qui voyaient en lui un prophète à l'esprit marqué par la pureté et la sainteté. Ces vertus ne pouvaient être atteintes qu'en éliminant impitoyablement tous ceux dont la vie était contraire aux lois anciennes. Ézéchiel était patient. Chaque jour, le désert aiguisait cette patience, forgeait sa volonté et son désir de revenir aux antiques traditions. Au plus profond de lui-même, il était convaincu que c'était l'esprit de Jaho qui s'exprimait à travers son intransigeance et son intolérance. Un jour, ses idées saintes triompheraient.

Quinze années s'était écoulées. Pendant les premiers temps, Mosé n'avait pas osé envoyer d'émissaires, redoutant qu'ils soient pris à partie par les Cananéens. Il fallait attendre que la colère de ceux-ci se fût émoussée. Mais les Apirous n'avaient pas renoncé à leur rêve. Ils finirent par accepter leur installation à Qadesh Barnea comme l'expiation de leurs erreurs, imposée par Jaho. Mais ils savaient que leur dieu finirait par leur pardonner, et qu'un jour, ils pourraient de nouveau reprendre la route de Canaan.

Au bout de cinq ans, Mosé se décida à envoyer des négociateurs. Mais ceux-ci ne furent pas accueillis chaleureusement. S'ils purent repartir sans encombre grâce à leurs présents, ils rapportèrent en retour le refus des monarques. Il fallut donc patienter encore plusieurs années.

Ainsi que l'avait prédit Mosé, nombre de ceux qui avaient quitté l'Égypte disparurent, les uns après les autres, tandis que les enfants devenaient des adultes.

Jokébed, usée par de nombreuses grossesses, mourut deux ans après l'installation à Qadesh Barnea. Elle avoua à Mosé qu'elle s'était montrée imprudente en consommant de l'eau impure. Mais la soif la faisait tellement souffrir. Le prince en éprouva un chagrin très profond. Avec Jokébed, c'était encore un peu de son enfance qui disparaissait. Amram, fou de douleur, suivit son épouse peu de temps après. On pleura aussi beaucoup cet homme discret, qui offrait aux autres le réconfort de sa sagesse et de son humeur toujours égale. Mesuré en toutes choses, il contribuait souvent à calmer les passions, à faire retomber les tensions qui opposaient les Apirous. À cause de sa voix cassée, il fallait souvent tendre l'oreille pour entendre ce qu'il avait à dire, et l'on était obligé de se taire, ou de parler plus doucement.

La mort d'Amram creusa dans le cœur de Mosé un vide au moins aussi profond que celui créé par la disparition de Jokébed. Sans qu'il s'en rendît compte, il avait considéré le vieil homme comme son véritable père, qui l'appelait affectueusement « mon fils ». À présent, il n'y aurait plus personne près de lui pour lui parler avec une familiarité aussi réconfortante.

Trois ans plus tard, Myriam se plaignit de douleurs au ventre. Malgré les soins que lui prodigua Tiyi, elle mourut en quelques jours, après une forte fièvre et des douleurs intenses.

– Je ne pouvais rien faire, expliqua Tiyi à Mosé. Je connais bien cette maladie, contre laquelle les médecins les plus savants de Kemit sont impuissants.

Chaque année prélevait inexorablement son tribut. Éléazar, le prêtre ami de Mosé, mourut à son tour. Son fils, Pinhas fut nommé prêtre à sa suite, et prit le relais de l'amitié solide qui avait uni le prince égyptien à son père. Puis vint le tour de Hori, tué dans une embuscade tendue par des Amalécites. Mosé pleura longtemps ce compagnon fidèle qui conservait encore, avec Aaron et Tiyi, le souvenir des folles aventures qui avaient précédé l'exil.

Autour de l'oasis de Qadesh Barnea s'alignaient des sépultures, simples monticules de pierre, toujours plus nombreuses, devant lesquelles les Apirous venaient régulièrement se recueillir.

Mais la vie des Apirous n'était pas uniquement faite de deuils. De nombreuses naissances compensaient les disparitions. Les enfants qui avaient quitté l'Égypte encore petits atteignaient aujourd'hui l'âge adulte. On célébrait quantité de mariages.

Mosé avait eu d'autres enfants. Son aîné, Nebamon Meri-Maât, le premier fils que lui avait donné Tiyi, atteignait vingt-trois ans, et son cadet, Benjamin, fils aîné de Séphora, vingt ans. C'était tous deux de robustes garçons, aux cheveux roux comme leur papa, pour lequel ils éprouvaient une admiration sans faille. Nebamon Meri-Maât avait lui-même épousé une jeune femme de l'oasis, et Guerchom la fille d'un cousin de Josué.

Grâce à ces deux gaillards, Mosé allait devenir grand-père quand une nouvelle inespérée parvint à Qadesh Barnea. Pendant des années, Mosé avait continué à envoyer des émissaires dans le pays de Canaan, évitant toutefois les villes du sud. Un matin, Josué, parti deux mois plus tôt en compagnie de quelques hommes, revint, le visage rayonnant. Dès qu'ils furent proches du village, ils se mirent à courir pour répandre la bonne nouvelle : Balaam, un roi qui régnait sur une ville située au nord-ouest de la mer Morte, acceptait d'accueillir les Apirous.

41

– Balaam est un lointain cousin de Jacob, expliqua Josué. Sa tribu n'a pas suivi notre ancêtre en Égypte. Il vénère notre dieu, qu'il appelle Yahveh, comme les Madianites. C'est un grand roi. Ses sujets affirment qu'il est magicien. Nous lui avons narré nos aventures. Mais il les connaissait déjà, par les récits de caravaniers. Nous avons conclu une alliance avec lui. Nous lui avons dit notre nombre. Son royaume est assez vaste pour nous accueillir. Cette terre est vraiment très riche. Ses troupeaux sont beaux, et ses champs regorgent de fruits magnifiques, plus gros que ceux du sud de Canaan.

Josué eut une légère hésitation, puis poursuivit :

– Il n'y a qu'un obstacle. Son royaume se situe au nord. Pour y parvenir, nous devrons traverser les territoires du sud. Les rois de ces pays ont été eux aussi informés de tes exploits. Ils espèrent même que tu tenteras de traverser leurs domaines, afin de te livrer combat.

Moïse soupira :

– Ils n'ont donc pas oublié le conflit qui les a opposés aux Apirous il y a quinze ans. C'est stupide. Nous ne sommes pas leurs ennemis.

– Détrompe-toi ! Ils se moquent de cette escarmouche. Ils ont remporté une victoire qui leur a rapporté quelques centaines d'esclaves. Ils comptent bien recommencer. Mais ce n'est pas leur véritable motivation. Ils ont surtout envie de se mesurer à celui qui a accompli tant de hauts faits. Tu es devenu une légende, Moïse. On dit que Dieu marche à tes côtés. Mais ils refusent de le croire, et entendent prouver que tu n'es qu'un imposteur.

– Et pour cette raison idiote, ils nous attendent les armes à la main… Il nous faudra donc trouver une autre solution. Je ne veux plus que des hommes meurent dans des combats stériles.

– Quelle autre solution ? Il nous ont laissé repartir parce que nous leur avions apporté des cadeaux. Mais si la tribu s'aventure sur leur royaume, ils nous tailleront en pièces. Ils sont plus nombreux que nous et mieux armés.

– Nous allons y réfléchir.

Grâce aux caravaniers, la nouvelle de l'offre d'accueil du roi Balaam fut très vite connue, et les Apirous nomades regagnèrent Qadesh Barnea. On vit ainsi reparaître Ézéchiel et Ruben, qui n'étaient pas revenus depuis plusieurs années. Ils étaient à la tête d'un clan beaucoup plus important qu'il ne l'était au départ. Une autre tribu apirou, issue d'Égypte, et forte de mille personnes, s'était jointe à eux. Ses chefs et ses prêtres ayant péri à la suite de morsures de serpent, Ézéchiel s'était retrouvé à la tête de la tribu, à laquelle il avait imposé les lois anciennes. Lorsqu'il fut au courant de la proposition de Balaam, il préconisa aussitôt de lancer la nouvelle armée sur les royaumes du sud.

– De nouveaux archers ont été formés, clama-t-il. Il faudra peu de temps pour enseigner le maniement des armes aux membres de ma tribu. Ils deviendront de rudes combattants, et les rois de Canaan courberont la tête devant nous !

– Comme ils l'ont fait il y a quinze ans ! ironisa Mosé. C'est hors de question. Nous ne livrerons combat que si nous y sommes contraints.

– Dans ce cas, que proposes-tu ? De rester ici jusqu'à la fin de nos jours ? s'insurgea Ézéchiel.

– Cela suffit ! s'emporta Mosé. Si tu n'avais pas stupidement déclenché les hostilités autrefois, nous n'en serions pas là. Nous suivrons un autre itinéraire.

Ézéchiel voulut répondre, mais il renonça devant les regards inamicaux tournés vers lui. Mosé se fit apporter une carte et expliqua son plan.

– Nous allons demander le passage au roi d'Édom, et remonter jusqu'à la partie orientale de la mer Morte, que nous contournerons. Ainsi, nous éviterons le sud de Canaan.

Dès le lendemain, il envoya des émissaires à Bahran, le roi d'Édom, lui demandant le droit de passage, et offrant de lui payer un tribut pour l'eau qu'ils consommeraient pendant le voyage sur ses terres. Mais celui-ci réagit négativement.

– Bahran refuse de nous laisser passer, expliqua Josué, qui avait mené les négociations. Il dit qu'il considérera toute incursion de notre part comme une déclaration de guerre, et il lancera ses guerriers sur nous.

– Eh bien, s'il veut la guerre, il l'aura ! s'écria Ézéchiel.

Ruben renchérit.

– Aucune armée ne pourra s'opposer à la tribu d'Israël ! clama-t-il. Dieu nous a élus.

Une fois de plus, Mosé leur ordonna de se taire.

– Les Édomites sont des guerriers redoutables ! Peut-être pourrions-nous les vaincre, mais trop des nôtres y perdraient la vie. Nous n'avons aucune intention belliqueuse. Dieu déteste la violence. Souvenez-vous du sixième commandement : *« L'homme ne doit pas tuer son semblable ! »* Si nous sommes amenés à donner la mort, cela ne peut être que pour nous défendre.

– Ce n'est pas un crime de tuer les ennemis de Dieu ! rétorqua Ézéchiel, les yeux luisants de haine.

– Aucun homme n'est l'ennemi de Dieu ! clama Mosé d'une voix forte, puisque qu'il fait partie de Lui. Nous ne porterons pas la guerre en territoire édomite. Nous contournerons ce royaume par le sud et l'est. Par le désert, nous passerons sans encombre.

Ézéchiel voulut encore intervenir, mais Mosé leva la main pour l'empêcher de parler.

– Il est inutile d'ajouter quoi que ce soit ! dit-il. C'est la volonté de Dieu qui s'exprime par ma bouche, et nous ferons ainsi que je l'ai dit, et qu'Il en a décidé.

La réunion était terminée. Les chefs de clan et les prêtres quittèrent la salle, l'esprit satisfait. Ézéchiel les regarda partir, ivre de fureur. Depuis quinze années, l'autorité naturelle de Mosé s'était imposée aux Apirous, qui l'acceptaient désormais sans difficulté. Parmi les plus jeunes, beaucoup ignoraient qu'il était égyptien. Les plus âgés s'en souvenant n'y accordaient aucune importance. Mosé était leur chef, leur guide, celui à qui Dieu avait inspiré les dix commandements et des lois qui leur donnaient satisfaction ; de même, il avait su unifier la tribu. Jamais les liens entre les différents clans n'avaient été aussi forts. Grâce à Mosé, ils avaient le sentiment de constituer un vrai peuple, uni et solidaire.

Ézéchiel avait espéré que la popularité de Mosé se dégraderait avec le temps. Il constata qu'il n'en était rien, bien au contraire. Rageur, il quitta la salle. Il comprit qu'il était inutile de lutter ouvertement contre Mosé.

Mais il n'avait pas renoncé à devenir le maître absolu de la tribu. Intimement convaincu d'être l'instrument que Dieu avait choisi pour la purifier, il ne pouvait accepter de devenir, lui aussi, le vassal obéissant de l'Égyptien.

Une seule solution s'imposait : se débarrasser de lui. Cela ne serait pas une entreprise facile, mais il saurait attendre son heure.

42

Une grande effervescence régnait dans le village. De partout affluaient des clans nomades, prêts à se joindre au voyage vers Canaan. On rassembla les troupeaux, on effectua un dernier troc avec les habitants de Qadesh Barnea. Il y eut quelques pleurs, car, en quinze années de cohabitation, des liens s'étaient créés entre les deux communautés. Des filles de Qadesh Barnea partaient avec les Apirous qu'elles avaient épousés, et des filles apirous resteraient sur place, avec leurs maris.

Enfin, un beau matin, la tribu au grand complet, forte de plus de sept mille personnes, prit la direction du sud-est, afin de contourner le pays édomite. Cela représentait un détour de plusieurs centaines de miles dans le désert, mais cela permettrait d'éviter les armées d'Édom.

Quatre jours plus tard, la tribu parvenait en vue du mont Horeb. Ce fut là qu'un nouveau malheur frappa Mosé. Peu avant le départ, Aaron s'était plaint, comme sa sœur Myriam, de douleurs abdominales. La longue marche à travers la rocaille avait aggravé son mal. Le soir où la tribu s'installa près de la montagne sacrée, Mosé et Tiyi se rendirent sous la tente d'Aaron. Depuis trois jours, des hommes avaient été obligés de le porter sur une litière pendant la journée. Son épouse, Élicheba, les accueillit, le visage marqué par l'inquiétude. Les traits d'Aaron s'étaient creusés, ravinés par la souffrance. Des filets de sueur coulaient de son front fiévreux. Ses yeux brillaient, enfoncés dans leurs orbites. Mosé s'assit près de lui tandis que Tiyi l'examinait. Aaron prit la main de Mosé dans la sienne.

– Je connais bien le mal qui me frappe, gémit-il. Il est le même que celui qui a emporté ma pauvre Myriam. Et je sais aujourd'hui combien elle a souffert. Je ne souhaite à aucun homme une telle douleur, Moïse. J'ai l'impression qu'un feu incessant me dévore de l'intérieur. Dieu est parfois bien cruel.

– Dieu n'en est pas responsable, mon frère. Peut-être existe-t-il un moyen de soigner ta souffrance, mais nous sommes encore trop ignorants pour le connaître.

– C'est égal. Je ne verrai pas cette terre promise à Abraham. Ainsi est la volonté du Seigneur. Mais je me réjouis, car je vais bientôt me présenter devant Lui.

Sa main se serra plus fort sur celle de Mosé.

– Mon frère, pardonne-moi de t'abandonner. J'aurais aimé rester encore près de toi, pour t'aider et te protéger. Tu dois prendre garde. Tes ennemis sont nombreux, ici même, au sein de la tribu. Ézéchiel te voue une haine mortelle, par jalousie, par désir de puissance. Méfie-toi de lui, mais aussi de ses amis. Ils n'ont jamais admis que tu ne sois pas apirou, et ils feront tout pour te déconsidérer aux yeux du peuple.

– Rassure-toi, mon frère. Je ne leur accorde aucune confiance.

– Montre-toi très prudent. Je redoute qu'ils ne soient capables d'en venir... à essayer de te tuer !

– Je te promets de les surveiller.

Aaron mourut le lendemain, au moment où le soleil se levait. Un chagrin immense broyait le cœur de Mosé. Aaron avait toujours été présent à ses côtés, depuis sa plus petite enfance. Les mêmes études les avaient encore réunis dans la Maison de vie de Ouaset. Aaron avait partagé toutes ses aventures, sa première campagne en Nubie ; il avait été le témoin de son mariage avec la belle Tiyi, il avait vécu la guerre désastreuse qui l'avait opposé à son père Séthi II. Il avait fui avec lui au pays de Madian, où il avait rencontré son épouse, la douce Élicheba. Il l'avait encore suivi dans le palais royal de Pi-Ramsès, où tous deux avaient affronté, sans armes, le plus puissant roi du monde connu, et, avec l'aide de Dieu, avaient fini par le vaincre.

On enveloppa Aaron dans une pièce de lin. Puis Mosé et les deux fils aînés du défunt le portèrent sur le mont Horeb. Pour Mosé, il ne pouvait exister de plus bel endroit pour reposer en paix. Parvenus au sommet de la montagne sacrée, tous trois creusèrent un trou dans lequel ils déposèrent le corps, qu'il recouvrirent ensuite de pierres rousses.

– Tu vas me manquer, ô mon frère bien-aimé ! murmura Mosé, les yeux brillants.

Ils restèrent un long moment à méditer près de la tombe, puis redescendirent, le cœur lourd. Mosé ordonna un deuil de trente jours, qui fut suivi par tous les Apirous. Aaron laissait derrière lui le souvenir d'un homme bon et juste.

La nuit suivante, Mosé éprouva une sentiment étrange. Une intuition obscure que, tout comme Aaron, il n'atteindrait jamais le pays de Canaan. L'avertissement de son frère d'adoption le hantait. Plus que jamais il devrait se montrer vigilant.

Le deuil achevé, on reprit la piste en direction du pays de Madian. Ézéchiel avait fini par capituler devant la détermination de Mosé. Tout au moins en apparence. Il avait bien senti que les jeunes hommes de la tribu, et surtout ceux qui n'avaient pas vécu à Qadesh Barnea, n'étaient guère satisfaits de la décision de l'Égyptien de contourner Édom par le sud. Ézéchiel attendit que les pierres acérées du désert émoussent leur patience. Le soir, au bivouac, il chargeait Ruben de les rassembler autour de lui et provoquait leur colère.

– Les Apirous sont-ils couards au point qu'ils doivent toujours refuser les combats ? Se conduiront-ils à chaque fois comme des lâches ? Notre armée est puissante et bien équipée. Malgré cela, l'Égyptien a cédé aux fanfaronnades de Bahran l'Édomite.

– Ézéchiel a raison ! renchérissait Ruben. Nous n'aurions fait qu'une bouchée de ces chiens. Nous n'avons que faire d'obéir aux ordres d'un étranger !

Au début, les harangues du prêtre ne rencontrèrent qu'un succès mitigé. Puis la marche dans la rocaille devint plus pénible ; le manque d'eau se fit sentir, car les sources découvertes par Mosé ne suffisaient pas toujours à désaltérer toute la tribu. On était obligé de se rationner, et, la plupart du temps, de se contenter de la manne offerte par les tamaris.

– Si nous avions envahi Édom, Bahran aurait plié devant nous et nous serions déjà arrivés sur les rives de la mer Morte ! fulminait Ézéchiel. Nous aurions exterminé les Édomites, nous aurions pillé leurs demeures, emmené leurs femmes en esclavage, et nous serions riches. Au lieu de cela, nous peinons chaque jour un peu plus. Plusieurs des nôtres ont péri, mordus par les serpents, piqués par les scorpions, ou brûlés par le soleil.

Peu à peu, la hargne du prêtre finit par gagner les cœurs des jeunes hommes. Leur colère éclata après soixante jours de voyage, alors que la tribu atteignait la ville de Pûnon, au sud de la mer Morte. Le roi qui régnait sur cette région avait nom Sihon. Il fallait impérativement traverser son domaine pour atteindre le nord-est de la mer Morte avant de traverser le Jourdain et ainsi gagner Canaan et le royaume de Balaam. Mosé prévoyait d'envoyer des émissaires à Hèchebon, la capitale, pour demander le droit de passage, en échange de présents. Lorsqu'il annonça son intention à la tribu, un jeune homme prit Mosé à partie avec arrogance. Se présentant devant le prince, il déclara sur un ton de défi :

– Nous sommes fatigués d'user nos forces dans le désert. Cette fois, nous ne céderons pas aux caprices de ce roi. Nous exigerons le droit de passage. S'il le refuse, nous anéantirons son pays.

– Silence ! tonna Mosé. Tu obéiras aux ordres que je donne !

– Jamais ! Jamais je n'obéirai à un Égyptien, répliqua l'autre avec insolence. Je ne suis pas un esclave !

Puis, sans attendre de réponse, il tourna le dos et rejoignit ses compagnons qui hurlaient leur enthousiasme. Josué rejoignit Mosé.

– Tu ne pourras les retenir, dit-il. Ézéchiel les a montés contre toi. Si tu insistes, tu vas déclencher une bataille générale entre ces jeunes fauves et tes partisans.

– Que la peste emporte cet imbécile de prêtre ! gronda Mosé.

– Il a su tirer parti de la fatigue des Apirous. Beaucoup pensent que nous aurions dû traverser Édom. Notre nombre aurait suffi à impressionner les Édomites.

– Rien n'est moins sûr. Mais aujourd'hui, je ne peux plus rien faire pour empêcher ces jeunes idiots de courir à leur perte. Le roi Sihon n'en fera qu'une bouchée. Mais peut-être voudra-t-il ensuite s'attaquer à la tribu. Nous devons nous préparer à nous battre.

Une fois de plus, Mosé avait vu juste. Très vite, Ézéchiel avait rassemblé ses troupes. Contre l'avis de Mosé, il les lança sur Hèchebon, dirigées par Ruben. Malheureusement, les Amorites, prévenus de l'arrivée des Apirous par des caravaniers, les attendaient de pied ferme. Après quelques escarmouches aussi brèves que violentes, les jeunes Apirous en déroute se replièrent vers le sud.

Encouragé par son succès, Sihon leur donna la chasse. Mais Mosé avait prévu cette éventualité. Ayant rassemblé ses archers sous les ordres de Josué, il les plaça sur des promontoires rocheux dominant la plaine où avait été établi le bivouac. Puis on attendit l'arrivée de l'ennemi.

Les jeunes Apirous en fuite arrivèrent les premiers au campement. Ils n'y trouvèrent qu'une poignée de guerriers qui les entraînèrent très vite à l'abri, en compagnie des femmes et des enfants. Ils n'eurent pas le temps de s'étonner de voir le camp ainsi abandonné. En vérité, on n'avait laissé que quelques vieilles tentes usées afin de créer l'illusion. Mosé ne tenait pas à affronter l'ennemi de face. Le terrain offrait l'avantage de nombreuses dénivellations, qui permettaient de tenir une position surélevée avantageant les archers. Ézéchiel, qui n'avait pas participé à l'expédition des jeunes hommes, ne s'était pas privé de critiquer ce plan.

Il déchanta lorsqu'il vit arriver ses troupes en déconfiture. Se réfugiant dans un mutisme rageur, il se rendit compte que les dispositions prises par Mosé se révélaient efficaces. Les Amorites, dont certains étaient montés sur des chevaux, envahirent la plaine peu de temps après les fuyards. Avisant le campement, ils se précipitèrent sur lui et constatèrent qu'il était désert. Ces couards d'Apirous s'étaient enfuis aussitôt qu'ils les avaient vu arriver ! Ils allumèrent des torches et commencèrent à incendier les tentes.

Mosé, à l'aide d'une flèche enflammée, donna alors l'ordre à ses archers de tirer. L'effet de surprise joua pleinement. Des nuées de traits meurtriers s'abattirent de tous côtés sur les Amorites. Sihon, stupéfait et désorienté, ne savait plus dans quelle direction attaquer. Voyant ses hommes tomber les uns après les autres, touchés par un ennemi pratiquement invisible, il finit par tenter de ressortir du piège formé par les surélévations qui cernaient la plaine. Mais le piège se referma. Deux rangs d'hommes équipés de longues lances vinrent se placer devant lui. Les Amorites durent rebrousser chemin pour ne pas venir s'empaler sur les lances.

Durant quinze ans, Mosé avait eu largement le temps d'équiper les Apirous d'arcs composites performants, de solides épées de bronze et de lances à pointes de métal, taillées dans les meilleurs bois. Comprenant qu'il était perdu, Sihon jeta son arme pour montrer qu'il se rendait. Ses soldats l'imitèrent aussitôt. Ce fut la première grande victoire remportée par les Apirous, plus importante encore que celle qui leur avait permis de triompher des Amalécites, seize années auparavant. Sihon fut amené devant Mosé.

– Que les bienfaits du Seigneur se répandent sur toi, déclara le roi vaincu. J'avais entendu parler de tes exploits, prince Moïse, mais je n'y avais pas vraiment cru. J'ai aujourd'hui payé très cher mon erreur. J'aurais dû me douter que l'envoi de ces guerriers inexpérimentés n'était qu'un piège grossier. J'y suis tombé, pourtant.

– Détrompe-toi, roi Sihon, répondit Mosé. Je n'avais pas l'intention de te livrer bataille. Les jeunes soldats qui ont attaqué ta capitale l'ont fait sans mon consentement. Je voulais seulement négocier avec toi le passage sur tes terres afin que nous puissions nous rendre à Canaan en contournant la mer Morte par l'orient.

Il se tourna vers Ézéchiel.

– Et si certains ne m'avaient pas désobéi, beaucoup d'hommes seraient encore vivants ce soir. Au lieu de cela, des femmes et des mères vont pleurer leurs époux, leurs pères et leurs fils, et des enfants sont devenus orphelins. Cette victoire ne me réjouit pas, roi Sihon, car, ainsi que le disait mon grand-père, le grand souverain d'Égypte, Ramsès : la paix est préférable à la guerre.

Ézéchiel intervint :

– Aucune paix n'est honorable face aux ennemis de Dieu ! déclara-t-il. Ces hommes doivent mourir parce qu'ils adorent de faux dieux, et parce qu'ils sont responsables de la mort de beaucoup d'entre nous !

Sans attendre la réponse de Mosé, il se tourna vers les Apirous armés jusqu'aux dents.

– Souvenez-vous de la loi du talion : tu rendras main pour main, vie pour vie. C'est pourquoi je dis que ces hommes doivent périr !

– Ézéchiel, je t'ordonne de te taire ! tonna Mosé. Toi seul es la cause des combats de ce jour. Tu portes la responsabilité des morts. Prends bien garde que leurs esprits ne reviennent te hanter ! Souviens-toi aussi que tu devras rendre des comptes à Dieu pour avoir désobéi au sixième commandement.

– Ces hommes doivent mourir, insista Ézéchiel.

– Josué, emmène-moi cet énergumène ! explosa Mosé. Les mots qui coulent de sa bouche ne sont que paroles de haine.

Josué ne se le fit pas dire deux fois. Ignorant les hurlements de protestation du prêtre et les grondements de fureur de ses partisans, Josué et ses gardes le traînèrent à l'écart. Sihon commençait à entrevoir une lueur d'espoir. Il avait redouté, non sans raison, que ce jour fût pour lui le dernier. Lui-même ne s'était guère montré clément envers l'ancien roi, qu'il avait vaincu plus de dix ans auparavant. Il profita de l'occasion pour faire une proposition à Mosé.

– Ta sagesse est grande, roi des Apirous ! dit-il. Si j'avais connu tes intentions, nous aurions certainement pu trouver un accord, et je t'aurais accordé le passage sur mes terres.

Mosé ne fut pas dupe de ce revirement soudain. Il ne lui avait pas fallu longtemps pour se faire une idée sur la personnalité de son prisonnier. Même si les jeunes Apirous ne l'avaient pas attaqué, il était peu probable, contrairement à ce qu'il affirmait, qu'il aurait accordé le droit de passage. Ou bien contre une rançon exorbitante. Mosé eut un sourire entendu.

– Je n'en doute pas un instant, roi Sihon. Ce fut un regrettable malentendu. Il n'en reste pas moins que le sang a coulé entre nos deux peuples, et que nous sommes vainqueurs. Nous n'avons pas pour habitude, malgré ce que prétend ce vieux prêtre fanatique, de massacrer nos ennemis lorsqu'ils ont combattu avec courage. Mais toi et tes soldats êtes désormais nos prisonniers, et nous pouvons prendre possession de ton pays sans qu'aucune force ne puisse s'opposer à nous. Si tu veux conserver ta liberté et rester roi d'Hèchebon, il te faudra donc nous payer un lourd tribut. Ton pays est prospère, et nous avons besoin de richesses pour nous installer dans le pays de Canaan.

Sihon eut une moue de déconvenue. Mosé poursuivit :

– Bien entendu, si tu ne peux t'acquitter de cette dette, tes hommes et toi deviendrez nos esclaves, et nous serons contraints de piller ton royaume afin d'obtenir notre dû.

Le roi leva la main.

– Nous paierons ce tribut, prince des Apirous.

– Il faudra aussi accepter notre présence le temps que je négocie la traversée du royaume suivant, celui du roi Balaq. Tant qu'il n'aura pas donné son accord, nous boirons ton eau, nous mangerons tes fruits et nous abattrons tes troupeaux pour nous nourrir. Tu as donc tout intérêt à nous apporter ton aide afin de convaincre Balaq.

Sihon baissa la tête.

– J'agirai ainsi que tu le demandes, Moïse. Mais Balaq est plus têtu que cent ânes. Je ne suis pas sûr qu'il m'écoutera.

– Alors, il subira le même sort que toi.

43

Bon gré, mal gré, le roi Sihon dut accepter la présence des Apirous dans son royaume. Mosé leur imposa de ne pas abuser de leurs droits de vainqueurs. Mais il restait un dernier obstacle à surmonter avant de franchir le Jourdain pour se retrouver à Canaan : le pays des Moabites. Or, le roi Balaq n'envisageait pas d'un œil serein d'offrir le passage aux Apirous. Il valait donc mieux ne pas susciter la haine des Amorites.

Ézéchiel aurait voulu que l'on pillât le pays. Il était revenu à la charge. Selon lui, Mosé faisait preuve de faiblesse. Une armée puissante devait être redoutée de ses ennemis. Mais le prince refusait de considérer les habitants de ces pays comme tels. Il envisageait, plus tard, d'établir des relations commerciales avec eux. C'est pourquoi il ménagea les vaincus amorites. Ceux-ci, satisfaits de s'en tirer à si bon compte, firent en sorte de s'acquitter rapidement du tribut réclamé.

Sihon envoya des émissaires au roi Balaq pour lui expliquer qu'il serait dangereux de s'opposer au passage d'une armée aussi puissante. Balaq promit de réfléchir. À son tour, il adressa une délégation à Balaam pour lui demander son aide. Il lui proposa de jeter une malédiction sur les Apirous, afin de les vaincre plus facilement ensuite. Balaam répondit qu'il lui était impossible de conclure une alliance contre un peuple qu'il avait accepté d'accueillir dans son royaume. Ils possédaient de nombreux ancêtres communs et vénéraient le même dieu. Balaq tempêta, menaça, rien n'y fit, Balaam demeura inflexible. Comprenant qu'il se retrouvait seul, Balaq capitula et envoya un messager à Mosé pour dire qu'il autorisait la traversée de son royaume.

Quelques jours plus tard, les Apirous quittaient le pays des Amorites pour Moab. Ils firent halte dans une petite cité nommée Chittim, à proximité du mont Nebo. Ainsi que l'avait exigé Mosé, les Apirous se montrèrent courtois vis-à-vis des habitants. Ce fut pourtant dans cette ville que se produisit un drame lourd de conséquences.

Malgré les recommandations du prince, les jeunes Apirous célibataires profitèrent de l'occasion pour tenter de séduire les filles moabites, dont la légende prétendait qu'elles avaient le sang chaud. Si Mosé décida de fermer les yeux sur leurs frasques, à condition qu'aucune plainte ne soit déposée contre eux, il n'en fut pas de même pour Ézéchiel, qui ne pardonna pas à un jeune homme de ses fidèles d'être tombé sous le charme d'une jolie fille. Ayant repéré leur manège, il se rendit, suivi de Ruben et de quelques autres, jusqu'à la tente sous laquelle les deux amants s'étaient retirés.

Des hurlements retentirent, qui attirèrent l'attention de Mosé. En compagnie de Josué et de quelques gardes, il se rendit sur place. Mais il était trop tard : Ruben et ses sbires avaient déjà massacré le jeune homme et sa compagne à coups de lance. Ézéchiel, les yeux luisants, contemplait les deux corps avec satisfaction. Il se tourna brusquement vers Mosé et lui jeta un regard de défi.

– Qu'avez-vous fait, malheureux ? s'écria le prince.

– Nous avons rendu la justice ! clama Ézéchiel d'une voix agressive. Nous ne devons pas tolérer que l'un de nos hommes se livre à la débauche en compagnie d'une étrangère.

– Pauvre fou ! Une fois de plus, tu viens de bafouer le sixième commandement, pour satisfaire ton orgueil et ta soif de pouvoir. Et tu nous mets tous en danger. Comment crois-tu que réagiront les Moabites lorsqu'ils apprendront que nous avons tué l'une des leurs.

– S'ils s'opposent à nous, nous les massacrerons à leur tour.

– Silence ! Je vais demander à ce que tu sois jugé pour tes crimes.

– Mes crimes ? Alors, commence par te pencher sur les tiens, chien d'Égyptien !

C'était plus que la patience de Mosé ne pouvait en supporter. Il marcha sur le prêtre et le frappa à toute volée. Ézéchiel fut projeté au sol. Ruben bondit sur Mosé, mais Josué, plus rapide, l'assomma pour le compte. Les autres fidèles ne surent quelle attitude adopter. Derrière Mosé et Josué se tenaient une escouade de gardes armés jusqu'aux dents, prêts à intervenir.

La tête basse, Ézéchiel et ses compagnons se retirèrent.

Plus tard, sous sa tente, il remâcha sa haine. Pour la première fois, l'Égyptien avait osé le frapper. Sa fureur était telle qu'il lui semblait étouffer. Cette fois, sa décision était prise : ce Moïse devait mourir. Les Apirous ne juraient plus que par lui, et les lois des ancêtres étaient ignorées. Il était grand temps que tout cela prît fin. Mais comment le faire disparaître sans attirer l'attention ? Il fallait que sa mort ait l'air d'un accident. Dans le cas contraire, il serait aussitôt accusé et condamné à mort.

Il réfléchit longuement. Vers le milieu de la nuit enfin, il sut comment il allait procéder. Il appela Ruben et lui confia son plan. Celui-ci l'approuva immédiatement et se fondit dans la nuit.

44

« Regarde le pays que j'ai promis à Abraham, à Isaac et à Jacob lorsque je leur ai dit : "Je donnerai ce pays à vos descendants !" Je te le montre, mais tu n'y entreras pas ! »
DEUTÉRONOME 34-4

Deux jours plus tard, les préparatifs de départ vers Canaan s'accélérèrent. Le roi Balaam avait fait savoir que son peuple se réjouissait d'accueillir ses cousins apirous. De vastes territoires leur étaient déjà réservés, qui donnaient des fruits magnifiques et où ils pourraient pratiquer l'élevage et l'agriculture.

Mosé avait passé sa journée à négocier avec les envoyés de Balaam. Les conditions posées par le roi n'étaient guère contraignantes : il demandait seulement une assistance militaire en cas d'attaque venue de l'extérieur. Mosé se douta que son royaume devait être convoité par les souverains voisins. L'arrivée d'une tribu puissante et bien armée constituait pour lui une chance de leur tenir tête [1].

Comme chaque soir, Mosé se retira à l'écart du campement afin de méditer sur les événements de la journée. Depuis l'avertissement d'Aaron, une douzaine de gardes choisis parmi ses fidèles se tenaient à distance, prêts à intervenir à la moindre alerte. Mosé

1. On peut en effet remarquer, dans le Livre de Josué, que les combats menés par celui-ci lors de ses conquêtes se déroulent soit dans le nord, soit dans le sud du pays. Il est possible que son Livre ne soit pas complet, mais on peut aussi émettre l'hypothèse qu'il avait conclu une alliance avec les peuples vivant dans la région centrale.

n'avait emporté que son sac de cuir, dans lequel il conservait une gourde d'eau fraîche et quelques dattes. C'était l'un des moments de la journée qu'il préférait, avec ceux qu'il partageait avec sa famille et ses amis. Ce soir-là, il ne parvint pas à trouver la paix. Les négociations s'étaient pourtant bien déroulées. Et la mission qu'il s'était fixée touchait à son terme. Il avait réussi à mener les Apirous aux portes de Canaan, comme ils l'avaient toujours souhaité. Malgré la hargne et l'intransigeance d'Ézéchiel, il était parvenu à imposer et maintenir la cohésion au sein de cette tribu prompte à se rebeller et encline à n'en faire qu'à sa tête. S'il n'avait pu empêcher certains combats inutiles, il avait tout au moins réussi à en limiter les conséquences. La victoire sur les Amorites, au fond, n'était pas une mauvaise chose. La nouvelle en serait très vite connue dans la région, et dissuaderait d'éventuels ennemis.

Alors, pourquoi cette inquiétude inexplicable ? Il jeta un coup d'œil en direction de ses compagnons. Ceux-ci veillaient, avec leur vigilance coutumière, à moins de vingt pas de lui. Tout était calme. Des odeurs subtiles, retenues par la chaleur du soleil pendant la journée, s'exhalaient du sol : senteurs de terre, de végétation, relents musqués des animaux qu'il entendait s'agiter sous la palmeraie, parfums légers apportés par les vents du crépuscule depuis l'oasis, effluves du pain cuit sur les braseros, fumet des viandes.

Mis en appétit par l'odeur agréable, il plongea la main dans son sac afin d'y puiser une datte. L'instant d'après, il poussa un cri. Une douleur aiguë lui déchirait la main. Il la retira vivement et eut le temps d'apercevoir un serpent de petite taille, aux couleurs vives. Le reptile, à peine long d'une coudée, au corps gros comme le pouce, finit par le lâcher et disparut dans le sable. Aussitôt, ses compagnons furent là.

– Un serpent, dit-il. Il m'a mordu la main.

– Les serpents fuient l'homme, déclara Ankh-Nefer, qui avait remplacé Hori au poste de capitaine des archers.

– Il était dans mon sac.

– Alors, quelqu'un l'y a placé.

– Peut-être. Mais il a pu être attiré par la nourriture et s'y glisser tout seul.

Mosé se releva avec peine. La douleur, loin de se calmer, empirait d'instant en instant. La morsure de ces reptiles était la plupart du temps mortelle. Il comprit qu'il était déjà trop tard. Il en éprouva, sur le moment, une bouffée de révolte. Mais elle s'effaça très vite devant la résignation. Au fond de lui-même, il avait toujours pressenti qu'il ne pénétrerait jamais dans Canaan. Mais il y avait mené les Apirous. Il leur avait également donné des règles de vie qui les aideraient à devenir un peuple puissant et respecté.

– Aidez-moi à marcher, dit-il.

Ses compagnons le guidèrent jusqu'à sa tente, où ses femmes l'allongèrent sur des couvertures. Le venin avait commencé à faire son effet. Tiyi conserva son calme. Elle puisa dans ses coffres des herbes et un onguent destinés à apaiser la douleur. Cependant, son regard brillant confirma à Mosé qu'il n'y avait plus rien à faire, sinon soulager sa souffrance. Séphora, incapable de réagir, se mit à pleurer. Elle avait vu beaucoup de gens périr à cause de la morsure d'un serpent. Mais il était impossible que cela arrivât à Moïse ! Il était bien trop fort. Dieu marchait à ses côtés, Dieu lui parlait...

Peu à peu, grâce aux soins de Tiyi, la douleur s'atténua. Mosé savait qu'il survivrait encore un jour, peut-être deux. Mais, inexorablement, le poison allait gagner son corps et le détruire. Il se doutait que Ankh-Nefer avait vu juste. Quelqu'un avait placé ce serpent dans son sac en profitant de l'agitation de la journée. Ce ne pouvait être qu'Ézéchiel, ou l'un de ses fidèles. Il n'avait aucun moyen de le prouver, mais cela n'avait guère d'importance. Il aurait dû éprouver de la haine envers le prêtre. Pourtant, il n'avait même pas envie de l'accuser. Ézéchiel portait sa condamnation en lui-même.

Sachant qu'il ne lui restait plus guère que quelques heures de lucidité, il s'adressa à Tiyi :

– Ma tendre sœur, dit-il, je voudrais que tu fasses venir ici ceux que je vais te nommer.

Le premier à se présenter fut Josué, en compagnie de tous les responsables apirous. Il s'agenouilla près de Mosé, qui lui tendit sa main valide.

– Écoutez-moi tous ! dit le prince. Vous m'avez désigné depuis des années pour être votre chef. Mais l'heure est venue pour moi de vous quitter. Lorsque je ne serai plus là, je veux que vous obéissiez à Josué comme vous m'avez obéi à moi-même. C'est un homme d'une grande sagesse. Il a prouvé qu'il était capable de mener un combat jusqu'à la victoire, mais il sait aussi éviter les conflits lorsque cela est possible. Il n'est animé d'aucune ambition personnelle. Qu'il soit donc votre nouveau guide.

Vivement ému, Josué inclina la tête. Les chefs de clan et les prêtres marquèrent leur approbation. Mosé poursuivit :

– Cependant, il ne sera pas seul à gouverner. Approche, Pinhas.

Le fils d'Éléazar s'agenouilla près de Mosé.

– Tu es le fils de celui qui fut mon ami. Je connais ta sagesse et ta clairvoyance. Je veux que tu sois désormais le gardien de l'arche d'alliance, afin que tu continues à faire respecter les dix commandements.

Pinhas, les yeux luisants de chagrin, se prosterna devant Mosé.

– J'essaierai de me montrer digne de ta confiance, Seigneur, dit le jeune homme.

Mosé demanda ensuite aux autres prêtres et aux chefs de clan de sortir. Tiyi et Séphora les suivirent. Seuls Josué et Pinhas demeurèrent près de lui.

– Je suis inquiet pour le peuple apirou, dit-il. Jusqu'à présent, j'ai réussi à imposer la paix et la sagesse contenues dans les dix commandements. Mais Ézéchiel et ses amis voudraient revenir aux lois anciennes. Si certaines d'entre elles reflètent une certaine vérité, d'autres en revanche s'opposent aux commandements, parce qu'elles exigent la mort de ceux qui commettent des erreurs. La loi de Dieu ne peut être aussi intransigeante et intolérante. Il faudra vous méfier d'Ézéchiel et de Ruben. Ces gens sont animés par la haine et la volonté de domination. Lorsque j'aurai disparu, ils tenteront d'influencer le peuple pour faire prévaloir leurs idées. Et je ne voudrais pas que de nouvelles discordes divisent le peuple apirou, déjà disposé à s'entre-déchirer.

– Nous veillerons à ce que les lois de l'arche d'alliance soient respectées, déclara Pinhas.

– Nous aurons l'œil sur eux, renchérit Josué.

Mosé laissa passer un silence, puis ajouta :

– Je ne désire pas que le peuple apirou ait à pleurer ma mort. C'est pourquoi je veux que vous partiez dès demain pour Canaan. À ceux qui demanderont pourquoi je ne les ai pas suivis, vous répondrez que ma tâche était accomplie et que je suis parti rejoindre Dieu, ce qui sera la vérité. Allez en paix à présent. Que Dieu vous protège. Lorsque vous sortirez, demandez à Ézéchiel de venir. Seul !

Josué s'alarma.

– Seul ? Seigneur, ne crains-tu pas qu'il profite de ta faiblesse ?

Mosé grimaça un sourire.

– Et que pourrait-il tenter ? Il sait déjà que je vais mourir.

Josué hésita, puis, à contrecœur, répondit :

– Bien, Seigneur !

Quelques instants plus tard, Ézéchiel pénétrait sous la tente.

– Approche !

Embarrassé, le prêtre obéit.

– Prends place !

Ézéchiel s'assit sur les couvertures. Son regard tentait de fuir celui de Mosé, dont les lèvres s'étirèrent sur un sourire. Il secoua lentement la tête et déclara :

– C'est toi qui m'as tué, Ézéchiel.

L'autre s'insurgea, mais Mosé leva la main pour le faire taire.

– Rassure-toi ! Si j'avais voulu t'accuser publiquement, je l'aurais fait tout à l'heure. Tu aurais alors dû t'expliquer devant les autres, à propos de ce serpent bizarrement glissé dans mon sac.

– Je n'en suis pas responsable ! éructa le prêtre.

– Tu mens trop mal, Ézéchiel. Nous sommes seuls. Cette conversation restera entre nous et je vais mourir. Tu n'as donc aucune inquiétude à avoir. De toute façon, je me moque de tes aveux. Je connais la vérité. Dieu me l'a montrée. Tu m'as assassiné par un moyen de lâche. Mais comment pouvais-tu agir autrement ? Tu es lâche de nature. Les lois meurtrières que tu puises dans ta religion ne sont qu'une manière de compenser ta peur, ton ignorance et le vide de ton âme.

– Dieu a voulu que je triomphe parce que tu l'as trahi. Tu as trahi Ses lois.

– Ne sois pas si sûr de toi. Un dieu juste ne saurait édicter des lois aussi monstrueuses. Dieu n'est pas un tyran. Il aime la vie parce qu'Il est la vie. Mais tu es incapable de comprendre cela. Dans ta religion, on ne trouve que le sang, la haine, et la destruction de tout ce qui est différent, tout ce qui refuse de vivre selon tes lois abominables. Tu es persuadé que seul le respect aveugle de ces lois permettra au peuple apirou de se purifier. Tu te trompes. On n'atteint pas la véritable pureté par la contrainte, mais par une acceptation librement consentie des règles de vie que j'ai appelé les dix commandements. Ils n'ont de valeur que si un homme les ressent au plus profond de son cœur. En aucun cas, ils ne doivent être imposés par la force.

« Sans doute crois-tu agir pour le bien de ce peuple dont tu considères qu'il t'appartient, dont tu estimes être le seul vrai chef. Mais tu n'es guidé que par la soif de pouvoir, la volonté de domination. Tu ne peux régner que par la terreur et la contrainte, car il n'y aucun amour en toi. Je tremble pour l'avenir des Apirous, parce qu'ils vont subir les excès épouvantables auxquels peuvent conduire le fanatisme, l'orgueil et l'intolérance. Je redoute, pour les siècles à venir, ce dont toi et tes semblables seront responsables vis-à-vis des hommes. Je vois d'innombrables sacrifices, des hommes, des femmes qui tombent par milliers sous le coup d'accusations ignobles, je vois des bûchers où brûlent des innocents, des pierres rougies de sang, des persécutions, des villes, des pays entiers ravagés par des hordes barbares prétendant servir Dieu.

« Tu t'abrites derrière Lui, Ézéchiel. Mais en réalité, tu combats le vide que tu portes en toi. Tu veux étouffer, en Son nom, la richesse qu'Il a déposé dans le cœur de chaque homme et de chaque femme. Écoute bien ce que je vais te dire : chaque être humain est unique, et Dieu s'exprime différemment en chacun. Il a voulu que chaque homme soit libre. Il n'impose pas les dix commandements. Ceux-ci constituent seulement des règles destinées à enseigner aux hommes à aimer et protéger la Vie, à vivre ensemble, à construire ensemble, à se respecter et à s'entraider. La véritable raison d'être d'une religion, c'est d'apporter le réconfort, d'ouvrir les yeux sur la beauté du monde. Elle doit aider chaque homme à découvrir Dieu en lui. C'est un acte d'amour et non de coercition et de domination. Elle n'a de valeur que si elle est librement consentie. C'est pourquoi elle ne doit pas être le fait d'une poignée de fanatiques. Les prêtres qui s'arrogent le droit de penser pour les autres et qui imposent ce qu'ils croient être la seule vérité font preuve d'un orgueil au-delà de toute mesure. Ils prétendent détenir un savoir absolu sur Dieu, ce qui est par essence impossible. Car Dieu est infini et éternel. Comparé à Lui, l'homme est insignifiant. Son corps est faible, son intelligence et sa vie sont tragiquement limitées. Comment pourrait-il, comment oserait-il, pendant une durée si courte, avec des moyens de compréhension aussi misérables, affirmer connaître véritablement Dieu ? Nous ne pouvons qu'avoir conscience de Son existence. Nous ne saurons jamais de Lui que ce que nous en percevons par l'intermédiaire de nos yeux, de nos oreilles, par notre intelligence et notre conscience. Il nous a offert le monde. Mais nous ne savons rien. Nous ne *connaissons* rien. Nous avons tout à apprendre, tout à découvrir.

– Les anciens savaient ! rétorqua Ézéchiel. Et c'est un crime que de remettre leur savoir en cause.

– Les anciens n'en savaient pas plus que nous ! répondit Moïse sans élever la voix. Ils étaient aussi désarmés que nous devant la complexité divine. Malheureusement, les gens comme toi estiment déjà tout savoir, tout comprendre. Vous enfermez Dieu dans des lois rigides et inhumaines, vous prétendez définir les règles qu'Il impose. Vous affirmez agir en Son nom, mais vous ne semez que la haine, la mort, la destruction.

– Telle est Sa volonté ! Nous sommes Son peuple, et il veut nous purifier. Nous sommes différents des autres. Nous devons nous imposer à eux par la force, et détruire ceux qui ne se soumettront pas.

Mosé secoua la tête.

– Écoute s'exprimer ton arrogance, Ézéchiel ! Tu prétends servir Dieu, mais tu représentes ce qu'Il déteste le plus : l'homme vaniteux, imbu de lui-même, intimement persuadé qu'il est seul à détenir la vérité divine. En réalité, tu ne sais rien, parce que tu détruis ce qui te dérange, et que tu ne comprends pas. Seule l'humilité te permettrait d'ouvrir les yeux. Hélas, tu ignores ce que ce mot veut dire. Sans doute as-tu l'impression de triompher aujourd'hui. Mais, au fond de ton âme, il subsistera toujours un doute obscur. Tu le combattras de toutes tes forces, tu nieras son existence, mais jamais tu ne parviendras à le chasser. Il sera comme l'œil de ta conscience qui te rappellera les crimes que tu auras commis au nom de Dieu. En fuyant ce doute, tu t'enfonceras encore plus dans l'erreur, car c'est toi-même que tu fuiras. Et chaque fois, tu t'écarteras un peu plus de Dieu.

Ézéchiel voulut répliquer, mais ne sut que dire. Mosé lui dit :

– Tu peux partir à présent. Je ne t'accuserai pas. Je préfère que tu gardes le secret de ton crime pour toi seul. Il reviendra te hanter le jour où tu seras sur le point de rejoindre le Créateur, ce Dieu que tu portes, toi aussi, au plus profond de toi, mais dont tu ignores la présence. Ce jour-là, il faudra bien que tu te regardes tel que tu es. Et tu détesteras ce que tu découvriras, car il n'existe pas de juge plus sévère que soi-même. Tel sera ton châtiment.

Mal à l'aise, le prêtre sortit. Quelques instants plus tard, Tiyi et Séphora étaient de retour. Elles prirent place de chaque côté de sa couche. Mosé leur prit la main à chacune.

– Ne soyez pas tristes, mes douces compagnes. Ma vie a été merveilleusement remplie, en grande partie grâce à vous. Vous m'avez apporté la lumière de vos yeux, la tendresse, la douceur de votre corps, la joie de votre rire. Jamais je n'aurais pu accomplir ma tâche si vous n'aviez pas été à mes côtés. Vous m'avez donné de beaux enfants, qui veilleront sur vous lorsque je ne serai plus là.

Les enfants entrèrent à leur tour. Des visages l'entourèrent, des mains essuyèrent son front fébrile, ruisselant de sueur. Des yeux brillants lui témoignaient un tel flot d'amour qu'il ne ressentit plus la douleur sourde qui le rongeait.

– Je voudrais ne pas vous avoir occasionné cette peine, mes bien-aimés. Mais la mort fait aussi partie de la vie. Ne me pleurez pas. Je vais me fondre à l'Esprit infini qui a créé ce monde. Avant, je veux vous remercier pour toutes les joies que vous m'avez données. Je voudrais aussi que vous me pardonniez, vous, mes enfants, et vous, mes douces compagnes, car je me suis montré égoïste envers vous. Bien souvent, je vous ai sacrifiés pour offrir ma vie à ce peuple qui n'était pourtant pas le mien. Je sais aussi que vous ne m'en tiendrez pas rigueur, car je connais votre générosité. Mon seul regret sera de ne pas avoir foulé la terre de ce pays mystérieux de Canaan. Je voudrais, demain, être conduit au sommet de cette montagne qui domine la mer Morte, et depuis laquelle je pourrai contempler ce royaume que je ne visiterai jamais. Je veux mourir là-haut. Lorsque je serai mort, vous brûlerez mon corps.

– Brûler ton corps ? s'écrièrent Tiyi et Séphora.

Frappés par l'angoisse, tous se rapprochèrent.

– Tu ne peux nous demander cela, ajouta Tiyi. Le corps ne doit pas être détruit.

Moïse lui sourit.

– À cause des croyances égyptiennes ? Elles n'ont plus aucune valeur à mes yeux. Lorsque mon âme aura rejoint l'Esprit infini, il ne sera plus qu'une écorce vide. La poussière dont il est constitué doit retourner à la poussière. Mais j'aimerais que vous rameniez mes cendres sur le mont Horeb, où vous laisserez le vent les emporter.

Des larmes lourdes roulèrent sur les joues de ses épouses et de ses enfants. Tiyi demanda d'une voix triste :

– Alors, nous n'aurons aucun endroit où te rendre visite lorsque tu auras disparu.

– Vous aurez le plus bel endroit du monde pour me parler : le cœur de chacun de vous.

Le lendemain, on conduisit Mosé sur le mont Nebo. Sa famille l'entourait. Derrière se tenaient tous ses compagnons, ceux qui l'avaient suivi depuis le début dans son aventure. Ils avaient décidé, eux aussi, de ne pas pénétrer dans le pays de Canaan. Après avoir dispersé les cendres de Mosé sur la montagne sacrée, ils retourneraient à Madian.

Tout en bas, dans la plaine, les Apirous avaient commencé à quitter Moab. Une longue colonne s'étirait vers le nord-est, en direction de la Terre promise. Mosé n'en devinait qu'un horizon imprécis, le reflet d'une forêt clairsemée, de vallonnements couleur ocre et vert. À l'ouest s'étendait le miroir turquoise de la mer Morte, qui reflétait un ciel sans nuage. Mosé remarqua la blancheur éblouissante de ses rivages faits de sel. Il se concentra une dernière fois et laissa son esprit vagabonder, survoler ce pays inconnu pour lequel il avait donné sa vie. En lui se dessinèrent les images de palmeraies, de vergers, de troupeaux nombreux et prospères, de champs fertiles, de fruits superbes, savoureux et gorgés de soleil. Des cités aussi, certaines amies, d'autres hostiles. Il y aurait d'autres guerres, d'autres combats, d'autres morts. L'avenir verrait les Apirous se fondre à d'autres tribus, d'autres clans, pour fonder un peuple étonnant.

Comme l'étaient, chacun à leur manière, tous les peuples du monde…

ÉPILOGUE

Les dents serrées pour masquer sa douleur, Tiyi ouvrit l'urne dans laquelle on avait recueilli les cendres de Mosé. Elle invita Séphora à tenir elle aussi l'amphore. Une poudre blanche s'en écoula, que les vents puissants emportèrent aussitôt.

Autour d'elles se tenaient les deux aînés, Nebamon Meri-Maât et Guerchom, leurs épouses, la jeune Isisnefert et les autres enfants, huit au total. Derrière eux attendaient les servantes de Tiyi et ses gardes du corps. Puis venaient les archers fidèles et leurs familles, tous ceux qui n'avaient jamais abandonné celui qu'ils considéraient depuis toujours comme leur seigneur.

Un ciel couvert pesait sur le désert, dont la couleur s'accordait à leur peine. Lorsque la dernière poussière blanche s'envola, Tiyi et Séphora laissèrent tomber le vase sur le sol où il se brisa. À l'instant même, un ouragan violent se leva, qui balaya le plateau. Suivit un véritable déluge. Des trombes d'eau se déversèrent sur le sommet de la montagne sacrée, obligeant la petite tribu à chercher un abri. Elle se retrouva au creux d'une anse rocheuse où prospérait un arbuste magnifique. À peine subsistait-il, sur le sol, la trace d'une ancienne blessure due à un incendie, que personne ne remarqua.

Une angoisse insidieuse leur broyait le cœur, accentuée par les grondements de la tempête. Il ne subsisterait de Mosé aucun tombeau où venir se recueillir. Un doute effrayant s'était insinué dans l'esprit de chacun. Aussi bien chez les Apirous que chez les Égyptiens, les croyances affirmaient que le corps retrouvait vie après la mort. Comment Mosé pourrait-il survivre à présent que son corps avait été détruit ?

Mais cette angoisse ne dura pas. Emportées par les eaux, les cendres de Mosé s'étaient définitivement répandues dans la montagne. Lorsque l'orage s'apaisa enfin, l'ouragan chassa les nuages, ramenant un soleil resplendissant. Des odeurs incomparables s'exhalèrent du sol tandis qu'une chaleur nouvelle réchauffait les compagnons de Mosé. Alors, un extraordinaire sentiment de paix s'installa dans le cœur de chacun, et la peine s'évanouit.

Mosé s'en était allé rejoindre ce dieu infini et éternel qui avait créé l'univers et la vie. Et il veillerait désormais sur eux de la même manière qu'il l'avait fait durant le temps de sa vie terrestre.

Avec un amour infini…

FIN

LES DIX COMMANDEMENTS

Premier commandement :

« Dieu est tout ce qui existe, tout ce qui a existé et tout ce qui existera. Il n'a jamais eu de commencement et ne connaîtra jamais de fin, car il est éternel. Il n'a aucune limite, car il est infini. Il réside au cœur de chaque homme et de chaque femme, et chacun fait partie de Lui. Il est aussi tout autour de chaque homme et de chaque femme, car il est le monde, l'univers visible et invisible. Il est la montagne et le fleuve, la plaine et le désert. Il est l'eau et la roche. Il est le feu qui réchauffe les hommes, l'air qu'ils respirent. Il est le vent et la pluie. Il est la plante et l'animal. Il est le soleil et les étoiles. Il est la Vie, et tous les êtres vivants font partie de Lui, depuis le plus petit insecte jusqu'à l'homme lui-même. Dieu est l'Esprit créateur qui a créé le monde et l'univers à partir du néant. »

Deuxième commandement :

« Il est impossible de représenter Dieu sous la forme d'une idole, car ses visages sont multiples et leur nombre est infini. De même, il est impossible de l'enfermer dans un temple, car Il est partout, et les pierres taillées utilisées pour la construction des temples portent la trace du travail humain. Elles ont perdu la pureté de l'œuvre divine. L'homme ne construira donc aucune statue à l'image de Dieu et ne bâtira Ses autels qu'avec des pierres brutes, vierges de la marque de l'outil. »

Troisième commandement :

« Dieu est la Vie. L'homme devra respecter Dieu, c'est-à-dire respecter la vie, l'aimer et la protéger. Il ne prélèvera sur elle que le strict nécessaire à ses besoins. Il ne gaspillera pas l'eau inutilement, ne la souillera pas de manière irresponsable et veillera à la pureté des sources et des points d'eau. L'homme ne saccagera pas la végétation. Pour chaque arbre abattu, il plantera une jeune pousse. Il laissera la terre des champs se reposer afin de lui redonner de la force. L'homme ne se livrera pas sur les animaux à des massacres inutiles. Il veillera à préserver les femelles porteuses de vie. Agir contre la Nature et contre la Vie, c'est agir contre Dieu. »

Quatrième commandement :
« L'homme ne travaillera jamais plus de six jours consécutifs. Le septième, il prendra du repos, tout comme Dieu, qui créa le monde en six jours, et se reposa le septième. »

Cinquième commandement :
« L'homme reçoit la vie par l'intermédiaire de son père et de sa mère. Il les respectera et les aimera de façon privilégiée, car il leur doit de connaître la joie de la vie. »

Sixième commandement :
« L'homme ne doit pas tuer son semblable. Dieu vit dans le cœur et dans l'esprit de chaque homme, et chaque homme fait partie de Dieu. Celui qui tue un homme tue une partie de Dieu. Le mal que l'on fait à un homme, c'est à Dieu qu'on le fait. L'homme doit apprendre à lutter contre sa colère et à vaincre son désir de vengeance. Il doit pardonner à celui qui lui a fait du mal, car le pardon est noble et l'offense est vile. »

Septième commandement :
« L'homme ne doit pas convoiter la femme de son voisin. Les enfants sont les fruits de l'amour qui lie un homme et une femme. Si l'acte charnel est libre entre deux êtres adultes libres et consentants, les enfants ne doivent être conçus que dans le cas où cet acte s'enrichit d'un sentiment sincère et profond. Car les parents ont la responsabilité de ces enfants, qu'ils doivent élever et nourrir jusqu'à ce qu'ils parviennent à l'âge adulte. »

Huitième commandement :

« L'homme ne s'emparera pas indûment du bien d'autrui. Il ne convoitera rien de ce qui appartient à son prochain et ne tentera aucune manœuvre frauduleuse dans le but de déposséder un autre homme. Seul le travail peut l'enrichir. Il contribue à sa dignité et doit être rémunéré à sa juste valeur, et sans aucun retard. Nul ne tentera de priver un homme de son travail dans le but de servir ses intérêts personnels. Agir ainsi reviendrait à le priver de sa dignité, et constituerait une offense envers Dieu, car Il est présent dans le cœur de chaque être humain. »

Neuvième commandement :

« L'homme ne prononcera jamais de fausses paroles afin de nuire à autrui, pour complaire à un puissant ou pour faire condamner l'innocent à la place du coupable. En agissant ainsi, il porterait préjudice à Dieu lui-même, qui vit dans le cœur et dans l'esprit de chaque homme. »

Dixième commandement :

« L'homme doit aimer son prochain comme lui-même. Nul être humain ne profitera de sa force physique ou morale pour contraindre un être plus faible que lui, ou pour abuser d'une femme, d'un vieillard, et encore moins d'un enfant. Les êtres humains, hommes et femmes se doivent entre eux une assistance mutuelle, qui est la base de la plus grande force de l'Esprit infini, l'Amour. Tout être humain doit porter secours au malade et à celui qui est dans le besoin. Le devoir du plus fort, du plus intelligent, du plus riche, est d'aider et de soutenir le faible, le simple et le pauvre. »

LE NOM DE DIEU CHEZ LES HÉBREUX

Dans la Bible, Dieu porte différents noms, dont le plus courant est Yahveh, noté YHVH. La prononciation de ce nom reste inconnue. Il semble que cette divinité soit originaire du sud-est de la Palestine ou du nord de l'Arabie. Il s'agissait d'un dieu de l'orage dominateur, probablement inspiré par la cosmogonie sumérienne. Les Sumériens pensaient en effet que le dieu du ciel, An, avait chargé ses fils, les Annunakis, de l'élevage et de l'agriculture. Les Annunakis, peu désireux de s'acquitter eux-mêmes de ces tâches, modelèrent les hommes afin de les servir. Il s'ensuivit une vision étonnante du monde, où les hommes avaient été créés pour servir les dieux sans aucun espoir d'échapper à cette fatalité. La pensée sumérienne a ainsi influencé toute la Mésopotamie et la Palestine, s'opposant à la pensée égyptienne, pour laquelle les dieux étaient des principes et des forces qui s'harmonisaient afin de préserver l'équilibre de l'univers.

Yahveh fut adoré sous différents noms, comme Jaho ou Jahu en Égypte. Ce n'est que lors de la rédaction de la Bible, lors des derniers siècles avant J.-C., qu'il prit toute son importance. Cependant, les Hébreux ne prononcent jamais son nom. Ils l'appellent Adonaï, ce qui signifie le Seigneur, ou le Créateur.

LES APIROUS

Les Apirous, ou Hapirous, constituaient un peuple ni sédentaire ni nomade. Ils élevaient des chèvres et des moutons. Ils vivaient en marge des cités, regroupant des déracinés, des réfugiés. On les rencontre un peu partout, depuis l'Anatolie jusqu'à Nouzi, en haute Mésopotamie orientale, en passant par Mari, sur le Moyen-

Euphrate. Mais ils se déplacèrent également en Égypte, où ils louaient leurs services en tant que mercenaires, ouvriers, carriers, parfois viticulteurs. On les appela aussi les Heberer, qui devinrent plus tard les Hébreux.

Il est possible que l'Exode soit le reflet d'un problème d'immigration. Les Apirous, revenus en Palestine, se mêlèrent à d'autres tribus locales pour former le peuple hébreux.

LE MONT HOREB

Traditionnellement, l'itinéraire emprunté par Israël pendant l'Exode amène Moïse sur le Gebel Mûsa, le mont de Moïse, situé dans le sud de la presqu'île. Or, cette montagne, située dans un endroit difficile d'accès, n'a probablement jamais reçu la visite du prophète. La correspondance avec le mont Horeb de la Bible a été décidée par l'empereur Justinien, au IIIe siècle, qui estimait que le mont de Moïse ne pouvait être que le plus élevé et le plus beau. Cela ne repose sur aucune logique, mais cette erreur persiste encore de nos jours.

Je me suis donc basé, entre autres, sur l'hypothèse de l'historien italien Emmanuel Anati, qui fait passer la tribu d'Israël par le nord, et par une montagne du Neguev appelée le Har Karkom, haute de 1 035 mètres, et située dans l'est du Sinaï, à la frontière israëlo-égyptienne. Des gravures relevées dans les pierres du désert qui l'entoure confirment que ce mont était sans doute considéré comme un lieu sacré depuis l'aube de l'humanité.

LE PASSAGE ENTRE LES EAUX

Il est difficilement acceptable, pour un esprit rationnel, d'envisager que les eaux d'une mer se séparent afin de laisser le passage à un peuple. Selon la tradition, Yam Suf, la mer des Roseaux, est confondue avec la mer Rouge. Il s'agirait en réalité, selon Emmanuel Anati, du lac Serbonis, le *Sabkhat el Bardawill.* C'est une vaste étendue d'eau salée de 60 000 kilomètres carrés située au nord du Sinaï. Une bande littorale de 80 kilomètres de long la sépare de la Méditerranée. Cette bande de terre, qui par endroits n'excède pas une trentaine de mètres de largeur, peut très bien être le passage situé entre les eaux dont parle la Bible.

GLOSSAIRE DES NOMS ÉGYPTIENS

ÀABET : l'Orient, où se lève le soleil.
AFFRIT : Esprit malfaisant du désert.
AMENT : Le désert de l'Ouest, où la tradition situait le royaume des morts, parce que le soleil se couchait dans cette direction.
CALAME : Poinçon de roseau destiné à l'écriture sur le papyrus, le bois, ou des tablettes d'argile.
LES DEUX MAGICIENNES : Les deux couronnes royales. Blanche pour la Haute-Égypte, rouge pour la Basse-Égypte.
HEQ : La crosse pastorale, l'un des deux insignes du pouvoir royal.
KÂ : Double spirituel de l'homme.
KEMIT : Nom ancien de l'Égypte, symbolisant le limon fertile noir apporté par les crues.
KOUSH : La Nubie, pays situé au sud de la Première cataracte.
MAKHEROU : État de l'initié parvenu en parfaite harmonie avec les dieux (au féminin : Makherout).
MED : Bâton sacré symbolisant le rang.
MEDOU-NETERS : Les hiéroglyphes, signes sacrés de l'écriture.
MESURES ÉGYPTIENNES
1 mile égyptien = 2,5 km.
1 coudée = 7 palmes = 0,524 m par excès.
1 palme = environ 7,5 cm.
NEKHEKA : Le fléau ou flabellum, l'un des deux insignes du pouvoir royal.
NETER : Dieu égyptien
LE NIL : Explication des crues du Nil :

Malgré sa superficie importante (l'Égypte actuelle compte un million de km^2), la surface fertile se concentre essentiellement le long du Nil. Avec un peu plus de 34 000 km^2, elle représente à peine la superficie des Pays-Bas.
Le débit de ce fleuve singulier, cerné par les déserts de Libye à l'ouest et d'Arabie à l'est, ne doit rien aux précipitations locales, puisque dans la région de Louqsor, elles ne sont que de quatre millimètres par an. Le Nil prend sa source au-delà du lac Victoria, région où il pleut en abondance toute l'année. Ces eaux pluviales lui assureraient un débit constant s'il ne recevait également celles d'un affluent nommé le Nil bleu, qui descend des hauts plateaux d'Éthiopie. Ceux-ci, arrosés en saison par la mousson, déversent leurs eaux dans le cours de cet affluent, qui se transforme alors en une rivière puissante, chargée de limon fertile, dont bénéficie toute la vallée jusqu'au delta. Ces crues saisonnières régulières, autrefois considérées comme la manifestation de la faveur du dieu du fleuve, Hâpi, provoquaient, vers la fin de juillet, une élévation importante du niveau du fleuve (jusqu'à huit mètres au-dessus du niveau de l'étiage au Caire). De nos jours cependant, elles sont fortement contrariées par le barrage d'Assouan.
NOMARQUE : Gouverneur d'un nome.
NOME : Division administrative de l'Égypte, vraisemblablement issue des petits royaumes de l'époque pré-dynastique.
SCRIBE : Fonctionnaire dont le rôle consistait à noter par écrit les édits du roi, ou tenir à jour les livres d'une exploitation agricole. Les scribes représentaient une caste très puissante.

LE CALENDRIER ÉGYPTIEN

L'année égyptienne était divisée en trois saisons de quatre mois chacune. Chaque mois comptait trente jours de trois décades. Les cinq jours restants étaient appelés jours épagomènes, et représentaient les jours de naissance des dieux Osiris, Horus, Seth, Isis et Nephtys. Traditionnellement, ces jours étaient consacrés à de grandes festivités.

Voici, ci-dessous, un exemple d'année égyptienne comparée à la nôtre.

AKHET : Inondation
1 – Thôt : 19 juillet - 17 août
2 – Paophi : 18 août - 16 septembre
3 – Athyr : 17 septembre - 16 octobre
4 – Choiak : 17 octobre - 15 novembre

PERET : Germination (Semailles)
1 – Tybi : 16 novembre - 15 décembre
2 – Mechir : 16 décembre - 14 janvier
3 – Phamenoth : 15 janvier - 13 février
4 – Pharmouti : 14 février - 15 mars

CHEMOU : Moissons (Récoltes)
1 – Pakhons : 16 mars - 14 avril
2 – Payni : 15 avril - 14 mai
3 – Epiphi : 15 mai - 13 juin
4 – Mésorê : 14 juin - 13 juillet

Jours supplémentaires ou épagomènes (terme grec)
14 juillet : Naissance d'Osiris
15 juillet : Naissance d'Horus
16 juillet : Naissance de Seth
17 juillet : Naissance d'Isis
18 juillet : Naissance de Nephtys

La révolution terrestre autour du soleil durant 365,25 jours, il manquait un quart de jour à l'année égyptienne qui ne comportait que 365 jours. Il se produisait donc un décalage régulier de six heures par an, qui embarrassait surtout les religieux pour les fêtes liturgiques. Les paysans se basaient quant à eux sur la réapparition de l'étoile Sothis (Sirius du Grand Chien), après soixante-dix jours d'occultation. Cette réapparition coïncidait avec le 18 ou 19 juillet... et avec l'inondation.

LES PRINCIPAUX DIEUX DE L'ÉGYPTE ANTIQUE

ANUBIS : Dieu à tête de loup. Fils de Nephtys et d'Osiris, élevé par Isis. Guide des morts.
APIS : Incarnation de Ptah en taureau.
APOPHIS : Serpent de Seth. Autre forme du dieu rouge qui cherche à dévorer le soleil à l'aube.
ATOUM : *Celui qui est et qui n'est pas.* Il se crée lui-même à partir de Noun, le Chaos. Engendre de lui-même Shou, l'Air, et Tefnout, le Feu. L'une des formes de Rê, le dieu soleil.
BASTET : Déesse de l'amour, de la tendresse et des caresses. Autre forme d'Hathor.
HAPI : Dieu hermaphrodite symbolisant la crue du Nil.
HATHOR : Épouse d'Horus. Symbolise l'amour mais aussi l'enceinte sacrée où s'élabore la vie.
HORUS : Fils d'Isis et d'Osiris. L'un des dieux principaux d'Égypte. Les rois des premières dynasties, dont ils étaient l'incarnation, l'associaient à leur nom.
ISIS : Épouse d'Osiris et mère d'Horus. L'initiatrice, la Maîtresse du monde.
KHNOUM : Dieu potier à tête de bélier. Originaire de Yêb (Éléphantine).
KHONSOU : Dieu guérisseur, fils d'Amon et de sa parèdre, Mout.
MAAT : La vérité, la justice et l'harmonie.
MOUT : Épouse d'Amon. La mère et la mort. Symbolisée par un vautour.
OSIRIS : Le premier ressuscité. Père d'Horus, époux d'Isis, et dieu du royaume des morts.

PTAH : Dieu des artisans. Divinité principale de Mennof-Rê.
RE ou RA : La lumière. Le soleil à son apogée.
SEKHMET : Déesse de la colère, représentée par une lionne. Autre forme d'Hathor.
SETH : Le dieu rouge. Dieu du désert, qui donnera plus tard le Shaïtan de l'islam et le Satan du christianisme.
SOBEK : Le dieu crocodile, symbolisant tour à tour Seth, Horus ou Osiris.
THOT : Dieu magicien à tête d'ibis. *Neter* de la Connaissance et de la lune.

Si ce livre vous a plu…

Vous pouvez découvrir mes autres ouvrages sur mon site Internet :

www.simonay.com

Vous y trouverez quantité d'informations, ainsi que les premiers chapitres de mes autres romans, des articles inédits, les dates de mes signatures…

À bientôt

BIBLIOGRAPHIE

Atlas de l'Égypte antique, Casterman

Atlas des pays de la Bible, Casterman

Her Bak Disciple, Schwaller de Lubicz, Éditions du Rocher

Her Bak Pois Chiche, Schwaller de Lubicz, Éditions du Rocher

Hiéroglyphes : *Les mystères de l'écriture*, Maria Carmela Betrò, Flammarion

L'Invisible Présence, René Lachaud, Éditions du Rocher

La Bible

Le Désert : *Miracle de la vie*, Monika et Hans D. Dossenbach / Maximilien Bruggmann, Silva

Les Dieux de l'Égypte, Erik Hornung, Éditions du Rocher

Merveilleuse Égypte des Pharaons, A.C. Carpiceci, Inter-Livres

Moïse le Pharaon, Rolf Krauss, Éditions du Rocher

Pour comprendre l'Égypte antique, Jean-Michel Thibaux, Pocket

Ramsès II : La véritable histoire, Christiane Desroches Noblecourt, Pygmalion

Sinaï : Guides des meilleurs itinéraires, Alberto Siliotti, Gründ

Terre Sauvage

Impression réalisée sur CAMERON
par BRODARD ET TAUPIN
La Flèche
en septembre 2002

Imprimé en France
Dépôt légal : septembre 2002
N° d'impression : 14896